Bispos Guerreiros

Dados Internacionais de Catalogação na Publicação (CIP)
(Câmara Brasileira do Livro, SP, Brasil)

Rust, Leandro Duarte
  Bispos guerreiros : violência e fé antes das cruzadas / Leandro Duarte Rust. – Petrópolis, RJ : Vozes, 2018.

  Bibliografia
  ISBN 978-85-326-5710-7

  1. Batalhas – História 2. Fé 3. Idade Média – História 4. Igreja Católica – Bispos 5. Política 6. Religião 7. Violência I. Título.

18-12347   CDD-262.12

Índices para catálogo sistemático:
1. Bispos guerreiros : História 262.12

Bispos Guerreiros

VIOLÊNCIA E FÉ ANTES DAS CRUZADAS

LEANDRO DUARTE RUST

EDITORA VOZES

Petrópolis

© 2018, Editora Vozes Ltda.
Rua Frei Luís, 100
25689-900 Petrópolis, RJ
www.vozes.com.br
Brasil

Todos os direitos reservados. Nenhuma parte desta obra poderá ser reproduzida ou transmitida por qualquer forma e/ou quaisquer meios (eletrônico ou mecânico, incluindo fotocópia e gravação) ou arquivada em qualquer sistema ou banco de dados sem permissão escrita da editora.

CONSELHO EDITORIAL

Diretor
Gilberto Gonçalves Garcia

Editores
Aline dos Santos Carneiro
Edrian Josué Pasini
Marilac Loraine Oleniki
Welder Lancieri Marchini

Conselheiros
Francisco Morás
Ludovico Garmus
Teobaldo Heidemann
Volney J. Berkenbrock

Secretário executivo
João Batista Kreuch

Editoração: Maria da Conceição B. de Sousa
Diagramação: Mania de criar
Revisão gráfica: Nilton Braz da Rocha / Nivaldo S. Menezes
Capa: Renan Rivero
Ilustração de capa: ©Johannes Wiebel | Shutterstock

ISBN 978-85-326-5710-7

Editado conforme o novo acordo ortográfico.

Este livro foi composto e impresso pela Editora Vozes Ltda.

Para Anderson, Bruno, Carlos, Cláudia, Francisco, Maria Filomena.
Amizades jamais rendidas pela guerra acadêmica.

Agradecimentos

Esta pesquisa começou em Washington, setembro de 2015. Em busca da política do século XI encontrei um *El Dorado* de bispos em guerra. Singrando, dia a dia, paisagens de outono feito navegador de ventos cor de âmbar, enveredei pelo tema como quem descobre um novo mundo: graças ao apoio infalível de Angela Davis, Katherine Jansen e Kenneth Pennington. Não sei estimar minha gratidão a Ken Pennington. Descobri em sua acolhida afável, generosidade, erudição, bom humor e amizade algo maior e mais duradouro do que incentivos para a pesquisa: como se me deparasse com um Camões para minha pequenina aventura, li em nosso convívio uma razão para continuar navegando, mesmo quando o mar acadêmico ruge tenebroso.

Após a estadia na *Catholic University of America*, a meta de um estágio de pós--doutorado tornou-se uma investigação de dois anos. Cruzou oceanos, atravessou distâncias continentais e atracou novamente no meu velho mundo. Prosseguiu em Cuiabá como rotina de vida, condição privilegiada assegurada pela Universidade Federal de Mato Grosso. Em outubro de 2016, graças a Maria Filomena Coelho, pude apresentar a primeira versão de minhas conclusões em um curso oferecido na Universidade de Brasília. À Filomena e aos alunos que partilharam comigo tardes agradáveis, meu sincero agradecimento: ali, naquela sala, o relato de pesquisa amadureceu como experiência graças às experiências dos que me ouviram. Dívida idêntica tenho para com Bruno Alvaro, Claudia Bovo, Leandro Ricon, Marcos Sorrilha e Natalia Madureira, leitores do manuscrito. Como hábeis humanistas, todos eles refinaram o relato cru que lhes apresentei sobre aquele novo mundo.

Uma pesquisa como esta tem um profundo débito com instituições. A Coordenação de Aperfeiçoamento de Pessoal de Nível Superior (Capes), financiadora da proposta que me permitiu zarpar rumo a um outro horizonte. Nos Estados Unidos, a Biblioteca Mullen, a CUA Law Library e a Biblioteca do Congresso formaram o estaleiro das minhas ideias: se naveguei, foi desde ali. À Editora Vozes e, pessoalmente, a Welder Marchini, cuja confiança e profissionalismo deram vida à minha paixão renascentista de sonhar um novo mundo, um outro mundo, em forma de livro.

A Alice Rust.: mar, terra e céu.

Sumário

Mapas, 11

Prólogo – Os historiadores e o mundo dos bispos guerreiros, 13

1 Os "homens novos" apeiam a mais perversa criatura do trono de Pedro: a ascensão política do episcopado, 21

2 O matador de bispos é aclamado rei dos itálicos: conflitos e ordem social além da "Paz de Deus", 56

3 O prelado habita castelos, incendeia templos e mata cristãos: seriam os medievais afeitos à violência?, 87

4 Um arcebispo deposita o destino das almas no altar da guerra: o uso da força se apodera da espiritualidade, 116

5 Um sínodo decreta o fim da era dos "bispos malditos": clero, hegemonia dinástica e a ideia de liberdade da Igreja, 147

6 Diáconos clamam pelo sangue dos sacerdotes casados: a heresia e a luta social pelo emprego sacramental da força, 180

7 Papa Noturno e o bispo que não deveria ter nascido se enfrentam: alianças, rito e o papado como bispado da guerra, 214

8 A guerra recomeça após uma "fraude piedosa": autoridade e legitimidade como devoção militar, 247

Epílogo – "Deus o quer! Deus o quer!": o sagrado dos bispos guerreiros, 283

Referências, 293

Mapas

Prólogo

Os historiadores e o mundo dos bispos guerreiros

De todas as civilizações, a do Ocidente cristão foi, ao mesmo tempo, a mais criativa, a mais conquistadora, a mais arrogante e uma das mais sangrentas. Mas, ao mesmo tempo – e este é o paradoxo sobre o qual gostaria de insistir –, o homem ocidental aprendeu durante milênios o que nenhum grego jamais teria aceitado admitir, aprendeu a se considerar uma ovelha entre as ovelhas.
Michel Foucault, 1978.

1

A calmaria era o ruído da aniquilação ruminando. A derrota já os havia engolido. Como costumava ocorrer durante um cerco militar, Alrico e os habitantes de Asti estavam no estômago da guerra. Sitiados, isolados, eles eram preparados para a digestão das armas: amolecidos pela espera, enfraquecidos pela falta de víveres, destrinchados pela ausência de socorro. A cada nova manhã, a ruína os mastigava e remastigava pacientemente. A vida de bispo o pôs ali, na boca da destruição. Ele havia sido promovido à Igreja de Asti em 1008, quando o Rei Henrique II, insatisfeito com o eclesiástico do lugar, que se aliara ao principal inimigo da coroa, o depôs e alçou Alrico a substituto. Para escapar à sina de usurpador, o escolhido viajou até Roma e obteve a consagração episcopal do papa. A proteção do rei e a bênção do Sumo Pontífice: o que mais um bispo necessita para ser legítimo? Ser capaz de defender-se pelo gume da lâmina. O bispado em questão era subordinado à Sé de Milão e o arcebispo, Arnolfo, considerou toda a história uma violação flagrante de suas prerrogativas hierárquicas. O milanês condenou a "audácia da consagração", excomungou o subalterno e reuniu um "copioso exército": ladeado por outros bispos, Arnolfo sitiou Asti, encurralando a população, o sacerdote e seu influente irmão – o Marquês Olderico *Manfredi*. Teve início o cerco e com ele a derrota inevitável, que os abocanhou e passou a ruminar seus destinos calmamente, dia após dia. Antes que fossem digeridos sem vida, Alrico decidiu engolir a "paz do arcebispo". Capitulou. Ele e o irmão acataram todas as exigências dos vencedores. Primeiro, renderam a cidade e, em seguida, submeteram-se a um rito de expiação pública. Atravessaram Milão descalços, caminhando três milhas até as pesadas portas da Basílica de Santo Ambrósio com os pés nus dos degradados, o clérigo carregando um livro, o marquês, a carcaça de um cão. Após ouvir a "devotíssima confissão", depois de receber a satisfação pela audácia que maculou sua autoridade, o arcebispo retirou a excomunhão e reconheceu o novo bispo. A lição parece ter sido gravada a ferro em brasa na consciência de Alrico: o sacerdócio se fazia também pela espada. Desde então e por vinte e seis anos, ele vivenciou a guerra como dever clerical. Faleceu em 1034, num descampado conhecido como *Campo Malo*, "campo maligno". Tombou em batalha lutando por seu superior. Morreu como bispo legítimo. Morreu como bispo guerreiro (*Chartae*, p. 273-277. • *Monumenta Historiae Patriae*, 1836, p. 469-484. • ARNULFO. Gesta Archiepiscoporum Mediolanensium. *MGH SS*, 8, p. 11, 40. • MURATORI, 1753, 6/1, p. 12-43).

Há mil anos, Alrico e Arnolfo eram figuras comuns. No entanto, como explicar seu surgimento? Como era possível que sacerdotes do cristianismo, da religião considerada de essência pacifista, encontrassem sentido nessa fusão entre fé e beligerância? De modo geral, eis o que os historiadores concluem: não passavam de exceções, de desvios. Eles não eram verdadeiramente clérigos, mas lobos aristocráticos em pele de eclesiástico. Eram "senhores feudais" infiltrados nas ordens sagradas. Quando os encontramos em meio às batalhas, não devemos considerá-los padres, mas senhores de terra que pensavam na fortuna em primeiro lugar, que colocavam a linhagem acima da Igreja. Afinal – insistem os autores –, a própria Igreja havia tomado parte do "processo civilizador" que, pouco a pouco, levava o Ocidente a controlar as pulsões sanguinárias, domesticar a impulsividade e restringir a violência. De Norbert Elias a Karen Armstrong, a certeza tem recebido retoques: o clero protagonizou tal processo. Num mundo que chafurdava em brutalidade, ele modificou suas atitudes comuns. Os concílios proibiram que clérigos portassem armas, vertessem sangue e o que antes era habitual tornou-se tabu. Em uma época em que a lâmina se servia do corpo tanto quanto a poeira aderia à roupa, bispos e abades, sacerdotes e monges se distinguiram como modelos revolucionários de contenção da violência (CICCOPIEDI, 2012a, p. 53-54. • ELIAS, 1993, p. 23-65. • DUGGAN, 2013, p. 90-115. • ARMSTRONG, 2016, p. 217-281).

Essa certeza intriga, suscita perguntas. Pois ela parece contrariar outra ideia corrente, a de que até a passagem do século XVII para o XVIII, "a brutalidade das relações humanas compunha uma linguagem social universal, considerada normal e necessária no Ocidente". A afirmação pertence a Robert Muchembled, um respeitado historiador da violência. Isto significa que por mais de mil e quinhentos anos, quem falou em nome de Cristo conheceu, do berço à cova, uma "vida desagradável, brutal e curta", conforme as palavras escolhidas por Peter Clark, outro renomado autor. Faz trezentos anos – ou seja, há apenas uma fatia de tempo da história do cristianismo –, que clérigos e fiéis, pastores e rebanhos, deixaram de viver num "mundo onde a violência era um dos mais importantes fatores de regulação das relações sociais". A frase é o "abre-alas" das conclusões reunidas por Radosław Kotecki e Jacek Maciejewski em recente publicação. A violência era inerente ao mundo medieval – é o que reafirmam todos esses autores. As dúvidas, então, brotam como cogumelos. Ora, se a belicosidade formava a psicologia individual, se os assaltos ao corpo e sangue alheios eram regra básica no contato entre pessoas e grupos, por que o engajamento eclesiástico em tais práticas teria sido tabu? Por que, ao olhar para aquela época, deveríamos esperar que todo o clero se demitisse de tais rotinas? Elas tornavam a espiritualidade menos autêntica? Mas a espiritualidade não é igualmente histórica, marcada pela época, talhada por um contexto? Acaso a túnica sacerdotal e o hábito monástico enjaulavam a espontaneidade que rugia no íntimo de cada um? (CLARK, 2011, p. 3-4. • MUCHEMBLED, 2012, p. 8. • KOTECKI & MACIEJEWSKI, 2014, p. 1).

Psicologicamente enjaulado, socialmente remodelado, assim era o clero. Sobretudo bispos, protagonistas da imersão da Igreja no mundo. Durante as guerras, suas ações teriam sido cerceadas, restringidas. Eles podiam demandar e justificar uma batalha como artigo de fé. Chegavam a defini-la como ato divino. Em princípio, um bispo participava da guerra assim, envolvendo-se com uma ideia. A palavra era sua arma; os sermões, as pregações e as homilias, os golpes que poderiam desferir. Persuadiam milhares a esperar pela salvação no combate, a crer nele como uma provação coletiva dos justos. Na hora fatídica, quando os exércitos colidiam, era até mesmo possível encontrá-los em cena. Todavia, nunca como combatentes, jamais como guerreiros, sempre como oficiantes: celebrando missas, ouvindo confissões, remindo pecados, exibindo relíquias e bênçãos, socorrendo o espírito e o moral. Essas funções basicamente simbólicas e intelectuais eram o que a fé cristã deixava ao seu alcance. Quando iam além, quando participavam de outras maneiras, os bispos cruzavam uma barreira e se arriscavam fora dos limites de suas identidades – eis a certeza que figura em obras como *The Oxford Encyclopedia of Medieval Warfare and Military Technology* (A Enciclopédia Oxford da Guerra e Tecnologia Militar Medievais). Quando um bispo direcionava colheitas e rendas para campanhas, recrutava espadas e escudos, edificava um castelo ou convertia uma cidade em quartel-general, se imiscuía nos "assuntos seculares", nesse emaranhado de questões profanas e inquietantes, nesse viveiro de perturbações para o clero. Quando um eclesiástico ultrapassava as competências rituais e pastorais, em algum ponto da Cristandade soava o alerta: "a fronteira entre o socorro espiritual e a passagem às armas" estava ameaçada! Foi violada, rompida! O contorno do mundo estaria prestes a ser borrado. Por isso, "às vezes, os bispos participavam de batalhas" – consta na Enciclopédia. "Às vezes." Não passavam de exceção (BURKHARDT, 2010, p. 147-148).

No cerco, na ofensiva ou na emboscada ninguém poderia ser, plena e efetivamente, bispo. Como um vírus cultural, a vida militar debilitaria a espiritualidade. A cota de malha cintilando sobre o peito ofegante ou a espada desembanhada como comando para matar ou morrer levaria um prelado a pensar de outro modo. Não é o que propõe uma conclusão como esta: "ao exercer uma justiça sangrenta e ao conduzir a guerra eles se dedicavam mais aos ataques de suas tropas do que à salvação de seus rebanhos"? A frase pertence a Timothy Reuter, um historiador anglo-germânico simplesmente imprescindível quando se trata de história militar. A sociedade exigia o distanciamento eclesiástico da guerra. Era admissível e, em muitas ocasiões, amplamente esperado que o clero a apoiasse, custeasse, justificasse. Contudo, sua participação no acontecimento causava escândalo e contestações; sua atuação militar desarranjava os padrões mentais então vigentes: "a ética moderna pode não ver uma diferença essencial entre organizar e direcionar um contingente de tropas para a guerra e a participação pessoal na batalha, mas essa distinção era indiscutivelmente sentida", afirmou Reuter. No que dizia respeito ao poder obtido pelas armas, supostamente, se esperava que os eclesiásticos o legitimassem sem protagonizá-lo; que o perpetuassem sem reivindicá-lo; o expandissem sem apropriá-lo (REUTER, 1992, p. 79-81).

Em geral, se pensa como Benjamin Arnold: "a maioria dos bispos medievais nasceu em parentelas aristocráticas ou cavaleirescas que se orgulhavam de sua proficiência na guerra". Um eclesiástico levava a mão ao cabo da espada, mas quem a empunhava era o herdeiro laico que habitava sua pele desde o nascimento. Nessa intrigante sobreposição de identidades, a existência sacerdotal é, ainda que momentaneamente, reduzida a uma forma, um invólucro, o casulo que racha e deixa escapar a psicologia do agente social: "apesar da mensagem dos evangelhos e do treinamento recebido para o alto ofício clerical, talvez não seja surpreendente que bispos conservassem o instinto dos nobres como *bellatores* quando eles se tornavam *oratores*". Aqui, uma pausa. Sem pressa, com olhar aprumado, observe-se esse raciocínio de Arnold. Ele pressupõe que a vida social refletia – ou, ao menos, deveria refletir – as divisões imaginadas pelos agentes históricos. O que isso quer dizer? Isto: nos arredores do ano 1000, alguns bispos diziam que as gentes estavam divididas em três ordens, cada uma delas identificada por uma função, os que rezavam, os que combatiam e os que trabalhavam. *Oratores, bellatores, laboratores*. Era assim que a sociedade se organizava – não, não era. Essa era uma "imagem da ordem social". A figura da sociedade triangular era uma construção ideológica e "a ideologia, sabemo-lo muito bem, não é reflexo do vivido, mas um projeto para agir sobre ele" – como advertiu Georges Duby, exímio historiador do imaginário. Logo, explicar o engajamento episcopal na guerra como a metamorfose de um *orator* em *bellator* é considerar o real limitado à imagem que os agentes históricos tiveram a seu respeito. Quando isso ocorre, engavetamos as relações sociais, nós as confinamos em quadrantes estanques, estreitos e, talvez, artificiais. As vidas que nos precederam se tornam tipos; as ações, esquemas; e os desfechos imprevistos, exceções irrisórias para a escrita da história (ARNOLD, 1989, p. 161-162. • DUBY, 1994, p. 21).

Nessa perspectiva, as razões que levavam um prelado a embrenhar-se na crueza do mundo seriam encontradas fora da condição eclesiástica. Ou talvez antes, em uma espécie de vida leiga pregressa, penosamente domesticada sob as vestes, os gestos e os símbolos da Igreja. Uma identidade efetivamente episcopal rechaçava a lógica diária e pragmática dos usos da força e da coerção. À brutalidade do convívio cotidiano ela regia com advertências, protestos, censuras e excomunhões. Golpeava o espírito, jamais o corpo. Bramia o medo da danação eterna à fúria das espadas. De tempos em tempos, tal conclusão é revigorada por historiadores das cruzadas. Assim tem sido desde 1935, quando Carl Erdmann publicou o *Die Entstehung des Kreuzzugsgedankens* ("A gênese da ideia de cruzada"). Conclamadas, planejadas e direcionadas a partir do interior de igrejas, as cruzadas eram um tipo diferente de guerra. Um tipo raro e excepcional, porque resultava da força de ideias sedimentadas na mentalidade cristã pela cultura clerical. Peregrinação, penitência, escatologia, hierocracia: o arrebatamento de multidões armadas foi o triunfo de uma capacidade para santificar as condutas. As mobilizações demonstravam uma eficiência para capturar práticas habituais – como matar e morrer pelas armas – e transformá-las, dotá-las de sentidos elevadíssimos, de grandes linhas simbólicas. A Cruzada extravasava as bordas do cotidiano: as recompensas poderiam redimir uma vida; as justificativas eram a própria vontade de Deus; o inimigo tinha pele, língua, roupas e costumes desconhecidos para muitos; na terra a ser conquistada seria possível pisar sobre as pegadas de Cristo. A guerra comum, imposta pela necessidade ordinária de sobreviver, conquistar ou vingar, pertencia à aristocracia. Era território laico. Já a Cruzada era guerra da Igreja. Pois era, acima de tudo, a guerra elevada à culminância do idealismo (ERDMANN, 1977. • DELARUELLE, 1980. • RILEY-SMITH, 1986, 1995, p. 1-12. • ROUSSET, 1983. • TYERMANN, 2010. • FLORI, 2013. • BACHRACH, 2003, p. 108-150. • CONSTABLE, 2001, p. 1-22).

Em um mundo supostamente reticulado por diferenças culturais essenciais e fronteiras sociais emparedadas, o envolvimento clerical com os usos da força é reduzido à condição de uma evidente incongruência, de um paradoxo insolúvel – quando não é tomado como uma conduta cínica, um comportamento algo farsante. Contudo, outra leitura é possível. A história está repleta de casos em que a espiritualidade e a beligerância fundiam-se em uma experiência coletiva dotada de lógica duradoura e autêntica. A época apontada como marco do processo de racionalização e separação entre a fé e a força também foi a mesma em que gerações de bispos guerreiros viveram. A realidade também lhes pertenceu. Compreender essa faceta da história é o propósito que anima as páginas a seguir. Como eles encontraram coerência entre religiosidade e guerra? Este livro é uma tentativa de participar dos recentes esforços de muitos historiadores para responder a esse questionamento (BARTHÉLEMY & CHEYNET, 2010. • GERRARD, 2011. • FRIEND, 2015. • NAKASHIAN, 2016).

Os oito capítulos que o leitor terá diante de si são perpassados por três conclusões. Em primeiro lugar, esta: o sagrado e a violência não são formas universais ou certezas que atravessam os séculos inalteradas, de uma ponta a outra. São nomes que emprestamos a relações e a conteúdos *históricos*. São fenômenos abertos ao inesperado, constituídos por combinações imprevistas, inconscientes e reversíveis. Sempre inacabados, são inesgotáveis porque mutáveis. As realidades que esses conceitos batizam são incessantemente recriadas sob a ação do tempo, seus significados são variáveis como a própria existência humana na correnteza dos séculos e suas variações não devem, de antemão, ser taxadas como exceção, desvio ou anomalia, pois cada uma delas pode dar origem a uma outra maneira de explicar o mundo com coesão, autenticidade e eficiência. Os bispos guerreiros abrem-nos as portas de experiências coletivas que o Ocidente, por vezes, tenta esquecer como sua. Em segundo lugar, surge esta conclusão: as lógicas que provocavam certos comportamentos coletivos – dotando-os de coerência – não estavam contidas nos pontos de vista dos agentes históricos. A interseção que unia sagrado e violência como um modo de vida estava, frequentemente, além de opiniões, motivações e teorizações. Para notá-la e decifrá-la foi preciso reconhecer que as práticas e os modos de fazer estabelecidos entre os grupos sociais continham, em si mesmos, razões que os próprios protagonistas desconheciam. Aqui, a cultura é abordada como uma junção de "razões práticas", isto é, de "potencialidades inscritas nos corpos dos agentes e na estrutura das situações nas quais eles atuaram". Sendo que, muitas vezes, tais potencialidades poderiam até mesmo se "opor aos pressupostos antropológicos inscritos na linguagem, na qual comumente se fiam os agentes sociais, particularmente os intelectuais, para dar conta de sua prática" – definições que este livro toma como empréstimo junto ao sociólogo Pierre Bourdieu. Em terceiro lugar, esta: esta história dos bispos guerreiros não concorre com outras histórias já escritas. Os capítulos a seguir não reescrevem o passado. Não fazem *tabula rasa*, tampouco desautorizam as outras maneiras de explicá-lo. Elas lhe acrescentam novas dobras: o ampliam, diversificam, complementam ao reclamar lugar para personagens habitualmente marginalizados como exceções ou casos desviantes. Mas esta história se revestirá, sim, de certa importância. Ela apresentará conexões pouco exploradas para explicar transformações de grande repercussão. Tratados como assunto de antiquários, como merecedores de pouco mais do que notas de rodapé, os bispos guerreiros são um elo perdido em processos capitais para o cristianismo ocidental, caso da ascensão do papado e da emergência das cruzadas (cf. BOURDIEU, 1996, p. 10).

Este livro é uma história de violência e religião, de política e sagrado, dos sentidos da guerra e da plasticidade das identidades coletivas. Ele trata de lutas sociais e estratégias de dominação, da recriação do imaginário, da lei e da fé. Trata da adaptação ao imprevisto e dos empenhos para controlar os fatos, do afrouxamento da obediência e da negociação da autoridade, das fronteiras entre privilégio e marginalização, santidade e heresia. Como tal, ele implica cobrir uma grande porção de tempo e espaço num único volume. Para percorrer uma paisagem histórica tão vasta, muitos caminhos são possíveis, todos diferentes entre si; em cada um, o percurso de uma experiência irrepetível. Em outras palavras, este livro impõe escolhas. É necessário escolher uma rota, ciente de renunciar a todas as outras. As páginas a seguir apresentam essa história seguindo a trilha aberta pela vida de um bispo de Parma, chamado Cádalo. É provável que você nunca tenha ouvido falar dele. Com razão. Embora tenha sido eleito papa, Cádalo é figura maldita, lembrada em tons sombrios, marcada para o esquecimento – como a grande parte dos bispos guerreiros. Tendo sido um eclesiástico de campos de batalha, sua existência servirá como caminho e conduzirá pelo reino itálico dos séculos X e XI até a maior crise a atingir o mundo dos bispos guerreiros. Claro, tal escolha deve ser bem entendida. Este livro não é uma biografia. Cádalo não é a razão de ser destas páginas. É apenas um guia para a travessia de uma paisagem histórica que se estende desde as terras do centro e do norte da Península Itálica até as regiões que hoje correspondem à Alemanha, à Inglaterra, à França e à Península Ibérica.

Temos a motivação, a paisagem e o guia. Hora de iniciar a caminhada.

* * *

Ao leitor, admito: a escrita deste livro foi particularmente difícil. Não poucas vezes me vi desassossegado, angustiado. Por fim, empenhei-me em cada página na busca de uma utopia: que a compreensão histórica da violência ajude a escolher um caminho que leve à redução da dor e do sofrimento socialmente justificados.

Cuiabá, novembro de 2017.

1

Os "homens novos" apeiam a mais perversa criatura do trono de Pedro: a ascensão política do episcopado

Disse o Senhor ao meu senhor: assenta-te à minha mão direita, até que ponha os teus inimigos por escabelo dos teus pés. Domina no meio dos teus inimigos.

Sl 110,1-2

1

Cádalo nasceu padre. Quando veio ao mundo, já envergava a batina. Ao menos foi assim que ele nasceu para a história. Seu nome é mencionado pela primeira vez nos idos de julho de 1028, num registro de venda de terras. Na ocasião, certo proprietário vendeu a três irmãos um terreno arável nas cercanias de Verona, interior do reino itálico, negócio que foi selado pela modesta quantia de dois *solidi* de prata, desembolsada por "Erizo, o Clérigo Cádalo e João, irmãos e filhos do falecido Ingo". "O Clérigo Cádalo": aí está! O primeiro sinal de uma existência, a primeira centelha de uma presença quase perdida, o facho de luz projetado no firmamento do tempo. Antes havia sombras, trevas de esquecimento. Ser "o clérigo" foi o que dotou essa vida de uma marca, emprestando-lhe relevância. Antes de ser sacerdote, aquele homem, simplesmente, parecia não ser (CENCI, 1923, p. 185-213, 224. • MILLER, 1993, p. 74. • BAIX, 1949, p. 54. • CAVALLARI, 1965, p. 95. • CASTAGNETTI, 2014, p. 25-26).

Não foi a primeira vez que a família guardou em pergaminho uma negociação de terras. Aquele tampouco era o registro mais antigo. Havia muitos outros embaralhados nos arquivos de Verona. O apetite daquela família por terras provinha de muito antes de os três irmãos virem ao mundo. Mas apesar do histórico acumulado em transferências desse tipo, se comparados a alguns contemporâneos, os herdeiros de Ingo eram órfãos de tempo. Eles não podiam reivindicar a condição de filhos de um passado longevo, como faziam certos bem-nascidos em Roma, em cujas veias – se acreditava – corria o sangue de reis e santos mortos há duzentos ou até mesmo trezentos anos. Os três irmãos não eram o último elo de uma longa corrente de gerações presa a um primórdio quase intangível. Eram sucessores de "homens novos". Há poucas décadas sua família se desgarrara dos escalões mais baixos da aristocracia. Eram herdeiros de recém-chegados no topo da dominação social.

No entanto, era impossível desprezá-los. Sua ascensão foi drástica, ruidosa, quase uma perturbação para uma sociedade afeita ao vagaroso ritmo da tradição. Rapidamente, aqueles nomes passaram a estampar inúmeras cartas de compras, doações, permutas; sendo ouvidos em lugares cada vez mais distantes, ecoando através de um anúncio: as terras e as aldeias locais tinham novos senhores, uma gente de Verona da qual pouco se ouvira falar. Cádalo cresceu rodeado por esta realidade. A vivência de uma história familiar franzina de décadas, carente de duração, provavelmente impregnou suas experiências mais tenras. Mas sua infância, a infância da própria linhagem, guardava estreita relação com uma realidade maior. Órfã de passado, nascida nos braços do hoje, a estirpe devia sua recente influência às possibilidades abertas por uma ordem política recém-instaurada no norte da Península Itálica.

Em setembro 951, o rei dos teutônicos cruzou os Alpes. Era a primeira vez que Oto tomava a direção do vale do Rio Pó. Aos 38 anos, o guerreiro corpulento, de barba prolixa e mechas grisalhas sobre as têmporas, lembrado pelos "olhos que reluziam uma cor avermelhada e emitiam um brilho como a rajada faiscante de um relâmpago", atravessava paisagens desconhecidas tendo por guia um pedido de socorro. A rainha itálica, Adelaide, havia sido sequestrada por um aristocrata, Berengário, o Marquês de Ivrea. Ele a trancafiou em um castelo junto ao Lago Garda, dando ouvidos a uma certeza cruel: manter a viúva em seu poder era a única maneira de ser, finalmente, reconhecido como rei. Coroado no ano anterior, Berengário recebia, sem cessar, as ferroadas de um enxame de contestações. Toda sorte de maquinações recaía sobre seus ombros, incluindo a acusação de ter envenenado o marido de Adelaide para tomar-lhe o trono. Em meio a esse vespeiro de incriminações, o marquês percebeu que a figura da rainha era um relicário de legitimidade. Os aristocratas itálicos, pouco afeitos à ideia da sucessão monárquica hereditária, reconheciam que a justa autoridade ainda habitava aquela mulher, outrora desposada pelo governante de direito. Adelaide era uma razão viva para não evocar a tradição, ou seja, para não convocar uma assembleia e aclamar um novo governante. Aquele corpo feminino guardava um chamado à obediência que ainda ecoava nos ouvidos dos grandes senhores. Nele estava encarnado o poder que Berengário desejava assegurar e transmitir a seu filho – com quem ele planejava casar a rainha. Por isso ele a encarcerou. Ele reteria para seu sangue o direito de governar os itálicos até que ninguém mais ousasse reivindicá-lo (WIDUKINDI. Rerum Gestarum Saxonicarum Libri Tres. *MGH SS rer. Germ.*, 60, p. 96-97, 108-110).

A viúva, todavia, fugiu e abrigou-se na fortaleza de Canossa, uma maciça cidadela de pedra que parecia ter sido encaixada pela mão divina no topo de um rochedo escarpado. Sitiada pelos guerreiros do marquês, a dama, que mal completara vinte invernos, conseguiu que um emissário escapulisse em desabalado galope rumo ao Norte. A súplica por ajuda ganhou a estrada e não seguiu só. Junto dela, sacolejando no lombo do cavalo, seguia uma oferta de casamento para o rei teutônico – Oto. O pedido de resgate era uma oportunidade fabulosa. Numa época em que casar significava, acima de tudo, fundar a posse sobre bens e pessoas; quando o propósito do matrimônio era levar os demais homens livres a reconhecer e acatar o surgimento de um legítimo senhor de terras e destinos coletivos; enfim, em uma época em que os laços de parentesco eram os próprios laços políticos, aquela desventura pessoal repercutiu como assunto de governo. Na corte, o apelo soou como uma súplica pela manifestação da verdadeira autoridade. Que venha, imediatamente, o novo Carlos Magno; aquele que punirá os iníquos, protegerá os justos, imporá a paz, restaurará a ordem cristã. Quando decidiu marchar até a península, Oto não partiu para socorrer uma viúva. Não só! Ele partiu para agarrar uma oportunidade de imitar o passado e incorporar outra porção do mundo ao seu já vasto reino (Cronaca della Novalesca, vol. 2, 1901, p. 254. • LEÃO DE MÁRSICA. Chronica Monasterii Casinensis. *MGH SS*, 34, p. 155. • HROSTVITA DE GANDERSHEIM. Gesta Odonis. *MGH SS rer. Germ.*, 34, p. 219).

A realeza teutônica era a maior força política do mundo cristão. Do Mosela ao Elba, dos Alpes ao Mar Báltico, quase 10 milhões de almas se curvavam às suas ordens. Eficiente como poucas, sua rede tributária era lançada sobre populações de línguas e costumes muito diversos, capturando riquezas geradas não somente nos grandes domínios, mas em algumas das áreas mais urbanizadas da Cristandade. Embora colossal, esse poderio era recente, uma realização em curso. Ele não estava lá há cinquenta anos. Duas gerações atrás, às vésperas do ano de 900, os territórios agora unidos pela subordinação à coroa formavam uma colcha de autonomias regionais. Em diferentes partes do reino, as elites locais desenvolviam um forte senso de unidade e identidade, cultivando tradições políticas próprias, distintas, cuja defesa era confiada a um líder local, o *dux*, o "duque". O reino era isto. Um mosaico de realidades políticas regionalizadas, uma frágil aliança entre os ducados da Bavária, Suábia, Francônia, Lotaríngia, Saxônia. Todas as regiões nominalmente vinculadas a um monarca contrariado por muitos e temido por poucos (RUSSELL, 1972, p. 25-71. • WILSON, 2016, p. 485-497).

Em 918, a mudança. O rei e a majestade limitada faleceram em dezembro. Semanas depois, o duque da Saxônia foi aclamado sucessor pela conturbada assembleia de príncipes eleitores reunida em Fritzlar. As contestações surgiram imediatamente. Guerra na Bavária, revolta na Suábia. Porém, foi irreversível: o poder mudou de mãos e a realeza incorporou características da dominação saxônica. A relação com os grandes magnatas regionais era, agora, regida por pactos de lealdade mútua. Rei e duques trocaram juramentos de paz e de fidelidade e, ao fazê-lo, já não eram súditos e soberano, mas *amici* (amigos). A *amicitia* (amizade) não era um vínculo informal ou afetivo. Era laço político, estabelecido por um rito específico, selado publicamente, presenciado por testemunhas, dotado de elevado valor jurídico. Era, sobretudo, laço engenhoso, versátil. Para o aristocrata, a amizade traduzia-se num reconhecimento prático de sua autonomia e *status*, afinal, enquanto ela perdurasse, ele poderia reivindicar uma reciprocidade, certa solidariedade e até mesmo reclamar algumas obrigações por parte da coroa. Já para o monarca, a amizade atrelava vastos patrimônios e grandes poderios bélicos ao compromisso de ser leal ao trono, evitando que tais reservas de poder se desgarrassem como forças paralelas ou concorrentes. Cooperação, autonomia, controle e favorecimento. A *amicitia* multiplicava poderes e amenizava tensões (LEYSER, 1979, p. 75-107. • McCORMICK, 1986, p. 362-387. • ALTHOFF, 2004, p. 1-23, 65-72).

No decorrer dos anos, a monarquia absorveu outras duas características saxônicas, elevadas a máximas comportamentais: governar é se fazer presente; se fazer presente é ser visto como senhor da guerra. A pessoa do rei era insubstituível, imprescindível. A voz, os gestos, o temperamento e até as emoções: escutando e observando o monarca reconhecia-se a autoridade; para ser obedecido era necessário ser visto, ouvido, tocado. Com efeito, a itinerância se tornou um pressuposto das artes de governar. Por isso, a corte era um centro móvel. Estava sempre em trânsito, deslocando-se sem cessar de cidade em cidade, fixando-se num lugar por apenas um punhado de meses. Itinerante, a realeza percorria, sobretudo, rotas traçadas pelo curso de batalhas, cercos e marchas. E elas eram tantas, tão frequentes, que pareciam intermináveis. Pois a monarquia urdia amizades, fundamentalmente, para um propósito: a conquista de fortificações. Desde 919, a tomada de fortalezas era ação política elementar. Era assim que se conquistava um território, surbordinava-se as elites regionais e assegurava-se a arrecadação. Uma região integrava o reino quando o rei cruzava os portões das maiores fortificações; tomava assento no grande salão; servia-se dos celeiros, das arcas e depósitos locais; instalava a guarnição. Por tais razões, "mais recursos excedentes eram destinados à preparação da guerra, à condução da guerra e às consequências da guerra do que a qualquer outra atividade" – lembrou David Bachrach. Oto agia assim. Ele viveu esse modelo como ambiente familiar, experimentou-o desde os 6 anos de idade, quando o pai foi aclamado rei em Fritzlar e ele, primogênito, tornou-se filho da transformação. Portanto, o pedido de socorro da rainha itálica, ditado em carta numa fortaleza acossada, mobilizava a realeza através do rei. Como súplica ao senhor da guerra, ao conquistador de castelos, era uma invocação da presença itinerante do reino em terras longínquas. Era um chamado ao modo saxônico de governar (DIETMAR DE MERSEBURGO. Chronicon. *MGH SS rer. Germ. N.S.*, 9, p. 5-12. • ADALBERTO DE MAGDEBURGO. Continuatio Reginonis. *MGH SS rer. Germ.*, 50, p. 154-159. • BACHRACH, 2014, p. 102).

Seguido por milhares de armas, sem encontrar resistência, Oto ganhou a planície lombarda. Lá, em uma assembleia pomposa, obteve o juramento de lealdade dos magnatas locais, cujos vassalos receberam ordens para marchar contra Pávia e conquistar o reduto de Berengário. Isolado, o marquês fugiu. O saxônico encontrou portões escancarados. Quando os cruzou e ingressou na cidadela, selou a realidade: região ocupada, militarmente domada, politicamente incorporada. O que veio depois, o recebimento da coroa de ferro, símbolo do reino itálico, anunciou ao mundo o fato consumado. Menos de um mês após a travessia dos Alpes, a coroação, seguida pelo casamento com a rainha encarcerada. Era outubro de 951. As almas do norte da península tinham novo governante (BÖHMER-OTTENTHAL, 1983, p. 93-96).

Em poucos meses, Oto iniciou a viagem de volta. No entanto, os aristocratas locais logo constataram que a cerimônia de coroação não saciaria a autoridade depositada sobre a testa do guerreiro teutônico. Mesmo distante, ele assegurou que as funções públicas fossem ocupadas por homens leais, especialmente aqueles que haviam se oferecido para morrer em batalha. Muitos daqueles que cruzaram os Alpes em 951 receberam os títulos de conde ou de marquês, tornando-se a voz que ditava a lei, a justiça e a paz nas cidades e nos cinturões rurais que as rodeavam. Em Verona, localidade estratégica, centro urbano e militar postado na passagem entre as montanhas e a planície do Rio Pó feito um imenso centurião de pedra, um homem chamado Wicardo recebeu o posto de *vicecomes*. Não era figura de relevo.

Seu rosto, provavelmente, era um ponto borrado na multidão de guerreiros que marchavam sob as ordens saxônicas. Quando recebeu o posto público em Verona, Wicardo não passava de um subalterno homem de armas. Era um dos numerosos vassalos de um vassalo do Conde Lanfranco *Gandolfigi*, esse, sim, o nome graúdo a quem Oto confiou o governo veronense. Apesar de modesta, a posição de *vicecomes* parece ter proporcionado o necessário para dar início à formação de um polpudo patrimônio (BAIX, 1949, p. 54. • CASTAGNETTI, 2014, p. 1-10).

Cerca de vinte anos depois, Wicardo surge como detentor do Castelo de Calmano. A posse da fortaleza produziu uma alquimia biográfica. Ela transformou a identidade daquele homem. Quem assumia o comando de uma cidadela tornava-se outro, não mais se resumia ao papel militar. Na época em questão, uma fortificação era muito mais do que um enclave defensivo ou um abrigo. Espetando o céu com estacas de madeira ou recortando o ar com ameias de pedra cinzelada, uma edificação como aquela era, propriamente, um centro de exploração. Todas as comunidades camponesas localizadas em seu entorno se reconheciam submetidas às vontades do homem que a comandava. Um castelo como o de Calmano era o núcleo de onde partia, regularmente, agentes encarregados de arrecadar taxas costumeiras e cobranças extraordinárias, conduzir braços para jornadas de trabalho e exigir uma parcela dos bens acumulados pelos aldeãos. Tudo conforme a vontade do senhor que observava a paisagem do topo da fortaleza. A ele diziam respeito os deveres de justiça: em seu salão as disputas locais eram julgadas; os crimes, punidos; os danos, reparados. Dele esperava-se a garantia da paz, a defesa frente aos invasores, o amparo perante as intempéries, doenças e a fome. Não só. Florestas, prados, rios, moinhos, estradas, lagos, enfim, tudo o que estivesse no raio de vigilância daqueles agentes era considerado, publicamente, extensão e assunto da vontade do castelão, o mestre de seus usos e destinos. Ao apoderar-se de uma fortaleza, alguém como Wicardo tornava-se o senhor do mundo à sua volta, das terras às gentes, das coisas às consciências (DUBY, 1992, p. 69-99. • TOUBERT, 1973, p. 305-550. • MORSEL, 2008, p. 108-150. • CASTAGNETTI, 2014, p. 1-5).

Não sabemos quando o *vicecomes* faleceu. Porém, ele parece ter vivido o suficiente para reluzir aos olhos do filho como modelo a ser imitado. Ingo sucedeu o pai na função de magistrado veronense, mas não se limitou a repisar as pegadas de Wicardo. Em suas mãos o patrimônio fundiário familiar tornou-se uma fortuna contabilizada em castelos. Em 991, ele comprou o Castelo de Sabbione, cujos extensos bens tornavam-se um fardo para o bispo de Vicenza, Ambrósio. Situada nas proximidades das terras veronenses, a meio caminho de Pádua, antiga sede do reino itálico, a região atraiu o interesse do novo *vicecomes*. Ingo fez da fortaleza a âncora de posses que se multiplicavam ano a ano. Por mais de duas décadas, numerosas "peças de terras aráveis", até então pertencentes a casais, primogênitos e irmãos vicentinos, passaram para as mãos do veronense. As moedas desembolsadas faziam mais do que comprar palmos de chão. Elas pagavam pela palavra jurada de que "a terra não foi vendida, doada, alienada ou cedida a ninguém mais, somente a Ingo e aos herdeiros deste, sem qualquer possibilidade de contestação" – conforme documentos da época. A riqueza amealhada esparrava-se por léguas e mais léguas. O sangue de Wicardo pulsava nas veias de um senhor de paisagens inteiras (CENCI, 1923, p. 185-224, 202-203. • CASTAGNETTI, 2014, p. 17-26, 103-112).

Ingo deixou três filhos. Ao menos três sobreviveram ao pai. Acaso teriam crescido com outros irmãos que não chegaram à vida adulta? Aparentemente, jamais saberemos. Por sinal, se, por um lado, quase podemos enxergar a ascensão da linhagem, por outro, sequer temos o suficiente para imaginar aquela vida familiar. O enriquecimento aparece palpável, visível, pois pode ser mensurado em léguas, contado a peso de moedas ou cartografado em castelos. Contudo, se quisermos compreender como esse formidável patrimônio foi vivido, quem eram seus detentores ou a que valores, ambições ou anseios ele serviu, passamos a encarar um imenso vazio. Não há quaisquer vestígios das mulheres. Sobre as aristocratas paira o silêncio esmagador de uma era comandada por mentes forjadas pela certeza de que ao feminino não cabia voz própria (DUBY, 2001). Nenhuma migalha de informação há a respeito de sua origem, importância ou atuação na partilha deste crescente poder senhorial. Seus nomes sequer são mencionados. Sem elas, qualquer olhar lançado sobre o cotidiano revelaria somente vislumbres mutilados, descrições ocas. Embora detivessem as chaves da memória e determinassem quem seria lembrado, os homens não passam de vultos. Falamos seus nomes, mas não sabemos quem foram, quando nasceram, como foram educados, qual o raio de seu convívio social, se eram sadios ou doentes: tudo não passa de um nevoeiro de ausências. Vista do mirante de nossa época, a riqueza deixada por Ingo se assemelha a uma fortuna desencarnada, despida dos mais elementares episódios humanos.

Erizo, Cádalo, João. Se a ordem de nomes repetida nos registros de vendas de terras foi definida pelo respeito à precedência dos mais velhos, poderemos desenhar a sequência de nascimentos – sem indícios concretos sobre datas. O primeiro neto de Wicardo recebeu o nome "Erizo". Ele desponta nos atos de compra, sempre à frente dos demais irmãos. Toda vez que uma porção de chão das regiões vicentina e veronense era abocanhada pelos herdeiros de Ingo, seu nome surgia encabeçando a sequência de novos proprietários. Na outra ponta, a lista era encerrada por "João". Eis, provavelmente, o mais jovem. Entre eles, estava Cádalo o Clérigo.

Tudo o que este irmão do meio foi antes de ingressar nas fileiras do clero se perdeu no leito do tempo, arrastado por uma enxurrada de séculos. Aos olhos da posteridade, sua vida ganhou contornos mais nítidos conforme ele avançava na hierarquia clerical. Em uma ata de aquisição de campos e prados em Vicenza, datada do dia 3 de setembro de 1030, ele é mencionado como subdiácono. Quatro anos depois, em 31 de julho, consta que chegara ao patamar de diácono. A posição indicava algo relevante. Como diácono, o secundogênito de Ingo havia se tornado parte no Capítulo da Catedral de Verona (CENCI, 1923, p. 185-224; 1924, p. 309-344. • BAIX, 1949, p. 54. • CASTAGNETTI, 2014, p. 26-29).

Assim era conhecido o prestigioso grupo de clérigos encarregados de aconselhar o bispo no governo da diocese. Instalados nos edifícios anexos à maior igreja da cidade, seus integrantes, conhecidos como cônegos, se distinguiam por uma vida comunitária. Padres já ordenados e outros em formação – como Cádalo –, repartiam a existência: eles partilhavam a rotina e os deveres, o despertar e as horas, a mesa, as orações, os utensílios, as leituras, o recolhimento. Uma vida regrada, mas não monástica. Não desconfiavam do mundo. Não se retiravam para o deserto espiritual da contemplação e solidão. Permaneciam entre os fiéis, viviam em meio ao rebanho, imersos no cotidiano urbano. Aliás, partilhavam, igualmente, os serviços religiosos prestados aos pecadores. Partilha definida por funções diferenciadas, conforme a dignidade ocupada: aos já ordenados, aos já eleitos para o sacerdócio, estavam reservados os altares, as missas e os sacramentos; por outro lado, antes mesmo de alcançar a ordenação, um cônego poderia ser escolhido mestre cantor, sendo encarregado de verter a fé em melodia e música, de reger coro e canto, primeiro contato de muitos com a formação clerical; havia o penitenciário, verdadeiro contabilista espiritual, a quem cabia determinar a medida das absolvições, penitências e indulgências, calibrando os perdões às falhas; todos, por sua vez, eram assistidos por subdiáconos e diáconos, espécie de auxiliares ambíguos – porque se ocupavam das miudezas da rotina, desembaraçando tarefas, deveres e urgências do cotidiano, esses subalternos na hierarquia se revelavam soberanos na administração dos bens eclesiásticos, senhores de fato do patrimônio comum. Quando chamados a aconselhar o bispo, os cônegos se reuniam e deliberavam uma só opinião, ouvida dos lábios enrugados do arcipreste, o decano, o mais antigo entre eles e, como tal, a figura proeminente. E assim, equilibrando-se entre o ideal de uma fraternidade apostólica e as práticas de uma hierarquia quase marcial, o Capítulo sobressaía como um grupo autônomo, uma força urbana singular (KELLER, 1977, p. 160-186. • HOWE, 2016, p. 211-212, 260).

É difícil saber, com precisão, quando o Capítulo emergiu. Isto é, quando os cônegos começaram a agir segundo a consciência de integrar um círculo restrito, vivendo pela certeza de que formavam um corpo eclesiástico dotado de voz própria e grave. Todavia, isto é certo: a convicção floresceu após a chegada de Oto à península, em 951. O novo reinado regrou a imagem que os cônegos faziam de si com numerosos privilégios. Distinguiu-os ao declará-los perpetuamente imunes às cobranças públicas anunciadas pelo conde ou qualquer outro magistrado. Era o próprio monarca quem afiançava: tais homens pertenciam a um estado sublime, especial, mais próximo do Criador do que todos os demais mortais, e a pureza de tão santo modo de vida não devia ser maculada por taxas mundanas. Quando enviassem os vassalos para recolher o tradicional pagamento em moeda conhecido como *fodrum*, que os senhores locais se lembrassem: a cobrança não dizia respeito aos cônegos. E mais. Para seguir adiante numa viagem ou remeter mercadorias em estradas e rios próximos, qualquer cristão precisava suportar o *teloneo*, imposto sobre circulação de pessoas e bens. Exceto os clérigos da Igreja veronense: ninguém podia deter seus passos ou reter os bens destinados a suas necessidades. Estavam isentos do pagamento.

As regalias continuaram a jorrar numa incessante cascata de benefícios. Em pouco tempo, aquele círculo eclesiástico que buscava imitar o exemplo de pescadores da Galileia se tornou uma congregação opulenta, tão minúscula quanto aristocrática. Os cônegos, que gozavam da isenção fiscal, passaram a coletar o *fodrum*. Uma das muitas casas que haviam recebido como "doação pia" foi convertida num tribunal onde eram emitidas as sentenças envolvendo as famílias camponesas das redondezas. Com o passar dos anos, o arcipreste se acostumou a uma nova atribuição: inteirar-se das condições dos castelos adquiridos pelo Capítulo no interior rural. Os cônegos os compravam em um ritmo crescente, tornando-se explorados diretos da mão de obra camponesa (CASTAGNETTI, 1990, p. 205-211).

Junto a esse vertiginoso enriquecimento galopavam a dúvida e a desconfiança. Os cônegos se tornaram alvo de uma suspeita mordaz: a de que tamanha abastança patrimonial preenchia o espaço que deveria ser reservado para a pureza da fé. Em uma carta datada de 966, o bispo de então, Ratério, se punha a exortar o Capítulo: não descuidais da saúde das almas! Para isso, era preciso manter-se vigilante às tentações do mundo e jamais se afastar da humildade e castidade. Ratério repreendia os cônegos. Ele os lembrava da obrigação de saberem, de memória, todos os credos litúrgicos; receava que a missa fosse conduzida por clérigos de mentes abertas para a riqueza terrena e corações fechados à palavra divina. Por um tempo, a divergência se impôs. Provavelmente ameaçado pela influência do Capítulo, o bispo insistia em reformá-lo, discipliná-lo, controlá-lo. Dizia que a comunidade perdera o rumo da pobreza evangélica; que seus membros vagavam na avareza; sua fé chafurdava em um lamaçal de coisas vãs, passageiras. Contudo, o prelado esbarrava em um obstáculo. Sua visão perdia força diante da crença em que, uma vez transferida para os cônegos, a riqueza deixava de ser um excesso mundano. Entregue aos cuidados daqueles homens devotos, ela era destinada a usos piedosos. Cada moeda ou torrão confiado à posse da congregação se tornava uma oferenda, um bem colocado a serviço de propósitos sagrados. Para a imensa maioria dos veronenses, o espantoso patrimônio acumulado pelo Capítulo não era questão profana, como assegurava o bispo. Era uma maneira de recrutar o mundo para os planos de Deus (KELLER, 1977, p. 160-186. • MILLER, 2014, p. 187-189).

Apesar da tenaz oposição do poder episcopal, o Capítulo permaneceu "gozando de imensa estima e de grande autoridade no interior da diocese". Por volta do ano 1000, seus integrantes controlavam as liturgias. Era praticamente impossível para um veronense buscar o sagrado em outras mãos ou bocas que não aquelas. Do Batismo à Extrema-unção, Deus falava através dos cônegos. Aos olhos da população, ali estavam os guardiões das tradições eclesiásticas locais. Viver em seu seio era algo reservado aos bem-nascidos, aos filhos das maiores famílias da região. Entre eles estava Cádalo. Talvez esta tenha sido a razão para que a identidade clerical ofuscasse todo o restante a respeito de sua vida: o prestígio da posição ocupada pelo segundo filho de Ingo projetava uma imensa sombra sobre tudo o que ele havia sido até então. Pertencer ao Capítulo veronense era uma razão suficiente para dar sentido à vida de um herdeiro aristocrata. Sobretudo um oriundo de uma linhagem que emergira recentemente, um filho e neto de "homens novos". Órfã de tempo, a existência social de Cádalo foi adotada pelo ingresso na comunidade clerical (MILLER, 1993, p. 44).

2

À medida que se aproximava do sacerdócio, Cádalo encarava mais de perto a face de uma posição social transformada. Os efeitos do governo otônida repercutiam sobre toda a sociedade do norte itálico. Por volta do ano 1000 já não se vivia como há seis décadas. A nova realeza afetava o cotidiano de camponeses e aristocratas, mercadores e guerreiros. No entanto, nenhum modo de vida havia sido modificado como o eclesiástico. Os integrantes da chamada "ordem clerical" tinham diante de si um inédito campo de possibilidades. Eles detinham o controle de prerrogativas e responsabilidades desconhecidas por muitos de seus antecessores. Especialmente os eleitos para o bispado. Ser bispo implicava acostumar-se ao exercício de poderes inéditos (ELDEVIK, 2012, p. 1-34. • HOWE, 2016, p. 239-240).

Oto detinha as coroas de dois reinos, o dos teutônicos e o dos itálicos. A autoridade ungida sobre seus ombros derramava-se dos dois lados dos Alpes. Eram realidades muito diferentes, mas que se assemelhavam em ao menos um aspecto: em ambas, seu governo transcorria ameaçado por homens de armas. O monarca era constantemente atingido pela notícia de que as fronteiras dos reinos, sobretudo as do Leste e do Sul, haviam sido vazadas por povos invasores ou rebelados. Emissários aterrorizados retornavam sempre, trazendo relatos sombrios de campos arruinados, cidades em chama, igrejas profanadas. Oto era reiteradamente encontrado nos confins do mundo. Quase trinta anos se passaram desde o momento em que assumiu as rédeas da guerra e ele continuava cavalgando a vales e rios longínquos para cobrar em sangue a prova de que governava pela Divina Providência. Aos 16 anos, em 929, foi visto comandando o combate às tribos eslavas. Em 955, estava à margem do Rio Lech, contemplando o fluxo silencioso de milhares de húngaros, afogados e varados pelas armas de seus *loricati*, guerreiros vestidos em ferro. Num entreato, tornou-se rei dos itálicos.

As invasões seguiam o rastro das insurreições. Eslavos, húngaros ou até mesmo reis cristãos metiam-se reino adentro instigados pela eclosão de uma nova revolta contra a coroa. Por vezes, eles eram incitados pelos próprios aristocratas rebelados, que vislumbravam nos invasores um aliado circunstancial para enfraquecer a posição do monarca. É o que se pode constatar pela troca de emissários efetuada entre parte da elite bávara, rebelada entre 953 e 955 sob a liderança do primogênito real, Liudolf, e os grupos de "incendiários ferocíssimos": os húngaros. Guardiães da unidade cristã, os senhores bávaros pactuavam com devastadores cruéis, com aqueles que nunca marchavam "sem que o próprio Deus sofresse", segundo os monges de Corvey e de Lobbes. Pagãos e cristãos, infiéis e fiéis... as urgências militares possuíam razões que a fé desconhecia. Seja como for, circunstanciais ou não, as alianças multiplicavam inimigos, tornando a guerra incessante. A campanha itálica foi a iniciativa de um reinado que durava quinze anos: onze deles vividos entre batalhas e cercos. Em um mesmo ano, os exércitos otônidas chegavam a lutar em oito localidades diferentes e que se esparramavam por mais de 500km. Assim ocorreu em 939, sendo que o rei comandou, em pessoa, o combate por cinco cidades da Lotaríngia e Flandres. Trinta e dois anos haviam passado desde a chegada daquela linhagem ao trono. Vinte e três deles dominados pela luta por fortalezas que pertenciam, majoritariamente, às elites do próprio reino. Disputando fortificações, realeza e aristocracia prolongavam uma luta sem fim pelo consenso a respeito dos modos de governar (FLODOARDO DE REIMS. Annales. In: LAUER, 1905, p. 45-128. • Gesta Episcoporum Cameracensium. *MGH SS*, 7, p. 428-429. • WIDUKINDI. Rerum Gestarum Saxonicarum Libri Tres. *MGH SS rer. Germ.*, 60, p. 70-72, 74-78, 85-87, 117-120. Cf. tb. BACHRACH, 2014, p. 246-248).

Investidos de um forte senso de autonomia, magnatas teutônicos, como os duques da Bavária e da Francônia, sublevavam incontáveis aristocratas, persuadindo-os de que as prerrogativas reivindicadas por Oto ultrajavam seu *status*. Aos seus olhos, a autoridade real estava fundada sobre a obrigação de zelar pela posição, fortuna e prerrogativas das maiores linhagens; pois eles se consideravam "gloriosos através do poder de seu rei e se recusavam a obedecer a quaisquer outras gentes". Qualquer ação tomada em sentido contrário à honra pública e à manutenção da fortuna patrimonial das elites era encarada como uma violação da justiça, uma corrupção da harmonia da *res publica*, um ultraje a ser reparado pela força das armas. Justificadas como resistência à profanação do consenso, como demonstração de brio por responsabilidades mútuas que o monarca desrespeitara, as revoltas grassavam como explosões de cólera senhorial. Dizendo-se desonrados pela perda dos privilégios devidos, vociferando aos quatro ventos que o rei violara a "amizade", os rebelados se apresentavam como guardiões da ordem e justiça, angariando numerosos aliados (WIDUKINDI. Rerum Gestarum Saxonicarum Libri Tres. *MGH SS rer. Germ.*, 60, p. 71-72. • KERSHAW, 2011, p. 214-220).

Um caso emblemático ocorreu em 938, quando Oto – rei a apenas dois anos – puniu o duque da Francônia, Eberardo. Por ter incendiado uma fortaleza em Helmern, matando os habitantes, o duque foi condenado a pagar uma pesada taxa de reparação. Mil *talentos*, assegura um cronista, empregando o nome grego para as moedas. O equivalente a dois mil *solidi*. A riqueza, porém, era medida com outros nomes: o pagamento foi feito em cavalos e correspondia ao valor de quatrocentas espadas. Não era tudo. Oto impôs outra exigência. Os vassalos ducais que participaram do ataque deveriam comparecer à corte, instalada em Magdeburgo, para se justificar através de um rito de expiação: percorreriam o caminho até a cidade carregando carcaças fétidas de cachorros. Assim ocorreu e a cena repercutiu como uma grave humilhação. Sob a perspectiva aristocrática, aquilo extrapolava as competências do rei para reparar a justiça e atingia a posição pública de um dos grandes do reino. Razão pela qual o ritual é narrado pelo Monge Widukind, cronista do episódio, como justificativa para revolta. Ultrajados, publicamente diminuídos, duque e vassalos declararam guerra ao rei. Amargaram fracassos, sofreram derrotas que deixaram um rastro de fugas e expurgos, reconciliações e exílios. Mas a um conflito logo seguia-se outro. Antagonistas surgiam em efeito dominó: bispos, condes, duques e castelãos repudiavam o monarca e multiplicavam os ataques às fortalezas e terras da coroa. A certa altura, o rei da *Francia Occidentalis* – cujo território lembraria o da França atual – tomou parte na guerra. Politicamente, uma cena como aquela acrescida à cerimônia de expiação funcionava como um lenço vermelho acenado para um touro (WIDUKINDI. Rerum Gestarum Saxonicarum Libri Tres. *MGH SS rer. Germ.*, 60, p. 71. • BÖHMER-OTTENTHAL, 1983, p. 44-45. • BACHRACH & BACHRACH, 2014, p. 69. • BACHRACH, 2014, p. 41-57).

O governo otônida foi constantemente acossado por instabilidades internas. Esta foi uma condição inescapável. O controle sobre os poderes públicos era alvejado por senhores cristãos e por invasores bárbaros com frequência perturbadora. Das gélidas franjas do Mar do Norte às planícies ensolaradas da Toscana, raras eram as terras onde a "lei do rei" não foi abolida em algum momento. Os conflitos, as rebeliões e mesmo as invasões conferiam nuanças trágicas a este aspecto crucial da vida política: para exercer prerrogativas fiscais, militares e judiciárias – enfim, para governar de fato – a realeza dependia da cooperação da aristocracia. Sem ela, o reino era levado à beira da fragmentação. Ainda que contidas por longas campanhas militares – elas próprias custeadas com a riqueza obtida pela exploração aristocrática dos campos –, as instabilidades só eram efetivamente suplantadas quando os príncipes fundiários se alinhavam na lealdade à corte ou, como se dizia então, se reuniam na "amizade" ao rei. Esta realidade moldou a política dos otônidas. Promover a adesão e a lealdade de grandes senhores de terra tornou-se uma razão prática, uma lógica nem sempre anunciada, mas perseguida de muitas maneiras. Eis uma das razões por trás das constantes reconciliações com o inimigo, dos numerosos perdões agraciados a homens como Eberardo ou mesmo Liudolf, o filho mais velho do rei e um dos líderes da sucessão de conflitos que ficou conhecida como "Guerra Civil de 951-955". Ser misericordioso não era mera aptidão pessoal, mas uma exigência política. Rebelado, um magnata subtraía populações inteiras ao reino; perdoado, ele as reintegrava ao governo monárquico. A mesma lógica era promovida de outro modo: como a constante concessão de funções públicas. Arrecadar tributos, dispor de um tribunal, emitir sentenças, controlar as estradas e o porto, restringir o uso de prados e florestas, cunhar a própria moeda, regular os mercados e as feiras: era colossal a relação de prerrogativas empenhadas em troca do compromisso com a autoridade régia. Os dons fartamente distribuídos engrandeceram as elites do reino. Fortunas que já eram imensas se agigantaram e o poderio familiar abarcou a ordem pública. Em busca de auxílio, a realeza consolidou hegemonias regionais, de tal modo que o controle das linhagens sobre a terra e seus usos passava a ser somente um dos muitos tentáculos de uma dominação mais vasta, que englobava a interação social como um todo. A lealdade à corte se tornou fiador de um domínio total sobre a vida pública em diversas localidades (GUERREAU, 1987, p. 213-222; 2002, p. 99-170).

Porém, algo mais foi propiciado. Orientada pela necessidade de equilibrar as forças distribuídas ao longo de um vasto tabuleiro político, essa inesgotável rotina de concessões abriu caminho para a ascensão de novos protagonistas. Os assuntos locais começaram a ser ditados por sobrenomes então desconhecidos; outros grupos ocuparam lugar nas cadeias de influência, de concentração de riqueza e poder militar. Por certo não se tratava de nenhuma "revolução social". Estava em curso uma mudança de posições no interior das elites: quem pertencia aos escalões mais modestos do mundo senhorial vislumbrava oportunidades para subir, ascender, despontar. Alternâncias aristocráticas. Era só. A sociedade seguia definida por uma desigualdade abismal entre livres e explorados, senhores e camponeses. A barreira da estratificação social permanecia firme, inabalável. Abaixo da fina camada de *optimates*, dos "melhores", dos detentores das terras, a existência era anônima, explorada, desprezada. Porém, a mudança era decisiva. Muitos até então politicamente subordinados, subalternos à soleira dos tribunais e à coleta das taxas, eram elevados a partícipes diretos no governo do reino. Despontaram os "homens novos" – como Wicardo e Ingo. E, sobretudo, os bispos.

Há séculos, os integrantes do episcopado eram, majoritariamente, recrutados junto aos berços aristocráticos. Isto não era uma particularidade da Península Itálica ou das terras d'Além Alpes. O cristianismo se difundiu pelas numerosas províncias do Império Romano confiando o cuidado das almas a homens dotados dos recursos que só uma vida abastada era capaz de proporcionar. Afinal de contas, as responsabilidades do episcopado exigiam muito. Esperava-se que seus ocupantes zelassem pelo rigor moral do clero e disciplinassem as comunidades cristãs. O dever de separar os servidores da palavra divina dos semeadores de erros humanos era, fundamentalmente, seu. Para isso era necessário meter-se em livros, conhecer latim e grego, explicar a salvação como história, preservar a memória dos santos, educar por meio da imagem, da música, da arquitetura. Enquanto derramavam as vozes em missas, sacramentos, milagres, relíquias e penitências, deveriam administrar propriedades, ordens públicas, taxas. Do altar à colheita, o dia a dia requeria uma mente bilíngue, afeita a gramáticas, versada em dialética e aritmética, nutrida pelas Escrituras e assentada sobre os ensinamentos de Agostinho de Hipona ou Boécio, além das decisões dos concílios gerais. Esse sacrossanto conhecimento exigia mais do que manuscritos custosos. Exigia um modo de vida em que as mãos estivessem livres da condenação de tirar o sustento diário da terra. A atuação episcopal exigia a abundância de um bem proporcionado pela exploração social: o tempo. Somente liberados da penosa necessidade de comer o pão com o suor do próprio rosto, os prelados podiam reunir as horas e depositá-las no altar, na mesa de estudos ou nas câmaras fiscais. Porque estavam isentos do mundo do trabalho, podiam sacrificar o tempo ao dever de interpretar a verdade, refutar a heresia, narrar vidas santas, registrar a história da redenção. Antes mesmo do fim da Antiguidade isto estava determinado: guiar o mundo conforme a exemplaridade celestial era uma tarefa para senhores do trabalho alheio.

A proximidade com o trono tampouco era novidade. Enquanto Cádalo crescia, nas primeiras décadas do século XI, a Cristandade era coberta por um manto de novos templos, muitas das quais consagradas a bispos lembrados por instruir os reis na proteção da Igreja, na pacificação dos espíritos e no ordenamento dos assuntos terrenos, razão pela qual eram venerados como pais espirituais de reinos inteiros. Cada vez mais populosas e tomadas por um dinamismo econômico crescente, cidades como Milão e Verona, tanto quanto Toledo e Canterbury, reformavam velhos santuários e erigiam outros, novos, para celebrar em pedra a recordação: bispos eram os guias que desviavam os soberanos da perdição herética e os mantinham no reto caminho da verdade, do bem e da justiça. Prelados falecidos há séculos eram imaginados nas esculturas, nos pórticos, nos afrescos e nos vitrais, para que se pudesse ver e conhecer quem haviam batizado reis e ungidos imperadores. Tomando forma desde muito antes do ano 1000, o crescimento urbano reforçava a antiquíssima convicção de que se governava com a palavra clerical. Nas audiências, assembleias, leis e taxações: em tudo era preciso ouvir o episcopado (RAUL GLABER. *Historiarum libri quinque*, 1989, p. 234-237).

Apesar desta proximidade, os bispos se sabiam subordinados à coroa na condução dos assuntos terrenos. Embora exercessem o domínio sobre propriedades a perder de vista e suas opiniões prevalecessem sobre populações inteiras, eles não escapavam às decisões tomadas pelos homens investidos nas funções públicas. As disputas que os implicavam e os litígios envolvendo o patrimônio das igrejas deveriam ser conduzidos até a audiência de um conde ou um juiz, que os julgariam conforme a "justiça do monarca". Quando o governante iniciava os preparativos para a guerra, eles estavam obrigados a arcar com recursos ou pagamentos em moeda, como os demais homens livres. Se um incêndio devastava a cidade que habitavam, devorando os registros diocesanos com um apetite infernal, era preciso obter do rei a garantia de que os patrimônios eclesiásticos permaneceriam incontestáveis. Para que incensos, cálices e velas chegassem até os altares, os prelados deveriam arcar com os impostos sobre circulação de mercadorias, a menos que fossem dispensados pela coroa. Eles dependiam dos laicos (MANARESI, 1955, p. vii-xix. • REYNOLDS, 1984, p. 12-38. • MacLEAN, 2003, p. 81-122. • TABACCO, 2000, p. 15-66).

A realidade mudou com o otônida. Agora, as vozes eclesiásticas eram atraídas para uma "amizade" semelhante à dos laicos. Bispos, cônegos e monges recebiam não somente terras e homens – como ocorria antes do nascimento de Carlos Magno, há duzentos anos –, mas também direitos governamentais. Agora, o monarca outorgava-lhes fortalezas e, com elas, "o poder para que [os eclesiásticos] ditem, ordenem e dispensem sobre todas as coisas e as famílias" existentes ao redor do lugar, assim consta nos diplomas imperiais. Capítulos como o de Verona, o berço da vida de Cádalo, recebiam a "imunidade perpétua" perante os juízes locais, que se descobriam "proibidos de exercer o poder nas terras próximas ou nos castelos" em posse dos cônegos. Quando um mosteiro, como o de Santo Ambrósio, Milão, obtinha a confirmação de propriedades, "os condes locais e os oficiais de quaisquer partes" recebiam a ordem expressa de jamais "violar a imunidade [de tais terras] sob pena de arcar com o pagamento de multas". Em Piacenza, em Parma, Pádua, Pávia: já no primeiro ano, o governo reconheceu que abades, abadessas e clérigos detinham o controle sobre fortalezas, competências jurisdicionais, pedágios em terra e água, participação nas rendas geradas nos mercados. Em muitas cidades, os senhores das "partes públicas" portavam túnica e tonsura. Todos, por sua vez, submetidos à autoridade diocesana, aos bispos. Os eclesiásticos já não estavam somente isentos das exigências do reino. Eles eram o reino (Diplomas 136-139, 141-145. *MGH DD O*, I, p. 216-219, 221-226. • BÖHMER-OTTENTHAL, 1893, p. 93-97).

Cada gesto como esses selava um pacto de fortalecimento mútuo. Para os bispos, suas consequências eram prodigiosas. Em âmbito local, eles se tornavam cofundadores da ordem pública, figurando ao lado da voz simbolicamente onipresente do monarca. Eram colocados ombro a ombro com a aristocracia laica, com a qual passavam a ter condições de competir politicamente. Até então, os eclesiásticos estavam em desvantagem. Por certo, "não podiam ser considerados a parcela inocente nas disputas de poder, mas eram muito dependentes das dinastias locais para a defesa dos próprios interesses" (REUTER, 2006, p. 338-339). As imunidades e as proteções proclamadas por reis há muito falecidos não eram suficientes para intimidar um aristocrata rival. Não era raro que a posse eclesiástica sobre um patrimônio fosse contestada por aristocratas locais investidos na posição de juízes. Em certos casos a disputa parecia simplesmente não ter fim, retornando a audiências palacianas de novo e de novo, examinada por diferentes magistrados: cada veredicto não impedia que a matéria fosse rapidamente reaberta a novo escrutínio, que uma sentença solene, conferida em honra de Deus e santos, pudesse ser sempre refeita. Na prática, propriedades e direitos episcopais estavam constantemente em risco, contestados. Assim ocorreu, por exemplo, com o bispo de Parma. Em 936, um advogado foi encarregado de defendê-lo numa disputa que se arrastava há trinta anos e sobrevivia aos litigantes. O homem que a iniciara e o bispo por ele contestado haviam falecido. A disputa entre eles, não. O maior temor vivenciado pelos prelados de Mântua, Pávia e Cremona entre as décadas de 880 e de 940 não eram roubos ou assassinatos, mas os incêndios. Era enorme o risco de as chamas aniquilarem os registros de doações, isenções e compras de terras: sem eles, a última defesa contra as queixas e os juízes aristocratas estava perdida. Sem a força da palavra escrita, bens clericais eram alvos expostos para a contestação laica. As incertezas enfrentadas eram de tal ordem que, no ano de 941, o prelado de Lucca, chamado Conrado, foi investido da posse sobre casas e bens mediante estes termos: as propriedades eram suas, "exceto se se constatar a existência de querelas". A realidade é, aqui, expectativa. Disputas e contestações eram a regra e deviam ser consideradas sempre, mesmo quando não havia notícia de sua existência (MANARESI, 1955, p. 436-441, 506-513, 530-533. • RUST, 2016, p. 61-84).

Isto mudava em compasso acelerado sob o reinado de Oto. Elevados a consortes da governança pública, os bispos passavam a dispor dos mesmos recursos políticos e jurídicos dos demais senhores. Já não estavam obrigados, como ministros de Cristo, a dar a César o que era de César: eles podiam, legitimamente, reter o poder pertencente ao rei e exercê-lo em seu nome. Favorecidos pela realeza instaurada em 951 e buscando conservar o que suas igrejas possuíam em terras, jurisdições e direitos fiscais, os bispos itálicos assumiram uma posição de competidores políticos diante dos magnatas e senhores locais. Entre as numerosas prerrogativas seculares colocadas ao seu dispor, uma, em especial, se destacou. Uma função passou a atrair as atenções e os esforços dos dignitários da Igreja de maneira inédita: pacificar a sociedade terrena (ARNOLD, 1989, p. 161-183).

Há muito tempo a paz era vista como a obrigação elementar de um cristão. "Aquele que não abraçar a paz, não deseja ser chamado filho de Deus", resumiu Alcuino, um abade do ano de 800. Bem-aventurados os pacíficos, pois não servem ao ódio, mas ao amor fraterno, cuja consciência é como terra salgada para a inimizade, onde a hostilidade não cria raízes – assim pensava a maioria do clero latino. A paz era ausência de atribulações, uma existência previsível, constante, sem assombros e riscos, sem perdas e destruição. Mas essa foi a vida prometida por Cristo. Essa era a paz *celestial*. A paz *terrena* não era assim. Escorraçado do jardim do Éden, o gênero humano decaiu para uma existência impregnada pelo mal e a paz o seguiu na queda. A maldade estava em toda parte, nascendo da imperfeição que habitava o peito de cada descendente de Adão e Eva. Sob o reino de Deus, toda paz nasce da mesma fonte de onde jorram o pecado, a iniquidade e o sofrimento: a natureza humana. Humana, demasiado humana, ela é um bem evanescente, intrinsecamente instável, sempre suscetível a rupturas, irremediavelmente transitória e frágil (ALCUINO. Liber de Virtutibus et Vitiis. *PL*, 101, p. 617. • BAINTON, 1960, p. 53-84. • KERSHAW, 2011, p. 6-7, 146-149).

Aspiração maior de tudo o que anda e respira – inclusive os animais –, a paz exigia empenho. Para que as criaturas, corrompidas e injustas, possam reter esse vestígio celestial e prolongar ao máximo esse bem sempre impermanente, era preciso passar à ação, engajar-se contra os desejos e corpos, sustentando uma luta sem trégua contra pensamentos e atos. Pacificar era combater, reprimir, punir, enfim, dominar e meter à ferro o pecado que jaz à porta da consciência. A ideia pode ser encontrada em Agostinho de Hipona, em Gregório I, em Hincmar de Reims: quem viveu como bispo enxergou a paz terrena como um dom a ser amado e temido, venerado e vigiado. Pois a razão pacificada corre o risco de ser indolente, de tolerar o ímpio, contemporizar com o injusto, transigir com o herege. Quando agracia a fraqueza e o vício com a mansidão, ela se torna destrutiva, perniciosa – dizia Nicolau I em 866. Paradoxo insolúvel, a paz na terra resumia o viver num mundo decaído: para alcançar a concórdia e a felicidade, os homens devem percorrer caminhos de provações, confrontos e rixas. Cristo nos advertiu sobre isto – lembrava o Bispo Ratério de Verona, morto em 974 – quando Ele mesmo disse: "vim pôr em dissensão o homem contra seu pai, e a filha contra sua mãe, e a nora contra sua sogra". A paz era conquista árdua, laboriosa, uma vitória a ser renovada com vigilância e persistência (AGOSTINHO DE HIPONA. *De Civitate Dei Libri XXII*, 2, 2003, p. 370-383. • GREGÓRIO I. *Regula Patoralis*, 1992, p. 408. • HINCMAR DE REIMS. De Regis Persona et Regio Ministerio. *PL*, 25, p. 840-842. • NICOLAU I. Epistola 99. *MGH*

Epp., 6, p. 594. • RATÉRIO DE VERONA. Discordia. PL. 136, p. 621. • KERSHAW, 2011, p. 64-68, 101-107, 220-222).

Incorrigivelmente provisória e precária, a paz terrena era a permanente purgação do mundo. Ela decorria dos embates entre pecadores, do tortuoso empenho de homens falíveis para conter os efeitos da imperfeição. Não resultava só da compreensão, mas da obediência. Sua vigência era arrancada à força de criaturas cuja razão estava entorpecida pela soberba, pelo desejo e pela avareza. Por isso, pacificar as sociedades implicava manejar o poder de derramar o sangue e cobrar à carne as lições a serem apreendidas pelo espírito. A paz era a ordem, era a tarefa confiada por Deus aos governantes seculares. Cabia aos reis zelar pela separação entre os bons e os maus, evitando que a crueldade se abatesse sobre os primeiros e que a mansidão fosse desperdiçada com os últimos. Era assim, moderando o uso da força, que os monarcas mantinham um mínimo de ordem nos assuntos terrenos, irreparavelmente efêmeros, vacilantes. Num mundo desassossegado pelo pecado, se chegava à tranquilidade através da vigilância das armas. "Preservando os justos direitos dos guerreiros", pregava o Bispo Ato de Vercelli, morto em 961, o governante "poderia obter a paz certa" e impedir que o caos reinasse. Até então, o clero deveria manter-se a distância, já que ele existia para mediar a salvação, para edificar a paz celestial, não para participar do desajeitado ajuste de contas entre pecadores (ATO DE VERCELLI. *Perpendiculum*, 1922, p. 26. • KERSHAW, 2011, p. 29-74).

Assim determinava a Igreja cristã desde a época dos Santos Padres. Reunido no distante ano de 440, o primeiro concílio a ocorrer em Toledo decidiu "se alguém participar da guerra após o batismo, que não seja promovido ao grau de diácono" (MANSI, 3, 1883, p. 1.014). Onze anos depois, centenas de eclesiásticos reunidos na cidade de Calcedônia foram mais enfáticos: "quem se juntou à ordem do clero não deve partir para o serviço militar ou para uma função secular. Todo aquele", prosseguiram os padres, "que ousar fazê-lo e que não se arrepender, retornando para aquilo que lhe foi, previamente, confiado em Deus, será excomungado" (TANNER, 1990, p. 90). Nada disto queria dizer que os bispos pudessem se omitir diante das injustiças. Que eles não duvidassem: a proteção e a defesa dos cristãos eram deveres do pastor de almas – esclarecia outro concílio de Toledo, ocorrido no ano de 633. Quando testemunhassem juízes e poderosos se erguerem como opressores dos pobres, eles deveriam protestar através de exortações e sermões. Porém, advertia o texto toledano, se sua palavra fosse desprezada, os bispos deveriam levar o fato aos ouvidos monárquicos, "para que o poder régio os remova à força da fraqueza" (VIVES, 1963, p. 204). Em 845, a proibição foi renovada na cidade de Meaux. "Todo aquele que for encontrado entre o clero, não deve portar armas ou vestir armadura. Quem desprezar essa determinação", advertiu o concílio, "deve ser punido com a perda do grau como escarnecedor dos cânones sagrados e profanador da santidade da Igreja, pois não se pode, simultaneamente, servir a Deus e ao mundo". "É um absurdo para um clérigo vestir armadura e partir para batalha", protestava o Papa Nicolau I cerca de quinze anos depois, "assim como é torpe e pernicioso para um laico celebrar a missa" (Capitularia Regnum Francorum. *MGH Capit.*, 2, p. 407. • NICOLAU I. Epistola 104. *MGH Epp.*, 6, p. 613).

Favorecidos pela amizade da realeza, beneficiários de uma nova ordem política, era precisamente isso que bispos da época otônida passavam a fazer. Vinculados às funções públicas, eles se comprometiam a militar no mundo, pacificando o reino. Igrejas e abadias se converteram em quartéis-generais de guerreiros. As mãos que erguiam o pão e o vinho como corpo e sangue do Salvador desembainhavam a lâmina e incitavam à batalha. Grande parte da renda eclesiástica era empenhada na manutenção de cavaleiros. Até então errantes, muitos deles eram instalados na terra pertencente à autoridade episcopal, que os abastecia de armas, cavalos, auxiliares e recompensas como qualquer outro patrono de uma clientela armada. Os exércitos convocados por Oto para suprimir as revoltas e rechaçar os invasores teriam sido menores sem os contingentes eclesiásticos (REUTER, 2006, p. 338-343).

Não que os prelados de então tenham se tornado os primeiros a guerrear. Na própria península italiana, reis de épocas anteriores dependiam cada vez mais de eclesiásticos para conduzir um exército a campo (TABACCO, 1968, p. 779-786). Antes, porém, a prática era justificada pela força da necessidade ou da exceção. As circunstâncias se impunham. Aqui, como a mobilização de última hora numa luta pela sobrevivência perante a aproximação de saqueadores; acolá, como a impossibilidade de escapar ao recrutamento militar anunciado pelo imperador. Era isto: urgência, imprevisibilidade, preservação, coação. "Sacerdotes do verdadeiro Deus não devem se ocupar de tais assuntos", dizia Ato de Vercelli ao bispo de Como, retratando em carta uma opinião corrente, "devem antes se colocar de lado para que outros prevaleçam desta maneira. Tais atos podem ser perpetrados pelos ditos mercenários, mas de modo algum por pastores" (ATO DE VERCELLI. Epistola I. *PL*, 134, p. 96-104).

Agora, a partir de meados do século X, o envolvimento clerical na guerra decorria do dever voluntariamente assumido e permanente: assegurar a paz da *res publica*. Assumir o combate já não era conduta paralela à dignidade episcopal, tampouco um comportamento transitório, excepcional. Foi essa maneira de encarar as coisas que os otônidas trouxeram para a península. Ela se tornava visível nas ocasiões em que o rei liderava uma campanha ao sul dos Alpes: em 951, ao sitiar Pávia; em 956, quando Liudolf, o herdeiro outrora rebelado, investiu novamente contra a cidade e fustigou diversas fortalezas; ou ainda em 964, quando Oto batalhou por Roma. Os eclesiásticos tomaram parte ativa das campanhas fornecendo, pessoalmente, guerreiros e armas de cerco, além dos recursos necessários para alimentar e recompensar as tropas. Em 981, a maior parte dos reforços armados requisitados para a luta contra os sarracenos em solo itálico era episcopal. Enquanto bispos e arcebispos receberam ordem para despachar contingentes de 70 e 100 *loricati*, condes e duques deveriam enviar não mais do que 40. Dos quase 2.000 guerreiros esperados pelo rei, 960 seriam oriundos de bispados – 440 de abadias. Mais. Dos dezenove pastores contactados, sete deveriam partir com os homens convocados: os comandariam pessoalmente. Espera-se que os bispos lutassem. Em 1001, um aliado do rei, o Papa Silvestre II, solicitou os serviços militares dos sacerdotes. No ano seguinte, a turbulenta retirada das forças teutônicas da cidade de Lucca foi liderada por eclesiásticos. Possuímos indícios suficientes de que "nem os otônidas, nem seus bispos sentiam alguma incongruência nas obrigações militares do episcopado" – como concluiu o historiador norte-americano Edgar N. Johnson há quase noventa anos. A guerra tornava-se elo de identidade, um atributo que passava a caracterizar, publicamente, o lugar da liderança episcopal. Com os otônidas, as elites itálicas se acostumavam com "um tipo diferente de prelado, mais militarista, mais semelhante a príncipes seculares", como notou Timothy Reuter (Indiculus Loricatorum Ottoni II. *MGH Const.*, 1, p. 632-633. • Vita Bernwardi Episcopi Hildesheimensis. *MGH SS*, 4, p. 772-773. • JOHNSON, 1932, p. 212. • REUTER, 2006, p. 348. • BACHRACH, 2014, p. 87, 116).

As transformações eram sinal de que a interdependência entre realeza e episcopado havia se tornado uma singularidade. No início dos anos de 950, a elite eclesiástica do reino itálico foi incorporada à realidade política incomum que tomava forma entre os teutônicos. Tal era sua excepcionalidade no interior da Cristandade, que historiadores alemães como Wilhelm Giesebrecht e Georg Waitz consagraram uma expressão específica para nomeá-la: *Reichskirchensystem* ou o "sistema da Igreja imperial" (GIESEBRECHT, 1880. • WAITZ, p. 1.847-1.870). Essencialmente, a expressão havia sido concebida para enfatizar o controle da monarquia sobre o episcopado. A chave de leitura consiste na palavra "sistema". Ela foi usada para destacar a ideia de que os reis mantinham as nomeações eclesiásticas sob rédeas curtas. Sua vigilância sobre a composição dos altos escalões da Igreja teria sido sistemática e calculista: quando não podia assegurar as posições para seus capelães pessoais ou mesmo seus parentes de sangue, o rei se certificava de capturar a lealdade do candidato eleito pelo clero local despejando sobre ele uma torrente de concessões e privilégios. O controle sobre a designação dos prelados reforçava a imagem do monarca como cabeça espiritual – e não meramente temporal – do reino. Com efeito, aquele que se sentava no trono encarnava uma realeza sacerdotal. Ele unia a Igreja e a coroa. Todos os bispos eram seus subordinados.

Tal caracterização é um exagero. Ao menos desde a década de 1960, a ideia de um "sistema da Igreja imperial" tem perdido força, com seu poder de convencimento drenado por inúmeras críticas. A influência da corte no desfecho das eleições para o episcopado foi superestimada. Quando analisados em perspectiva panorâmica, os registros históricos não sustentam a conclusão de que a realeza praticava uma política deliberada e sistemática de intervenções nos processos de escolha dos bispos. Na realidade, ao que parece, eram antes os bispos, já eleitos e em plena posse da autoridade sobre as igrejas, que recorriam à corte em busca de concessões e privilégios. Além disso, as regalias oferecidas ao episcopado não se diferenciavam daquelas asseguradas aos aristocratas laicos. Estes são apenas alguns dos pontos frágeis desta ideia. As inconsistências do conceito *Reichskirchensystem* são muitas – insiste um crescente rol de autores (KÖHLER, 1968, p. 141-204. • LEYSER, 1994, p. 165-232. • REUTER, 2006, p. 325-354. • OTT & JONES, 2007, p. 1-19. • MORRISON, 2015, p. 380-385).

No entanto, as críticas não desautorizaram uma constatação vital. O reinado de Oto inaugura um período de transformação do poder episcopal. O lugar cabível a um bispo no interior da ordem pública já não era o mesmo. Sobretudo quanto à atuação militar. Apesar das proibições fixadas em cânones, suas vozes eram ouvidas à frente da maré de soldados que inundava um campo de batalha ou liderando o cerco que estrangularia uma fortificação como um gigantesco torniquete humano. Sua existência era o amálgama entre o espiritual e secular. Antes, os bispos estavam obrigados a acatar ordens de quem empunhava a espada. Agora, eles próprios desembanhavam o gládio que governava o mundo.

3

Oto reinou por quase quarenta anos. Quando recebeu o último sacramento, vergado por uma febre tinhosa em maio de 973, ele se despiu da coroa. Estava prestes a morrer um homem venerado como o fôlego de vida soprado por Deus até os pulmões da realeza. Ele tinha 60 anos, 37 deles vividos como monarca. Chegava ao fim um governo duradouro, apesar das instabilidades enfrentadas. A contínua abertura das funções públicas a novas lealdades aristocráticas fortaleceu a monarquia. Se, por um lado, prerrogativas até então exclusivas eram colocadas à disposição da dominação territorial de grandes senhores, por outro, não era menos palpável que tais fortunas se vinculavam, publicamente, ao dever de fortalecer a autoridade do rei. Pois era ela que conferia força de lei aos privilégios com os quais os magnatas legitimavam novas riquezas. Fosse o monarca derrotado, provando-se, assim, que Deus não era com ele, o poder que ele delegou corria o risco de se tornar um palavreado oco, sem valor legal. Cada direito jurisdicional ou isenção fiscal cedido era um laço de dependência mútua entre a corte e as forças ascendentes das elites – como o episcopado.

Tendo encontrado nas concessões de Oto uma maneira de abrir caminho através da hegemonia das antigas linhagens do reino, os novos poderes senhoriais se tornaram pontos de ancoragem do seu governo. Eles proporcionavam grande parte dos braços, dos recursos e até mesmo dos castelos necessários para sufocar as revoltas e rechaçar os invasores. Uma oportunidade para selar outra aliança deste tipo foi justamente o que levou o reino ao ápice da glória. A ocasião foi proporcionada por um bispo, mais um entre tantos outros prelados em busca de garantias para uma posição ameaçada por rivais aristocráticos. Contudo, desta vez, trata-va-se de um sacerdote singular. Constava em papiros e pergaminhos redigidos há quinhentos anos: ele estava acima de qualquer outro, afinal, era o descendente espiritual de Pedro. O detentor das chaves celestiais, a rocha que sustentava a Igreja. Mas, para entender por que o papa buscou abrigo saxônico é preciso deter o passo e olhar para trás.

A cena se repetiu várias vezes ao longo de um dia incerto do ano de 954. Um a um, os patriarcas das mais poderosas famílias romanas desmontaram à frente da Basílica de São Pedro. Alguns chegaram após uma curta jornada, deixando seus palacetes e atravessando a cidade. Por sua vez, outros alcançaram a igreja depois de partir de fortalezas no distante interior rural e sacolejar por horas pelas antigas estradas pavimentadas pelos Césares. As principais estirpes do Lácio atenderam à convocação de Alberico, "*patricius* de Roma". O título que nomeava o detentor do governo da cidade ganhara conotações principescas pelas mãos daquele herdeiro do clã teofilato. Era um homem hábil e impetuoso. Sua chegada ao poder era uma lembrança sinistra e persistente. Vinte anos atrás, ele enxotou de Roma o rei dos itálicos, Hugo, enquanto este se casava com sua mãe, Marózia. Antes das festivida-des chegarem ao fim, o padrasto foi acuado por uma multidão enfurecida: centenas avançavam sobre ele, reagindo ao medo – insuflado por Alberico – de serem massacrados pelas tropas provençais trazidas pelo monarca. O rei fugiu. Abandonada, a rainha foi lançada na prisão pelo filho, que se impôs sobre as colinas romanas. Duas décadas passaram. Quando reuniu aquela assembleia perante o túmulo do apóstolo, Alberico estava doente, debilitado. Com a respiração da morte roçando-lhe a nuca, convocou os principais senhores do Lácio e exigiu que jurassem obediência a uma última vontade: seu filho, Otaviano, seria o próximo papa.

Assim foi feito. Alberico morreu naquele mesmo ano. Sem contestação, o título de *patricius* passou ao filho. Direito hereditário. Em novembro de 955, após o Papa Agapeto II falecer, Otaviano assumiu a cátedra de Pedro, tornou-se bispo aos 17 anos de idade, adotando o nome "João". Mudança estridente, drástica. Até então, Roma era uma diarquia, ou seja, o poder era repartido entre dois mandatários: de um lado, o *patricius,* "príncipe e senador dos romanos", responsável pelo governo urbano; do outro, o pontífice, autoridade espiritual que controlava extensos domínios do outro lado das muralhas, o "patrimônio de São Pedro". Ainda que o *patricius* se impusesse sobre o pontífice, mesmo que esse último se subordinasse à vontade daquele, a separação entre as funções não desaparecia. Ocupadas por pessoas diferentes, as posições se abriam a interesses distintos, a grupos diversos. Eis o primeiro mandamento da política local: o clã que sobressaía, retendo para os seus a honra de *patricius*, predominava na medida em que conservava este delicado equilíbrio, isto é, ao preservar o bispado como um prêmio possível de ser conquistado pelas outras famílias. No momento em que Otaviano surgiu engalanado em vestimentas sacerdotais o mandamento foi violado. Quando as duas posições, patrício e pontífice, se confundiram num corpo ainda imberbe, o equilíbrio se rompeu. Papa João dera rosto à pretensão de um predomínio total, à marginalização de tudo que não possuísse o sangue dos teofilatos, a linhagem de seu pai. A radicalização se alastrou feito fagulha em palheiro seco. Otaviano se tornou pivô de uma hegemonia tão inédita quanto contestada. Sua ascensão ao episcopado foi vivida como uma inadmissível subtração da *honra* devida a outras famílias (TOUBERT, 1973, p. 960-1.038).

Foi uma questão de tempo para que o juramento prestado sob o vertiginoso teto da Basílica de São Pedro se espatifasse. Em poucos meses, as consequências daquela elevação apostólica vieram à tona. Alijadas da vida política romana, numerosas famílias declararam guerra ao novo bispo. Em diferentes pontos do Lácio, propriedades apostólicas ardiam sem trégua, saqueadas por grupos armados que rasgavam o horizonte aos berros de "*Crescenti*! *Crescenti*!" Esse era um nome adotado por muitos ramos aristocráticos, que o distribuíam generosamente aos herdeiros movidos pela crença de que a alcunha asseguraria a cada um deles um quinhão da glória atribuída a certo Crescêncio, um mítico pai comum. Já em 956, a destruição do patrimônio episcopal havia se tornado uma rotina sanguinolenta, mantida pelos constantes ataques de cavaleiros ao serviço dos incontáveis senhores *Crescenti*. No interior das muralhas respirava-se a insegurança. Embora residissem no campo, muitos dos adversários papais possuíam torres e casas entrincheiradas no espaço urbano. Em cada uma delas, uma clientela armada: homens que exibiriam a cabeça do senhor bispo como troféu de fidelidade. Com os inimigos do Pontífice-patrício João assumindo controle sobre bairros inteiros, Roma acabou retalhada entre bandos guerreiros.

A disputa logo se propagou pelo interior peninsular, alastrando-se por uma imensa malha de conexões senhoriais. Os adversários do bispo solicitaram o auxílio à Lombardia e à Toscana, apelando à lealdade de parentes e suseranos. Estes, por seu turno, mobilizaram aliados e vassalos. O confronto ganhou nova dimensão. Deflagrado como disputa local, se disseminou como um conflito que opunha segmentos inteiros da aristocracia. Do sopé dos Alpes às bordas do Rio Tibre, as elites se dividiram, distribuindo-se em campos opostos: de um lado, os que permaneciam leais ao papa principesco, do outro, quem o renegava como usurpador maldito. Transmitido por juramentos pessoais, casamentos e alianças, o dever da fidelidade percorria o reino itálico como descarga elétrica, colocando em movimento um número crescente de implicados. Em certo momento, um nome conhecido foi envolvido. Nome que fazia soar a autoridade para arbitrar disputas como aquela. Berengário entrou na guerra contra Sua Santidade, o *patricius* João. Ao que tudo indica, o conflito escancarou as fragilidades da política saxônica. Quando as hostilidades transbordaram, Oto estava longe, do outro lado dos Alpes, para onde retornara ainda em 951. Sem a presença do rei, sem a itinerância da corte, o reino itálico dos otônidas não passava de uma entidade abstrata, que ninguém via, ouvia ou encontrava cara a cara. A irradiação da guerra romana provava que, na prática, o posto de rei ficou vago no momento em que Oto tomou o caminho de volta. O abalo sísmico provocado por aquele conflito demonstrava as limitações do novo governo e o quanto os saxônicos dependiam dos aliados locais. A urgência por um desfecho clamava por um monarca que se fizesse ver, ouvir e temer. Berengário seria este rei. Mas, para isso, ele precisava se livrar da pecha de fugitivo, de infrator escorraçado. Era preciso justificar-se perante o homem que lhe tomou a rainha, a coroa e os castelos.

Instalado novamente entre os teutônicos, em Magdeburgo, Oto recebeu a notícia. Um notório conjurado chegara à cidade para redimir-se. Era Berengário. Ouvido sem demora, o marquês foi confrontado com a exigência de justificar-se na assembleia "dos grandes do reino" que a realeza itinerante reuniria, brevemente, em Augsburgo. Acatou. Submeteu-se. Jurou como vassalo, reconciliou-se e retornou como rei. Sim! Após aceitar o juramento e a "humilhação que aplacou a ira da rainha" – a julgar pelo que escreveu o Bispo Dietmar de Merseburgo –, Oto conferiu ao arrependido a mais valiosa dignidade pública existente na sua *patria*, a autoridade de "rei dos itálicos". Aos olhos de hoje, a decisão tem a aparência de contrassenso, favor excessivo, talvez até prova de fraqueza. Um erro político? Não era. Acostumado à lógica de que governar é tecer redes de amizade, o teutônico aplicou a razão prática que levou sua linhagem ao ápice do poder e lá a conservava. Fez da penitência o ato público que vinculava o destino da imensa fortuna territorial do marquês à estabilidade da supremacia saxônica. Berengário era, uma vez mais, monarca dos itálicos. Mas havia uma imensa diferença. Não era, simplesmente, rei: mas, rei pela graça de Oto. A coroa de ferro que lhe tocava a fronte era uma concessão fundada sobre juramento de fidelidade. Detê-la significava manter-se preso ao dever de prolongar os comandos daquele senhor teutônico. Caso contrariasse o novo patrono, Berengário voltaria a ser um marquês entre tantos outros (DIETMAR DE MERSEBURGO. Chronicon. *MGH SS rer. Germ.*, N.S., 9, p. 45-46. • WIDUKINDI. Rerum Gestarum Saxonicarum Libri Tres. *MGH SS rer. Germ.*, 60, p. 109. • Annales Farfenses. *MGH SS*, 11, p. 588. • BÖHMER-OTTENTHAL, 1983, p. 98-99, 101-102).

Foi isto o que ocorreu. Regressado da expiação pública, o novo rei deixou claro que a condição de vassalo era uma vestimenta que não lhe caía bem. Ele se valeu da autoridade recebida para tentar restaurar a posição de poder perdida após o desastroso encarceramento da rainha. As circunstâncias pareciam conspirar a seu favor. Os anos entre 954 e de 958 foram críticos para a realeza otônida. O reino estava prestes a se esfacelar. As revoltas e invasões ocorriam simultaneamente: enquanto perseguia aristocratas rebelados nos campos e prados dos ducados da Bavária e Suábia, Oto era avisado de que os húngaros levavam a destruição reino adentro, até as frias águas do Reno. Ao mesmo tempo, na Saxônia, terra natal de sua linhagem, numerosos condes – que encontraram desonra na recusa do rei em conceder-lhes outros títulos – se vingavam pilhando a fronteira partilhada como os eslavos. As tribos do Norte revidaram. Seus guerreiros invadiram terras saxônicas para massacrar os homens e escravizar mulheres e crianças. Inimigos proliferavam. Enquanto a realeza teutônica era levada para a tormenta de conflitos, Berengário passou à conquista do poder. Ele obteria o que faltara anos antes, quando se viu isolado após Oto surgir dos Alpes: a subordinação dos magnatas e dos grandes domínios. A obteria a todo custo; à força, se necessário. Foi. Presos ao juramento de 951, muitos senhores locais resistiram. Berengário passou a agredi-los um a um. Os ataques foram direcionados para cidades: Milão, Verona, Mântua, Lucca. O monarca penitente revelava-se um destruidor implacável.

Ao sitiar os espaços urbanos, o novo rei dos itálicos atingiu algo mais. As agressões eram perdas pesadas para aqueles que ocupavam posições públicas recentes. Integrantes do episcopado foram atingidos em cheio. Nos anos seguintes, eles se viram forçados a pegar a estrada rumo ao Norte em busca de reparação e proteção. Em setembro de 960, o arcebispo de Milão, Valberto, alcançou a corte em plena Saxônia. Mesmo "dispondo, naquele tempo, de seus próprios guerreiros", assegura um cronista milanês, "este homem jovem" não pôde conter as investidas que recaíram sobre sua Sé. Depois de ter sido acusado pelo "falso rei" de maneira criminosa, de ver toda a cidade acossada com mortes e crueldades, Valberto foi preso. Escapou. Agora, "semivivo" e furioso, testemunhava a "tirania de Berengário". Não estava só. O bispo de Como, Valdo, narrava injúrias semelhantes. Esse, por sua vez, tinha a companhia do prelado de uma cidade vizinha, Novara. Os refugiados traziam consigo cartas "de condes e bispos de toda Itália", suplicando uma intervenção de "além-montes". Nessas denúncias havia algo além da busca por proteção e pela reafirmação da lealdade. Havia um medo profundo, que não desaparecia durante os intervalos das agressões. Havia o pavor de descobrir-se de volta ao passado. Pois sob Berengário, os prelados retornavam à condição de subordinados ao governante laico. Para clérigos como os de Milão e de Como o retorno seria particularmente trágico: o antigo modo de governar revertia os privilégios cuja tinta secara pouco depois da passagem de Oto pela península. Além de truculências, acusações e prisões, os "refugiados na Saxônia" protestavam contra o risco de perder o *status* público recém-adquirido (ARNULFO. Gesta Archiepiscoporum Mediolanensium. *MGH SS*, 8, p. 8. • LANDULFO. Historia Mediolanensis. *MGH SS*, 8, p. 53-54. • Diplomas 138, 145. *MGH DD O*, I, p. 217-218, 225-226. • LUDPRANDO DE CREMONA. Antapodosis. *MGH SS rer. Germ.*, 41, p. 145-147. • BÖHMER--OTTENTHAL, 1893, p. 140-141).

Não foram os únicos. Dois homens ouviam com renovada expectativa os refugiados despejarem denúncias aos pés da corte. Seu superior, Papa João, encontrava-se em situação idêntica. O bispo de Roma também implorava o auxílio e a proteção otônida. Com a cidade esquartejada por rivalidades aristocráticas, Adalberto, filho e corregente do Rei Berengário, cerrou fileiras com os "inimigos do apóstolo" e saqueou as terras da Sabina, a Nordeste das muralhas vaticanas. E como se farejassem fragilidade, os senhores de Benevento atacaram o patrimônio pontifício pelo Sul. O papa resistia. Invocou os vassalos e anunciou a batalha: ele os lideraria e lavaria com sangue as ofensas dirigidas à autoridade apostólica. Porém, os guerreiros não estavam dispostos a segui-lo. Por quê? Difícil saber. Aparentemente, os clãs rivais minaram a posição senhorial do bispo, deixando-o sem recursos e, por conseguinte, sem comando. Encurralado, João enviou dois padres à corte, incumbidos de ler em voz alta suas cartas suplicantes, ditadas para convencer o rei teutônico a socorrer "o papa e a Igreja de Roma das presas da tirania e devolvê-los à liberdade e à concórdia originais" – é o que assegura o bispo de Cremona, Liudprando, ao narrar o episódio para fazer do monarca um novo Carlos Magno, protetor da Igreja. Assim justificada, a guerra se tornava combate dos justos, pelos perseguidos, em socorro aos caídos: guerra de restauração. Pois aquela seria a campanha militar que "freou a crueldade da monarquia exercida por Adalberto" – termos dos Anais de Hildesheim. Convocadas para salvaguardar a Sé Romana e reparar as mazelas descritas pelo arcebispo de Milão e os demais bispos, as espadas figuravam como prova de "amor pelos apóstolos Pedro e Paulo". Era como se a guerra figurasse entre as promessas anunciadas por Cristo no sermão da montanha (LIUDPRANDO DE CREMONA. Historia Ottonis. *MGH SS rer. Germ.*, 41, p. 159. • Annales Hildesheimenses. *MGH SS rer. Germ.*, 8, p. 22. • BÖHMER-OTTENTHAL, 1893, p. 140-141).

Em agosto de 961, Oto ganhou a Lombardia pela segunda vez. Berengário evitou a batalha a todo custo. Refugiou-se na fortaleza do Monte de São Leão, a 10km de San Marino. Diante da retirada, Oto se dirigiu para Pávia. O exército crescia a cada semana transcorrida em marcha. Antes de emergir do outro lado dos Alpes, com o elmo reluzindo na brancura montanhosa da paisagem de Trento, o teutônico de olhos chamejantes enviou a ordem aos aristocratas itálicos: aprovisionem recursos, mobilizem contingentes armados e preparem-se para renovar, publicamente, juramentos de fidelidade, pois todos se juntarão à campanha. O costume saxônico ditava que a preparação material (desde os alimentos até às armas), a logística (do transporte de cavalos e suprimentos até a construção das armas de cerco) e o recrutamento ocorriam com a guerra deflagrada. Braços, animais, comida, armas e armaduras: tudo crescia em volume e escala durante a marcha à medida que os "amigos" reais se incorporavam ao exército. Quando alcançava o alvo, a força militar de um monarca saxônico era consideravelmente maior do que aquela que partira para batalha. Na Itália não foi diferente. O costume prevaleceu uma vez mais. Oto recebeu o juramento de lealdade de "condes e bispos locais". O exército agigantou-se. Houve quem falasse em 60.000 homens – exagero. Todavia, no exagero a memória tornava-se realista: o poderio bélico otônida era esmagador, descomunal. Pávia rendeu-se como há uma década. Intimidados, os habitantes entregaram-na àquele rei pela segunda vez. Sem resistência, portões escancarados uma vez mais, o conquistador recuperou a coroa de ferro. Então, o hábil tecelão de redes de amizade se pôs a governar: restaurou as prerrogativas públicas dos que resistiram em seu nome, em especial, dos bispos. Segundo palavras do cronista de Cremona, "reunindo bens que foram dispersos e reforçando os que haviam sido quebrados, ele restaurou o que fora próprio de cada um". Depois, tomou o rumo do Sul, para as colinas romanas. Ainda na Via *Flamínia*, estrada milenar que ligava Roma ao Vale do Pó, foi recebido por cavaleiros e escoltado ao palácio papal. Dias depois, 13 de fevereiro de 962, uma multidão o encarava ritualmente sob o teto amadeirado da Basílica de São Pedro. Olhares se acotovelavam para testemunhar o instante em que o Pontífice João se dirigiu ao guerreiro quinquegenário, de rosto largo e olhar avermelhado, dizendo, enquanto descia lentamente uma coroa octogonal jamais vista: "És o Augusto imperador dos romanos pela graça de Deus". Oto era rei quando dobrou os joelhos a poucos metros do altar e imperador quando se levantou (Diplomas 234, 235-252. *MGH DD O*, I, p. 320, 324-360. • LIUDPRANDO DE CREMONA. Historia Ottonis. *MGH SS rer. Germ.*, 41, p. 160. • LIUDPRANDO DE CREMONA. Antapodosis. *MGH SS rer. Germ.*, 41, p. 145-147. • WIDUKINDI. Rerum Gestarum Saxonicarum Libri Tres. *MGH SS rer. Germ.*, 60, p. 137-138. • BÖHMER-OTTENTHAL, 1893, p. 148. • BACHRACH, 2014, p. 193-225).

O reino teutônico e o itálico eram, agora, o Império restaurado. Isto significava que as duas porções do mundo formavam o cenário maior da história da salvação. Constava nas Escrituras: o Salvador se fez carne sob a autoridade de César e, assim, atrelou o destino das almas aos rumos do poder imperial. Poder que não desaparecia, era transferido ao longo do tempo, de um povo para o outro. Fundado pelos romanos, preservado pelos gregos – muito mais tarde conhecidos como "bizantinos" –, passou às mãos dos francos. Agora, ressurgia com os teutônicos. Do ponto de vista das ideias políticas e das concepções sobre o governo secular, essa mudança provocaria grandes repercussões. A cultura antiga assumiu um valor central. Autores e nomes do mundo romano seriam içados a modelos maiores da vida. Uma "romanização" seria sentida na linguagem política; nas maneiras de administrar; nas visões sobre o tributo, a justiça e a lei; na guerra e na arquitetura; nos símbolos e nas iluminuras. Mas a elevação dos dois reinos à condição de pilar da unidade universal um dia governada por Constantino, Heráclito e Carlos Magno ocorreu através da mais saxônica das práticas políticas: da expansão da ordem pública através de um *pactum*, uma aliança aristocrática. Pacto firmado, dessa vez, em nome do Príncipe dos Apóstolos.

Após a coroação, o pontífice obteve a confirmação de seu domínio sobre vastíssimo patrimônio: a cidade de Roma e os territórios que, do mar à montanha, formavam o ducado que a abrigava; além de dezenas de cidades, castelos, ilhas e portos desde a Córsega até o Adriático, de Pávia aos confins de Benevento. Todas as "províncias e cidades, juntamente com suas fortalezas, territórios e possessões" foram concedidas ao "nosso pai espiritual, o senhor João, sumo pontífice e papa universal, e aos seus sucessores, até o fim dos séculos". O prelado recebeu o controle sobre as rendas dos ducados da Toscana e de Spoleto, então anualmente encaminhadas para o palácio régio, em Pávia. Mas sob uma ressalva expressa: "confirmamos a autoridade sobre a coleta dos censos anuais, exceto sobre aquilo que, nos referidos ducados, estiver subordinado à dominação de nossa parte e de nossos filhos". Ao ampliar os patrimônios do eclesiástico romano, a concessão o implicava a preservação das prerrogativas régias (Diploma 235. *MGH DD O*, I, p. 325-326. • BÖHMER-OTTENTHAL, 1893, p. 149-153).

Apesar da grandiosidade incomparável das concessões, o vínculo assumido entre o imperador e o Bispo João era o mesmo já partilhado por tantos outros eclesiásticos: deter uma nova posição de poder *através* da autoridade régia. Ele e todos os demais que viessem a se sentar na cátedra de Pedro poderiam exigir obediência a populações esparramadas por aqueles territórios mencionados e contar com a proteção da corte *enquanto* se mantivessem leais ao governo imperial. Tal condição cintilava no texto do pacto com a clareza do meio-dia. Ela saltava aos olhos logo após o trecho que assegurava "ao clero e ao povo romano" o direito de escolher seus futuros pastores, onde dizia: "porém, aquele que foi eleito para este santo cuidado apostólico não deve ser intencionalmente consagrado como pontífice até que compareça na presença de nossos emissários, de nosso filho ou da assembleia universal [do reino] e ofereça uma promessa para todas as satisfações exigidas". Ninguém seria bispo de Roma sem primeiro ajoelhar-se e jurar fidelidade à realeza. Os próximos prelados à frente daquela Sé exerceriam poderes desconhecidos pelos predecessores. Mas o fariam após doar sua consciência a esta verdade: a lei e a justiça ditadas por suas bocas não lhes pertenciam. Eram do imperador (Diploma 235. *MGH DD O*, I, p. 326. • BÖHMER-OTTENTHAL, 1893, p. 149-153).

Selado o pacto que transformava a *res publica* em senhora da legitimidade do bispo de Roma, o novo imperador se ocupou de Berengário. Encurralado no Castelo de São Leão, o antigo vassalo se rendeu em uma questão de semanas. Foi levado para Pávia, onde ouviu a sentença: o exílio em Bamberg, com esposa e filhos. O rei itálico morreria meses depois, banido e trancafiado em um mosteiro. O encarcerador da rainha amargou o fim da vida no cárcere (DIETMAR DE MERSEBURGO. Chronicon. *MGH SS rer. Germ. N.S.*, 9, p. 51. • WIDUKINDI. Rerum Gestarum Saxonicarum Libri Tres. *MGH SS rer. Germ.*, 60, p. 137).

Era 963. Dois anos se passaram e Oto seguia na península. As concessões públicas se multiplicavam, entranhando a supremacia otônida nos territórios itálicos. Funções da *res publica* eram outorgadas às dúzias. Apenas três laicos foram agraciados: Aimo, o conde de Vercelli; "o veneziano" Vital Candiano; os "habitantes de Menaggio". O restante, uma lista farta em cônegos, monges, abades, bispos. A discrepância torna compreensível a conclusão sacada por historiadores há muito tempo: jamais houve um efetivo governo otônida sobre a aristocracia peninsular; a corte adornada com símbolos imperiais nunca a incorporou a um regime saxônico. A opinião se sustenta – enquanto disser respeito aos laicos. Pois a realeza adotou a opção de projetar seu poder estabelecendo o controle sobre os maiores bispados e mosteiros, como bem observou John Bernhardt. No solo itálico, o governo otônida fazia-se presente fortalecendo – e, por vezes, criando – posições políticas clericais, favorecendo os eclesiásticos. Magnatas laicos não eram prioridade. Essa era sua margem de efetividade, de eficiência. Isto ganhou clareza no curso daqueles dois anos. À medida que a corte itinerava norte afora, migrando de Riana para Orta, de Pávia para Lucca, como São Leão, "o poder de deliberar, julgar e estender [tributos] sobre os homens, as famílias e os bens existentes" também se movia, passando para mãos sacerdotais. O bispo de Parma recebeu o direito de fazê-lo dentro da cidade e em um raio de três milhas das muralhas; o de Reggio, por quatro milhas; o de Asti, por duas. Que ninguém no reino itálico ousasse obstruir suas decisões ou "molestá-los com exigências injustas" – determinava um diploma imperial, referindo-se à presunção de taxá-los. O bispo de Ceneda recebeu as chaves da fiscalidade sobre "a parte pública" da diocese, o que significava nada menos do que montes, vales, florestas, pontos de pesca, cursos d'água, aldeias, estradas, moinhos, camponeses. O eclesiástico de Belluno foi autorizado a edificar castelos, fortificações, torres, fossas. Em breve, o prelado de Pávia também seria investido do poder de "erigir castelos com torres e amuradas, sem que algum duque, marquês, conde, visconde ou enviado ousasse contrariá-lo" – segundo as concessões. Ao bispo de Módena, o "augusto imperador pela clemência divina" transferiu os bens e as prerrogativas até então exercidas pelos filhos de Berengário no condado local, em Bolonha e em Reggio.

A linhagem sofreria outras perdas. Meses depois, uma parcela graúda de seus rendimentos foi transferida para o bispo de Bérgamo. Concessão após concessão, a realeza cerzia, com fios clericais, o tecido de um governo saxônico (Diplomas 237-260, 263, 265, 268, 270-272. *MGH DD O*, I, p. 328-389. • BÖHMER-OTTENTHAL, 1893, p. 153-165, 169-170. • BERNHARDT, 1993, p. 3-34).

Nesses dois anos, o tempo ganhou um novo rosto para o bispo de Roma. Os dias de alívio e segurança proporcionados pela presença teutônica eram agora meses inquietantes e ameaçadores. João percebeu que a pompa dos Césares não ofuscava o horizonte político de seu salvador. A coroação não bastou. A realeza saxônica não partiu após recebê-la. A corte fez morada nas cidades da Lombardia e, viajando sem cessar, estabelecia uma extensa rede de aliados e defensores locais. Portanto, o controle exercido em seu nome sobre territórios peninsulares não desapareceria quando o imperador iniciasse a triunfante viagem de volta. O governo otônida permaneceria. Enquanto vigorasse, aquelas exigências de subordinação juradas em nome dos apóstolos saltariam do pergaminho para o dia a dia, limitando o forte senso de autonomia que o papa trazia do berço. Afinal, diferentemente do que ocorria com outros prelados, o ingresso no bispado não inaugurou uma nova realidade social para João, apenas consolidou uma já existente. Ser bispo laureou a dominação protagonizada por sua linhagem. Engrandeceu, ampliou, sacralizou: mas não instituiu. No seu caso, *status* público e jurisdições territoriais eram herança familiar, não dádivas alcançadas após ser investido no episcopado pelo monarca. Ele era o *patricius* romano. Numa época povoada por condes, duques e marqueses, ele herdara esse título único, repleto de ecos de um longínquo passado republicano, romano, ciceroniano, quando só os plenamente livres poderiam reivindicar a autoridade sobre a vida cívica. Aninhado na riqueza aristocrática, esse título inspirava um ideal de autonomia. Logo, para o *patricius*, as prerrogativas episcopais não eram a porta de entrada em um novo mundo. Elas sacralizavam um poder já instaurado, que ele trazia em si desde muito antes. Papa João era o herdeiro de uma velha ordem vestido em trajes de uma nova época. Quando a presença do imperador se prolongou na península, o risco de que as coisas não voltassem a ser como antes lhe picou a consciência como aranhas nascidas em sua própria cabeça (cf. TOUBERT, 1973, p. 998-1.024).

O bispo de Roma rompeu a lealdade jurada e aliou-se ao próprio algoz, Adalberto, filho de Berengário. Em busca por preservar a antiga hegemonia local, fundamento real da autoridade espiritual que detinha, ele ofereceu aliança ao saqueador dos domínios papais e adversário proscrito pelos otônidas: Adalberto escapou do cerco ao Castelo de São Leão e, desde então, perambulava pela península. Segundo rumores, ele havia prostituído a fé para os idólatras, pois se juntara aos sarracenos e entre eles alimentava planos para destruir a unidade cristã. As notícias sobre a surpreendente aliança do Bispo João causaram alvoroço na corte imperial – que seguia em solo itálico. A descrição de um Oto estupefato, perplexo, se repete na memória das crônicas redigidas pouco tempo depois. A gravidade não decorria apenas da desonra experimentada por um rei que se descobria protetor de um bispo desleal. Na conduta do eclesiástico havia mais do que transgressão da confiança, mais do que uma traição pessoal. Era um rompimento de *amicitia*, de "amizade". Era um caso de violação da ordem pública. Ao desacatar o pacto selado, o pontífice atentava contra o governo, contra a correta medida do convívio entre os cristãos. Assim pensava o bispo de Cremona, cronista fundamental do episódio: "o imperador conhece, empenha-se e ama tudo o que pertence a Deus, protege os assuntos eclesiásticos e seculares com seus exércitos, ressalta os costumes e os purifica através das leis; Papa João é contrário a todas essas coisas". A ênfase torna-se um indício das motivações, o sinal de razões que vão além do que é dito intencionalmente. Em outras palavras, não sejamos literais. A reputação é metáfora política, a degradação moral da figura do papa é a maneira de desqualificar um personagem público até então legítimo (LIUDPRANDO DE CREMONA. Historia Ottonis. *MGH SS rer. Germ.*, 41, p. 160-163. • DIETMAR DE MERSEBURGO. Chronicon. *MGH SS rer. Germ. N.S.*, 9, p. 51-55).

Os aliados imperiais cobraram um altíssimo preço por essa transformação em pária da *res publica*. Sobretudo o Bispo Liudprando de Cremona, cujos escritos foram exaltados nos séculos seguintes como a própria história daquela época. Tendo cultuado Oto como um *deus ex machina* do século X, ele envolveu a memória do bispo romano em uma reputação escandalosa. É ele quem descreveu Adalberto como desertor da fé, convertendo João, por extensão, em cúmplice de um lacaio de sarracenos. "Parece existir uma semelhança", disse o cronista de Cremona, "entre porque o Papa João odeia o santíssimo imperador e porque o diabo odiou o Criador". O texto prossegue, disparando incriminações. O bispo era escravo da luxúria. Certa vez, com o juízo ardendo em desejo, ele ofereceu a uma viúva o controle de cidades inteiras: que ela levasse até mesmo as sagradas cruzes e os cálices eucarísticos, tudo seria dela, caso se deitasse com ele. Já as mulheres de sua família não tinham sequer a chance de barganhar com essa fúria sexual. Sua tia, Estefana, sangrara até a morte tentando dar à luz um bebê concebido por ele. Os altares tornaram-se desertos femininos: as damas romanas passaram a evitá-los como se fossem armadilhas do demônio, após as notícias de que virgens e esposas eram estupradas, ali mesmo, por Sua Santidade. "Ainda que todos se calassem sobre isso", praguejava Liudprando, não era possível silenciar quanto ao fato de "o palácio lateranense, outrora um abrigo dos santos, ser agora um bordel para prostitutas" (LIUDPRANDO DE CREMONA. Historia Ottonis. *MGH SS rer. Germ.*, 41, p. 161-162. Cf. tb. *Liber Pontificalis*, 2, p. 246-249. • Annales Hildesheimenses. *MGH SS rer. Germ.*, 8, p. 22. • FLODOARDO DE REIMS. Annales. In: LAUER, 1905, p. 157. • BÖHMER-OTTENTHAL, 1893, p. 153-165, 171-172).

Oto dirigiu-se a Roma e, à frente de um longo cortejo de bispos itálicos, convocou e presidiu o sínodo que julgou o prelado. João foi deposto naquele mesmo ano de 963. E sua queda se fez crucial como episódio que sepultou um antigo tipo social e coroou o triunfo de outro. João não foi julgado num sínodo romano – como ditava o costume. A assembleia que o sentenciou não estava limitada ao clero pontifício: compunham-na os arcebispos de Milão e Ravenna, bispos de Camerino, Cremona, Reggio, Lucca, Arezzo, Florença, Pisa, Pistoia, Siena, Spoleto, Parma. O julgamento não foi matéria de política local, um assunto romano deliberado entre romanos. João foi condenado por uma audiência em que os bispos eram, igualmente, corregentes da *res publica*, homens da Igreja tanto quanto consortes da condução do reino. Ainda que não tivessem clareza disso, os homens que apoiaram aquela deposição participaram de uma medida de extinção. Ao selar o destino do *patricius* que se pretendeu papa, eles demonstraram que aristocratas como João ou Berengário, homens que viviam o ideal antiquíssimo do "exercício radicalmente autônomo" do poder (MORSEL, 2008, p. 38), não teriam lugar na ordem pública instaurada no início da década de 950. Não seria admissível que ocupantes das funções episcopais se comprometessem com a defesa de interesses arredios à obediência devida ao rei. Esse tipo social que subtraía um bispado à unidade da *res publica* desfraldando alegações de autonomia e de tradições inteiramente locais se tornava intolerável para os partidários do novo poder difundido pelos otônidas. Ele despertava reprovação visceral. Ainda que tenha sido precisa, a reputação escandalosa atribuída ao bispo de Roma cumpria esta função: ela educava as consciências a respeito da ilegitimidade de certos aristocratas. As acusações de tirania e depravação isolavam um tipo como aquele, separando-o, com uma ofuscante clareza moral, dos cofundadores da nova ordem pública, notadamente dos bispos. Entre os juízes de João havia muitas figuras de um novo tipo, que possuíam um poder e uma influência graças ao episcopado e à associação ao rei. A deposição do "papa maldito" foi o triunfo dos desbravadores de um novo mundo de possibilidades políticas.

Quando Cádalo nasceu, os filhos do passado, como o Pontífice João, lutavam contra o desaparecimento. O poder pertencia aos "novos homens", aos órfãos do tempo.

2

O matador de bispos é aclamado rei dos itálicos: conflitos e ordem social além da "Paz de Deus"

> *Disse-lhes, pois: o que não tem espada, que venda a sua capa e compre-a; porquanto vos digo que importa que em mim se cumpra aquilo que está escrito: e com os malfeitores foi contado.*
>
> Lc 22,36-37

1

Antes que os cavaleiros terminassem o relato, as dúvidas de Erizo foram dissipadas: a fortaleza valia o contrato! Ele ouvia atentamente, capturando cada palavra que ressoava entre as paredes do salão de Sabbione, castelo detido pela família desde os tempos do avô. Os homens haviam regressado dos confins do *contado*. O próprio Erizo os enviara para as bordas rurais de Verona, encarregando-os de tomar posse, em seu nome, da mais recente aquisição da linhagem: a praça-forte de Pontepossero. Na realidade, tratava-se de assumir o controle de uma parcela da praça-forte, conforme ditava o acordo firmado, por escrito, com o Capítulo veronense. O domínio sobre metade da fortificação havia sido transferido pelo arcipreste após o irmão mais velho de Cádalo prometer que vinte *solidi* de ouro, duas galhetas de óleo e duas velas ao peso de duas libras romanas seriam entregues ao poderoso conselho clerical por vinte e nove verões consecutivos. Desde fins de julho daquele ano de 1036, quando incumbiu os cavaleiros de anunciar o novo senhorio obtido como *libellum* – assim era conhecida tal modalidade de contrato –, Erizo aguardava a descrição em primeira mão da fortaleza. Ele não deve ter se decepcionado com o que ouviu (CASTAGNETTI, 1999, p. 84; 2001, p. 355-356; 2014, p. 143-147).

Pontepossero não era uma fortificação prodigiosa. Ela não possuía torres capazes de esticar o olhar até o firmamento. Entretanto, suas muralhas eram extensas o suficiente para aquartelar uma área de quase oito mil metros quadrados (SAGGIORO, 2010, p. 115-116). Bem provido de instalações para homens e provisões, o espaço continha o necessário para que o apetite por riquezas do novo senhor cobrisse léguas. A partir daquela fortaleza que parecia ter sido modelada na paisagem, o domínio sobre o entorno agrário seria propagado como ondas produzidas por uma pedra que toca um espelho d'água. Embora as edificações fossem partilhadas com os guerreiros e os agentes mantidos pelo Capítulo, elas assumiam para Erizo um valor estratégico: Pontepossero abrir-lhe-ia o Sul. As terras fronteiriças com a rica cidade de Mântua abasteceriam sua mesa, seus estábulos e sua bolsa.

Contratos como o *libellum* eram cada vez mais comuns. Por todo norte peninsular, registros de transferência de terras há muito já não eram uma novidade do distante século VII. Além da multiplicação dos acordos de locação, uma interminável torrente de partilhas, doações e vendas inundava salões palacianos e câmaras clericais, despejando nos campos novas gerações de exploradores do trabalho camponês. Embora favorecessem as linhagens de "homens novos", como a de Cádalo, o protagonista desses contratos era outro: o clero (PIVANO, 1929, p. 5-19. • DE FRANCISCI, 1931, p. 465-473. • GHIGNOLI, 2009, p. 1-19).

Os eclesiásticos dispunham de fortunas crescentes. Eles prosperavam, sobretudo, à medida que os aristocratas vizinhos sentiam a morte se aconchegar em seu leito: terras e incontáveis vantagens materiais eram oferecidas como "remédios para a salvação" de uma vida pecadora. Em muitos casos, antes de ditar o testamento, homens e mulheres ofertavam a riqueza familiar para obter socorro espiritual através do sepultamento em solo sagrado ou de centenas de missas rezadas em memória de sua alma atormentada. Fortalezas, aldeias, florestas, campos e até cidades eram doados a monges e sacerdotes, visando assegurar sua intercessão espiritual: as dádivas terrenas recompensariam todo empenho para convencer o Criador a aliviar as penas reservadas para o doador e seus parentes no além-túmulo. As doações patrimoniais para igrejas e abadias cresceram substancialmente durante o período otônida. Elas eram tentativas de retribuir à altura e quitar a dívida que era gerada quando o clero empenhava algo de valor incomensurável: as litanias, os sacramentos, as penitências, as bênçãos – as chaves espirituais que desacorrentavam do pecado e libertavam espíritos. Eis um dos porquês de uma comunidade como o Capítulo veronense tornar-se abarrotada de bens, senhora de castelos e fortalezas suficientes para empenhá-los em contratos como o *libellum* selado por Erizo.

No entanto, justamente porque atingiam uma proporção desconhecida por muitos, a frequência e a escala das transferências fundiárias se tornaram uma razão recorrente para disputas. Queixas e contestações se multiplicavam perante os altos senhores encarregados da justiça. Algumas delas se arrastavam por anos, décadas. Deixavam uma trilha de ânimos inflamados, audiências ultrajantes, desfechos inconclusos. Iniciado como um caso comum, idêntico a tantos outros, um litígio assim se tornava um rastilho de pólvora social. Em 998, um marquês ateou fogo no pavio e incendiou o mundo no qual Cádalo nasceu.

Retrocedamos um pouco mais no tempo. Voltemos ao ano de 990. Após uma longa viagem por terras infiéis e águas desapiedadas, o bispo de Vercelli, finalmente, regressou à cidade. Oito anos se passaram desde o dia em que Pedro partiu. A última imagem deixada nas retinas dos fiéis era a cena do prelado tomando os rumos do Sul, à frente de um grupo de guerreiros reunidos para lutar em nome do novo imperador. Ele se juntaria ao herdeiro da coroa octogonal, Oto II, disposto a morrer pela certeza de que a fé só estaria protegida quando nenhum muçulmano ditasse leis aos cristãos da Calábria e da Apúlia. Por pouco a disposição não foi cumprida à risca. A batalha foi um desastre. Apoiados pelos bizantinos, os sarracenos encurralaram o exército imperial. Eles seguiram lutando mesmo após o emir que os liderava tombar sob o ar abrasador do Cabo Colonna. Seguiu-se a matança. Milhares foram trucidados. Oto bateu em retirada, deixando para trás um campo de cadáveres, entre os quais muitos bispos, abades, marqueses e um príncipe. O maior número "de grandes do reino" desde o tempo das invasões húngaras, no início do século. Pedro sobreviveu. Feito prisioneiro, foi levado para o Egito. Agora, oito anos depois, estava de volta. Ao regressar do cativeiro – libertado, provavelmente, após pagamento de resgate –, se deparou com uma realidade inesperada. A Igreja de Vercelli, sua esposa espiritual, havia seguido a vontade de outro durante a longa ausência. Os assuntos eclesiásticos foram conduzidos por uma voz que não a sua: a do Capítulo vercelense. E os cônegos a envolveram em uma transferência fundiária (Annales Sangallenses Maiores. *MGH SS*, 1, p. 80. • JOÃO DIÁCONO. Chronicon Venetum et Gradensem. *MGH SS*, 7, p. 27. • DIETMAR DE MERSEBURGO. Chronicon. *MGH SS rer. Germ. N.S.*, 9, p. 122. • BÖHMER-MIKOLETZKY, 1950, p. 381-382. • ALTHOFF, 2003, p. 29).

Reinstalado na residência episcopal, Pedro foi informado a respeito de uma polpuda doação. Enquanto era refém na costa africana, um casal local, certo Marquês Conrado e sua esposa, doou ao Capítulo de Vercelli uma fortaleza localizada em Caserana. A fortificação era uma edificação recente. Como tal, provavelmente, não exigia reparos ou ampliações – coisa rara. Fora erguida pelo próprio marquês e era guarnecida por um fosso. Mais. Outros atributos realçavam na concessão.

A fortificação era o núcleo em torno do qual orbitavam diversas fontes de riqueza: habitações camponesas, uma capela com "todos os seus bens", moinhos, cursos d'água, vinhas, campos aráveis, prados, pontos de pesca. Tudo transferido para o "direito de propriedade assegurado aos cônegos" e, em seguida, registrado em uma carta de doação. Em cujas linhas, a advertência: a posse seria perpetuamente incontestável. Quem ousasse contradizê-la pagaria "cem onças de fino ouro", inclusive os herdeiros dos doadores (ARNOLDI & GABOTTO, 1912, Carta XVI, p. 19-20).

O aviso não conteve o bispo, que se recusou a reconhecer a doação. Provavelmente, não em razão de o Capítulo ter sido o destinatário, mas por que a decisão ocorrera à revelia de sua autoridade. A comunidade de cônegos era parte da Igreja local e dependia da ciência episcopal da mesma maneira que os membros de um corpo dependiam da cabeça para ser voluntariamente movidos. Assim havia ocorrido há quase trinta anos, quando uma doação como aquela foi realizada pela última vez. Na época, tudo o que foi transferido ao Capítulo estampava a aprovação do bispo. Agora, em 990, os termos admitidos durante a concessão violavam a própria tradição local (ARNOLDI & GABOTTO, 1912, Carta XII, p. 9-11).

Aos olhos do bispo, Caserana não pertencia aos cônegos, mas à Igreja de Vercelli, em nome da qual somente o bispado poderia decidir. O Capítulo, por sua vez, não cedeu. A divergência fincou raiz e lançou o bispo e seus subordinados em campos opostos. Embora seja possível sustentar que a elite clerical da cidade permaneceu dividida por muito tempo, as condutas dos grupos rivais e as consequências imediatas do antagonismo são um enigma insolúvel. Não sabemos o que ocorreu. Não há registros a respeito dos seis anos seguintes. O fio dos acontecimentos é reatado somente em abril de 996, quando a disputa foi levada a um tribunal, dando início a uma guerra de manobras documentais.

O julgamento ocorreu em Pávia, perante um juiz imperial. Como ditava a tradição, a causa dos cônegos foi confiada a um advogado, que apresentou ao magistrado a carta de doação. Porém não se tratava da mesma carta de 990. Lido em voz alta, o registro atribuía a concessão à imperatriz, Adelaide. Era conforme a vontade dela que o Capítulo mantinha os bens em Caserana. Ela entregara a fortificação, a capela e a vasta vizinhança rural "para mercê e socorro de minha alma", não sem assegurar: "quem ousar infringir minha doação será amaldiçoado pelo Deus onipotente, Pai, Filho e Espírito Santo, e terá contra si a ira de São Miguel e todos os anjos e arcanjos". É quase impossível resistir à tentação de ver essa carta como a falsificação forjada para oferecer a uma audiência imperial a prova infalível: um testemunho imperial. Caso tenha sido assim, os cônegos adotaram a tática mais eficaz, já que o juiz confirmou a autenticidade do documento e se pronunciou a favor do Capítulo. O bispo tomou o caminho de volta derrotado. De nada valeram as declarações em pessoa e o elevado *status* exibido por ter aparecido rodeado por um séquito de vassalos. A palavra escrita eclipsou a pompa e os gestos de suserano (ARNOLDI & GABOTTO, 1912, Carta XVII, p. 21).

A derrota de Pedro demarcava o limite entre o poderio senhorial e a ordem pública. Seu caso, um entre tantos outros possíveis, era uma demonstração prática de que tribunais como aquele não eram meros espaços de reafirmação de um predomínio já existente, como se os veredictos estivessem selados de antemão pelo peso das redes de vassalos e a influência decorrente do domínio fundiário. Ali eram aplicadas normas que uma figura hegemônica, como a de um prelado de alta posição social, não controlava ou ditava. Era preciso ajustar a maneira de agir às regras que vigoravam em espaços como aquele. Lição que o bispo de Vercelli aprendeu rápido. Cinco meses depois, ele mudou de tática e calibrou seu modo de tratar a questão, ajustando-o a um dos princípios recorrentes na justiça pública: a validação da palavra escrita.

Em setembro, Pedro obteve de Hugo, o marquês da Toscana, uma carta de doação que lhe assegurava o domínio sobre todo o patrimônio vinculado à fortaleza de Caserana. Não havia qualquer menção a concessões prévias ou a sentenças consideradas ilegítimas. Quem pousasse os olhos naquele texto não teria dúvidas: a história da doação iniciava-se ali, com o Bispo Pedro, ninguém mais. Antes daquele registro, tratava-se de um patrimônio pertencente ao Marquês Hugo. Diante da nova ofensiva episcopal, o litígio voltou à corte. Mas, desta vez, a audiência ocorreria em Sale, no interior dos domínios do próprio Hugo e submetida ao crivo de novo juiz. A mudança, aparentemente, não afetou a legitimidade do julgamento. Os cônegos compareceram como antes, enviando o arcipreste e um *advocatus*, para que "a justiça do imperador fosse deliberada e cumprida". A sentença foi novamente favorável. Pedro remoeu nova derrota (ARNOLDI & GABOTTO, 1912, Carta XIX, p. 27-29. • MANARESI, 1940-1941, p. 39-55; 1957, p. 344-351).

Como antes, o veredicto não encerrou o litígio. Como muitas vozes eram investidas da legítima *juris-dictio*, ou seja, da autoridade para "dizer a justiça", era possível recorrer a muitos tribunais, todos situados na mesma posição – igualmente abaixo da corte imperial. Assim nivelados, sem que suas decisões pudessem ser hierarquizadas, cada um deles podia reabrir e julgar novamente uma mesma matéria. Isto permitiu ao bispo de Vercelli recorrer e almejar nova decisão. Diante da insistência, o Capítulo levou o caso a outro aristocrata, igualmente investido das prerrogativas públicas: Arduino, Marquês de Ivrea. Em seis anos, a disputa alcançaria um terceiro juiz.

O que se passou a seguir é um enigma inquietante. Não há maiores registros sobre o que ocorreu após aquele mês de setembro. Dois anos transcorreram desde então como um imenso vazio aos nossos olhos. Livre de evidências, a imaginação se torna indisciplinada e os historiadores dão plena vazão a um passado idealizado. Engajados no nacionalismo, os autores italianos fizeram de Arduino o símbolo medieval da luta moderna por uma nação laica, livre da opressão dos bispos. Preenchendo as lacunas documentais com este espírito patriótico, Luigi Provana descreveu o marquês como um defensor da liberdade contra um bispo tirânico. Após a nova derrota em Sale, Pedro teria se tornado inflexível. Invadiu e se apoderou de Caserana, surdo aos apelos do marquês por um novo julgamento. Sua sanha de riquezas era tamanha, que a população, esmagada pela exploração episcopal, se revoltou e mergulhou a localidade no caos – completou Cesare Violini, cem anos depois. Apesar de criticada, a imagem não desbotou e segue viva. No início do século XXI reencontramos essa versão em que Pedro aparece como figura ameaçadora, um prelado ávido pelo poder, e Arduino como um resoluto defensor da jurisdição civil, um campeão das causas seculares (PROVANA, 1844, p. 61-64. • VIOLINI, 1942, p. 47-61. Cf. tb. SERGI, 1999, p. 363-367; 2002, p. 19).

Essa versão não deve nos iludir, por mais persuasiva que seja. É dificílimo narrar o que aconteceu. Encaramos um vazio. O nome de Arduino reaparecerá apenas em registros de 998, quase dois anos após o segundo julgamento, em Sale. Em todo este intervalo nosso conhecimento vaga a esmo, desorientado, tateando sombras. E se não bastasse o nevoeiro de incertezas, quando as evidências ressurgem, elas informam sobre um rumo inesperado. Reviravolta. Dois anos depois, antes do provável terceiro julgamento, a história era outra.

As evidências em questão são cartas do bispo de outra localidade, Ivrea. Seu nome era Varmondo. A primeira foi endereçada aos prelados vizinhos, cobrando obediência à sua recente decisão: o marquês foi excomungado e todos deveriam afastar-se dele. Arduino tornou-se um seguidor de satã, noticiava a carta, pois havia derramado o sangue dos pobres e assolado igrejas. Sua alma estava tomada pelo maligno, a malícia e a depravação haviam sequestrado seu juízo, transformando-o em um homicida e saqueador que violava a paz da religião. Uma lepra diabólica se apossara do marquês e contaminaria todos que entrassem em contato com ele. Para evitá-lo, era preciso negar-lhe os sacramentos, excluindo-o do convívio cristão e impedindo que aquele membro podre contaminasse o corpo da Igreja. Varmondo compôs outra carta, que deveria ser lida para a "plebe de Ivrea" nos púlpitos e mercados. Neste segundo documento constava que a excomunhão fora decretada em razão dos "intoleráveis males" cometidos contra as Igrejas. E esclarecia: Arduino não era o único punido, pois a sentença recaía igualmente sobre seu irmão, Amadeo. Ambos eram alvos de uma redação enérgica: "que sejam consumidos vivos no inferno e que malditos sejam na cidade, malditos sejam no campo, malditos sejam seus pensamentos e restos mortais, malditos sejam os frutos de seus ventres e de suas terras". Por fim, a carta maldizia todos os cavaleiros que ofereceram auxílio e conselho aos condenados (Excommunicatio et Epistolas, Allocutio ad Plebem. In: PROVANA, 1844, p. 334-341).

Naquele mesmo ano, surgiu outra epístola. Desta vez, o texto havia sido ditado pelo Papa Gregório V a respeito da excomunhão. O pontífice confirmou a sentença emitida por Varmondo e emendou: era uma punição justa, pois nada menos poderia recair sobre quem matava sacerdotes e os incinerava como carniças desprezíveis (Epistola Gregorii P.V. et al. In: PROVANA, 1844, p. 341-343).

O que teria provocado uma reação tão grave? A que estas acusações de depredação, crueldade e assassinato se referiam, concretamente? Que episódio virou de ponta à cabeça a reputação do marquês frente aos círculos clericais do norte peninsular? O que fez o nome murmurado como esperança de justiça no Capítulo de Vercelli passar a ressoar na Igreja de Ivrea como evocação diabólica? Possivelmente, jamais saberemos. No entanto, as migalhas documentais, aparentemente, formam um caminho que conduz até esta resposta: solicitado a arbitrar a disputa acerca da fortaleza de Caserana, Arduino assumiu a defesa dos cônegos e, ao fazê-lo, adotou o antagonismo perante o bispo como causa pessoal. Provavelmente, o fez de maneira imprevista, conduzido pelo jogo de forças sociais da época. Afinal, Pedro, ex-capelão de Oto I, encarnava um poder episcopal em ascensão, cujo predomínio sobre a vida cívica adquiria contornos cada vez mais fortes. Casos como aquele eram rotineiros nas jurisdições de um marquês. Bem, ao menos era assim antes da crescente autonomia pública dos bispos. Agora, um tal litígio poderia tornar-se uma declaração barulhenta de que até as mais elementares prerrogativas laicas eram desafiadas por homens de batina. Ao lidar com o conflito iniciado em Vercelli, Arduino pôs as mãos num cálice de ressentimentos sociais. Naquele contexto, a disputa por terras se tornara um coquetel de rivalidades aristocráticas – do qual ele rapidamente sorveu uma dose amarga (SERGI, 1999, p. 363-367; 2002, p. 19-22. • MacCLEAN, 2017, p. 198-201).

Algo interferiu no curso daquela disputa judicial que ziguezagueava de audiência em audiência provocando uma escalada imprevisível das tensões. A certa altura, a disputa transbordou porta afora dos tribunais. O marquês parece ter recorrido ao uso da força para dissuadir o bispo de Vercelli e reconduzi-lo à paz, à subordinação, como ditava o costume. Como ditava, sobretudo, a tradição com a qual ele se casara. Nas veias de sua esposa, Berta – provável neta do desventurado Rei Berengário –, corria o sangue dos *Anscari*, "a poderosa família que dominava Ivrea desde fins do século IX", como observaram Ursula Brunhofer e Simon MacLean. Arduino encarnava o passado em que um magnata laico não permitiria que um eclesiástico ignorasse sua jurisdição, agisse à revelia de suas instruções, em suma, em que um sacerdote jamais o reduziria a um marquês pela metade. Os registros clericais redigidos em 998 apontam para algo deste feitio: iniciado há quase dez anos, o conflito de andamento monótono protagonizado por Pedro e seus cônegos descarrilou em desastre ao desatar uma espiral de rivalidades sociais. A pendência de corte se tornou mola propulsora de divergências coletivas (BRUNHOFER, 1999, p. 165-169. • MacLEAN, 2017, 199-200).

Antes que as cartas de excomunhão deixassem a Catedral de Ivrea, Pedro morreu. A data do falecimento é incerta. Trata-se de outro fato perdido na nebulosa criada pelo vazio documental de dois anos. Ainda em 998, um capelão imperial chamado Leão foi designado para sucedê-lo. Era o terceiro eclesiástico a se sentar na Sé de Vercelli em menos de vinte e quatro meses – outros dois haviam sido eleitos antes dele, mas não passaram de presenças efêmeras, fugidias, que desaparecem dos registros com a mesma rapidez com que surgem (Diploma 264. *MGH DD O*, II/*DD O*, III, p. 681-682. • ARNOLDI & GABOTTO, Carta XX, 1912, p. 29-32. • BÖHMER-ULIRZ, 1956, p. 669-670).

Todavia, não demorou a surgirem os sinais de que o novo bispo mirava um destino diferente. Antes de se inteirar da rotina da nova diocese, Leão solicitou à corte imperial um privilégio que lhe conferiria poderes desconhecidos por qualquer predecessor. O pedido foi atendido prontamente, já em maio do ano seguinte, quando viajou para Roma. Lá, ouviu a almejada dádiva ser anunciada pelo imperador: a voz do bispo era a autoridade suprema sobre tudo o que ocorresse em Vercelli. Não só a igreja, mas a própria cidade e o interior rural a ela pertencente, pois "todos os bens, funções e poderes públicos foram assegurados, perpetuamente, a ele e a seus sucessores" (Diploma 324. *MGH DD O*, II/*DD O*, III, p. 751-753. • BÖHMER-ULIRZ, 1956, p. 721).

Espiritual ou secular, litúrgico ou judiciário, pouco importava o assunto. Naquele quinhão do reino itálico que levava o nome de território vercellense, tudo o que ocorresse entre o céu e a terra deveria estar de acordo com as decisões do bispo. A última palavra a respeito da vida em sociedade caberia sempre a Leão. Só seria possível contestá-la junto ao imperador, fonte vital daquele privilégio, ninguém mais. Nenhum marquês, conde ou juiz poderia interferir ou desautorizar o cumprimento de suas ordens. O bispado já não era uma instância que ingressava na ordem pública local como uma parte que se encaixava no todo. Era um espaço onde essa ordem era redefinida, ajustada, recriada. Leão não perseguiria, de audiência em audiência, o lugar público adequado a sua posição e seu *status*, como fizera Pedro, seu desventurado predecessor. Ele detinha o poder para criar tal posição. Leão era a mais recente criatura do novo mundo que Oto I abrira aos bispos itálicos.

Porém, a obtenção deste privilégio não era a razão que o trouxera a Roma. O bispo havia pegado a estrada por outro motivo. Ele se dirigiu até o Lácio em busca de assento no sínodo que Silvestre – o novo pontífice – havia convocado. Entre os assuntos reservados à competência da santa assembleia, um se revestia de interesse máximo para Leão: ali seria debatida a reintegração do excomungado Arduino de Ivrea. A notícia de que o marquês falaria ao pontífice e ao imperador havia atraído o alto clero itálico, ansioso para ouvir que satisfações seriam oferecidas às incriminações impetuosamente lançadas por Varmondo. Com efeito, arcebispos e bispos acorreram para a Igreja de São João de Latrão em busca de um lugar na audiência que deliberaria sobre o fim daquele conflito ruidoso. Quando a voz do excomungado começou a ecoar, trançando o ar em volta das antigas colunas da basílica romana, ouviu-se Arduino confessar ter liderado um bando armado até Vercelli anos antes. Seguindo suas ordens, os homens sitiaram a cidade, invadiram-na e assassinaram o Bispo Pedro. Por sua culpa o desacordo provocado por uma doação habitual deixou os salões das audiências palacianas e desandou mundo afora disputado a ferro e fogo até resultar na cena abominável de soldados incendiando o cadáver de um eclesiástico.

Após o murmúrio causado pela confissão, a assembleia decidiu por uma penitência. Os eclesiásticos ordenaram ao marquês que depusesse as armas, se abstivesse de carne, não oferecesse o beijo da paz a homens e mulheres. Não só. Caso desejasse lavar a alma de tão odioso pecado, ele deveria se recusar a vestir linho, a dormir duas noites no mesmo lugar e, principalmente, a participar da Eucaristia. Somente no leito de morte, prestes a se despir da mortalha que é a vida terrena, Arduino poderia receber o corpo do Salvador. Não sabemos se as determinações foram cumpridas. Porém, ainda que tenham sido piamente obedecidas, nenhuma delas redimiria o pecador. A penitência não apagaria a marca deixada por aquela infração. No novo mundo político que se abrira décadas antes, poucos crimes provocariam maior escândalo do que aquele. Ao se confessar assassino de um bispo, Arduino de Ivrea se tornou *hostis publicus*: "inimigo público" do reino itálico (Otonis III et Silvestri II Synodus Romana. *MGH Const.*, 1, p. 53. • BÖHMER-ULIRZ, 1956, p. 711).

2

Pela segunda vez, em menos de meio século, um marquês de Ivrea se humilhou por perdão. Aquela penitência pública tornava-se uma prova de continuidade, a demonstração de que os itálicos ainda viviam as consequências das mudanças ocorridas em 951. Afinal, os homens se comportavam como naquele tempo. Ali, em Roma, estavam eles, repetindo a cena: o jovem Imperador Oto III, encarando o sobrinho-neto de Berengário, como seu avô, Oto, havia feito. Duas gerações depois, a antiga aristocracia do norte peninsular prosseguia sendo levada a se prostrar diante do governo otônida. A cena protagonizada na Basílica de Latrão era um sinal de que as relações de poder no norte peninsular tinham sido afetadas de uma maneira duradoura. As transformações que proporcionaram a ascensão do episcopado ainda vigoravam quase cinco décadas depois, provocando desfechos similares.

Como o antepassado, Arduino era um tipo social arredio a penitências. Por meses, antes da confissão realizada perante o sínodo romano, o falecido Papa Gregório e o próprio Varmondo dirigiram-lhe reiterados conselhos para que se arrependesse. Por mais ásperas e severas que tenham sido as cartas enviadas por ambos, elas clamavam pela urgência em se submeter a uma pena que expiasse o fardo de uma falta tão hedionda. A reação do marquês foi oposta. Ele se aliou a Crescêncio, o *prefectus* de Roma que havia rebelado uma parcela da população e expulsado o pontífice. Em fevereiro de 998, quando Crescêncio convenceu o arcebispo de Piacenza a ocupar o trono petrino e declarar-se papa – com Gregório ainda vivo –, Arduino o apoiou na "frustrada tentativa de rebelião contra o imperador". As aspas abrigam as palavras que, escolhidas por um cronista de Merseburgo, poderiam ter saído da pena de qualquer outro. O tom lúgubre domina os registros e, em uma rara unanimidade, se impõem como memória inviolável: após sucumbir à eficácia destrutiva das armas de cerco imperiais, a revolta chegou ao fim com o "pseudopapa exibido por toda a cidade, montado em sentido inverso no dorso de um asno, segurando o rabo com as mãos". Tinha "os olhos vazados, orelhas e nariz decepados, língua arrancada". Com a humilhação sangrenta, nessa exibição de um troféu humano mutilado, declarava-se vitória sobre Crescêncio *e* Arduino. Durante todo este tempo, excomungado e proscrito do convívio cristão, o marquês aliou-se aos que contestavam o governo saxônico, investiu contra o papa, porta-voz daqueles que o exortavam à penitência (DIETMAR DE MERSEBURGO. Chronicon. *MGH SS rer. Germ. N.S.*, 9, p. 167. • ARNULFO. Gesta Archiepiscoporum Mediolanensium. *MGH SS*, 8, p. 10. • Annales Quedlinburgenses. *MGH SS rer. Germ.*, 72, p. 498. • Vita Meinwerci Episcopi. *MGH SS*, 11, p. 110. • *Liber Pontificalis* 2, p. 261. Cf. tb. ALTHOFF, 2003, p. 62-63. • BÖHMER-ULIRZ, 1956, p. 676-677).

Sua conduta demonstrava que sentenças como a excomunhão apresentavam uma eficácia limitada na resolução do conflito que atingiu proporções imprevisíveis e custara a vida do bispo de Vercelli. Elas não bastavam. Era necessário recorrer a outros meios para resistir e dissuadir o marquês. A penitência nada provocaria em um coração empedernido como o seu, ela seria completamente anulada pela obstinação de um espírito como aquele, que se aliava a um falso pontífice e abria as portas do mundo para o ministro do anticristo. Não era só a alma de um pecador que estava em jogo, mas o destino da sociedade, que era empurrada para a beira do abismo da devastação, dor, desordem. Ao observar a conduta de Arduino, os bispos da época enxergavam rachaduras nos fundamentos da vida comum: as ações de um obstinado eram "mais familiares às técnicas de destruição do que às de governo" dos homens – assegurava o Bispo Dietmar de Merseburgo ao narrar os acontecimentos. O verdadeiro antídoto para tais males era a paz, e esta só seria obtida através do emprego de meios contundentes, capazes de extirpar a fonte dos vícios. Conforme ensinavam diversos Pais da Igreja, no mundo imperfeito dos filhos de Adão, pacificar nem sempre era o mesmo que tolerar, aceitar ou até mesmo perdoar. A paz também advinha da oposição sem trégua; do enfrentamento inclemente; era arrancada a ferro e sangue dos espíritos violadores da lei divina. "Assim como os pecadores fazem mau uso não somente dos males, mas igualmente dos bens, os justos fazem bons usos não somente dos bens, mas igualmente dos males", por isso "os bons fazem bom uso da morte, embora ela seja um mau" – foi o que assegurou um santo africano quinhentos anos antes. Agostinho de Hipona não era o único a acreditar que era possível aperfeiçoar a paz ministrando a morte. "Por vezes, Deus ordena o homicídio": suas palavras encontrariam eco em João Crisóstomo, em Ambrósio de Milão. Na época dos otônidas, essa crença vigorava com uma novidade desconhecida pelos santos da patrística: um bispo era tão responsável pela utilidade da força à fé quanto o poder secular. Esperava-se dele o mesmo engajamento para cobrar à carne humana o preço da paz (AGOSTINHO DE HIPONA. *De Civitate Dei Libri XXII*, 1991, vol. 1, p. 35-36, 560-563. • AMBRÓSIO DE MILÃO. Epistolae Secunda

Classis. *PL*, 16, p. 1.243-1.251. • JOÃO CRISÓSTOMO. Adversus Judaeos. *PG*, 48, p. 849-850, 857, 873-874. • Annales Quedlinburgenses. *MGH SS rer. Germ.*, 72, p. 497. • DIETMAR DE MERSEBURGO. Chronicon. *MGH SS rer. Germ. N.S.*, 9, p. 192. Cf. tb. SIZGORICH, 2009, p. 26-30).

Eis um papel zelosamente desempenhado por Leão. Enquanto os preparativos para o sínodo romano transcorriam, ele reservou uma parcela graúda das rendas diocesanas para a manutenção de uma clientela armada. O bispo de Vercelli viveria rodeado por cavaleiros e os tornaria o bastião da resistência contra Arduino. Ele não renunciaria ao belicismo, nem mesmo após a derrocada do marquês no concílio do papa. Em outubro de 999, o inimigo público dos itálicos foi convocado a uma audiência imperial em Pávia. Seria julgado mais uma vez pela acusação de persistir desembainhando a espada contra o clero e por devastar igrejas. Mas, diferentemente do que ocorrera em abril, quando encarou as fileiras de juízes majestosamente reunidos no sínodo romano, o acusado partiu, abandonando o julgamento antes do fim. Os registros imperiais tomaram a conduta furtiva como uma prova irrefutável de culpa, pois a descreveram com um dos mais impactantes traços do imaginário da época: Arduino teria fugido à noite, isto é, à maneira dos ímpios, buscando refúgio nas sombras e nas trevas. No dia seguinte, a notícia despertou a ira imperial. Enfurecido, Oto transferiu o título de marquês para certo Olderico e baniu o condenado – juntamente com o filho – após confiscar suas terras e entregá-las ao prelado de Vercelli. Ainda assim, Leão não renunciou ao uso da força. Ao contrário, ele cultivou o emprego das armas como se zelasse por um dever espiritual recebido com o episcopado. Não foi o único a fazê-lo (Diplomas 383, 384, 388. *MGH DD O*, II/*DD O*, III, p. 811-813, 818. • BÖHMER-ULIRZ, 1956, p. 775-776, 783).

Quase três anos depois, Oto III faleceu. Ele morreu aos 21 anos, emboscado em Cività Castellana por uma febre repentina chamada *morbus italicus* – provavelmente, malária. Oto retornou ao pó da terra sem ter vivido ao lado de uma esposa. Seu sacrossanto corpo foi baixado à sepultura deixando para trás três coroas vazias, a teutônica, a itálica e a imperial, todas virgens de herdeiros. Sem o sucessor, muitas vozes reivindicaram os títulos de rei. A disputa sucessória se alastrou entre a aristocracia teutônica. Ao Sul, do outro lado dos Alpes, carregada por ventos mediterrânicos, a notícia a respeito do impasse repercutia de outra maneira (Annales Hildesheimenses. *MGH SS rer. Germ.*, 8, p. 28).

Impossibilitada de se deslocar para o norte peninsular, a corte imperial convertia-se numa autoridade remota, cuja eficácia e legitimidade desbotavam. Pois entre os séculos X e XI, um governo efetivo era, necessariamente, um governo itinerante: viagens, expedições ou peregrinações não eram exigências circunstanciais ou decisões puramente pessoais, mas o próprio método de exercer o poder régio. Esse deslocamento incessante tornava possível que territórios muito diversos partilhassem as cerimônias, os símbolos e os gestos de uma mesma corte, assegurando a difusão geográfica das decisões tomadas por uma mesma voz. Assim se encenava os rituais que cultivavam a certeza coletiva de pertencer a uma entidade comum, o reino. Um rei tomava posse do reino e o conservava mantendo-se nas estradas, sempre em movimento, ressurgindo em cidades, igrejas e fortalezas. "Consequentemente, a itinerância se tornou o destino dos governantes otônidas e as longas ausências traziam os maiores males" (BERNHARDT, 1993, p. 48). Tendo vislumbrado na disputa iniciada após a morte de Oto III o início de uma longa ausência da corte em solo itálico, uma parcela da aristocracia trouxe de volta aquele que havia sido condenado como o maior mal a caminhar entre eles. Arduino ressurgiu.

Em meados de fevereiro de 1002, ele se apresentou aos senhores lombardos que o aguardavam em Pávia. No dia 15, a assembleia, formada, majoritariamente, pelas antigas linhagens locais, aclamou-o sucessor legítimo da realeza e entregou-lhe a coroa de ferro. O marquês mobilizava o descontentamento de grandes estirpes lombardas. Dos *Obertenghi*, senhores da Ligúria e do sul piemontês, cujas ordens costumavam alcançar as cercanias de Milão; dos *Aledramidi*, magnatas rurais desconhecidos entre as gentes urbanas, mas jamais esquecidos pelos camponeses; os *Bernardingi*, que exauriram o mundo ao redor de Parma e Cremona para sustentar o reinado de Berengário contra Oto I; dos condes de Lomello e de Lecco. Arduino foi eleito rei dos itálicos na mesma cidade onde havia sido banido da vida pública. Porém, o novo monarca enfrentou uma oposição ruidosa e cuja persistência selaria a transformação das relações entre a fé cristã e o emprego da força física. Uma parcela do episcopado se recusou a reconhecer a coroação do marquês excomungado. O arcebispo de Ravenna e os bispos de Módena, Verona e Vercelli reagiram. Declararam a cerimônia um ato de usurpação e repudiaram o coroado como invasor ao qual era preciso opor-se a todo custo. Eles, então, desembainharam a autoridade das palavras, advertindo os que ofereciam suporte ao marquês, e se fiaram no gume da espada, recorrendo ao emprego da força para impedir que ele fosse obedecido (ARNULFO. Gesta Archiepiscoporum Mediolanensium. *MGH SS*, 8, p. 10. • DIETMAR DE MERSEBURGO. Chronicon. *MGH SS rer. Germ. N.S.*, 9, p. 280-282. • LANDULFO. Historia Mediolanensis. *MGH SS*, 8, p. 57. Cf. tb. SERGI, 1991, p. 363-366. • BÖHMER-GRAFF, 1971, p. 858-859).

A oposição consumava décadas de ascensão política. Ao se levantar contra um rei eleito, aquela parcela do episcopado extrapolava o antiquíssimo papel de mentores régios, seus integrantes iam muito além do que se esperava dos guias morais e espirituais do reino, comportando-se como figuras fundadoras, como agentes do destino da república cristã. Por seu turno, Arduino se deparava com uma adversidade inédita, uma incômoda novidade dos tempos: as tradições lombardas já não bastavam para empossar o governante. A assembleia de grandes senhores costumeiramente reunida em Pávia não era suficiente, deixara de ser a porta política para a sala do trono. Agora, era preciso consultar o episcopado, assegurar seu consenso com o mesmo afinco que a aprovação dos magnatas laicos suscitava. Detentores de prerrogativas públicas e militares, os bispos estavam em condições efetivas de concorrer com as demais forças políticas.

Em julho, a resistência do alto clero ganhou força. O duque da Baviera suplantara os rivais e fora anunciado "rei dos teutônicos" na Catedral de Aachen. Para os eclesiásticos, inclusive os itálicos, a entronização de um senhor com sangue otônida era prova derradeira de que Arduino era um usurpador: a coroa de ferro pertencia a Henrique, o duque há pouco coroado na margem oeste do Império. Desde então, os prelados rebelados contra o Marquês de Ivrea enviavam emissários além das montanhas, encarregados de entregar as cartas que suplicavam por uma intervenção (ADABOLDO. Vita Heinrici II Imperatoris. *MGH SS*, 4, p. 687. • BÖHMER-GRAFF, 1971, p. 866-869).

Enquanto o tempo passava, o Rei Arduino governava com relativa estabilidade. E os escassos registros sobreviventes a seu reinado revelam quão inadequado seria considerá-lo uma espécie de arqui-inimigo episcopal. Os diplomas emitidos em sua chancelaria contêm generosas concessões a igrejas e mosteiros em Pávia, Como, Lodi, Lucca e aos cônegos de Vercelli e Ivrea. O monarca favorecia, inclusive, fundações eclesiásticas recentes, como a Abadia de São Bento de Frutuária. A edificação havia sido iniciada em fevereiro de 1003 por um monge construtor que buscava erguer, no interior da floresta, o reduto que abrigaria religiosos capazes de oferecer estrita castidade, pobreza e obediência em troca da salvação das almas cristãs. Edificada penosamente, disputada palmo a palmo com matagais e lama, a abadia contava com a bênção e o amparo do bispo de Ivrea, Varmondo. Quando Arduino, dizendo-se "rei segundo a Divina Providência", assegurou a esse fundador a posse legítima sobre todas as terras, casas, aldeias, campos, vinhas e bosques ao redor da edificação, "para a salvação de todo nosso reino itálico", ele somou seus esforços aos do homem que o havia excomungado. Ele contava com apoio eclesiástico. Ademais, não se pode esquecer que aos olhos de grande parte da aristocracia lombarda, se havia algum usurpador, se alguém fazia jus à alcunha de "antirrei" era Henrique, não Arduino (Diplomas 1-9. *MGH DD H*, II, p. 699-713. • BRUNHOFER, 1999. • CICCOPIEDI, 2012, p. 30-31. • MacLEAN, 2017, p. 198-201).

Não nos deixemos hipnotizar pela macabra reputação de "assassino de bispos" ou, se preferirmos, de *episcopicida*, conforme cravado em latim pelo biógrafo de Henrique. O reinado arduínico não foi definido pela polarização "o rei *versus* os bispos". Os próprios cronistas imperiais, comprometidos em perpetuar uma versão dos fatos que fosse cúmplice da legitimidade de Henrique, o confirmam. A notícia da coroação dividiu o episcopado. Os prelados de Milão, Cremona, Piacenza, Pádua, Como e Bréscia não se opuseram à eleição do marquês. Não estamos diante da ascensão de algum monarca anticlerical. Não é preciso transformar Arduino nesse heroico precursor de uma política modernista, laicista, que seria encampada séculos depois pelas repúblicas burguesas, para enxergar uma particularidade no desenrolar dessa trama. Há, sim, uma singularidade envolvendo bispos e o controverso rei. Mas ela repousa em outro aspecto, mais sutil e também mais crucial. Não no suposto fato de *todos* os bispos se oporem a Arduino: mas na constatação de que a oposição a ele era mantida *sobretudo* por bispos (ADABOLDO. Vita Heinrici II Imperatoris. *MGH SS*, 4, p. 687. • DIETMAR DE MERSEBURGO. Chronicon. *MGH SS rer. Germ. N.S.*, 9, p. 280-282. • LANDULFO. Historia Mediolanensis. *MGH SS*, 8, p. 57).

Em 1004, Henrique despontou nos horizontes itálicos. Após forçar a debandada dos guerreiros estacionados pelo antigo marquês na passagem entre as montanhas, se dirigiu a Pávia. No percurso, ele se deteve, momentaneamente, em Verona, Bréscia e Bérgamo, pois em cada uma destas cidades exigiu o juramento de lealdade daqueles que "haviam se unido ao mal e [...] agora se afastavam do injusto usurpador", sobretudo os eclesiásticos como o arcebispo de Milão. A ênfase do cronista de Merseburgo sugere que a história era narrada a partir de um princípio: a unidade do reino itálico era medida através da unidade dos bispos em torno de uma figura. Lá onde estava a maioria dos eclesiásticos estava o governo. Após uma jornada de quatro semanas, Henrique alcançou Pávia, área de hegemonia *Anscarsi*. Os dias de maio corriam longe quando ele foi eleito "rei dos itálicos". Todavia, a entronização foi um capítulo menos triunfal do que esta narrativa faz soar. Para assombro dos bispos que entalhavam a memória dos acontecimentos, a população se sublevou no dia seguinte. Uma multidão surgiu de armas em punho. Poucas horas e a cidade ardia, fumegava. Rua acima, um incêndio seguia na direção do palácio. Aclamado no domingo, encurralado na segunda: por pouco a coroação perante o altar dedicado a São Miguel não custou a vida do sucessor de Oto III. Ilhado, em desvantagem numérica desesperadora, o séquito imperial resistiu às investidas dos insurgentes por tempo suficiente para que as tropas teutônicas, acampadas no interior rural, os resgatassem (ADABOLDO. Vita Heinrici II Imperatoris. *MGH SS*, 4, p. 692-694. • DIETMAR DE MERSEBURGO. Chronicon. *MGH SS rer. Germ. N.S.*, 9, p. 280-283. • Annales Quedlinburgenses. *MGH SS rer. Germ.*, 72, p. 521-522. • Annales Hildesheimenses. *MGH SS rer. Germ.*, 8, p. 28. • LANDULFO. Historia Mediolanensis. *MGH SS*, 8, p. 57. • BÖHMER-GRAFF, 1971, p. 899-901).

É uma tarefa árdua atribuir razões para essa revolta paviense. Dominados por uma compreensão metafísica das ações humanas, os textos da época atribuem sua origem a uma fúria inflamada pelo próprio diabo e descrevem os rebelados como uma turba unida por um sentimento de fraqueza, por uma natureza servil, pecadora. Cegos para a justiça, indolentes perante a verdade, os homens preferiam permanecer sob a tirania de Arduino. Detenhamo-nos aqui. Observemos atentamente a referência. Elencando causas sobrenaturais, os textos convergem para esta caracterização: a insurreição era motivada por uma defesa da coroa de Arduino. Esta motivação condiz com um dado propriamente social: ainda que interpretada como maquinação diabólica, a revolta levava os saxônicos a se confrontarem com o fato de existir certa identificação coletiva com o reinado arduínico. Pávia era o teatro da ascensão do rei dos itálicos, onde ele era eleito e entronizado. Cenário maior dos modos de governar anteriores à chegada dos otônidas, a cidade permanecia sob influência dos clãs lombardos. Não só os *Anscarsi*, linhagem de Arduino, mas principalmente os *Obertenghi* arrecadavam rendimentos nos territórios pavienses. A cidade pode lembrar uma "capital", o centro que se impunha à galáxia urbana ao seu redor, uma municipalidade autônoma e altiva. Não era. O palco da coroação régia se curvava-se aos vizinhos, pois integrava a dominação irradiada por outras localidades. Dentro e fora das muralhas circulavam enviados, aliados e vassalos de Turim, base *Anscarsi*, e de Milão, núcleo *Obertenghi*. Provavelmente, está aí a fonte da "motivação diabólica". Inflamada por gentes de outras terras, afetada por interesses de uma elite de muitos lugares, parte da população se enfureceu e enxameou rua afora em defesa do mundo dos marqueses, do velho mundo onde um magnata laico não se dobrava à ordem de um prelado. Arduino representava esse mundo. A revolta, portanto, pode ser explicada como capítulo de um conflito maior, como a explosão de tensões geradas pela desfiguração do mundo dos antepassados (ADABOLDO. Vita Heinrici II Imperatoris. *MGH SS*, 4, p. 691-693. E ainda: NOBILI, 1988, p. 71-81; 1993, p. 77-97. • RICCI, 2007).

Seja como for, a revolta foi o anúncio de uma realidade que se impôs rapidamente: não seria fácil remover Arduino. Sua ascensão não era uma causa pessoal, mas o resultado de um choque de forças históricas, a colisão entre dois mundos políticos. Assim foi quando Henrique retornou para a *Germania*. Em junho de 1004, no momento em que alcançou as bordas do ducado da Suábia, a corte otônida deixou para trás um reino dividido. A marcha até Pávia havia sido vitoriosa o suficiente para assegurar a coroação e reaver o juramento de lealdade de alguns rebelados. Mas não fora o bastante para calar Arduino, que, sem ter sido derrotado, seguia dizendo-se rei itálico e era assim reconhecido por parte do clero, das populações citadinas e das elites senhoriais.

Por dez anos o *Regnum Italicum* foi reclamado por dois monarcas. Assim ocorreu, principalmente, em razão da atuação beligerante de uma parcela do episcopado. Embora as narrativas da época destaquem o apoio empenhado por magnatas laicos, como o Marquês Tedaldo de Canossa, à causa de Henrique, foi o apoio militar dos bispos que sustentou, de fato, o governo do rei ausente. Liderados por Leão de Vercelli, os prelados mobilizaram os contingentes de *milites* que mantinham cidades e fortalezas fora do alcance de Arduino, privando-o de homens e recursos e, com isso, isolando-o na paisagem política do reino. As preocupações da guerra se apoderaram de tal modo do cotidiano episcopal que deixaram marcas no vocabulário dos homens da Igreja. Uma delas teria sido esta, a generalização do emprego do termo "*milites*". Diferentemente do que ocorria, por exemplo, em Roma, onde a herança clássica fazia com que essa palavra desatasse na mente a imagem de soldados a pé e de condição social modesta, como os antigos legionários dos Césares, entre os clérigos letrados do Norte, o vocábulo tornava-se um nome reservado para outro tipo de guerreiro, o cavaleiro de elevado *status* social. A própria linguagem carregaria as marcas dos anos de combates ao sopé de fortalezas rurais e sob o céu de descampados, lugares em que a vitória exigia percorrer grandes distâncias com velocidade e desfechar ataques tão pesados quanto certeiros (WICKHAM, 2015, p. 262-264). Lugares, enfim, em que o destino de muitos era determinado pelo número de homens capazes de arcar com os altos custos de lutar armado sobre o dorso dos cavalos. O crescente emprego desta palavra aponta para uma valorização da figura do cavaleiro como parte do cotidiano eclesiástico.

A linguagem evidencia a transformação histórica. A década de resistência contra o "usurpador" fez com que o uso da força se entranhasse na atuação dos bispos itálicos. Não se tratava de um envolvimento meramente secular, como se os eclesiásticos ultrapassassem a fronteira dos assuntos espirituais e se intrometessem numa província de questões alheias. A atividade militar não abria uma brecha na visão religiosa de mundo, como se, ao praticá-la, um bispo se confrontasse com uma contradição *flagrante* perante o modelo sacerdotal que ele deveria encarnar – conforme assegurava a conhecida interpretação que segue atual (BURKHARDT, 2010, p. 147-151). Participar de campanhas militares tampouco era prova de que os prelados mantinham a "verdadeira identidade" social ocultada por vestes e gestos sagrados, como se a conduta marcial desmascarasse o espírito laico que vivia sob disfarce de médico de almas. Bispos guerreiros não devem ser reduzidos a homens levados por uma personalidade laica ou por um berço senhorial a se apoderar do sacerdócio, convertendo-o numa plataforma de lançamento de interesses trazidos muito antes do ingresso no clero. A vida belicosa não é indício suficiente para concluir que um bispado era mera fachada para ambições outras. No bojo do longo conflito contra Arduino, a guerra não era uma conduta paradoxal ou estranha à função episcopal. Era comportamento coerentemente incorporado à identidade dos sacerdotes.

Pelas mãos armadas dos bispos, a defesa da ordem pública e o cuidado espiritual se fundiram, tornando-se a mesma matéria. Caso a legítima autoridade sucumbisse, o trajeto dos espíritos até a salvação seria interrompido. Pois sem ela não haveria a paz, o que, por sua vez, deixaria todos os cristãos à mercê dos vícios e pecados. Esta ênfase salta aos olhos nas narrativas acerca do período em que o reino itálico permaneceu um corpo político com duas cabeças. Condenado como "inimigo público" em 998-999, o outrora Marquês de Ivrea é descrito como "invejoso da paz, e inimigo da concórdia". Obedecê-lo era prova de que o arbítrio havia se curvado a uma índole servil e se tornara incapaz de emancipar-se do erro e da perversão. O Bispo Dietmar de Merseburgo descreveu assim o reaparecimento daquele semeador da perdição: "nada esperando do futuro, tampouco desejando os condignos frutos da penitência, os lombardos escolheram Arduino como seu rei". A ascensão de um senhor que desprezara a penitência pública indicava um menosprezo coletivo pelos sacramentos, o que, por sua vez, anulava os elos espirituais estabelecidos diante do altar. Em outras palavras, quem acatava uma liderança como aquela maculava a pureza cristã, desprezava as leis de Deus, desfazia a unidade da Igreja. Sob este prisma, a obediência a Arduino não era apenas ilicitude secular, mas desvio sacramental, pois a lealdade assim jurada dividia os cristãos, impedindo-os de viver unidos, em comunhão. Enquanto vigorasse, ela seria uma corrupção ambulante da Eucaristia, pois tomar partido daquele rei era comungar do "corpo e sangue do senhor Judas" – segundo Adaboldo, biógrafo de Henrique (ADABOLDO. Vita Heinrici II Imperatoris. *MGH SS*, 4, p. 692. • DIETMAR DE

MERSEBURGO. Chronicon. *MGH SS rer. Germ. N.S.*, 9, p. 193, 280-282. • LAN-DULFO. Historia Mediolanensis. *MGH SS*, 8, p. 57).

Essa imagem de uma santa ceia degenerada, na qual os partidários do rei maldito aparecem compartilhando o pão e o vinho em memória do apóstolo traidor, indica que o engajamento militar pela coroa foi vivido pelos eclesiásticos como um dever propriamente apostólico. Guerrear era revelar a verdadeira fé a espíritos confundidos pelo mal. Diante de tal identificação com a via das armas, é difícil conceber que os bispos tenham se limitado a ouvir as confissões dos moribundos tombados em batalha, conduzir relíquias à frente das tropas ou orar e jejuar pela vitória. Ainda que incluamos nesta lista de possíveis papéis a atuação para justificar a guerra e mesmo para prover os exércitos de guerreiros, recursos e instalações, não alcançaremos o envolvimento clerical possibilitado pelo governo otônida. Os bispos não eram coadjuvantes das campanhas militares ou mentores ideológicos que as exaltavam sem nunca ter colocado os pés na terra tingida de vermelho humano.

Os prelados que se opunham ao eleito dos lombardos possuíam razões suficientes para manejar as armas com a mesma liberdade com que celebravam missas. Empenhados na preservação de um novo mundo político, eles agiam à maneira de um Bruno de Colônia. Falecido em 965, este irmão de Oto I havia sido um destacado arcebispo guerreiro, "tendo governado o povo e encarado os perigos da guerra" até os últimos dias de vida, conforme o biógrafo empenhado em santificá-lo. Toda vez em que o santo homem bramiu a espada, prossegue o apologista, a própria lâmina reluziu esta verdade divina: "somente ao realizar feitos assim, aquele guardião e mestre dos fiéis oferece-lhes o raro dom da paz e os salva das vastas trevas, onde não há presença da luz". As descrições a respeito dos bispos itálicos imersos na luta pelo reino indicam um envolvimento similar, ou seja, para resgatar almas, lançavam-se à guerra (RUOTGER. Vita Brunonis archiepiscopi Coloniensis. *MGH SS rer. Germ. N.S.*, 10, p. 23-24).

As alusões ao "auxílio e à fidelidade" devotados à causa de Henrique por Frederico, arcebispo de Ravenna, também remetem a obrigações militares. Há cento e cinquenta anos o termo *auxilium* era empregado para designar o dever, então assumido por um vassalo, de oferecer a espada ao seu senhor. Era cada vez mais raro que a palavra despontasse em uma expressão como essa dizendo respeito às ideias mais gerais de assistir ou ajudar. Como se, no caso em questão, "auxiliar" significasse apenas colocar as posses à disposição da luta contra o marquês. O mais provável é que a palavra tenha expressado o sentido que a acompanhava com frequência desde meados do século IX, quando *auxilium* foi adotado como o nome da solene fidelidade que os grandes aristocratas provavam em campo de batalha (DEVISSE, 1968, p. 179-205). Encontramos os bispos rodeados pelo vocabulário bélico. E isso se dava em uma redação simples o bastante para que alguns indícios eloquentes quase passassem despercebidos. É o caso de trechos como este: "Arduino veio até Verona com uma grande multidão e tomou o ponto de passagem até então defendido pelo bispo da mesma cidade". Redigida como *munitas,* a ideia de "defendido" implica, em primeiro plano, "fortificado", "assegurado", "protegido". Relida à luz deste significado, a frase narra o momento em que o contestado rei se apoderou de uma localidade que o bispo veronense havia guarnecido com homens armados (DIETMAR DE MERSEBURGO. Chronicon. *MGH SS rer. Germ. N.S.,* 9, p. 251).

Por dez anos, Arduino pelejou contra barreiras desse tipo. Por dez anos, governou à margem, obedecido apenas nos territórios que rodeavam alguns dos maiores bispados do reino itálico. Durante todo esse tempo, jamais se rendeu. Buscou, obstinadamente, reverter essa condição de "rei periférico" (SERGI, 2002, p. 22), forçando a passagem até as cidades em poder dos prelados por diferentes caminhos. Por vezes, as assediava com privilégios de uma legitimidade contestada: tentava convencer os defensores a mudar de lealdade e abrir-lhe os portões urbanos em troca de prerrogativas e bens que se encontravam muito além de seu efetivo poder de concessão. Em outras ocasiões, ele se arriscava ao ataque, lançando-se em expedições militares de eficácia tão modesta quanto provisória. Cada nesga de terra conquistada era perdida adiante. O governo arduínico gangorreava, indo e voltando entre o êxito episódico e o revés duradouro. Graças, sobretudo, à oposição militar eclesiástica. As possibilidades de ação ao alcance do marquês eram, reiteradamente, reduzidas pelas forças que os prelados itálicos lideravam em escalas crescentes. Décadas depois, a amplitude das mobilizações seria louvada em poema. Por submeter o "usurpador" a um longo e penoso cerco, acuando-o no Castelo de Sparrone por um ano inteiro, Leão de Vercelli foi lembrado em verso como aquele que "pela Igreja combateu, de corpo e alma / Da coroa privou quem se dizia rei entre gentios... / Paz no céu, paz na terra, regozijam-se os anjos". Assim foi até 1013, quando Henrique retornou à península. Desta vez, seguiu até Roma para ser coroado "imperador dos romanos". Embora tenha assegurado a consagração do próprio irmão como arcebispo de Ravenna, o novo *Cesar* partiu como da primeira vez: sem enfrentar o rival (BENZO DE ALBA. Ad Heinricum IV. Imperatorem Libri. *MGH SS,* 11, p. 635. Cf. tb. JOHNSON, 1932, p. 159).

Segundo o Historiador Girolamo Arnaldi, àquela altura, Arduino era um governante alquebrado. A notícia da coroação imperial teria agravado em sua consciência a certeza de que já não possuía condições de opor a mínima resistência ao rival. Por isso, teria enviado uma oferta desesperada a Pávia, para onde Henrique seguiu após a coroação. Os emissários entregaram a promessa de que o marquês renunciaria definitivamente à coroa em troca da obtenção de um condado. O imperador recusou. Eis uma cena improvável. Difícil conciliar a conduta aí descrita com o que se passou imediatamente depois. Após o regresso da corte teutônica, Arduino lançou nova investida para reafirmar seu poder: atacou Vercelli, Como, Novara. As cidades foram capturadas e os três bispos expulsos (Diplomas 306, 320. *MGH DD H*, II, p. 382-384, 400-402. • BÖHMER-GRAFF, 1971, p. 1.017, 1.020-1.021. • ARNALDI, 1962, p. 59-60).

Entretanto, em pouco tempo, Vercelli foi retomada pelo já cinquentenário Leão. A nova derrota para o adversário mais tenaz parece ter ferido mortalmente as reivindicações de Arduino. Ele depôs as armas e se retirou para o Mosteiro de São Bento de Frutuária, do qual havia sido um generoso benfeitor. Estava doente. No momento em que vestiu o hábito monástico e teve o topo da cabeça raspado como sinal de que ingressara na vida religiosa, Arduino abdicou à coroa de ferro. Em dezembro de 1014, ele faleceu rodeado pelas preces dos monges, que o sepultaram no altar maior de sua igreja. Sentenciado como um "inimigo público", o Marquês de Ivrea confiou seus restos mortais a homens virgens e letrados, que buscavam imitar a perfeição celestial através da contemplação, pureza e solidão espiritual. O "adversário da paz", o "episcopicida", morreu acolhido por quem era reverenciado por viver à imagem e semelhança dos anjos (BÖHMER-GRAFF, 1971, p. 1.034-1.035).

O desaparecimento daquele rei não arrancou dos cronistas senão poucas linhas. No entanto, mesmo abandonada à míngua das palavras, sua morte é o emblema de uma época. Afinal, ele consumou a decisão de retirar-se da vida pública após sofrer a retaliação de um bispo guerreiro. A reconquista de Vercelli provocou a reclusão da voz que uma expressiva parcela das elites do *Regnum Italicum* havia seguido como a autoridade legítima. Foi então que renunciou ao mundo e retirou-se para o deserto espiritual do claustro aquele que havia concedido imunidades fiscais, prerrogativas públicas e até o controle da justiça a igrejas, mosteiros e cidades. Privilégios que não foram declarados nulos ou inválidos – as doações outorgadas à Abadia de Frutuária, por exemplo, foram confirmadas pelo próprio Henrique e sucessores. Foi o fim de um governo efetivo, exercido de fato e cujas consequências não seriam desfeitas ou apagadas. Foi Leão de Vercelli, não o Rei Henrique, o responsável pelo acontecimento que precipitou o fim do reinado de Arduino. Um bispo selou o desfecho de um longo conflito pela instauração da ordem pública.

O episódio continha a síntese de uma longa transformação, pois indicava que os prelados que sustentaram a oposição ao marquês tornavam-se o modelo eclesiástico dominante (Diplomas 70, 305. *MGH DD K*, II, p. 87-88, 423-426. • BÖHMER-GRAFF, 1971, p. 902, 1.028-1.029).

Era dever do bispo redimir a vida pública através da guerra.

3

Enquanto Leão e outros clérigos faziam da espada um cajado para pastorear almas, do outro lado dos Alpes, uma iniciativa difundia uma visão diversa acerca do engajamento armado – principalmente, a respeito dos próprios eclesiásticos.

Desde o fim dos anos de 980, a oeste das terras imperiais, no distante interior da Gália, concílios eram reunidos em cidades da Aquitânia e do Auvergne para decretar medidas que assegurassem a paz local. As convocações, porém, não eram limitadas ao clero. O desígnio que as motivava era justamente o de se dirigir ao conjunto da sociedade cristã, a todos os fiéis. Por esta razão, entre a numerosa audiência que se aglomerava nos átrios das igrejas era possível distinguir as inconfundíveis silhuetas dos mandatários laicos, como os duques, os condes e os viscondes, cada um se deslocando pelo espaço como o sol em torno do qual orbitava um planetário de parentes, vassalos e auxiliares. Os sermões e as celebrações que ecoavam desde o altar eram acompanhados também por grupos de castelões e cavaleiros que viviam nas proximidades. Em muitas ocasiões, estas concorridas assembleias atraíam ainda um vasto *concursus popularis*, isto é, uma multidão de indivíduos cuja posição social não podia ser discernida através de séquitos, vestimentas, adornos ou gestos. Entre esses, encontraríamos pessoas oriundas de diversos extratos sociais, jovens e idosos, homens e mulheres, citadinos e camponeses – todos, provavelmente, igualmente explorados.

Os principais promotores dessas assembleias eram os bispos. Eles as anunciavam e presidiam, assegurando que cumprissem um propósito acima de tudo: determinar medidas que aplacassem a ira divina. Pois estavam convictos de que haviam enfurecido a Deus. As carestias, as tempestades, as pragas que se abatiam sobre seus bispados e devastavam as colheitas e os alimentos duramente estocados eram flagelos enviados do alto para castigar as localidades que haviam se desviado do caminho da retidão, convertendo-se em antros de pecadores. Somente quando aquelas comunidades retornassem à obediência, a Providência se abrandaria e chamaria aquelas calamidades de volta aos céus. Por isso, esses concílios se tornavam grandes celebrações da liderança eclesiástica. Durante seu transcorrer, os padres exibiam relíquias e asseguravam que a veneração pública dos restos mortais dos heróis da fé intercederia junto a Deus. Eles exortavam a todos a se tornarem devotos dos santos e dos milagres anunciados ali pela primeira vez, persuadindo os ouvintes de que seu bem-estar dependia de honrar aqueles símbolos da fé com doações e peregrinações. Mas não só. Para provocar a misericórdia divina – pregavam os bispos – os cristãos deveriam moderar o consumo de vinho, observar a castidade, respeitar os dízimos. Esse empenho para reformar o convívio cristão concretizava uma apreciação coletiva da responsabilidade clerical sobre o conjunto social (COWDREY, 1970, p. 42-67).

No entanto, aos olhos dos bispos de cidades como Charroux, Limonges, Le Puy e Poitiers nem todas as calamidades que os rodeavam eram punições impostas pelo Criador. Muitas originavam-se ao rés do chão da Criação. Eram consequências do livre-arbítrio e da concupiscência. Os eclesiásticos se referiam a elas como *malae consuetudines*: "costumes malignos". Eram ações que decorriam de decisões tomadas não conforme a verdade da fé, mas segundo anseios mundanos que, herdados de gerações mortas, confundiam o juízo dos vivos, levando-os a agir de maneira nefasta, perversa. Eis a fonte das matanças, pilhagens, espoliações. Todavia, justamente por ser isso, ela poderia ser barrada. Bastava endireitar a mente dos perpetuadores e atá-los ao verdadeiro discernimento. Os senhores e guerreiros próximos eram convocados para isso. Uma vez diante do altar, tendo um imenso plenário conciliar como testemunha, eles prestavam o juramento solene de não ceder à tentação dos costumes. Com os olhos vidrados em relíquias e as bocas empenhadas em fé pública, eles entoavam a promessa de não ceder aos "hábitos malignos", isto é, de não incorrer nos atos que violavam a paz.

Realizados com uma frequência crescente a partir de 989, os concílios "d'além das montanhas" transformariam a manutenção da paz em sua razão primordial. Não deve causar espanto, portanto, que os historiadores do século XIX os tenham batizado de "concílios da Paz de Deus" (KLUCKHOHN, 1857. • SEMICHON, 1857). Mas que paz eles promoviam? Por mais prosaica que possa soar a pergunta é preciso sacá-la. No *Regnum Italicum*, como temos visto, a paz poderia ser sinônimo de destruição. Pacificar era uma ação que incluía a coerção e o confronto, e que poderia ganhar a realidade reforçando a oposição entre aliados e oponentes, ao invés de saná-la ou amenizá-la. No caso da Gália, tratava-se de outra paz. Aquelas assembleias conferiram realidade a uma definição distinta. Lá, haveria paz quando três disposições elementares fossem preservadas. Em primeiro lugar, não invadir igrejas e não roubar suas posses. A segunda consistia em não atacar os desarmados, especialmente o clero. Por fim, a terceira premissa determinava que as colheitas e os bens dos camponeses e pobres não fossem tomados ou destruídos. Estes eram os costumes que roubavam espaço à paz (GOETZ, 1992a, p. 259-279; 1992b, p. 131-145).

Esse tríplice fundamento foi estabelecido na cidade de Charroux, quando a primeira iniciativa deste tipo foi realizada, e se manteve como premissa essencial, esparramando-se pela Gália à medida que o exemplo era seguido por dignitários da Borgonha, do Berry e de uma parcela da Champagne. As mobilizações inspiradas nesse exemplo multiplicaram-se. É verdade que seu rastro desaparece no ano 1000 e ressurge somente duas décadas depois. Contudo, essa aparente interrupção não ofusca a constatação de que a "Paz de Deus" era promulgada quase ano a ano, sobretudo após 1019. Portanto, mais e mais cristãos eram alcançados pela definição da paz como inviolabilidade do patrimônio eclesiástico, proteção de certos grupos de pessoas e a preservação dos rendimentos agrícolas (MANSI, 19, p. 89-90).

Em Narbonne, no ano de 990, os padres conciliares asseguraram que só haveria paz quando os aristocratas cessassem as invasões contra os bens dos eclesiásticos. Quatro anos depois, as dezenas de vozes cerimoniosamente reunidas pelo bispo de Le Puy engrossaram o coro a respeito da sacralidade das posses de igrejas e mosteiros, advertindo: quando um laico se apodera dos bens de um bispo, um abade ou um prior, comete uma usurpação. A menos que fosse imediatamente devolvido aquilo que caíra em mãos laicas, o responsável por tal invasão seria excomungado e toda a comunidade local conviveria com a desordem. E não se tratava só de terras. O mal faria morada entre os fiéis se alguma renda, oferenda e até os sepultamentos sofressem a interferência laica. Servir-se dos objetos ou dos celeiros das igrejas era roubar e quem cometia tais atos "não era amigo da paz, pois dela discordava através de violências", afirmou o Concílio de Beauvais, em 1023. As medidas reforçavam a posição social do clero e convertiam a defesa de seu *status* em tema central dos juramentos exigidos. Foi o que ouviram todos os que estavam presentes em Limoges, quando o Bispo Jordão deu início ao concílio do ano de 1031. Com "o coração em dor", disse ele, "clamo aos poderes seculares que, entres meus paroquianos, se recusam a ouvir sobre a paz", pois se apossavam dos bens dos santuários e atormentavam os ministros de Deus (MANSI, 19, p. 103-104, 271, 272, 509. • ADEMAR DE CHABANNES. Sermones. *PL*, 141, p. 115-124. • Gesta Pontificum Cameracensium. *MGH SS*, 7, p. 474).

Pregações como a de Jordão continham ainda outro preceito. Aquele que dobrava o joelho e prometia, perante Cristo e os santos, obedecer às palavras do senhor bispo deveria recordar sempre que a quietude da Igreja não estava confinada a paredes ou cercas. Onde estivesse um clérigo aí estaria a razão do juramento prestado nos concílios. A causa da paz peregrinava mundo afora: os guerreiros a encontrariam cavalgando por estradas, singrando rio abaixo e ou atravessando o pórtico de uma cidade. Pois ela estava encarnada em certos tipos sociais, fazendo-se real na segurança dos que não podiam se defender. Por isso, em primeiro lugar, esperava-se que os juramentos pusessem um fim nos ataques contra "os clérigos que não portam armas seculares", isto é, "o sacerdote ou diácono que não carrega o escudo, a espada, o elmo e a couraça, e se faz, simplesmente, um caminhante", conforme fora determinado em Charroux (989), Vienne (1000?), Poitiers (1014?), Toulouges (1027), Vic (1033). Os padres desarmados não eram os únicos a ser poupados. Nenhuma agressão poderia ser cometida contra os monges, acrescentaram os concílios de Le Puy (994), Verdun (1019) e Beauvais (1023). A lista contava ainda com monjas, viúvas e damas que viajavam desacompanhadas de seus maridos. Se todos não chegassem e partissem ilesos, o pacto firmado nos concílios estaria quebrado e a excomunhão se tornaria o destino certo de muitos (RAUL GLABER. Historiarum libri quinque. *PL*, 142, p. 678. • MANSI, 19, p. 89-90, 265-268, 271-272, 483-484).

A "salvação e a paz" evocadas nos concílios da Gália incluíam ainda a proteção das colheitas. Elas deveriam ser preservadas antes mesmo que os alimentos fossem recolhidos e armazenados. Quem impedia a terra de germinar perturbava a "santa justiça". Por isso, os cânones proibiam o roubo ou a execução de animais usados na lida com o solo, desde bois, cavalos e mulas – fontes da tração para o arado – até porcos, vacas e ovelhas – dos quais se obtinha não somente a carne e o leite, mas a fertilização dos campos. Reunidas em regiões assoladas pela fome, algumas assembleias estenderam o alcance dos juramentos, exigindo que fossem deixados intactos vinhedos, moinhos, aviários, celeiros. Os padres reunidos em Vienne proibiram, inclusive, que fossem queimados os utensílios usados no cultivo, como o machado ou a charrua, uma adaptação do antigo arado herdado dos romanos. Era assim que a "Paz de Deus" chegava aos camponeses: considerando-os como parte do processo de colheita. Eles não eram considerados da mesma maneira que os demais grupos sociais. Aos olhos dos legisladores conciliares, os homens e mulheres que revolviam o sustento do chão estavam mais próximos dos animais domésticos do que dos clérigos e monges. Raciocínio semelhante assegurava certa proteção aos mercadores: era proibido espancá-los ou roubá-los, pois isto afetaria o transporte da colheita (ADEMAR DE CHABANNES. Sermones. *PL*, 141, p. 115-124. • Gesta Pontificum

Cameracensium. *MGH SS*, 7, p. 474. • MANSI, 19, p. 89-90, 265-268, 271-272. • GOETZ, 1992a, p. 264-270).

Embora diversificadas por particularidades locais, todas essas medidas reforçavam uma mesma percepção: a de que a paz pressupunha uma contenção do uso da força física. A sociedade estaria pacificada quando a vontade das armas não mais se impusesse como juiz da integridade de pessoas e bens. Este princípio teria afetado, sobretudo, os sacerdotes. Afinal, os concílios não exigiam proteção para todos os integrantes das ordens sagradas. Apenas para os desarmados. Hans-Werner Goetz tem razão ao sugerir que é "provável que a oferta de proteção legal ao clero tenha ajudado a proibição de portar armas a prevalecer". Com isso, os bispos passavam a ditar regras sobre a paz mediante a condição de afastarem as mãos das espadas (GOETZ, 1992a, p. 266).

O contato clerical com o armamento tornava-se uma forma de poluição. Ao tocá-lo, um sacerdote era contaminado pela imundície de um mundo permanentemente encharcado de sangue e morte. Corrompido por essa infecção, o padre já não poderia ser um condutor dos dons do Espírito Santo e os sacramentos ministrados por ele não passavam de práticas vãs, ocas, desabitadas por qualquer centelha de perdão divino. A lâmina era convertida em tabu eclesiástico. Os ministros de Deus deveriam recusá-la, pois manejá-la era ceder a um ímpeto de assuntos inteiramente terrenos, que diziam respeito às pulsões da carne, não aos cuidados do espírito. Ao lado do dinheiro e do sexo, a espada seria a fonte de um contágio fatal para quaisquer integrantes do clero. Movidos por essa concepção, alguns concílios da Paz de Deus exigiram que os eclesiásticos se afastassem daqueles contatos malditos. Em algum momento entre os anos de 1000 e de 1014, os prelados reunidos em Poitiers determinaram que "nenhum sacerdote aceite ou requeira dinheiro para [ministrar] uma penitência ou outro dom do Espírito Santo". Ao que acrescentaram: "que nenhum presbítero ou diácono mantenha uma mulher em sua casa, tampouco a instale em uma edificação auxiliar ou em um local secreto para fornicações". Aquele que ousasse fazê-lo seria "banido de todo grau [eclesiástico] e proibido de celebrar o mistério sagrado entre os homens". Após anunciar proibições idênticas, a Assembleia de Bourges, 1031, foi mais longe. Não apenas as esposas e concubinas dos clérigos seriam repudiadas, mas seus filhos jamais deveriam ser aceitos no sacerdócio, pois "todos os nascidos do matrimônio ilegítimo foram nomeados 'sêmen maldito' pelas Escrituras' e sequer possuíam direitos hereditários seculares" (MANSI, 19, p. 268, 503-504).

Os concílios formavam, assim, um ideal de pureza clerical que era difundido "desde as províncias de Arles e de Lyon até os confins de toda *Francia* [...] como uma instituição para a reforma da fé sagrada" (RAUL GLABER. Historiarum libri quinque. *PL*, 142, p. 678). A proteção exigida através dos juramentos de paz não era justificada como um privilégio de classe, mas como condição imposta por uma causa maior, universal, a defesa da religião cristã. A salvação de todos estava em jogo quando as assembleias se punham a combater a *simonia*, isto é, a detestável prática de barganhar um bem espiritual através de dinheiro ou de favores. O nome era inspirado em Simão Mago, um trapaceiro das coisas celestiais que havia oferecido dinheiro ao Apóstolo Pedro em troca do acesso aos dons de Deus (At 8,9-24). A condenação dos simoníacos extirpava uma fonte de heresia do convívio cristão. O mesmo ocorria através da exortação à castidade. Somente afastando os clérigos da luxúria que habita a carne pecadora se asseguraria que a verdadeira comunhão era celebrada diante do altar. Caso contrário, os fiéis não estariam unidos em Cristo. Pois a substância do Seu corpo não se revelaria numa mão imunda, infecta, que tocava a hóstia e o cálice depois de ter tateado a volúpia carnal. Ao jurar obediência à Paz de Deus, a sociedade local passava a cooperar com o clero na missão de zelar pela remissão de todos os pecados. Reforçava-se um pacto espiritual. Os fiéis zelavam pela segurança e a quietude dos prelados, que, assim, não teriam justificativa para se imiscuir em assuntos mundanos, mantendo-se puros e livres do mal. E a pureza eclesiástica era necessária para "dissuadir o diabo de corromper a santa religião", conforme proclamou-se no Concílio de Poitiers, 1029. Desarmados das espadas mundanas, os clérigos se tornavam escudos vivos de todo o gênero humano na guerra pela redenção espiritual (MANSI, 19, p. 495).

As proibições ao dinheiro, ao sexo e às armas davam forma a uma excepcionalidade social do clero. Obedecendo-as, se traria à vida, finalmente, o modelo de conduta pacífica e de pureza pastoral decretado desde o fim da Antiguidade. As interdições modelavam uma consciência corporativa: ao acatar as ordens para viver conforme os estritos limites daquele código de conduta, diáconos e presbíteros deveriam perceber que pertenciam ao segmento superior dos cristãos. Que se soubessem integrantes de um círculo de eleitos, daqueles que haviam sido escolhidos para converter a própria vida num instrumento de intercessão junto aos céus. Ao lado da condenação da simonia e da observância do celibato, o desarmamento fortalecia esse modelo de autoridade. Nos concílios de paz reunidos na Gália, a renúncia às práticas bélicas se firmou como uma exigência da identidade clerical. A característica teria sido adotada pelas elites de diversas províncias, dos litorais ibéricos às falésias britânicas, influenciando, decisivamente, o conjunto da Cristandade e seu curso histórico. Por sua vez, esse processo teria feito do século XI um marco no combate à atuação militar eclesiástica. Assim concluiu, por exemplo, Lawrence Duggan: "em toda história do cristianismo não há paralelo para a intensidade com a qual concílios e sínodos reiteraram as denúncias sobre o porte clerical de armas, [expressando] um inequívoco consenso entre os reformadores da época" (DUGGAN, 2013, p. 99-101).

Não era assim no *Regnum Italicum*. Enquanto os prelados da Gália descobriam na renúncia ao porte de armas um dos caminhos que conduziam ao reino de Deus, os bispos e arcebispos itálicos encontravam na atividade guerreira um dever pastoral. Estamos diante de duas concepções distintas a respeito da paz. Para um dignitário de Vercelli ou mesmo de Roma as notícias que davam conta dos concílios reunidos do outro lado dos Alpes diziam respeito a uma paz débil, algo furtiva, pois levava os eclesiásticos a se omitirem perante as ofensivas contra a integridade da religião. Instalada neste mundo imperfeito, composta por criaturas exiladas do paraíso por sua própria culpa, a Igreja não alcançaria a harmonia sem enfrentar turbulências. Manter os pecadores fiéis à sagrada aliança oferecida por Deus era uma missão a ser realizada *no* mundo e exigia a remoção dos obstáculos terrenos à justiça: destruindo-os, se fosse preciso. O sacerdócio era um magistério que incluía a tarefa cruenta de ensinar as mentes obstinadas a reconhecer o valor da paz, forçando uma abertura em seu discernimento através da dor e da coerção. Abdicar a esse dever, conforme encorajavam os plenários conciliares da Gália, era entregar a alma ao mundo e sobreviver em um cativeiro espiritual.

Eis uma constatação emblemática: ao longo do século XI, quando adotasse a prática de proclamar a "Paz de Deus", o papado o faria sempre fora da Península Itálica. Em 1049, Leão IX proclamou aquela paz em Reims; em 1060, um cardeal o imitou enquanto presidia um sínodo em Tours; exemplo seguido por outro cardeal oito anos depois, em Gerona; em 1078, o Bispo Amato de Oloron convocou um novo plenário clerical na cidade e renovou a decisão "em nome de Gregório VII"; o clero de Poitiers testemunhara uma cena similar meses antes, quando o Bispo Hugo de Die se ocupou dos conflitos locais dizendo-se legado pontifício; em 1095, Urbano II incluiu o assunto entre os cânones aprovados em Clermont. Nessas ocasiões, o porte de armas e o combate no mundo foram proibidos aos clérigos. Os que desacatassem, seriam degradados do sacerdócio. Porém, diferentemente do que ocorria com outras matérias, durante todo esse tempo, tais decisões não foram anunciadas em terra itálica. Contraste marcante. Nada sutil. Renovadas quase década a década no outro lado dos Alpes, as proibições que exigiam o desarmamento eclesiástico não eram proclamadas sobre os territórios controlados ou margeados pelo bispado de Roma – territórios frequentemente em guerra. O contraste endossa a conclusão: ao proclamar as interdições, o pontífice e seus enviados afirmavam normas especificamente galicanas. Autoridade universal, paz regional (MANSI, 19, p. 925-928, 1.070-1.072; 20, p. 498-499, 517-520, 817. • HUGO DE DIE. Epistola ad Gregorium VII pontificem. *PL*, 157, p. 509-511. • GREGÓRIO VII. *Register* 5, p. 17. • *MGH Epp. sel.*, p. 378-380. • PFLUGK-HARTTUNG, 1886, t. 2, p. 205. E ainda: SOMERVILLE, 1990, p. 159-163).

Entre os itálicos, quem não resistia ao mal de todas as maneiras possíveis já não era um pastor, mas um raptor da própria Igreja. A convicção – encontrada no engajamento dos eclesiásticos contra o reinado do "inimigo público" de Oto III –, preenche as entrelinhas de uma carta enviada por Leão de Vercelli ao Rei Henrique. Ditada em algum momento entre 1016 e 1017, a epístola relatava a saga do bispo para defender a si e ao seu bispado contra a perseguição movida por inimigos. Velhos inimigos. Leão prosseguia medindo forças com os Arduinos. Agora, ele lidava com Humberto, filho do falecido marquês.

Certa vez, relatou o bispo, ele se viu acossado pelo herdeiro, que surgiu de súbito à frente de um bando de cavaleiros. Entre os invasores, Leão reconheceu "dois meus", dois guerreiros que haviam se ajoelhado diante dele com juras de fidelidade, mas se bandearam para a traição, corrompidos, de alguma maneira, pelo insidioso Humberto. Os desertores se juntaram à horda formada por homens de Ivrea para "me sitiar, sequestrar e matar" – assim consta nas palavras ditadas para os olhos do rei saxônico. Mas os atacantes subestimaram a força militar do eclesiástico. Não por inexperiência ou despreparo. O próprio Leão o fizera. Ele se mostrou surpreendido com a linha defensiva que surgiu em seus domínios: "estavam comigo mais cavaleiros do que eu esperava", disse o bispo guerreiro. Após colidir com a inesperada muralha humana, "pela graça de Deus, todos aqueles que invadiram a terra da Igreja de Vercelli se colocaram em fuga, após muitos caírem prisioneiros e muitos outros tombarem feridos, tendo deposto os escudos e as armas" (ARNOLDI & GABOTTO, 1912, Carta XXXVI, vol. 1, p. 44).

A traição e a surpresa narradas na carta são, provavelmente, artimanhas retóricas. É difícil se deixar persuadir pela imagem do líder cinquentenário pasmo, do calejado homem de armas, que defendera aquelas mesmas terras daquela mesma linhagem por mais de uma década, desconcertado por duas deserções e pelo apoio recebido na hora mais crítica. Não é improvável que tais nuanças tenham sido acrescidos ao real durante a redação da epístola. Projeções assim não eram incomuns, ainda mais quando proporcionavam referências muito bem-ajustadas à conveniência do relato. Pois juntas, elas marcam uma dicotomia. Elas nos fazem ver, de um lado, um justo bispo, espontaneamente resgatado da agressão de traidores ignominiosos, e, do outro, um magnata que, incapaz de trilhar o caminho da legitimidade, termina derrotado pelo imprevisto, pela fortuna dos acontecimentos, não tanto pela vontade de alguém. Ainda que tenha sido assim, tais manobras retóricas são evidências históricas. Descartá-las seria um equívoco ingênuo. Certamente, não se trata de considerá-las indícios confiáveis dos acontecimentos narrados – eles ocorreram desse modo? Foram idealizados? Inventados? Aliás, quem pode assegurar se ocorreram de fato? Não. Tais projeções provam algo mais. Elas demonstram que o relato fora composto para reforçar uma certeza, renovar uma convicção. O relato foi redigido para fazer crer nisto: o bispo era um pacificador.

A carta era um testemunho de que Leão havia combatido por virtudes fundamentais à religião e à *res publica*. Ele não lutara por si ou por riquezas terrenas, mas para restaurar o valor da lealdade e banir os novos Judas que levaram a morte até a Igreja de Vercelli. O bispo zelava pela *fides*, isto é, a "fé": palavra que nomeava a devoção em suas múltiplas acepções, tanto aquela direcionada a Deus quanto a que era prometida aos homens, através dos juramentos. Por isso ele não se limitou a rechaçar o ataque. A harmonia cristã estaria rompida enquanto aqueles violadores da fé seguissem impunes. Tendo ao seu lado o bispo de Pávia, o senhor de Novara e mais três marqueses, Leão cavalgou até a fortaleza onde os inimigos se refugiaram e: "sitiei o castelo, lutei e, com a graça de Deus, ocupei-o, deixando diversos mortos e um número ainda maior de feridos". *Violentia*. Palavra sua, confiada por sua garganta ao manuscrito. Sabia que agia assim. Não porque fosse cruel, desapiedado ou vil, mas porque reagia causando o mesmo mal que o rondara: separava homens e domínios, privava certos senhores de seus castelos, ocupava o chão que até então pertencera a outros. Agir violentamente era isso: desmembrar patrimônios, não, necessariamente, corpos. Leão pagava com violência a violência sofrida.

Todavia, em suas mãos a *violentia* tornava-se útil, restauradora. Se a empregou, foi como instrumento de combate ao mal, como castigo contra os destruidores da unidade e da ordem pública. Afinal, inimigos do bispo, inimigos da realeza. Leão não tinha dúvidas: seu ataque edificava a paz do imperador: "Naquele dia", escreveu a Henrique, "após este ato honrosamente realizado em vosso nome, retornei exultante e violentamente recuperei todas as minhas terras das mãos dos inimigos meus e vossos". O prelado operava uma espécie de "eucaristia das armas", um sacramento militar, pois por suas mãos a substância da campanha guerreira era transformada, a violência transmutava-se em honra. Honra pública, esclarece a carta: "este é o começo de vossa vitória, que aterrorizou todos e forçou-os a retornar para vós". Ateado com o auxílio de bispos e marqueses, o fragor da guerra restaurou a unidade. Após concluir o relato, tendo declarado que agira para cumprir um dever partilhado com a pessoa do rei, o bispo demandou sem cerimônias: "rogo vossa misericórdia; que me trates conforme o costume imperial e que ele – Humberto – não receba nenhuma graça vossa até que ofereça satisfação pelo ataque à minha Igreja e à minha vida. Verei, agora, que valor o Leão tem para vós". Tom passional, cobrança pela "amizade" devida. E, principalmente, a espera pela distinção dos dois casos. Humberto e Leão, laico e clérigo. Ambos agiram com violência. A semelhança de conduta, porém, não borrou a linha entre lícito e ilícito. Aquele rompeu a ordem pública; esse, a refundou e esperava ser reconhecido por isso (ARNOLDI & GABOTTO, 1912, Carta XXXVI, vol. 1, p. 44).

Cinquenta anos antes, um dos predecessores de Leão, uma mente hábil e respeitada pela maneira como conduzia os assuntos daquela mesma diocese, se pôs a meditar sobre os deveres do episcopado. Imbuído de zelo disciplinar, preocupado com a conduta dos irmãos de batina, ditou em carta, categórico: "um bispo não deve se defender pelas armas, vingar a depredação ou a devastação [dos bens clericais], comandar o saque, temer o assassinato ou a decapitação; [se age assim], ele é um demônio, não um sacerdote". Agora, o sucessor em Vercelli combatia, mutilava, matava. Leão o fazia acreditando que sua mão era guiada pela graça divina. Não era exceção. Quando o século XI raiou, uma parcela expressiva do alto clero itálico vivia assim, "como demônios" (cf. ATO DE VERCELLI. Epistola I. *PL*, 134, p. 96-104).

A guerra era assunto eclesiástico.

3

O prelado habita castelos, incendeia templos e mata cristãos: seriam os medievais afeitos à violência?

Das cidades que o Senhor te dá em herança, nenhuma coisa que tem fôlego deixarás com vida. Antes destrui-las-ás totalmente, como te ordenou o Senhor teu Deus.

Dt 20,16-17

1

Pela primeira vez apenas sua voz foi ouvida. Quando o notário começou a dedilhar a pluma sobre a página, registrando uma nova negociação de terras veronenses, Cádalo era o único que respondia pela compra. Ele havia passado por aquele ritual muitas vezes. Não daquela maneira. Nunca decidira sobre uma oferta de terras sem os irmãos. Até então, ele e João estavam embrulhados pela precedência de Erizo, mencionados a reboque do herdeiro mais velho, eclipsados, secundários como ecos. Desta vez, em abril de 1041, Cádalo surgia só. Quando os vendedores compareceram à audiência palaciana e juraram que as três peças de terras aráveis negociadas jamais foram cedidas a outro, eles se tornaram testemunhas da recente autonomia adquirida pelo comprador. Cádalo recebeu ali a primeira condecoração jurídica como proprietário (CENCI, 1924, p. 309-344. • CASTAGNETTI, 2014, p. 28, 57-60).

Os três irmãos passavam a trilhar destinos separados. O mais novo, aparentemente, falecera. João deixa de ser mencionado pelos registros escritos e o rastro de sua existência desaparece. Acaso seu nome deixou de ser captado pela documentação porque estaria fora do alcance dos vivos? Consequência de um fim precoce? Doença? Acidente? Não se sabe. Fatalidade ou não, sua participação nas decisões sobre o patrimônio familiar cessou. Erizo, por sua vez, seguia em evidência, ocupando posição cada vez mais proeminente. Naquele mesmo ano, ele reapareceu em duas transferências de terra, lavradas em novembro. Pelo preço de quarenta *solidi*, obteve campos aráveis e prados que um casal possuía no interior veronense. Na ata seguinte, consta que outro casal lhe concedeu a posse de "cinco peças de terra", nas imediações de Carpi, mediante um pagamento de dois denários a ser cumprido todos os anos, perpetuamente, enquanto estivessem vivos os herdeiros dos envolvidos. Nas duas ocasiões, Erizo foi o único mencionado, figurando sozinho como o "filho do falecido Ingo". Esses fiapos documentais tracejam a imagem de um primogênito que consolidava o poder de chefe da fortuna fundiária da família (CENCI, 1924, p. 309-344, 313-316).

A separação não tinha marcas de hostilidade. Imaginar os dois irmãos distanciados por uma discórdia seria ir muito além dos parcos vestígios escritos. Pois no ano seguinte, em 1042, eles ressurgem em uma nova compra de terras. São mencionados como "filhos de Ingo, de boa memória", e atuaram, conjuntamente, na ampliação dos domínios da fortaleza de Calmano, aquisição deixada pelo avô. Erizo e Cádalo possuíam interesses comuns, mas não se resumiam a eles. Suas vozes não mais cabiam no papel de herdeiros simbolicamente enfileirados em cartas de negociações de terras. Suas imagens se descolavam uma da outra, como se seus vultos se agigantassem, reclamando espaço suficiente para tomar decisões com uma desenvoltura própria, pessoal. Foi assim para Erizo, mas, sobretudo, para Cádalo. Quando selou a aquisição dos primeiros palmos de chão que carregariam apenas seu nome, já não era "um clérigo". Na ocasião, os proprietários que juraram a probidade da venda se viram diante do *vicedominus* de Verona (CENCI, 1924, p. 309, 318-344. • CASTAGNETTI, 2014, p. 28-29, 57-60).

Conhecida desde os últimos séculos do Império Romano, a palavra foi convertida num prestigioso título local no tempo do venerável Carlos Magno. Em 806, certo Paulo foi identificado assim ao ter assumido a defesa dos bens eclesiásticos contra as pretensões do conde da época. Ele agiu conforme a vontade do bispo, que o investiu do poder para tomar decisões em seu nome. Esse era o *vicedominus*: um auxiliar de alto escalão encarregado da administração de tudo o que dizia respeito à Igreja e ao clero de Verona. Era a segunda voz na hierarquia local, aquele que controlava e supervisionava a rotina diocesana, tomando as decisões quando o superior estava impossibilitado ou ausente. O ocupante daquele posto era pessoalmente escolhido pelo bispo, que o alçava, assim, ao topo das relações de poder no interior da cidade. Posição temporária, era verdade. Dois anos depois e Cádalo não mais a detinha. O *vicedominus* era designado para uma tarefa ou conforme a necessidade de um litígio. Ainda assim, a promoção marcava. Como o lugar-tenente da autoridade episcopal, o clérigo ou laico encarregado de tais responsabilidades assumia a precedência em relação a todos os demais, distinção que poderia, por exemplo, projetar um jovem diácono acima de sacerdotes anciãos ou nascidos com elevado *status* aristocrático. A promoção indicava que Cádalo sobressaía, passando de um clérigo ordinário, mencionado com certo marasmo em 1028, a iminência parda de um rico episcopado. Oficialmente, suas decisões englobavam o clero diocesano, inclusive o Capítulo. Das alturas da fortuna e da influência aristocráticas, os cônegos eram obrigados a ouvi-lo e obedecê-lo; mesmo instalados no cume do prestígio social, eles estavam ao alcance das ordens do "órfão do tempo". Portanto, além de indicar a formação de um patrimônio próprio, o registro de venda de terras de 1041 é a evidência de uma ascensão em pleno curso (BAIX, 1949, p. 55-56. • MILLER, 1993, p. 148-150. • SESSA, 2012, p. 107-109. • CASTAGNETTI, 2014, p. 28-29, 57-60).

Como *vicedominus*, Cádalo possuía acesso privilegiado ao novo bispo de Verona, Guálter. É provável que sua elevação tenha decorrido da própria chegada do prelado, em 1037. Caso tenha sido assim, ele acompanhou a edificação do Castelo de Calavena. Talvez, estivesse entre os homens que seguiram para lá, em 1040, e testemunharam o momento em que o dignitário ordenou que se talhasse em pedra a inscrição "neste ano do Nosso Senhor esta fortaleza foi erguida às expensas somente do Bispo Guálter". Honrosamente à cinzel, o modelo que as próximas gerações deveriam imitar: um bispo exemplar fortifica, encastela, guarnece, empareda. Como a segunda voz da Sé, Cádalo travava um contato mais próximo com a realidade do episcopado. Realidade imortalizada por seu superior: tendo arcado com a construção de uma fortificação logo nos primeiros anos como bispo, Guálter era mais um exemplo de que o exercício da autoridade espiritual estava atrelado ao controle de castelos (BAUERREIS, 1964, p. 57-160. • MILLER, 1993, p. 72).

Erguida como um marco físico das responsabilidades militares dos eclesiásticos, a edificação surgia não tanto como novidade, mas como monumento a uma memória tenaz. Os paredões de pedra de Calavena remetiam à lembrança dos longos anos de luta contra o "inimigo público", evocavam o tempo em que um bispo de Verona, Alberto, falecido em 1008, era visto estrada afora, equilibrando-se sobre um cavalo para comandar os guerreiros que sustentariam à força sua recusa em reconhecer um usurpador como rei. Guálter parecia imitar o predecessor, que combateu Arduino desde a primeira hora. Tal memória mantinha-se; era perpetuada nos núcleos onde, "somente às expensas" eclesiásticas, seriam abrigadas as clientelas armadas comandadas pelo bispo e seu *vicedominus* (Diploma 24. *MGH DD H*, 2, p. 26-27. • BÖHMER-GRAFF, 1971, p. 875. • TABACCO, 2000, p. 90).

O perfil beligerante não diminuía o fervor espiritual. Bispos guerreiros não foram alheios às aspirações reformadoras. Os encontramos às voltas com iniciativas para purificar a fé com a contemplação, a disciplina e a obediência, zelando por ensinamentos ancestrais. Muitos se tornaram patronos monásticos, realizando doações extensivas para a instalação, recuperação ou ampliação de mosteiros e abadias. O superior de Cádalo foi um exemplo disso. Acredita-se que Guálter tenha sido responsável por assegurar proteção e recursos aos beneditinos que se instalaram nas remotas montanhas a nordeste de Verona e ergueram do chão pedregoso um reduto para uma vida de ascese e preces em memória dos santos Pedro e Vítor. A edificação de castelos e o amparo a mosteiros eram vividos como prerrogativas convergentes. Isto de tal forma que os prelados terminavam por tratar as casas religiosas do mesmo modo que conduziam suas fortalezas, isto é, como partes de um domínio episcopal direto. Abadias e conventos eram submetidos a um controle exclusivo e rigoroso, como as demais posses do bispado. Por isso, "bispos como Varmondo de Ivrea, Umberto de Parma, Aupaldo de Novara, Pedro de Como e Leão de Vercelli incutiam temor entre os abades que buscavam superar as restritas concessões episcopais", segundo notou o historiador italiano Giancarlo Andenna. Rigor, aspereza, severidade, crueza... violência. A relação assumia um tom nebuloso na retina das principais lideranças monásticas. Porque interferiam na relação entre os religiosos e a terra, os eclesiásticos desse tipo agiam como inimigos da *libertas* – a "liberdade" – das comunidades. Os prelados eram considerados hostis, perversos. Isto pode explicar o fel derramado pelo Monge Raul Glaber a respeito do bispo de Vercelli: ali estava um "bispo crudelíssimo", de coração insensível à palavra divina; afinal, se o nome de Deus ecoasse em seu peito, Leão respeitaria as imunidades reclamadas pelo Abade Guilherme de Volpiano para um dos diversos mosteiros fundados por ele. Leão não aquiescia. Prosseguia com a administração marcial (RAUL GLABER. Vita Sancti Guillelmi Abbatis Divionensis. *PL*, 142, p. 714-715. • ANDENNA, 2010, p. 8. • MILLER, 1993, p. 71-72).

Essa reação dos monges à "paz dos bispos" revela algo importante. A vivência da guerra como uma atribuição episcopal não era uma mentalidade comum. Embora ganhasse fôlego década após década, ela sequer arrebatava todos os integrantes do episcopado. A sacralidade dos sacerdotes que portavam o gládio e o escudo e andavam a cavalo era uma questão aberta, um tema que suscitava interpretações divergentes e repreensões estridentes.

Como a segunda voz de um bispado marcado pelo envolvimento militar, o próprio Cádalo deve ter visto de perto o espinheiro que brotava daquele assunto.

Havia décadas que o clero veronense discordava a esse respeito. Quem consentia com a decisão de ofertar rendas e braços eclesiásticos à guerra se indispunha com a vívida lembrança a respeito das exortações do falecido Bispo Ratério. A rispidez com que ele advertira clérigos guerreiros era lembrada nas escolas sacerdotais da cidade. Bastava ler as cartas deixadas por aquele prelado disciplinador. Em 963, por exemplo, ele se queixou abertamente sobre os hábitos de muitos cônegos locais. Considerava-os de uma teimosia sórdida, pois desprezavam as proibições impostas pelos santos Pais da Igreja para se entregar às tentações do mundo. Era comum flagrá-los em jogatinas, com o juízo encharcado por bebedeiras ou vangloriando-se na caça e no treinamento de falcões. Entre tantas depravações pecaminosas estavam ainda os serviços militares, tão danosos para a integridade de um pastor quanto o contato sexual. Assim dizia o antigo prelado veronense, fulminando sem rodeios: "o bispo, presbítero ou diácono que tomar parte em qualquer sedição armada será removido de toda a congregação dos cristãos, [tal como] o cânone determina para o caso de [um deles] manter uma mulher junto a si" (RATÉRIO DE VERONA. Epistola 16. *MGH Briefe d. dt. Kaiserzeit*, 1, p. 83-85).

Não foi somente em Verona que as glórias militares haviam sido repudiadas como uma chaga para o sacerdócio. Censuras semelhantes se espalhavam pela Lombardia como se seguissem o rastro dos eclesiásticos guerreiros. A reprovação ganhava terreno à medida que os cônegos ou notários obtinham para suas dioceses cópias de certas coleções de leis, como a que havia sido reunida por Ato, o bispo de Vercelli, que faleceu em 964 em meio a uma frondosa fama de guardião das tradições católicas. Calejado pela experiência de quase quarenta anos à frente de uma Igreja, Ato remexeu em séculos de manuscritos, enfileirando livros bíblicos, profissões de fé da Antiguidade e comentários de autoridades santas para erradicar os comportamentos que decorriam da "ignorância, a mãe de todos os erros". Tais erros nada mais eram do que as omissões, escolhas e hábitos que enfraqueciam a presença sacerdotal, que a desfiguravam a ponto de um padre não se distinguir de seu rebanho. Por isso, ele advertia, um bispo ou arcebispo deveria zelar para que os integrantes do clero não celebrassem missas sozinhos, não aceitassem mulheres no altar, não se apropriassem dos objetos da liturgia, que portassem a túnica e não a maculassem com ornamentos seculares, que não vendessem sepulturas, que não dispusessem das doações feitas à igreja. A lista de recomendações prossegue, per-passando normas a respeito do batismo, da excomunhão, do casamento. A certa altura, um cânone proíbe todos os clérigos de "se imiscuir na condução de posses ou assuntos seculares". Não é descabido propor que a atividade militar integrasse o rol de "assuntos seculares", figurando como conduta inadmissível entre os eclesiásticos. Afinal, assim como o sexo e o fausto, as armas borravam a linha que separava clérigos e laicos, inquietação que paira sobre os cânones reunidos por Ato como um espírito comum (ATO DE VERCELLI. Capitula canonum excerptarum. *MGH Capit. Episc.*, 3, p. 281. E ainda: WEMPLE, 1979, p. 141-143. • AUSTIN, 2007, p. 51-53).

Proibições deste tipo talvez estivessem entre as razões que conduziam uma parcela do episcopado a agir com tal reserva em certos conflitos que somos levados a imaginá-los longe dos campos de batalha. Assim teria ocorrido em 1002. Enquanto alguns prelados se lançaram ao recrutamento de clientelas armadas e assumiram a fortificação das cidades para sustentar a oposição aberta ao Rei Arduino, outros não se mobilizaram pela resistência. Talvez a recusa fosse prova de obediência aos exemplos antigos, guardados em prateleiras empoeiradas. Se o bibliotecário romano de então fosse incumbido de vasculhar os registros locais até encontrar um precedente sobre o assunto, ele, provavelmente, retornaria ao papa com algumas cartas datadas do longínquo ano de 744. Os textos, delicadamente redigidos, asseguravam ao Papa Zacarias que os francos haviam acatado os ensinamentos dos Santos Padres e proibido "aos servos de Deus – ou seja, ao clero – portar armamentos, combater e partir para integrar uma hoste ou um exército". Vestir-se à maneira laica era falha tão grave quanto fornicar. Se um notário de Lucca fosse encarregado da mesma responsabilidade, ele talvez chegasse a uma verdade idêntica. Bastaria encontrar as cópias do testamento ditado em 752 por Valprando, um predecessor do bispo local. Nesse texto, o prelado definiu como seriam dispensados seus bens, após ser "obrigado, segundo a ordem do nosso senhor, o Rei Astolfo, a marchar no exército ao lado dele". Valprando se preparou para morrer coagido, forçado, agredido em sua vontade: batalhar não era assunto de bispo (Capitularia maiorum domus. *MGH Capit.*, 1, p. 24-25, 28-30. • BERTINI, 1837, Documento XLVI, p. 83).

No entanto, poucos precedentes eram tão retumbantes quanto o caso do Papa João XII, deposto por Oto I. Em 963 o imperador convocou "o clero e o povo romanos" à Igreja de São Pedro para o julgamento de seu pastor. O acusado não compareceu. Fugitivo, temia pela captura. A ausência não foi empecilho. Orações, incenso, evocação do Espírito Santo: o concílio teve início. Oto ordenou o detalhamento das acusações contra João. Um a um, os cardeais se puseram de pé e relataram os atos escandalosos que eram de seu conhecimento. As denúncias formaram uma lista gigantesca. Um presbítero deu um passo adiante e jurou que o pontífice havia evitado a comunhão durante a celebração da missa. Em seguida, dois outros afirmaram ter visto Sua Santidade ordenar um diácono nos estábulos. O ar dentro da basílica se adensou, as vozes começaram a formar um novelo de denúncias. Um grupo de diáconos se pôs atrás de um cardeal, como se endossassem a afirmação feita por ele: João era um sacrílego que vendia ordenações sacerdotais. Disparadas em rajadas, as acusações formaram um catálogo de abominações. O papa atacou o próprio confessor e arrancou-lhe os olhos – esbravejou um presbítero. Ele decepou a genitália do Cardeal João, que se esvaiu em sangue sem esperança de socorro – afirmou outro. O concílio era agora um escarcéu, um alvoroço de gritos, que zuniam pela imensa basílica como dardos: "o pontífice bebia vinho por amor ao demônio!", "invocava a proteção de Júpiter, Vênus e outros demônios enquanto jogava dados!", "não fazia o sinal da cruz!", "um incendiário!" – esbravejavam (LIUDPRANDO DE CREMONA. Historia Ottonis. *MGH SS rer. Germ.*, 41, p. 166-167).

Em meio a esse inventário de degenerações, surge esta acusação: "João cingia a si mesmo com a espada e usava elmo e couraça". Na narrativa de Liudprando de Cremona – que relatava reivindicando a credibilidade de testemunha ocular do julgamento –, os padres conciliares se apegaram a esta denúncia como prova máxima de culpa. Em uníssono, todos os bispos e demais eclesiásticos teriam afirmado: "se não aceitais o testemunho de nossa fé, ao menos deveis acreditar no exército do senhor imperador, contra o qual João investiu cinco dias atrás, cingindo uma espada e portando escudo, elmo e couraça". Possuída pelo frenesi da guerra, prosseguiram os denunciantes, Sua Santidade foi poupada pelo Rio Tibre, que inundou grande parte de Roma e "impediu que fosse capturado". Ainda que tenha sido inventada para emprestar maior gravidade ao relato, a passagem revela algo historicamente relevante. Se fictícia, a cena foi imaginada para justificar um princípio: o porte clerical de armamentos escancara a índole transgressora. Essa conduta sobressai entre as acusações de homicídio, perjúrio, sacrilégio, incesto, simonia. É ela que o cronista saca como argumento final, como sinal indiscutível da completa corrupção do ofício episcopal (LIUDPRANDO DE CREMONA. Historia Ottonis. *MGH SS rer. Germ.*, 41, p. 168).

Muitas vozes eram ouvidas praguejando contra a atuação militar clerical. A aversão a tal conduta era um sentimento reiteradamente expressado pelos próprios prelados. Ainda assim, "é um fato que bispos mantinham exércitos e os empregavam em conflitos locais" (FICHTENAU, 1991, p. 207). Entre a severidade das proibições determinadas em epístolas e cânones, de um lado, e a crueza das práticas que asseguravam a posse de um bispado, do outro, havia um imenso espaço que era preenchido com comportamentos espontaneamente diversos. Para uma mente moderna, que encontra coerência lá onde as ações refletem o que é prescrito por textos redigidos com uma força de lei, tal realidade assume uma aparência contraditória, incongruente. Muitos casos parecem embaraçar as expectativas por encontrar um passado obediente a certos princípios gerais. Agarrados a esse ideal de mundo surgido na época contemporânea, franzimos o cenho quando nos deparamos com a frequência com que os homens e as mulheres dos séculos X e XI admitiam diferentes desfechos para casos semelhantes. O próprio Imperador Oto I não julgava dois eclesiásticos armados da mesma maneira.

Em abril de 967, poucos anos após o bispo romano ser deposto como o eclesiástico mais infame daquela época, o novo pontífice, João XIII, viajou até Ravenna. Ele se juntou à corte para partilhar com Oto a condução de uma audiência aguardada há muito tempo. O imperador finalmente ouviria as queixas que o arcebispo local, Pedro, despejava há meses aos pés do papa. O palácio estava apinhado de testemunhas. Dois arcebispos, seis bispos e dezenas de magnatas laicos ladeavam o trono. Todos se aprumaram sobre os calcanhares e silenciaram quando o juiz de Ferrara deu um passo adiante. Era o advogado do arcebispo. O magistrado começou a falar por Pedro. "O Diácono Rainério veio com seus guerreiros e entrou à força em minha residência da santa Igreja de Ravenna", narrou o juiz emprestando sua garganta à voz do arcebispo. "Violou minha Sé", prosseguiu, "capturou minha pessoa, me lançou na prisão, metido a ferros, e pilhou os tesouros de minhas igrejas e residência, [levando o montante] que não pode ser enumerado". Não há dúvidas. Assim como o papa destituído, o diácono, filho de um conde local, foi acusado de "um crime". Diferentemente do ocorrido quatro anos antes, porém, o fato de ter sido visto à frente de um bando armado não é mencionado como a prova cabal, como sinal indiscutível da transgressão. Quanto ao desventurado pontífice julgado em Roma, a conduta bélica era um *scandalum*: Liudprando de Cremona, cronista do caso, não a perdia de vista, insistindo em exibi-la como agravante capital de um índice de ações macabras. Agora, em Ravenna, ela aparece atenuada, vista de soslaio: o crime cometido pelo Diácono Rainério se resumia à violação da "propriedade e possessões do senhor Pedro". Quando interrogados pelo imperador a respeito do que a "lei ordenava que fosse feito", os juízes não se detiveram no fato de um clérigo ter recorrido às armas (Diploma 340. *MGH DD K*, I/*DD H*, I/*DD O*, I, p. 464-465. • BÖHMER--OTTENTHAL, 1893, p. 201).

Quando Cádalo se tornou *vicedominus* de Verona, a destreza bélica era um atributo de numerosos eclesiásticos. Resultado da ascensão clerical no controle das prerrogativas públicas, a característica se difundia rapidamente, sendo incorporada por muitos como uma virtude sacerdotal. Porém, a proeminência dos bispos guerreiros não era a auréola de uma supremacia incontestável. Na realidade, o efeito foi inverso. A escalada do poder episcopal no interior do reino itálico acarretava mudanças drásticas. Diferentes grupos sociais – e não só as elites aristocráticas – sentiam-se diretamente atingidos. Interesses eram afetados por exigências anunciadas à soleira das fortalezas do bispo. Uma densa neblina de insatisfação se formava em muitas cidades. A liderança militar episcopal acirrava a dominação social e exasperava descontentamentos, contestações e até mesmo a fúria de consciências aguçadas pela percepção de que o senhor espiritual se excedida no trato dos assuntos terrenos.

Avançando a toda força durante a passagem do século X para o XI, o processo de apropriação episcopal da guerra provocava um acúmulo de tensões sociais. As quais, com frequência, descambavam para conflitos e revoltas abertas. Um punhado de anos bastava para que um bispo afeito às armas encarasse a ruína política após usufruir de um prestígio triunfal. As instabilidades não davam trégua. As oposições e resistências se multiplicavam. Acostumados a arriscar a vida no campo de batalha, os prelados defendiam, dia a dia, uma legitimidade desafiada, constantemente contra-atacada.

2

Tudo mudava, exceto aquela certeza. Ela pungia vigorosa, intocável. Parecia imune aos movimentos da criação, indiferente ao ir e vir das estações. A paisagem se modificava, as árvores se despiam das copas verdejantes, que caíam no chão como folhagens tons de âmbar. O dia encolhia e se refugiava do frio no lado de lá do horizonte. Tudo perdia viço, desbotava. Exceto aquela convicção. Sem arrefecer, ela seguia cravada no espírito do Bispo Ubaldo como aguilhão: os diocesanos o odiavam. E o ódio não fraquejava nem secava. Era assim desde 1031, quando assumiu a Sé de Cremona. Ele convivia com um ressentimento que parecia alheio ao tempo. Os antecessores deixaram-lhe uma posição detestada por uma grande parte da população. A hostilidade não esmorecia entre aquela gente.

O prelado herdara um conflito antigo. Em 22 de maio de 996, um dia após ter sido coroado "o augusto imperador dos romanos", Oto III concedeu uma série de poderes aos cremonenses. Acostumando-se ao peso da coroa octogonal pousada horas antes sobre suas têmporas, o monarca de quinze anos proclamou solenemente que os homens livres daquele lugar, "ricos e pobres", permanecessem a salvo e em segurança dentro da cidade. E, "para remédio de nossa alma", Oto declarou inviolável o direito dos citadinos de utilizar as águas e explorar pastagens e florestas existentes "desde o Monte Adda até o Porto de Vulpariolo": que nenhum duque, conde, marquês, decano, bispo, arcebispo ou qualquer outro oficial do Império ousasse molestá-los enquanto conduziam negócios em terra ou sobre águas. Uma multa de mil libras de fino ouro aguardava quem "audaciosamente tentasse infringir nossa decisão". Através dessa linguagem grandiloquente ocorria uma metamorfose. Ao ditar tais palavras, o imperador transformou em dádiva magnânima as pressões cremonenses para a obtenção de vantagens mercantis estratégicas (Diploma 198. *MGH DD O*, II/*DD O*, III, p. 606-607. • BÖHMER-ULIRZ, 1956, p. 620).

Tendo surgido há mais de mil e duzentos anos, quando um senado romano aturdido determinou onde acampariam as legiões encarregadas de conter Aníbal, Cremona ocupava o coração da planície paduana. Agarrado à margem esquerda do Rio Pó, o acampamento se tornou permanente. Avolumou-se e prosperou como *urbe*, "cidade". Agora, séculos depois, havia ali um dos mais movimentados portos fluviais ao sul dos Alpes. Era comum homens e mercadorias ancorarem em sua enseada antes de seguir até Milão, Ferrara, Pávia, Mântua ou Florença. No século X, Cremona era banhada pela expansão demográfica e um contínuo crescimento da produção agrícola, que convertiam a região numa das áreas mais prósperas do Mediterrâneo cristão. Seus camponeses suportavam uma exploração sedenta por índices de produção cada vez mais altos. O faziam não porque gozassem de alguma liberdade. Ao contrário. Oprimidos pela avidez castelã, aferrados à faina de uma sobrevivência incerta, as famílias rurais deixavam suas terras em busca de lugares capazes de proporcionar proteção: as aldeias, onde o peso das taxações eram fardo comunitário, impulso para a solidariedade; as grandes fortalezas, cuja altivez em pedra intimidavam os pequenos senhores de castelos; os cemitérios e mosteiros, pois o solo santo inspiraria um temor paralisante nos opressores, os vivos se abrigariam na reverência aos mortos. A luta pela sobrevivência criava destinos comuns. Batizados como "aldeamentos, encastelamentos, *inecclesiamentos*" pelo olhar dos historiadores, esses destinos proporcionavam redes de proteção e socorro mútuo, condições que favoreciam a produção e o incremento das técnicas. As tarefas cotidianas se tornavam mais especializadas. Rotação das culturas, diversificação dos rebanhos, aprimoramento das ferramentas e do arado, oficias de metalurgia, manufaturas têxteis: os campos ampliavam a divisão social do trabalho e alavancavam a produção de excedente. As famílias sobreviviam e enriqueciam os exploradores. A vida rural repercutia na circulação de matérias-primas e de bens. Carregamentos de grãos, sacas de lã, ânforas de vinho, jarros de azeite: tudo maior e mais numeroso. Na cidade, artesãos e mestres construtores impacientavam-se pela chegada de novas levas de madeira, pedra, couro, e pressionavam pela entrega de remessas maiores. A circulação da riqueza duramente arrancada das aldeias se impôs como uma urgência que as águas calmas do Pó poderiam aplacar. O longo rio permitia o deslocamento da crescente tonelagem de bens e assegurava mais agilidade e segurança que as estradas, terrivelmente pedregosas e infestadas de salteadores. Aquele privilégio de 996 assegurou aos "livres de Cremona" imunidade para navegar sobre a principal artéria das economias urbanas do reino itálico (FRANCOVICH, 2002, p. 150-167. • FRANCOVICH & HODGES, 2003, p. 75-105. • HUBERT, 2002. • CRESCENZI, 2009).

Livres do cipoal de taxações senhoriais, os mercadores locais passaram a mirar um horizonte de novas fortunas. Na realidade, as palavras contidas naquele pergaminho tinham uma importância maior. Não havia notícia de que os citadinos tivessem usufruído de *status* semelhante alguma vez; de que tivessem sido reconhecidos pela corte imperial como uma coletividade dotada de interesses e voz próprios. Pela primeira vez, os "livres de Cremona" eram considerados um corpo político, apto a assumir o controle sobre rendas e jurisdições, a exemplo das congregações eclesiásticas. Como um Capítulo ou um bispado, os citadinos emergiam como entidade autônoma, como força política (TABACCO, 1989, p. 324).

De maneira intrigante, a retumbante novidade durou muito pouco. Ela se esfarelou entre os dedos do próprio benfeitor menos de três meses depois. Mal havia raiado o mês de agosto e um imperador visivelmente irritado tomou a palavra perante a corte, em Pávia, e acusou os habitantes de perfídia. "Os traiçoeiros citadinos de Cremona", trovejou o jovem César, "se aproximaram de nós através de uma fraude nefasta, levando-nos a agir contra a memória de nosso pai e avô". Oscilando entre o embaraço e o ultraje, Oto se pôs a redizer a própria decisão: "que a página apoderada por tão grave jugo seja justamente anulada e reduzida a absolutamente nada perante Deus, que ela careça de força, não possua virtude e permaneça sob silêncio velado". O privilégio foi revogado. Numa reviravolta poucas vezes vista, o que fora doado em nome da Santa Trindade para a salvação da alma foi declarado um erro, um malfeito, e acabou "corretamente abolido" semanas depois. Não encontramos maiores pistas sobre a fraude atribuída aos cremonenses, a não ser que a trapaça – seja ela qual for – foi revelada pelo bispo local, Odelrico. Como se silenciasse qualquer eco da voz política recentemente reconhecida aos citadinos, Oto declarou que permaneciam intactas as prerrogativas que seu pai havia concedido ao prelado em 978. Para os citadinos, uma perda instantânea, retrocesso imediato.

Ao confirmar os direitos ancestrais, o imperador afirmou: era Odelrico quem controlava as vias de passagem e os mercados existentes no interior das cidades, além das adjacências, das fortificações e torres próximas. Era ele o "proprietário *in perpetuum* do porto existente entre Vulpariolo e o Monte Adda", não os cremonenses (Diplomas 176, 222. *MGH DD O*, II/*DD O*, III, p. 200-202, 635-636. • BÖHMER--ULIRZ, 1956, p. 635).

A disputa sobre o comércio naval se tornou a semente da discórdia entre o bispo e os habitantes livres de Cremona. O conflito fincou raízes profundas. Ao que tudo indica, os citadinos se recusaram a reconhecer a revogação. Isto explicaria por que dois anos depois, 19 de janeiro de 998, Odelrico se encontrava numa audiência palaciana solicitando que a autenticidade da revogação repentina fosse julgada na presença de Oto. A corte se reuniu na própria Cremona e os citadinos ouviram o pronunciamento dos lábios do juiz designado pelo "gloriosíssimo imperador": o pergaminho era verdadeiro, justo; contradizê-lo era uma *violentia* que só seria reparada pelo pagamento da intimidadora soma de dois mil *mancosi* de ouro. Não bastou. Os "livres" não recuaram. A disputa pela enseada urbana prosseguiu acirrada. De tal modo que nove meses mais tarde, em outubro, outro juiz foi enviado para encerrar a contenda de uma vez por todas. Um diácono cruzou a muralha e desmontou em frente ao *domo*, o tribunal local, aparamentado da autoridade necessária para decidir em nome do imperador. Dias depois, quando partiu, levou consigo o senso do dever cumprido. Dezoito proeminentes "livres de Cremona" compareceram diante dele e escutaram, em tom seco, a ordem para acatar as decisões do bispo sobre "o chamado Rio Pó". Cabia a ele taxar o trânsito de homens e de bens, "tanto em navios quanto em todos os outros negócios". *Et eo modo finita est causa*, arrematou o diácono antes de assinar: "e, deste modo, o assunto está encerrado" (MANARESI, 1957, p. 356-360, 397-403. • BÖHMER-ULIRZ, 1956, p. 673, 701).

Não estava. O revés regrou o descontentamento dos citadinos, que floresceu como hostilidade. A tolerância às taxações foi corroída pela indignação, pela aversão alimentada por um senso coletivo de autogoverno inesperadamente abortado. Incitados pelos primeiros impulsos de conscientização a respeito da autonomia urbana, os cremonenses cultivaram a oposição contra seu pastor. O que surgiu como disputa sobre a navegação fluvial tornou-se a colisão de duas forças: a autoridade do eclesiástico e a prosperidade dos mercadores. Os enfrentamentos gozaram de vida longa, sobrevivendo aos envolvidos. A notícia da morte repentina de Oto III nada mudou. Todas as suas decisões foram confirmadas por Henrique II, que fez do gesto uma maneira de demonstrar que a continuidade do governo repousava em suas mãos, não nas de Arduino. O falecimento de Olderico tampouco amainou o ânimo dos cremonenses. Quando assumiu o bispado, em 1004, o sucessor, chamado Landulfo, se viu em posição dificílima, encurralado pelos próprios diocesanos. Na realidade, a situação se agravou. Landulfo havia recebido o comando da igreja de Henrique, uma figura distante e declarada ilegítima por grande parte das linhagens itálicas. Aquele padre surgiu dizendo-se bispo pela graça de um homem repudiado como um usurpador. É provável que a guerra contra o monarca teutônico – então defendido principalmente por bispos guerreiros – tenha inflamado a rejeição a Landulfo com justificativas de outra ordem: resistir àquele prelado era defender a justiça e enfrentar o antirrei. É provável que os interesses mercantis tenham sido justificados assim, como causa monárquica. Teria o local travestido-se de universal? Seja como for, a radicalização turvou o ambiente e, em pouco tempo, a oposição decantou como ofensiva (Diploma 84. *MGH DD H*, II, p. 106-107. • BÖHMER-GRAFF, 1971, p. 909).

Acumuladas por anos, condensadas em nuvens negras de ressentimentos, as tensões foram descarregadas como um relâmpago. Os citadinos irromperam pelas ruas, depredando casas, abrindo o caminho impiedosamente até a residência episcopal. Todos os serviçais e sacerdotes que costumavam acompanhar o bispo na missa ou numa caminhada tornaram-se alvos ambulantes da ferocidade dos agressores, que os consideravam tão culpados quanto o homem que amealhava as rendas portuárias. Avisado com antecedência, Landulfo escapou às pressas para o Norte. Fugindo do rebanho, o pastor buscou refúgio na corte imperial. Em 1007, após recebê-lo na distante cidade de Pöhlde, o Rei Henrique assegurou que puniria os "depredadores, violadores e devastadores da Santa Igreja de Cremona". Seriam arrastados à barra da justiça. E ditou a um notário a seguinte ordem: quem perturbasse os homens leais ou os bens pertencentes a "Landulfo, nosso muitíssimo amado capelão", teria o patrimônio confiscado e distribuído, meio a meio, entre a corte e o bispado (Diploma 172. *MGH DD H*, II, p. 203. • BÖHMER-GRAFF, 1971, p. 946).

Com essa severa advertência, o rei parecia constatar que o conflito estava longe do fim. Aquela luta simplesmente não cabia no espaço de uma vida. Os homens desapareciam, sua jornada neste mundo terminava, a morte alcançava a todos: exceto àquela discórdia. A oposição entre os cremonenses e seus bispos persistia. Vinte anos passaram e ela vicejava, cobrindo a região como uma seara macabra cuja colheita não terminava. Landulfo retornou à cidade, mas retomou o posto como um inimigo ao qual se deve uma obediência coagida e encenada. Ele e as forças urbanas coexistiram sem jamais se reconciliar. Em 1027, o frágil equilíbrio se rompeu. A cidade era, novamente, uma arena: "uma verdadeira guerra civil se apoderou dos últimos anos do episcopado", conforme descreveu Roberto Greci, taxativo. A certeza de ser odiado pelos filhos espirituais acompanhou Landulfo até o fim. Incapaz de conter os tumultos, ele abandonou a cidade e se retirou para o Castelo de Acquanegra, onde viveu os últimos dias, combalido por grave doença. Ao ser escolhido para assumir a Sé de Cremona, em 1031, Ubaldo herdou uma cidade entrincheirada e hostil. Era o terceiro bispo a enfrentar a novidade diabólica, a tentação demoníaca que durava quase meio século: uma população obstinada em reivindicar a autonomia pública (GRECI, 2006, p. 370-371. Cf. tb. ALBERTI, 1898, p. 267).

Longe dali, na corte imperial, a notícia de que os cremonenses selavam juramentos contra o bispado provocava escândalo. Já não eram transgressores da lei, mas infratores da pior espécie: conspiradores contra a harmonia pública. "Como não só as leis celestiais, mas igualmente as terrenas condenam que sejam proferidos tais juramentos", dizia o rei, "tais homens devem ser privados dos bens e da própria vida". Implicados na conspiração, eles "usurparam a autoridade jurisdicional [do novo bispo], se apoderaram dos rendimentos dos moinhos e dos pagamentos cobrados das embarcações, além de atacarem, violentamente, o senhor bispo, seus oficiais, seus monges e clérigos, matando alguns deles". Entre as graves violações que recaíam contra os citadinos, uma sobressaía, reiteradamente mencionada nos registros imperiais. Tratava-se da destruição das fortalezas eclesiásticas. Num diploma de 1037 consta o que segue. No momento em que expulsaram Landulfo, levando ao desespero de uma fuga "com grande indignidade e desonra", os grupos urbanos "arrasaram até o chão a torre de uma fortaleza duplamente murada e circundada por sete outras torres". Em duas ocasiões, após a chegada de Ubaldo, a corte exigiu reparações em dinheiro por "incêndios e saques cometidos contra os castelos mantidos [pelo bispo] conforme a vontade imperial" (Diplomas 251, 253. *MGH DD K*, II, p. 346, 349. • BÖHMER-APPELT, 1951, p. 127-129).

É difícil resistir à ênfase dos documentos. A imaginação é constantemente invadida pelas descrições de um bispado fulminado por um frenesi destruidor, ilhado por rompantes irracionais de uma coletividade contrariada. Porém, observemos com atenção. Essa ênfase possui brechas, fendas que deixaram entrever a existência de algo mais. É possível notar a silhueta de uma racionalidade. Havia certa lógica nos ataques. A menção à destruição das fortalezas é seu indício visível: a longa luta contra o predomínio episcopal foi vivenciada como uma concorrência pela coerção e pela força bélica. Em 1037, enquanto reclamava as vidas dos conjurados, o texto imperial era enfático ao denunciá-los por "destruir totalmente a antiga cidadela e construir outra, maior, contra nossa autoridade para que possam resistir [a nossas decisões]". A destruição das fortificações e a edificação de um novo cinturão de muralhas eram sinais inequívocos de que o poder público estava sendo tomado e subtraído das mãos imperiais. Os ataques citadinos não eram golpes desferidos a esmo ou explosões de uma ira desvairada. Eram ações orientadas para alvos designados pela percepção de que o poder legítimo repousava sobre fundamentos militares. A autoridade episcopal morava em castelos (Diploma 251. *MGH DD K*, II, p. 347. • BÖHMER-APPELT, 1951, p. 127).

Essa maneira de ler o mundo não era novidade. Aliás, ela explica a escala punitiva criada por Henrique II em 1007. Enquanto ditava providências para defender um Landulfo vergonhosamente banido, o rei ordenou que as penas por agredir o bispo fossem distintas conforme o agressor. Um "citadino ou suburbano" perderia todas as suas posses; se "outra pessoa do reino" cometesse tal ato arcaria com a soma de cem libras de ouro. Mas, afirmou o monarca com tom de assombro, se "for verdade, o que não cremos, que um cavaleiro da Igreja" tenha sido culpado da mesma agressão, ele sofreria dupla punição. Perderia a terra recebida do bispo como recompensa pela lealdade e seria forçado a entregar cem libras de pura prata. O pagamento recairia sobre sua linhagem *in eternum*, "eternamente": do além-túmulo, ele veria a soma ser exigida dos herdeiros. A deserção dos *miles*, os guerreiros, era o mal maior, uma mutilação insuportável ao corpo da Igreja (Diploma 172. *MGH DD H*, II, p. 203. • BÖHMER-GRAFF, 1971, p. 946).

Ao preocupar-se com a traição dos cavaleiros, o rei indicou a presença dos mesmos entre os "conspiradores". Castelos, muralhas e cavaleiros: o "movimento revolucionário de Cremona" – assim o definem alguns historiadores italianos – buscou enfraquecer a posição episcopal atingindo-a em pontos vitais. A luta se radicalizou no rastro desta crença comum: quando já não possui castelos, no momento em que não tem braços para a guerra, um bispo deixa de possuir autoridade. Privá-lo da capacidade bélica o desfigurava publicamente. Ao destruir as torres e os muros erguidos "somente às suas expensas" ele próprio era lançado na impotência, anulado de tal forma que poderia terminar lembrado como um pastor inerte, indolente – como, de fato, ocorreria com a figura de Landulfo, quase duzentos anos depois. O poder bélico era a face da autoridade eclesiástica. Contestando-a por quase meio século, gerações de cremonenses familiarizaram-se com algo que fizera parte da vida de Guálter, dignitário de Verona e promotor de Cádalo; de Leão de Vercelli, Varmondo de Ivrea e dos que combateram o Rei Arduino; enfim, dos muitos bispos favorecidos pelos otônidas desde a década de 950: o ofício episcopal era dependente da guerra. Após a virada do milênio, tal dependência tornava-se visível para outros grupos sociais. Em Cremona, pais ensinavam aos filhos que um bispo opressor era tão indigno de fortalezas quanto do altar (SICARDO DE CREMONA. Chronicon. *PL*, 213, p. 499. • TABACCO, 1989, p. 325).

Não foram os únicos. Nesta mesma época, início dos anos de 1040, o clero de Veneza clamava por justiça professando o mesmo princípio. Enquanto os cremonenses deixavam a Ubaldo uma autoridade minguada, impedindo-o de "exercer qualquer poder para além da porta de sua residência" – conforme lamentava-se nos diplomas imperiais –, os venezianos prestavam queixas das injúrias infligidas por um patriarca.

O tormento dos venezianos atendia pelo nome de Poppo de Treffen. Em 1019, o Rei Henrique escolheu esse descendente dos condes de Chiemgau para conduzir a Sé patriarcal de Aquileia. Bávaro de alta estirpe, Poppo dedicaria uma devoção leonina ao rei e à Igreja que esse lhe confiara. Dois anos depois, quando o monarca anunciou que marcharia sobre a península pela terceira vez, o patriarca mandou que polissem a couraça, verificou o gume da espada e partiu ao encontro das tropas imperiais seguido por onze mil combatentes. Ele assumiu o comando de uma das três colunas que formavam o exército e liderou o cerco de Troia, uma robusta fortaleza bizantina localizada no sul da península. O assédio fracassou. A praça-forte resistira aos cristãos assim como havia resistido aos muçulmanos anos antes. No entanto, Poppo não retornou inteiramente derrotado. Ao se juntar à guerra, ele ofereceu uma prova retumbante de *fides*, isto é, da "fé" devida ao rei. *Fides, fidelitas*; fé, fidelidade. Palavras que soam restritas, reservadas para "a religião", exclusivas da teologia, mas que, à época, descreviam laços de natureza pública, secular. Entre os quais a *amicitia*, "amizade". Ao participar da campanha, Poppo provou a "amizade pelo rei": demonstrou-se merecedor do privilégio recebido meses antes, quando obteve do "Augusto imperador" a posse sobre as funções públicas, as aldeias, os castelos e todos os habitantes das terras da Santa Igreja de Aquileia. Pilar da "fé", a força das armas justificava, legitimava, restaurava. Assim era perante o monarca, assim era à frente do patriarcado. Ou melhor, seria. Algum tempo após retornar da expedição, Poppo convocou vassalos e guerreiros novamente. Desta vez, eles capturariam uma ovelha que desgarrara do rebanho aquileiense há mais de quatro séculos. Eram os venezianos e sua Igreja metropolitana, a Sé do Grado (Diploma 426. *MGH DD H*, II, p. 541-542. • BÖHMER-GRAFF, 1971, p. 1.076. • SCAREL, 1997, p. 50).

Aquileia era uma sede de prestígio quase incomensurável. Desde a Antiguidade, os bispos locais se julgavam tão apostólicos quanto os papas. Seu passado também remontava à época de Cristo. A Igreja aquileiense foi fundada quando São Marcos designou um líder para a comunidade cristã aí existente e tudo ocorreu quando São Pedro evangelizava entre os romanos – apregoava a tradição firmada nos primeiros séculos medievais. A cidade fora residência de Constantino I às vésperas da promulgação do chamado Édito de Milão; exílio onde Atanásio de Alexandria protegeu os cânones do Concílio de Niceia; a sede conciliar onde Ambrósio desmascarou a heresia ariana. Situada no topo do Adriático e dominando a passagem ao sul dos Alpes Julianos com as cem mil almas que a habitavam, Aquileia era uma antiga e cosmopolita sentinela de pedra que controlava grande parte da comunicação entre o centro do Império, os Balcãs e o Levante. Ideias e manuscritos das efervescentes comunidades teológicas orientais passavam por ela antes de alcançar os bispos ocidentais. Foi, em parte, acreditando-se guardiões do credo católico que seus bispos romperam com Roma e se intitularam "patriarcas" no século VI. O título foi mantido após a reconciliação e se tornou símbolo de um senso adormecido de independência.

Em 452 a cidade foi saqueada pelos hunos. Porém, antes que os guerreiros de Átila destroçassem as defesas urbanas e se lançassem à carnificina, o arcebispo fugiu. Se retirou para a compacta Ilha de Grado, protegida de ataques por grandes lagunas. Retornou algum tempo depois, não sem antes designar um bispo para a comunidade de refugiados cristãos. Um século depois, a cena se repetiu. À frente de um cortejo de eclesiásticos esbaforidos, o então Patriarca Paulino embarcou num dos navios oferecidos pelos bizantinos e rumou para a ilha. Desta vez, ao fugir dos lombardos, Paulino levou consigo "todo o tesouro da igreja": removidos às pressas, aninhados em mortalhas improvisadas, os restos mortais dos santos e dos mártires chacoalhavam sobre as águas ao seu lado. Ele não estava fugindo para salvar a própria pele – ao menos era o que assegurava. Estava transferindo a sede do patriarcado para o Grado. O abrigo provisório dos tempos de Átila era, agora, a "Nova Aquileia", onde o próprio patriarca foi sepultado. Em 579, o Papa Pelágio II atendeu ao clamor do sucessor e aprovou a decisão. A Igreja migrara, deixou o continente e fez morada entre as águas: "na localidade do Grado [se encontrava a] Sé metropolitana da Venécia, Ístria e Dalmácia" – confirmou o pontífice (Chronica Patriarcharum Gradensium. *MGH SS rer. Lang*, p. 393. • MANSI, 9, p. 924. • JAFFÉ, 1885: 1.047).

Ao ditar a decisão, Pelágio assegurou que agia como porta-voz de um consenso do clero que formava o patriarcado. Caso tenha sido assim, o consenso se estilhaçou em pouco tempo. Mesmo sob jugo lombardo, os bispos que permaneceram no continente desafiaram a decisão. Declarando-se os guardiães do patriarcado, elegeram outro superior. A partir de então, duas igrejas passaram disputar o mesmo passado, o mesmo *status*, os mesmos títulos e relíquias. Havia dois patriarcas no norte peninsular. Um deles, o de Aquileia, reclamava a sujeição do outro, pois o considerava um desertor, um dissidente que devia ser reconduzido à obediência. As dioceses reconhecidas ao Grado eram territórios injustamente subtraídos à unidade fundada por São Marcos – acreditava-se no continente. A ideia de reavê-las nunca abandonou os metropolitanos de Aquileia. Desde 827, quando triunfou momentaneamente, ela adormecia. Agora, duzentos anos depois, Poppo decidiu acordá-la com as trombetas da guerra (Concilium Mantuanum. *MGH Conc.*, 2, p. 583-589).

No início de 1024, o patriarca rasgou o horizonte da pequena ilha, fazendo trovejar sobre ela um bando de guerreiros. Nada foi poupado. Durante a marcha até a cidadela, tudo foi saqueado, nem mesmo igrejas e mosteiros encontraram clemência. Poppo agia como se arrancasse o título de patriarca de cada edifício e casa, fazendo da destruição uma prova da inferioridade daquele bispado, como se cravasse a ferro a exibição de que "Nova Aquileia" nada mais fosse que uma "paróquia" da antiga sede continental – como seria mencionado pela chancelaria imperial. Destruição e derramamento de sangue surgiam como evidências de que a aliança com o passado estava restaurada (Diploma 205. *MGH DD K*, II, p. 277-278. • BÖHMER-APPELT, 1951, p. 102-103).

A ocasião para invasão começou a se insinuar meses antes, quando os habitantes de Veneza expulsaram o governante, o *doge* Oto *Orseoli*. Com a fúria veneziana jorrando em direção de toda a linhagem, Orso, o irmão mais velho do *doge*, temeu pelo pior e também buscou refúgio na Ístria. Era o patriarca do Grado. A gigantesca Igreja ficou acéfala ou, na linguagem dos cronistas, "desamparada de um esposo espiritual". Em meio à insegurança e às incertezas, Poppo surgiu e escreveu aos cristãos da ilha. Tocado pela caridade, dizia ele em carta, oferecia proteção àqueles filhos abandonados e assumiria a defesa dos direitos de seu "confrade clerical, o patriarca, e do amigo, o *doge*". Oito nomes assinaram a epístola, reluzindo como testemunhas da amizade jurada pelo bávaro. Os gradenses ouviram. Após receber acesso às terras do patriarca fugitivo, Poppo preparou o envio de provisões. Com as cores da Sé de Aquileia, um navio zarpou do continente. Sob o convés, quarenta ânforas imensas, altas como um homem. A julgar pelo porte avantajado, os recipientes conteriam vinho e grãos para semanas. Ledo engano. Os jarros escondiam guerreiros equipados "com cotas metálicas, elmos, espadas e todo o necessário para a guerra". Eram a primeira leva da ocupação, a ponta de lança da invasão. Poucas horas depois, o restante da tropa, mantida a distância, encontrou caminho aberto para avançar. Não houve combate. O que se seguiu foi saque e selvageria. Poppo nada fez para impedir a devastação. Ao contrário. Na versão dos fatos redigida no Mosteiro de Benedictbeuern – versão apologética ao patriarca, diga-se de uma vez – ele é descrito valendo-se do assalto como prova de justiça. "Do modo como ele surgiu, pôs todos em fuga rapidamente, destruiu a fortaleza, consumiu outros edifícios pelo fogo, conquistou a glória e a vitória com o saque, dividindo os espólios entre os seus" – registra a crônica. A guerra era juízo de Deus. A glória e a vitória obtidas a fio de espada provavam que a retidão era com ele (Chronicon Benedictoburanum. *MGH SS*, 9, p. 225-226. • MANSI, 19, p. 493. • ANDRÉ DANDOLI. Chronicon Venetum. *RISS*, 12, p. 235-238).

Após o triunfo, os conquistadores se apoderaram dos "tesouros" do lugar. Os restos mortais de santos e mártires foram capturados e enviados para Aquileia. Entre as relíquias, estavam os ossos do primeiro bispo, Hermágoras, o escolhido por São Marcos. Um gesto de uma força simbólica esmagadora: ao capturar aquele corpo santo, Poppo se apoderou da própria essência da autoridade patriarcal. Fossilizado em suas mãos, o próprio instante da origem, o momento da fundação embarcava de volta para o continente. A antiga Sé voltava a ser palco da plena comunhão com o passado: lá os fiéis encontrariam as relíquias, aqueles restos de vidas veneráveis, sinais palpáveis da presença apostólica. Privada de seus mortos excepcionais, a Igreja do Grado estava rebaixada, reduzida à condição de santuário erguido por mãos humanas, não passava de pedra, argamassa e madeira. O sagrado que a habitava partiu, levado porta afora. A superioridade de Aquileia vicejava uma vez mais.

A destruição levou os venezianos a repensar o exílio dos *Orseoli*. Trazidos de volta, os irmãos retomaram o controle da ilha, forçaram a debandada aquileiense e puseram fim à pretensão jurisdicional de Poppo. Ao reingressar na basílica, Orso teria descoberto que o rival bávaro se enganara. São Hermágoras não havia partido: as relíquias levadas eram, na realidade, de São Félix, um sacerdote romano morto no século IV. A Providência zelava pela Igreja do Grado. Restava, agora, convencer os homens a fazer o mesmo. Em dezembro de 1024, a disputa foi levada a Roma. O Pontífice João XIX examinou documentos, ouviu as partes implicadas, averiguou privilégios até que, enfim, chegou a uma decisão. Todavia, antes de submetê-la à aprovação do concílio reunido para arbitrar o caso, o papa passou em revista uma memória do conflito, redigida como "útil exemplo aos séculos futuros". Nesta versão dos fatos, Poppo é culpado de agir "à maneira dos gentios", desprezou o juramento de amizade oferecido aos gradenses, devastou mosteiros "com a própria mão" e transladou, "desonrosamente", os corpos dos mortos para sua cidade. Quem viola a amizade conspurca fé e lei, corrompe honra e paz. Logo, sua reivindicação era insustentável, ilegítima: a Igreja do Grado deveria ser reconhecida como Sé metropolitana, isto é, autônoma e sem qualquer vínculo hierárquico em relação a Aquileia. Quem desafiasse essa decisão, arrematou João, incorreria na ira de Deus e, excomungado, padeceria para sempre junto ao diabo (MANSI, 19, p. 491-494. • JAFFÉ, 1885: 4.063).

O concílio aprovou a sentença. A subordinação do Grado a Aquileia estava anulada. Entretanto, há aí uma objetividade cortante, um posicionamento contundente: a tentativa de reintegração fora condenada, mas não seu autor. O patriarca do Friuli – assim a bula papal designa Poppo, circunscrevendo sua autoridade a uma região que não alcançava as lagunas venezianas – não foi condenado. Não foi punido, sequer canonicamente repreendido por ter recorrido à força "com a própria mão". A tentativa de incorporar outra igreja foi censurada; o fato de ter empregado a guerra para fazê-lo, não. A ilegalidade, a injustiça, não estava no derramamento de sangue, na dor, na morte; mas na violação da amizade, na degradação do vínculo público que assegurava a integridade de pessoas e bens. Por sinal, lembrava o texto da bula, em toda aquela história, uma grave "insolência secular" havia, sim, sido cometida. Mas ela não seria encontrada nas ações do prelado. Ela habitava a conduta dos venezianos, que ousaram "conspirar contra o *doge*, seu senhor, e o mencionado patriarca, seu irmão". A conjuração, a quebra da obediência pública, era a origem das mazelas que se sucederam. O uso da força por parte de Poppo era maléfico porque era consequência daquela infração, da corrupção da "fé". Por tal razão, o sofrimento dos gradenses não recebe a mesma atenção que a destruição do patrimônio eclesiástico. Na sentença, a população aparece desfocada e embaçada, à margem do lamento por "uma igreja depredada, religiosas de dois mosteiros estupradas e [porque] nem os monges foram poupados". Poppo causava espanto por violar a imunidade dos espaços e corpos eclesiásticos. Não, necessariamente, por ceifar as vidas de inúmeros habitantes do lugar (MANSI, 19, p. 491-494. • JAFFÉ, 1885: 4.063).

Para reverter o quadro, o patriarca não precisava abdicar à guerra. Bastava alterar a reputação atribuída a seus atos. Não era necessário negar o ocorrido, apenas demonstrar que sua beligerância não golpeara vínculos públicos. Foi o que fez. Em 1026, convenceu o Bispo Meinwerk de Padeborn – figura graúda na corte imperial – a interceder a seu favor: que ele convencesse o rei a endireitar a decisão pontifícia e as relíquias de São Félix seriam suas. A barganha surtiu efeito. Em abril do ano seguinte, um novo sínodo se reuniu. Perante uma audiência apinhada de eclesiásticos imperiais e sob os olhos atentos do monarca, Papa João reescreveu sua sentença: "movidos pelo amor onipotente de Deus e pela piedade imperial, segundo a autoridade apostólica e sinodal, restituímos a paróquia do Grado para a Igreja de Aquileia" (MANSI, 19, p. 479. • Conradi II et Johannis XIX Synodus Romana. *MGH Const.*, 1, p. 82-84. • JAFFÉ, 1885: 4.083. • Vita Meinwerci Episcopi. *MGH SS rer. Germ.*, 9, p. 115. • *Italia Pontificia*, 7, p. 28-29. • BÖHMER-APPELT, 1951, p. 49).

A vitória não vingou. Contrariando a nova decisão, os venezianos entrincheiraram-se na oposição. Não reconheciam outro superior além do patriarca do Grado. A restituição da "paróquia" não se concretizava. Poppo, por sua vez, sentia o peso da mão do tempo. Os cabelos raleavam, as dores pelo corpo engrossavam. Mas o envelhecimento não alcançou a índole de guerreiro; não impediu que ele invadisse novamente a ilha. Era 1042. No ano em que faleceu, o bávaro incendiou a cidade, deixou altares em brasas. O caso foi novamente levado a Roma e o novo papa, Bento IX, fulminou: violar a "quietude devida às possessões do patriarca Orso" era coisa "abominável", "sacrilégio". Outro pontífice, mesma lógica: a ofensa estava, em primeiro lugar, na perturbação dos vínculos entre homens e patrimônio – não no uso da força em si. Deliberando sobre as ações de um homem já sepultado, Bento assegurou que o patriarca fora "levado dessa vida por juízo divino, sem ter se confessado e sem ter recebido o viático". Não era preciso julgá-lo, pois Deus o sentenciou a vagar pela eternidade abarrotado de pecado (MANSI, 19, p. 605-608. • ANDRÉ DANDOLI. Chronicon Venetum. *RISS*, 12, p. 239-242).

Poppo era lembrado pelo papado como um prelado caído em desgraça. No entanto, considerar o controverso patriarca de Aquileia como "o perfeito exemplar de um fenômeno tão característico da Idade Média, o padre-guerreiro mundano, ambicioso" (NORWICH, 2003, p. 62) é arriscar-se a simplificar o homem e sua época. Detentor de "uma influência e de um carisma aparentemente difíceis de resistir" (WOLFRAM, 2006, p. 109), o bávaro foi um defensor dos antigos direitos de sua Igreja e tudo indica – por mais que isto desconcerte os valores atuais, ainda que inquiete nossos pontos de vista formados no século XXI – que suas agressivas campanhas militares eram impulsionadas por uma autêntica espiritualidade. O eclesiástico que assolou o Grado empenhava-se na reconstrução da basílica parcialmente destruída por Átila, no distante século V. A riqueza impiedosamente amealhada nos saques foi colocada à disposição da arte sacra. Os planos decorativos escolhidos para paredes, teto e, sobretudo, para a cripta onde descansariam os santos e mártires de Aquileia, revelam um zelo religioso atribuído aos reformadores daquela época: edificadores, engrandecedores das posições clericais, voltados para os exemplos do cristianismo primitivo. Poppo era filho de um tempo em que a autoridade episcopal habitava castelos. Era um zelota do ano 1000: um reformador militante, disposto a empregar força e dor para restaurar a idade de ouro de sua igreja. A mão que saqueava ofertava o butim como dádiva piedosa à Virgem e aos mártires (DALE, 1997, p. 108-179. • SCAREL, 1997, p. 96-151).

Nome da "era de ouro do patriarcado de Aquileia", Poppo passou à posterioridade como um sacerdote maldito. Não por ter sido um bispo guerreiro, mas um bispo invasor de posses clericais. A ilegalidade de seus atos gerava reprovação. Não eram o sangue e a vida, mas a lei e a hierarquia que estavam em jogo. Mas uma afirmação como essa desperta uma dúvida em tudo decisiva: A noção de violência não fazia parte da visão de mundo daqueles bispos? Aliás, eles possuíam uma norma geral a respeito do comportamento violento?

3

À primeira vista, a resposta seria "não". Observemos as reações dos eclesiásticos às duas vezes em que Poppo ocupou o território do Grado. Tanto em 1024 quanto vinte anos depois, o caso foi levado a um concílio romano. Em ambas as ocasiões, a decisão aprovada em plenário foi redigida em bulas papais. Nenhum dos textos qualificou os atos atribuídos ao patriarca como *violentia*. A palavra não surgiu. O clero ali reunido não se viu compelido a sacá-la, apesar do uso corrente. Não que a redação das decisões denotasse indiferença ou frieza. Quem se ocupou das queixas venezianas não parece ter tolerado o que ouviu. Uma "invasão abominável", foi como os padres conciliares nomearam o que Poppo considerava uma justa reintegração patrimonial. Não só. A conduta patriarcal foi qualificada como uma "opressão", uma "perturbação" da "quietude" a que toda Igreja fazia jus, uma "iniquidade" cometida por alguém "persuadido pelo diabo". Conduta inadmissível, censurável, que não deveria se repetir. Conduta repudiada, mas, ainda assim, não classificada como "violência" (MANSI, 19, p. 491-493, 605-610).

Essa caracterização dá razão a uma historiadora como Claude Gauvard. A ausência da palavra latina *violentia* indicaria a inexistência de uma avaliação negativa minimamente geral a respeito do uso da força, da mutilação, da dor. Com efeito, sugere essa historiadora, a violência era condenada pela Igreja desde os primórdios do cristianismo, mas com termos muito pontuais, demasiado circunstanciados, casuístas; não como um princípio social, um preceito geral que dissesse respeito a todos e a cada um. Como resultado, "a violência era, globalmente, considerada como lícita até o século XIII" (GAUVARD, 2005, p. 265). Sem enxergar a violência como categoria em si – ou seja, como um estado da vida coletiva, um problema da interação social –, reconhecendo-a apenas como culpa e pecado – isto é, como responsabilidade individual –, os prelados itálicos estavam limitados a condenar excessos, a reagir às erupções de um convívio "globalmente" violento. As repreensões ditadas como decretos, leis ou cânones formavam uma galáxia de casuísmos. Afinal, eles, supostamente, miravam sempre certos atos, aqueles que estalavam sobre o cotidiano como raio, tornando-se subitamente visíveis: o homicídio de um personagem de elevado *status*, o roubo de um bem pertencente a um palácio ou a invasão devastadora de terras de uma igreja.

Tivesse sido assim, a interpretação de Gauvard seria irretocável. Todavia, não foi o caso. Havia uma noção de violência. Façamos nova pausa e retornemos a outro episódio, a luta entre os habitantes e o bispo de Cremona. Em 1004, quando Landulfo foi investido do ofício episcopal, o monarca Henrique II ordenou que ele assumisse o controle sobre todos os bens e as prerrogativas do bispado, sem qualquer contestação. Pela "caridade de Deus e pelos augustos imperadores Oto I, II e III", ordenou o monarca, "que ninguém, seja duque, marquês, arcebispo, bispo, conde, pessoa rica ou pobre, ouse incorrer numa perturbação ou violência contra o que foi conferido à mencionada Igreja". Aí está!! A palavra empregada é precisamente aquela que Gauvard diz não aparecer nos documentos medievais, *violentia*. Ela reluz no latim como substantivo, batizando as ações que acarretam um mesmo efeito, o de interromper a vigência da concessão pública, obstruir a relação patrimonial legítima. Ela era isso em primeiro lugar. Fazer cessar o estado das coisas assegurado por uma autoridade era a principal marca da violência, que podia ser reconhecida quando se exigia pagamentos de comunidades religiosas declaradas isentas de taxações, ou quando uma voz laica ditava o que fazer a respeito de terras e homens colocados sob o domínio de uma Igreja, ou ainda em todas as vezes que um bispo era impedido de exercer as funções públicas das quais fora investido. Violentos eram os atos vividos como obstáculo ao domínio patrimonial fundado por uma autoridade (Diploma 84. *MGH DD H*, II, p. 107. • BÖHMER-GRAFF, 1971, p. 909).

A noção de violência efetivamente existia entre os bispos guerreiros. Era um nome que provocava reações negativas, indignação, repúdio, censuras. Todavia, ela dizia respeito aos danos patrimoniais mais do que a violações ou ameaças à integridade física individual. Uma *violentia* teria sido cometida se alguém ousasse impedir o Bispo Ubaldo de coletar um pagamento pela utilização do porto, das estradas ou das partes públicas existentes num raio de cinco milhas das muralhas de Cremona – como enfatizou a corte imperial em fevereiro de 1031. Por sua vez, o nome "violência" não parece ter acompanhado os rumores sobre o assassinato de um diácono naquela cidade. Isto não implica que a notícia tenha passado em branco ou mesmo que tenha sido recebida com tibieza ou condescendência. O diácono em questão, certo Henrique, era cardeal da Igreja Romana e protegido do imperador, que reagiu com profundo horror. Só "um espírito inflado de soberba e incitado pela audácia diabólica" cometeria tal ato, esbravejou o soberano universal, antes de proclamar: "o assassinato de um inocente vilipendia a reverência devida à nossa majestade". Na corte, não haveria dúvidas de que o homicida, um homem chamado Adão, era um "facínora" e tudo o que ele possuía deveria ser tomado por Ubaldo e incorporado às propriedades eclesiásticas. A redação dos diplomas demonstra que as reações à tragédia humana e à *violentia* não eram coincidentes (Diplomas 163, 252. *MGH DD K*, II, p. 216, 348-349. • BÖHMER--APPELT, 1951, p. 83, 128-129).

Demonstra também que a violência não era "globalmente considerada legítima". Os prelados do reino itálico eram instruídos a temê-la como o arqui-inimigo da integridade de seus bispados. Assim constava nos privilégios solenemente arquivados nas igrejas de Pisa, Cremona, Parma, Milão, Módena, Lucca, Veneza, Luni, Bréscia, Bérgamo, Verona, Asti, Mântua: "que ninguém ouse cometer uma violência contra elas" é, em todos estes casos, a advertência que conclui a concessão. A declaração era redigida como a última palavra, a garantia essencial que arrematava o sentido de tudo o que acabava de ser concedido. Um homem violento punha em risco não só a vida de alguém, mas ameaçava, simultaneamente, pessoas *e* bens, corpos *e* propriedades (Diplomas 41, 95, 103, 291, 292, 298, 310, 495. *MGH DD H*, II, p. 49, 120, 157, 356, 358, 368, 390, 632. • Diplomas 46, 58, 79, 81, 83, 90, 96, 98, 234, 236, 245, 248, 292. *MGH DD K*, II, p. 53, 69, 106, 110, 113, 122, 136, 141, 323, 335, 338, 342, 415).

Foi pensando desta maneira que o bispo de Ivrea, Varmondo, lançou a excomunhão sobre os ombros do Marquês Arduino. Aos seus olhos, o marquês agira violentamente. Ao redigir as epístolas que anunciavam o anátema, Varmondo recorreu duas vezes ao advérbio "violentamente" – *violenter*. Ele o fez para se referir à opressão dos pobres, "violentamente oprimidos e resgatados pelo [derramamento de] seu precioso sangue", e ao caracterizar a maneira como o aristocrata havia irrompido sobre as terras de Vercelli, quando "invadiu a igreja, cujo bispo ele expulsou violentamente da própria sede" (Excommunicatio et Epistolas. In: PROVANA, 1844, p. 335-341). Sejamos enfáticos. A violência foi caracterizada pela opressão dos pobres *e* por expulsar o prelado do bispado no qual fora investido. Não percamos esse elo de vista. Afinal, essa referência ao lugar é decisiva para a emergência da ideia em questão: interromper a relação legitimamente estabelecida entre os homens e um território era uma violação gravíssima. Tão maligna que Varmondo empregava o advérbio *violenter* da mesma maneira como recorria a outros dois: *atrociter* e *bestialiter*. Portanto, "violentamente" possuía o mesmo significado que "de maneira atroz, bestial". Igualmente relevantes são as causas atribuídas àquele comportamento do marquês. Agir violentamente era render-se à "arrogância de espírito" e sucumbir à natureza infernal, "imitando o próprio diabo". Quando Varmondo mencionava os atos de Arduino como "males intoleráveis" era possível ouvir o repúdio sibilando nas entrelinhas das cartas. Redação marcante: a noção de violência integrava a linguagem clerical como um nome detestável, o signo cabível às condutas consideradas inadmissíveis.

Os bispos guerreiros temiam a violência. Desejavam extingui-la, contê-la. Para isso se punham a matar e mutilar. Do ponto de vista moderno, essa afirmação causa embaraço. Nela, a lógica tropeça e vai ao chão. *Nossa* lógica – não a dos que viviam há mil anos. Esse desconcerto, esse embaraço é consequência de projetar sobre toda a história certos valores, que seriam estabelecidos apenas a partir do século XVIII. Nessa época, a cultura ocidental foi marcada pela "verdade autoevidente" de que todos os indivíduos "são dotados de certos direitos inalienáveis, entre esses estão a vida, a liberdade e a busca da felicidade". Não foi sempre assim. Foi a invenção dos direitos humanos durante o século iluminista que elevou essas noções de liberdade e felicidade a pressupostos da própria vida. Pressupostos que se mostram, se revelam – se tornam "autoevidentes" – quando "ressoam no interior de cada indivíduo" e são experimentados como "uma disposição em relação às outras pessoas". Em outras palavras, a era iluminista fixou as ideias de felicidade e liberdade como sinônimos de preservação da integridade física, de conservação corporal. Ela internalizou os valores maiores na condição humana. Os direitos universais encarnaram. Desceram do céu à terra e ganharam uma dimensão palpável: o corpo individual. Desde então, sua existência depende da sensibilidade a respeito da separação e da inviolabilidade da constituição física de cada ser humano. Depende de perceber que "o seu corpo é seu, e o meu corpo é meu, e devemos ambos respeitar as fronteiras entre os corpos um do outro" – como notou, com perspicácia, Lynn Hunt. A integridade corporal é o lugar onde encontramos a presença da preservação da vida, da busca pela felicidade, da liberdade, da igualdade, enfim, dos princípios que as sociedades ocidentais cultuam como valores supremos. Ameaçá-la ou violá-la é, em nossa cultura, a quintessência da ação violenta. "Pelo que se ouve dizer, a violência é questão de pele; a violência pega, arde e queima" – disse o filósofo Roger Dadoun. Quem discordaria? (HUNT, 2009, p. 13-29. • DADOUN, 1998, p. 43).

Não era assim nos séculos X e XI. Na época, a integridade física não era o território de um valor absoluto. Na realidade, não era incomum que homens e mulheres acreditassem se deparar com a face mais sublime da vida precisamente quando a fronteira dos corpos se rompia. Sem a *effusio sanguinis*, sem o "derramamento de sangue", não haveria salvação. Estava nas Sagradas Escrituras. "E quase todas as coisas, segundo a lei, se purificam com sangue; e sem derramamento de sangue não há remissão" dos pecados – dissera Paulo (Hb 9,22). Não era o sangue de bodes ou de bezerros que retirava os pecados do mundo, mas o que se esvaiu de chagas humanas, vertido das veias do Filho do Homem. Clérigos de então encontravam o ensinamento em Cristo: o sangue que escorreu ainda quente, que escapou de um corpo vivo, cravado pelo metal, era elo da salvação. Gotejando da pele flagelada, da carne golpeada, o líquido avermelhado abriu as portas do reino celestial aos pecadores, aos justos. Varmondo pensava assim. No instante em que a vida vazou pelas feridas, os pobres atacados por Arduino estavam redimidos, espiritualmente "resgatados pelo [derramamento de] seu precioso sangue", disse o bispo. Dietmar de Merseburgo, um dos principais cronistas do reino itálico de então, partilhava da opinião. Ela aparece, por exemplo, em sua descrição da morte de um arcebispo de Canterbury, equivocadamente identificado como Dunstan – sabemos que o relato se refere ao sucessor deste. No final da vida, narra Dietmar, o arcebispo foi capturado por homens do Norte, os vikings. No cativeiro, faminto e assaltado por dores indescritíveis, ele foi "sobrepujado pela fraqueza humana". Dunstan implorou e negociou uma troca: a vida por um resgate. A oferta foi aceita e um prazo para o pagamento, fixado. No dia estipulado, o "servo de Deus" surgiu de mãos vazias, confessando aos captores: não fui capaz de contornar a "extrema pobreza" em que vivo. O bando se enfureceu e fulminou o prisioneiro com pedras e estacas. Até crânios de animais foram arremessados. Entretanto, diz Dietmar, no momento em que foi abatido, o arcebispo contentou os céus: "ele agradou os olhos de Deus com sua estola, antes branca da inocência de sua mente e seu corpo, mas agora tingida de vermelho pelo seu sangue" (DIETMAR DE MERSEBURGO. *MGH SS rer. Germ. N.S.*, 9, p. 451).

Viver à custa do sangue alheio não era uma virtude, tampouco tolerável. "O Senhor comanda: não matarás o inocente, o justo" – lembrava Dietmar. Que recordava ainda um exemplo nefasto. Pouco antes de encerrar sua crônica, o bispo se referiu a Walter Pulverel, um homem "acostumado a reduzir seus oponentes ao pó". Esta figura aterrorizante era um clérigo. Ou melhor, ele o era apenas na aparência, corrigiria o cronista. Vestia-se como tal, "mas era, na realidade, um exímio bandido", cuja "sede por sangue nunca fora saciada". "As pessoas diziam", prosseguia o autor como se as palavras surgissem entrecortadas por medo, "que ele considerava um dia vivido unicamente quando sua lança estava coberta por sangue humano e ele havia visto a casa do Senhor, que outros pouparam do mal, ruir em chamas". Destruidor de igrejas, obcecado por fazer jorrar a seiva do calor humano, Walter era criatura maligna. Sua existência, um alerta. Os cristãos, sobretudo aqueles investidos do poder de governar, deveriam se manter vigilantes para que a consciência não cedesse à luxúria sanguinária. Afinal, quando a efusão do sangue se convertia num fim em si, quando ela se apoderava do juízo como um desejo que não se satisfaz com nada mais, o precipício da perdição se abria sob os pés e a alma despencava para as profundezas. Ferir, mutilar e matar era pecar. Todavia, nesse mundo imperfeito, tortuoso, onde a justiça e a paz possuem naturezas compulsórias, tais atos tornavam-se úteis. Conduzidos em estrita obediência, eles edificavam, purificavam. Ninguém deve acusar Abraão de crueldade, antes, reconhecer-lhe a piedade, quando, "assassino por obediência, quis matar o filho" – explicava Agostinho de Hipona, que assegurava: há circunstâncias "em que o homicídio é ordenado por lei geral ou justa ou por ordem expressa de Deus". Por isso, de volta à crônica de Dietmar, era possível encontrar a certeza de que ao cravar os corpos em defesa dos valores corretos, a lâmina era sinal da graça divina. Tal verdade foi igualmente demonstrada pela vida de Walter Pulverel – mais precisamente pelo fim dela. Ao ouvir a notícia de que o exímio bandido se esvaíra em sangue no campo de um duelo, Dietmar não titubeou: eis a prova de que a "humildade de Cristo triunfou sobre o orgulho", a misericórdia divina sobre a sanha criminosa (DIETMAR DE MERSEBURGO. *MGH SS rer. Germ. N.S.*, 9, p. 24, 475-476. • AGOSTINHO DE HIPONA. *De Civitate Dei Libri XXII*, 1991, p. 35-36).

Quando empregado como meio para alcançar um bem superior, o derramamento de sangue recordava aos medievais suas raízes cristãs. Um bem como a paz. Afinal, pacificar o mundo terreno, corruptível e imoral, era tarefa para as consciências em que "a severidade da censura justa era abundante". Tal temperamento era a marca do eleito de Deus, pregava Liudprando de Cremona. O homem tocado pela mão divina e erguido acima dos pecadores para governá-los era aquele que aplicava a justiça com rigor, que não relutava em inscrevê-la na carne. Pois a severidade era a própria agonia física. A repressão do corpo iluminava a presença da justiça, guiava para a obediência; pacificava. O verdadeiro rei era a encarnação desta verdade: a paz habitava os arredores do poder; poder compreendido como força para ferir, matar. Atributo do homem pacífico, a severidade – a *severitas* dos eclesiásticos – era, também, qualidade do homem cruel, como percebeu Daniel Baraz. Há mil anos, a fronteira entre a paz e a crueldade tornava-se muito tênue. Por isso, aos olhos do Bispo Liudprando, Oto I foi um monarca inequivocamente legítimo, porque foi uma versão viva deste modelo. "Eis aquele", insistia o cremonense, "por cujo poder as partes norte e ocidental do mundo foram governadas, por cuja sabedoria elas foram pacificadas, por cuja devoção elas foram alegradas e por cuja severidade do julgamento justo foram amedrontadas". Severo, temido, assim era o *Rex Pacificus*, o "Rei Pacífico" (LUDPRANDO DE CREMONA. Antapodosis. *MGH SS rer. Germ.*, 41, p. 46, p. 113-114. • HROSTVITA DE GANDERSHEIM. Gesta Odonis. *MGH SS rer. Germ.*, 34, p. 205. • BARAZ, 2003, p. 5).

A paz era conduzida às partes do mundo escoltada pelo poder e pela severidade. A maneira de agir destes dois guardiões amedrontava, aterrorizava e isto não era ser violento. Dilacerar o corpo não era suficiente para caracterizar a violência. Era preciso violar a força da decisão de uma autoridade. Agia violentamente quem contradizia a lei, quem golpeava o que havia sido fundado, inaugurado ou justificado por uma força dominante, como o rei, a Igreja, o costume. A *violentia* era uma ideia eminentemente política, matéria de cálculo e racionalização. Seu emprego marcava uma tentativa de administrar riscos e antecipar-se à desordem material; caso se revelassem úteis a tal propósito, a dor, o desespero e até mesmo a raiva cega tornavam-se legítimos instrumentos apropriados à missão de governar. Nós e os medievais temos isto em comum. Separados pela espessura de um milênio, partilhamos uma história de racionalização do emprego da coerção e da ação sangrenta. Isto ajuda-nos a explicar porque esse tipo de ação, "por princípio, não é nem recomendada nem excluída: tudo depende de sua eficácia, bem pesada" – conforme as palavras frias de Yves Michaud. Ainda que definida objetivamente, como agressão física ou dano psicológico, a violência é o resultado de relações que selecionam e hierarquizam prioridades sociais. A capacidade de uma sociedade ou comunidade para reconhecer ou desconhecer a violência não é inata, nem natural. É resultado dos procedimentos políticos que predominam numa época, isto é, é efeito de formas difundidas de classificação das ações segundo as razões, os motivos e os interesses de certos grupos. Neste processo, as elites ocupam posição privilegiada. Em outras palavras, graças à concentração de recursos materiais e ideológicos, os grupos dominantes retêm o poder para fazer ver ou ignorar certos comportamentos como violência, controlam o poder de fazê-la aparecer e desaparecer como marca de certos atos e decisões. No interior do reino itálico, tal poder foi movido, deslocado a partir de meados do século X. Mudou de mãos. Catapultado para o patamar de elite política, o episcopado passou a controlar novas margens de riqueza e influência: sua compreensão a respeito da violência era um discurso de preservação dessa posição de poder (MICHAUD, 2001, p. 55. Cf. tb. MICHAUD, 1978, p. 91-92. • BROWN, 2011, p. 1-25).

Proeminentemente política, a violência não é uma ideia universal. É uma categoria histórica, variável, aberta a diferentes entendimentos do justo e do injusto, do aceitável e do repugnável, do útil e do nulo. É padrão de comportamento e, como tal, o efeito de algo mutável, reversível e finito: a visão sobre si e sobre o lugar cabível ao outro. Na época de homens como Poppo de Aquileia e Leão de Vercelli, para reconhecer a violência não era suficiente identificar a ação que provocava dor, dano ou violava a pele, atentando contra a integridade física. Era preciso avaliar os efeitos sociais provocados, se serviam às causas dos grupos estabelecidos, aquilo que ela produzia e aquilo que frustrava.

O sofrimento, a desolação e a morte entravam no mundo de muitas maneiras, todas pecaminosas e lamentáveis. Porém, para falar em violência, era necessária a certeza de que elas provocavam algo mais, indo além de arrebentar a pele e acender o terror no olhar. Era preciso que essas maneiras de pecar se tornassem mais pesadas e sobrecarregassem a vida com aquilo que era percebido como um mal maior, que a lei e a tradição deveriam conter a todo custo: a subversão da hierarquia vigente. *Violentia* era o ato ou a ideia que ameaçava relações patrimoniais e cravava a contestação da autoridade pública nas entranhas da vida em sociedade. Era, sobretudo, uma noção permanentemente em disputa. Seu alcance e sua aplicação oscilavam conforme as relações de força e de interesses mudavam. A percepção da violência não era algo extático, fixo, rígido. Ao contrário. Ela mudava, sendo deslocada, com frequência, pela fortuna política de grupos e facções, afetada por seu sobe e desce nos espaços da dominação social. O súdito leal poderia amanhecer como um celerado violento. A violência de um bispo poderia ser a honra reparada do reino.

Foi o que descobriu um dos mais poderosos arcebispos do reino itálico de então. E sua saga na fronteira da violência calou fundo na consciência de homens como Cádalo, que assumiam a condução dos bispados no início dos anos de 1040.

4

Um arcebispo deposita o destino das almas no altar da guerra: o uso da força se apodera da espiritualidade

O Senhor é a minha força, e o meu cântico; Ele me foi por salvação; este é o meu Deus, portanto lhe farei uma habitação; Ele é o Deus de meu pai, por isso o exaltarei. O Senhor é homem de guerra; o Senhor é o seu nome.

Ex 15,2-3

1

O som da oração era tão intenso que parecia escorrer pelas paredes. O vozerio do Arcebispo Witgero era amplificado de tal modo pela acústica da Basílica de Parma, que as palavras impregnavam o recinto. Em pé, diante do altar dedicado à Santíssima Trindade, o arcebispo inundava o ar com os dons de uma garganta invejavelmente potente. Os maiores senhores de terras das redondezas e os nomes mais abastados da cidade eram os primeiros a sentir os ouvidos naufragando no som da oração. Afinal, eles eram os mais próximos do prelado, enfileirados há poucos metros dele, mas devidamente distinguidos, hierarquizados no sacro espaço. À frente, a aristocracia, os chamados *pater familias*, isto é, os chefes das gigantescas fortunas medidas em rendas, espadas, lealdades e prerrogativas públicas. Atrás, separada por um intervalo entre as fileiras, estava uma multidão de citadinos. Mercadores, artesãos, notários e viajantes se espremiam sobre o pavimento claro, tentando se acomodar entre as colunas de mármore branco suavemente riscado de cinza. Separados pelos códigos da hierarquia social; unidos pela expectativa. Com as atenções regidas em compasso único, com os olhares sincronizados pela reza, observavam cada gesto do arcebispo. Aguardavam pelo momento em que a oração cessaria.

Em pé, em frente àquele eclesiástico de voz cavernosa, banhado pela cascata de luz cromada que jorrava dos mosaicos encrustados no alto há quinhentos anos, estava Cádalo. Todos os olhares se voltariam para ele quando um silêncio súbito tragasse a oração. O rito se aproximava do fim. Cádalo já se prostrara; os bispos já haviam colocado as mãos sobre ele e rezado, silenciosamente, ao Espírito Santo; sua cabeça fora ungida. Cerimônia longa e laboriosa. Agora, enquanto a oração reboava tão potente quanto morosa, Witgero mantinha um livro do Evangelho levemente apoiado sobre sua testa. Cerimônia rara e intrigante. Mas a cena aguardada ocorreria a seguir.

A prece finalmente cessou. O arcebispo recolheu o Evangelho, girou a cintura para a direita e tomou em suas mãos uma larga tira de tecido trazida pelo arquidiácono do lugar. Era uma faixa de lã tingida em cor púrpura inconfundível e de pontas douradas reluzentes. Witgero estendeu a peça no ar, percorreu-a com os dedos até marcar o centro do tecido e o deixou pousar sob a nuca de Cádalo. As extremidades da faixa caíram à frente dos ombros, como duas longas tranças de pano que pendiam do pescoço em perfeita simetria. Enquanto a estola se acomodava sobre sua túnica branca de linho, Cádalo ouvia o arcebispo recitar os dizeres atribuídos ao Cristo: "tomai sobre vós meu jugo e aprendei de mim, que sou manso e humilde de coração; e encontrareis descanso para as vossas almas. Porque o meu jugo é suave e o meu fardo é leve" (Mt 11,29-30). O veronense, então, respondeu e consumou o ritual pelo qual a Igreja aguardava: "cinges-me, ó Senhor, com a estola de justiça ao redor do meu pescoço e purifica minha alma de toda corrupção pecaminosa; quebra a corrente de meus pecados, para que, tendo assumido o cuidado do rebanho em teu nome, eu possa ser merecedor de atendê-lo com temor e reverência". Em seguida, recebeu um anel e o báculo – um bastão dourado, com a ponta retorcida como um caracol ricamente adornado, formato que lembrava um cajado de pastor. Quando encarou a gente apinhada na Basílica de Parma, o padre veronense se aprumou com altivez. Já não era diácono. O filho do "homem novo" não era mais um simples clérigo listado em certidões de venda de terras. Agora, Cádalo era bispo (ELLIOT, 2004, p. 55-70. • MILLER, 2014, p. 51-95. • BARROW, 2015, p. 27-70).

Não se sabe, com exatidão, quando Cádalo subiu ao trono episcopal. Estima-se que ele tenha assumido a diocese de Parma em 1045. Caso tenha sido assim, o *vicedominus* foi, provavelmente, ordenado pelo arcebispo de Ravenna, superior da província que englobava a Sé Parmense e figura controversa. Nascido de "elevada estirpe", ex-cônego em Colônia, Witgero contava com forte apoio entre os habitantes da cidade. Mas seu nome aparece em cartas e crônicas de maneira nada lisonjeira. Dizia-se que ele era "homem pernicioso", "um amaldiçoado" que, "tomado por malícia", condenava mosteiros à destruição ao empobrecê-los com taxas excessivas e injustas. O arcebispo tinha reputação de ser um cruel saqueador dos bens clericais. Além disso, ele não passava de um intruso na Igreja de Ravenna: o papa se recusou a consagrá-lo – assegurou um cronista. Seria deposto pelo rei no dia 18 de maio de 1046. Tudo indica que Cádalo recebeu os paramentos de bispo das mãos desse "ladrão promovido a pastor". Apesar disso, não há razões para suspeitar da ascensão do veronense. O ingresso no episcopado ocorreu com a normalidade da época. Isto é, com as bênçãos da Igreja, da aristocracia e do rei (PEDRO DAMIÃO. Epistola 7. *MGH Briefe*, 1, p. 115-117, 199-202. • Ex Anselmi Gestorum Episcoporum Leodiensium. *MGH SS*, 14, p. 115. • HERMANN DE REICHENAU. Chronicon. *MGH SS*, 5, p. 125-126. • CASTAGNETTI, 2014, p. 62-65).

Cádalo veio ao mundo como o segundo filho do *vicecomes* de Verona. Quando o ar dilatou seus pulmões pequeninos pela primeira vez, provavelmente em 1010, seu pai, Ingo, era o senhor de castelos, terras, aldeias, estradas, bosques. Paisagens inteiras nos arredores de Verona e Vicenza serviam sua bolsa e mesa. Embora fosse neto de um recém-chegado à minúscula elite itálica, Cádalo possuía a origem social característica dos ocupantes do alto círculo do clero. Nascera aristocrata em uma época em que "o recrutamento dos bispos era heterogêneo; porém, sempre aristocrático" – palavras de Giuseppe Sergi. Enquanto o irmão mais velho, Erizo, assumia a condução do patrimônio deixado pelo pai, Cádalo foi entregue à educação clerical. Talvez tenha ressentido a diferença de destinos. Afastado do convívio familiar, despertando diariamente para subordinar-se a homens desconhecidos, recolhido a pergaminhos que exigiam a domesticação de seu sexo, ele não teria invejado Erizo? Não teria preferido uma existência desobrigada à hierarquia, ao celibato e aos rigores da palavra escrita? Caso tenha sido assim, o passar dos anos calou a voz interior dos ciúmes. Quando atravessou a *adulescentia*, ao aportar na *iuventus*, a "juventude", Cádalo era um clérigo em franca ascensão. Diácono aos 20 anos. Logo, não mais "estava submetido às paixões e ao pecado como um *adolescens*", um adolescente – como lembrou Ruth Karras. Aos trinta, *vicedominus*, a segunda pele da autoridade episcopal em Verona. Emissário, representante e conselheiro da Sé. Tanto o Bispo João, que faleceu em 1037, quanto Guálter, o sucessor, acolhiam suas opiniões, confiavam-lhe a jurisdição, os rendimentos, os cavaleiros da Igreja veronense. No início dos anos de 1040, à beira da idade mínima exigida pela tradição para ser bispo – 35 anos –, Cádalo era um clérigo familiarizado com a rotina episcopal. Nascido em berço aristocrático, educado no *scriptorium* do Capítulo da Catedral de Verona e acostumado aos fardos de um governo diocesano, aquele secundogênito era um candidato ideal ao topo da santa hierarquia (SERGI, 1994, p. 15. • KARRAS, 2002, p. 14).

Talvez Guálter pensasse assim. Isso explicaria muito. Oriundo da cidade de Ulm, o bispo veronense havia sido capelão imperial. Como tantos outros, recebera o bispado das mãos do rei, cruzou os Alpes, ingressou na cidade, enraizou a autoridade obtida longe dali. Um êxito mais difícil de alcançar do que usualmente se supõe. O sacerdote idoso e de juízo escaldado era um elo firme entre aqueles dois mundos, a corte imperial e as igrejas que bordejavam as águas pacatas do Rio Pó. Sua influência está indicada num diploma de 1047. O pergaminho assegurava-lhe o privilégio de concluir a construção de um castelo, embora nenhum outro documento tenha autorizado tal construção. A edificação de fortalezas, bem como a de muralhas e torres, era prerrogativa imperial e só poderia ser iniciada mediante concessão adequada. Detentor de outras fortificações erguidas "somente às suas expensas", Guálter contava com favores da corte. Era alguém em posição de influenciar a designação para um bispado vizinho. Até onde a vista alcança, isto é o que ocorreu. O bispo de Verona foi o provável responsável pela ascensão de seu *vicedominus*. Podemos supor que ele tenha apresentado Cádalo ao clero de Parma; o qual, por seu turno, tendo considerado a honra e o prestígio associados a um certo nome, escolheu-o como seu superior (Diploma 203. *MGH DD.H.*, III., p. 263-266. • BAUERREIS, 1964, p. 157-160. • PAULER, 1982, p. 95-96. • BOTTAZI, 2009, p. 160-161. • FLECKENSTEIN, 1966, p. 194, 227. • CASTAGNETTI, 2014, p. 57-65).

O nome em questão não era "Cádalo", "Ingo" ou "Guálter", mas *Gandolfingi*. Era a honra e o prestígio do clã que chegavam a Parma. A eleição ocorreu sob influência dessa família. Oriunda das redondezas de Piacenza, a linhagem se ramificara sobre a planície do Pó. Seus descendentes ostentavam títulos públicos em diversas localidades. Um deles, um homem chamado Tado, fora escolhido *missus imperialis* na região de Garda: era os olhos, os ouvidos e a mão do monarca sobre aquele chão. A influência de Tado foi herdada pelos dois filhos: um deles tornou-se conde de Verona, o outro, o bispo do lugar. Esse último era João, quem elevou Cádalo a diácono pouco antes de falecer, em 1037. A proximidade com o bispado era proximidade com os *Gandolfingi*. Sendo assim, ao se tornar o *vicedominus*, o jovem diácono foi levado a alinhar-se aos interesses do clã, afinal, é difícil conceber que ele tenha exercido aquela função alheio à força hegemônica do condado veronense. Mesmo fora dali teria sido dificílimo. Os *Gandolfingi* cultivavam uma extensa malha de influência, as audiências ocorridas em seus salões eram frequentadas por juízes de Reggio, Ravenna e da própria Parma. Instruindo magistrados, eles traçavam os destinos das posses reclamadas por bispos, abades, cônegos e laicos, suas sentenças eram listas cintilantes de testemunhas insignes, entre as quais encontravam-se prelados e marqueses de estirpes ainda mais ricas, como os *Obertenghi*. Entre aqueles habituados a inclinar a cabeça como vassalos perante sua presença, encontraríamos os bispos de Pádua, de Verona, Trento, Belluno e Vicenza. O clã interferia no cotidiano das populações esparramadas desde as franjas da Lombardia até o centro da Romagna, de Piacenza até Ravenna. Tudo bem pesado, a conclusão se impõe: homem forte da Igreja veronense, Cádalo era igualmente aliado dos *Gandolfingi* – como o avô havia sido. A eleição como bispo de Parma atendeu a uma convergência de interesses eclesiásticos e laicos. No momento em que a estola lhe caiu sobre os ombros, Guálter e os *Gandolfingi* prevaleceram. Um arranjo entre forças aristocráticas triunfou (MANARESI, 1960, p. 33-35. • CASTAGNETTI, 2014, p. 4-10, 46-65).

Em 25 de maio de 1045 aparece o primeiro registro de Cádalo como o "nobilíssimo bispo da Santa Igreja de Parma" (CENCI, 1924, p. 309-344. • BAIX, 1949, p. 53. • MILLER, 1993, p. 74). O pronome não era mera deferência de corte ou o tratamento ditado por um protocolo extravagante. "Nobilíssimo" traduzia uma correta medida do poderio obtido por aquele homem, pois Cádalo se transformava em senhor de terras inigualável. O episcopado depositou em suas mãos uma riqueza fabulosa, ainda maior do que aquela amealhada por sua família, equiparável à de seus patronos, os *Gandolfingi*. A Igreja de Parma, à qual o Rei Carlomano se referiu certa vez como "a pobrezinha", era, agora, uma cúpula abarrotada de domínios. Aquela "santa casa de Deus" se convertera no maior magnata fundiário de todo condado parmense, superada somente pelo imperador, que, mesmo longínquo, detinha um vastíssimo conjunto de bens e posses no lugar. O patrimônio eclesiástico registrava mais de setenta propriedades. Os castelos eram tão numerosos que a exploração irradiada por suas torres e ameias transbordava os limites do condado e recaía sobre os ombros de populações camponesas próximas a Módena, Bolonha, Reggio. Muitos desses domínios eram de posse pessoal do pastor: ninguém mais, clérigo ou laico, poderia dispor do patrimônio conhecido como a "parte do senhor bispo", que incluía núcleos agrícolas prósperos como Corticella Radaldi, Lugolo, Montecchio, Cassio; além do controle sobre toda as vias de comunicação. Quem atravessasse a *Via Aemilia* – principal rota para o Norte ou Sul, há mais de mil anos, desde sua construção pelos romanos – ou buscasse encurtar uma viagem navegando pelos afluentes do Rio Pó, logo saberia que pedia passagem através de paisagens eminentemente episcopais. Em algum ponto do caminho, seria informado: para prosseguir era necessário esvaziar a bolsa e saciar as cobranças de pedágios impostas pelo bispo. Senhor do espaço, Cádalo controlaria a mobilidade de homens, ideias e mercadorias (Diploma 24. *MGH DD, LD/DD KN/DD LJ*, p. 320-322. • BÖHMER-MÜLBACHER, 1908, p. 653. • AFFÒ, 1, p. 294-295. • BORDONI, 1, p. 102-105. • GUENZA, 2005, p. 47-65. • SCHUMANN, 1973, p. 75-126).

Paramentos de bispo, prerrogativas de conde. Era assim há quase um século. Desde março de 962, desde o tempo em que o Rei Oto cruzou aquela região a caminho de Roma, o prelado de Parma detinha as "funções públicas sobre o *territorium civitatis*", o "território da cidade". Era ele quem deliberava, julgava e restringia o que quer que ocorresse dentro de um raio de três milhas das muralhas. Das fortalezas de Beneceto, Cassello e Coloreto a Leste; de Porporano, Alberi e Vigheffio ao Sul; de Vicofertile, Fraore e Eia a Oeste; às de Barganzola, Casale Parancano e Terabiano ao Norte, tudo que se passava entre céu e terra com "os homens, seus bens e suas famílias" subordinava-se à sua vontade. Desde então era assim. A estola rubra anunciava aos habitantes quem os governaria; a vestimenta episcopal identificava quem recebia a deferência devida a um "conde palatino" – conforme afirmou o próprio Oto I. A "delegação do domínio sobre a cidade e o distrito" continuou sem cessar nas décadas seguintes. Um a um, os reis confirmaram e expandiram o poderio episcopal: em agosto de 981, abril de 989, maio de 1004 e, novamente, em 1027, 1035, 1036. O bispo taxava como um senhor laico, controlava mais castelos que muitos magnatas, apoderava-se das riquezas longínquas geradas nas cercanias dos domínios de Piacenza e de Reggio. Em 1029, a concessão implicou diretamente o líder da maior linhagem local, os *Bernardingi*. O dom ofertado não era terra, camponês, renda ou fortaleza. Dessa vez, a dádiva era o futuro do clã. Caso Bernardo, chefe da estirpe, não possuísse um herdeiro masculino legítimo ao lado de seu leito quando o coração parasse de bater, o título de "conde parmense" passaria às mãos do eclesiástico. O bispo seria, formalmente, o conde. Clerical e civil, espiritual e secular: os poderes convergiam. Seriam assimilados à autoridade que era transmitida com os símbolos pastorais. Em Parma, o bispo governava todos – inclusive o futuro (Diploma 239. *MGH DD O*, I, p. 332-334. • Diploma 257. *MGH DD O*, II/*DD O*, III, p. 298-299, 458-460. • Diploma 71. *MGH DD H*, 2, p. 88-90. • Diplomas 98, 143, 218, 226. *MGH DD K*, II, p. 139-141, 193-194, 298-299, 306-307. • IRENEO AFFÒ. *Storia dela Città di Parma*, 1, p. 351-353, 364-365, 367-368, 380-382; 2, p. 297-299, 302-303, 310-311, 311-312. • Diplomas 4, 40, 59, 63, 66, 69. *DREI*, 1924, vol. 1, p. 145-147; vol. 2, p. 5-7, 66-67, 78-79, 90-91, 94-95. Cf. tb. SCHUMANN, 1973, p. 75-167).

Porém, por mais colossais que fossem as dimensões desta riqueza patrimonial, elas não eram novidade. Teria o fausto deslumbrado uma mente educada no Capítulo veronense e habituada à administração de uma diocese não menos abastada? Se a ordenação episcopal cravou uma experiência nova na trajetória de Cádalo o fez por outra razão. Outro atributo o teria arrebatado. Este, sim, inédito, vivenciado pela primeira vez, tão desconhecido quanto o peso das vestes de bispo. Em Parma, o outrora *vicedominus* calçou os sapatos e as luvas usados pelos ocupantes de uma posição imponente, a de "Chanceler do reino itálico". Seus predecessores haviam convertido o bispado numa antessala da autoridade monárquica. Era assim ao longo do tempo. Os reis mudavam, aristocratas dos quatro pontos cardeais eram aclamados à coroa. Condes de Arles, marqueses da Caríntia e duques de Spoleto subiam e desciam ao trono segundo o compasso criado pela sucessão de mortes, renúncias e fiascos militares. Em meio às alternâncias, os dignitários parmenses permaneciam; reiteradamente distinguidos como homens de confiança, incumbidos de representar a coroa em audiências, concílios, julgamentos. Por quase um século, entre 860 e 945, a honraria de "chanceler do rei" reapareceu junto ao nome de todos eles, como se esses celibatários, que abdicaram à procriação, se empenhassem para reproduzir uma ilustre linhagem política. Seu prestígio se manteve durante o governo otônida. Coroado em Pávia, Oto I repetiu o passado e nomeou o Bispo Huberto "arquichanceler conforme nossa clemência". O exemplo foi seguido pelos sucessores e a proeminência daqueles sacerdotes se perpetuou como uma estirpe. De modo que, em 1045, Cádalo vestiu os trajes que identificava o "venerável bispo da Santa Igreja de Parma e chanceler do reino" (Diploma 371. *MGH DD O*, I, p. 509. • BÖHMER-OTTENTHAL, 1893, p. 220. • GUENZA, 2005, p. 47-65, p. 51. • BIANCHI, 2006, p. 40-43).

Formalmente, Cádalo nunca seria chanceler, embora tenha sido lembrado como se tivesse ocupado a prestigiosa posição. Equívoco compreensível, observe-se. Os registros imperiais dos anos de 1040 fazem, constantemente, referência a um "chanceler Cádalo". Um homônimo. Não bastasse o nome ser um convite a misturar as duas vidas, esse segundo *Kadelous* também nasceu em Verona. Mas é tudo. As semelhanças terminam aí. O Cádalo chanceler foi bispo de Naumburg e faleceu em 1045. O filho de Ingo, o "órfão do tempo", jamais envergou o título tantas vezes concedido aos seus predecessores. Não foi preciso. A corte – mais especificamente, a imperatriz – o manteve em sua diocese, o conferindo a um diácono de Parma, Guiberto, neto do senhor de Correggio. Diácono, o "chanceler imperial" recebia ordens de Cádalo, seu superior no sacerdócio. Se ele as acatava não era apenas pela força da hierarquia a que estavam obrigados os homens de batina, mas, provavelmente, por interesse próprio, já que a lealdade canina àquele bispo lavaria uma mácula recebida como herança: o pai de Guiberto foi um arduínico convicto, que, derrotado, deixou aos três filhos um patrimônio confiscado e a reputação de ramos da insensatez. Ser leal ao bispo de Parma era uma maneira de desembaraçar-se desse passado, apagá-lo. Para Cádalo, a fidelidade do chanceler reforçaria sua imagem de continuador das tradições locais: como todos os bispos sepultados ali, ele zelava pela responsabilidade de aconselhar o rei, era um pastor devotado à autoridade teutônica. Cádalo estaria à altura de todos os predecessores, pois perpetuaria a Sé de Parma como bastião da supremacia imperial (CENCI, 1923, p. 187. • BAIX, 1949, p. 55. • FABBI, 1963, p. 175-176. • BERTELLI, 2006, p. 15. • DALLA'ACQUA, 2006, p. 36).

Ele seria um elo vivo entre o dia de hoje e a grandeza dos mortos. Tal compromisso não seria reduzido a promessas, não seria limitado a palavras que o vento do esquecimento pudesse soprar para longe. Cádalo viveria por aquele ideal de muitas maneiras: em gestos, decisões, viagens, alianças, guerras. Ele, inclusive, o lavrou em pedra. Imediatamente após ser ordenado, o novo bispo assumiu a construção da suntuosa residência episcopal iniciada por Hugo, antecessor falecido há pouco menos de um ano. O prosseguimento das obras de edificação transformou a estrutura que ganhava contornos monumentais em um símbolo de unidade, uma magnífica homenagem arquitetônica à força do passado e da continuidade.

Parma foi a primeira cidade a mencionar a habitação do bispo como o recinto onde as disputas eram julgadas; a paz, selada; os "maus costumes", combatidos. Lá a residência episcopal era conhecida como "palácio". *Palatium* era um nome característico nos registros imperiais. Empregá-lo não era trivial. Na realidade, era um privilégio. Ao usá-lo batizava-se politicamente o espaço, nomeando um lugar conforme um *status* único, que o distinguia como o reduto da autoridade para decidir, dispor e punir. Em 26 de setembro de 1020, um notário escreveu o mais antigo registro dessa atitude que se tornaria comum às cidades da península: nomear a morada episcopal como palácio, como sede da justiça e da lei urbanas. Quase na mesma época desse registro, um pouco depois, o Bispo Hugo iniciou a construção da nova residência. Uma horda de trabalhadores passou a erguer um edifício com aparência de fortaleza num terreno estrategicamente localizado fora das muralhas, isolado como uma cidadela, a salvo de revoltas e incêndios – inimigos sempre à espreita. Era uma construção retangular, de paredes robustas e janelas estreitas. Os pavilhões que a formariam emergiam lentamente, pedra sobre pedra, ligados a uma torre antiga, que, espetada naquela paisagem há quase um século, acabou incorporada à construção. O traçado das fundações já permitia imaginar o desenho dos muros, que envolveriam a nova casa como casulo rochoso. Duas entradas permitiriam a comunicação com o exterior: uma voltada para a cidade, outra para o prado régio, a vasta área verde pertencente ao rei (Diploma 26. *DREI*, 1924, vol. 2, p. 45. • BERTELLI, 2006, p. 16. • GONELLA, 2008, p. 17. • GRECI, 2007, p. 120. • MILLER, 2000, p. 89-90, 100, 106, 142).

O lugar seria uma verdadeira fortaleza, um monumento ao poder acumulado pelos bispos de Parma com o passar das décadas. No interior do palácio iniciado pelo antecessor, Cádalo governaria o vasto patrimônio eclesiástico perpetuando o passado preservado como monumento arquitetônico. Embora não fosse chanceler, demonstraria que os caminhos que levavam às mercês da corte passavam pela sua residência. Aquartelado naquela construção tradicional, erigida conforme os padrões do século X, o prelado senhorial, o aristocrata de espírito marcado a ferro e fogo por exemplos de lealdade imperial, cumpriria a sacrossanta promessa proferida no dia da ordenação como bispo. Entronizado sob as maciças vigas de madeira do salão palaciano, ele se revelaria merecedor de apascentar as ovelhas do Senhor, como se trouxesse a estola rubra sempre à vista. Rodeado por clérigos, vassalos e notários, ele daria provas de temor e reverência ao Altíssimo, suportaria o jugo celestial e assumiria o fardo, tal como era esperado dos verdadeiros pastores.

Mas aquela promessa carregava outra mensagem. Rememoradas entre paredes que mais pareciam resultar de preocupações defensivas, aquelas palavras já não aludiam apenas à mansidão mencionada perante o altar. O jugo não parecia ser suave; o fardo, tampouco leve para quem encontrava paz entre torres e muralhas. Nos anos de 1040, um eclesiástico que se tornava bispo adentrava a câmara da guerra. Assumir um bispado implicava reconhecer entre os deveres espirituais a missão de defender a Igreja e os fiéis das ameaças de morte e destruição. O verdadeiro pastor salvaguardava a vida do rebanho, enfrentando agressores e inimigos. Ingressar no episcopado significava depositar sobre o altar uma solene promessa que incluía não afastar a mão da espada quando o adversário rasgasse a linha do horizonte. Há décadas mais e mais prelados do reino itálico viviam e morriam por essa verdade.

Nenhum deles, porém, como um arcebispo de Milão.

2

Ariberto nasceu na década de 980. Seus pais "professavam a lei lombarda": viviam conforme os costumes trazidos para a península por conquistadores do século VI. A família estava amparada por um código de condutas antiquíssimo. Porém, ela havia alcançado uma posição de poder apenas em época recente. Enraizado na remota localidade de Intimiano, o casal obtivera o domínio sobre áreas centrais do reino itálico graças ao rearranjo das forças dominantes provocado pela ascensão otônida. Como Cádalo, Ariberto era herdeiro de uma elite socialmente delineada nos arredores do ano 1000. Era filho de "homem novo", de quem não herdara o lugar que ocupava em conselhos e audiências. Seu pai devia a influência aos domínios adquiridos há pouco tempo em Bérgamo e, principalmente, Cremona (BIANCHI, 2007, p. 13).

Em 998 Ariberto é mencionado como subdiácono da Igreja de Milão e, em março de 1018, como arcebispo do lugar. Reparemos as datas. Elas são eloquentes. São vestígios sussurrando a constatação: sua visão sobre a Igreja e a sociedade emergiu durante a década de reinado do Marquês Arduino. Os anos de formação clerical foram marcados pelas lições de gramática e retórica tanto quanto pelas notícias sobre as façanhas de Leão de Vercelli e outros bispos. Ariberto se aproximou da ordenação sacerdotal na época em que pastores de almas lideravam a oposição armada contra um "inimigo público"; quando defender o reino do exército de um "usurpador" emergia como um dever eclesiástico. Muito provavelmente, a incorporação do uso da força pelo episcopado se tornou uma matéria incandescente com a qual a identidade clerical de Ariberto foi forjada. Há de se dizer "forjada" – "modelada", "fabricada". "Influenciada", talvez não bastasse. A guerra encampada pelos bispos não era realidade longínqua, distante, feito drama alheio que se dá à imaginação, não à experiência. Milão foi teatro do conflito. Os olhos de diácono testemunharam os *Obertenghi* ocuparem as terras eclesiásticas. A parentela aplicou a autoridade de conde e marquês – posições que ocupava em diferentes lugares, Milão entre eles – e fez valer o controle do território. Em seguida, dízimos, oblações e rendas reservadas a altares foram canalizados para as batalhas por Arduino. Ariberto pertencia àquela Igreja, cujo patrimônio abastecia mãos laicas. Então, é provável que tenha observado aquele exercício das prerrogativas de conde e de marquês e encontrado o mesmo que muitos clérigos da época: a marca da *violentia*. O clero apartado de seus bens; o domínio eclesiástico sobre a terra interceptado por ordens laicas. Ano após ano, a violência habitava a diocese de Santo Ambrósio (CAPITANI, 1984, p. 18).

1018. Eleito arcebispo. Agora, era seu o dever de reparar os males causados à Igreja ambrosiana. A derrota dos arduínicos tornava possível pensar assim, permitia acreditar que expandir o patrimônio clerical era subtrair terreno à injustiça, à violência, ao mal. Uma vez encerrado, todo conflito torna-se pai da reputação dos envolvidos. Otberto II, marquês que envolveu as terras da Igreja na sustentação da coroa de Arduino, continuava preso do outro lado dos Alpes. Fora encarcerado pelo imperador juntamente com seus três filhos, após ter propriedades e títulos confiscados. Cerca de quatro anos após seguirem o pai para a prisão, os herdeiros gozavam de sortes distintas: um estava morto, outro fugira e um terceiro havia sido libertado por perdão imperial. No instante em que Ariberto foi ungido e reverenciado como sucessor de Santo Ambrósio, os *Obertenghi* davam os primeiros passos para fora da sombra da humilhação. Laicos eram proscritos enquanto eclesiásticos eram honrados como os "amigos da coroa". O contraste laureava as ações dos bispos guerreiros. Provava que os sacerdotes zelavam pela ordem do mundo empenhando todas as armas de que dispunham, tanto as espirituais quanto as terrenas, tanto o anátema quanto a espada. Demonstrava que a autoridade episcopal respondia pelos "assuntos espirituais" e os "temporais". Que o mundo não estava repartido em duas esferas incomunicáveis: uma de César, outra de Cristo; uma imperial, outra sacerdotal. Não! A salvação dependia da vida ordenada por inteiro, virtuosa em sua totalidade. A integridade das igrejas e a paz entre os cristãos nutriam-se da mesma raiz: do combate à usurpação, à desordem, à sedição. Que a guerra, quando conduzida pelo bispo, era uma maneira de guiar almas. Em Milão, a derrocada dos *Obertenghi* projetou o bispado como voz hegemônica sobre um dos mais sólidos núcleos de dominação senhorial de uma família movida por um forte senso de "aspiração ao reino", unida em torno da ideia de controlar a política itálica. Ariberto chegou ao topo da hierarquia ambrosiana em meio a esse cenário, um novo campo de possibilidades para imitar os exemplos que povoaram os anos de sua formação clerical. A Sé Ambrosiana se abria ao governo de um bispo guerreiro. E ele seria exigido em breve. As almas necessitariam de um guia, pois estavam prestes a se perder uma vez mais (CAMMAROSANO, 1998, p. 263).

No verão de 1024, Henrique II morreu. O imperador de 51 anos cedeu ao ardor de uma infecção urinária. No anoitecer de 13 de julho, ele já não se contorcia. Seu corpo, há pouco entortado e retesado por dores excruciantes, era agora uma massa lânguida sobre a cama. Despertado pela notícia, um antigo desejo recobrou vida entre os aristocratas do norte peninsular: remover o reino itálico do controle teutônico. Henrique falecera sem herdeiros. O sucessor seria escolhido numa assembleia. Na corte, a Imperatriz Cunegunda mobilizava os príncipes eleitores: que se reunissem sem demora, já no início de setembro. Era preciso evitar um longo interregno. Perpetuar o vazio sobre o trono semearia desordem e provocaria males idênticos aos de vinte e dois anos atrás, quando as incertezas a respeito da sucessão de Oto III favoreceram aristocratas como Arduino. Todavia, ao sul dos Alpes, "homens de grande poder" também agiam rapidamente. Uma multidão de guerreiros, entre os quais as gentes dos *Obertenghi* e dos *Aledramidi*, surgiu dentro dos muros de Pávia. Os portões estavam abertos; as passagens, mantidas livres. Sem barricadas ou enfrentamentos. Não, não era um ataque à cidade. O alvo era outro. Lançados numa corrida frenética, sem ordem ou ritmo, os guerreiros avançaram na direção do palácio que Oto III suntuosamente redecorara para ser o símbolo maior da realeza saxônica em solo itálico. Destruíram-no em minutos. A devastação foi um ritual ensandecido de reconquista do poder. A decoração, os objetos, a mobília, tudo foi destroçado. Uma demonstração impetuosa de que a presença da autoridade teutônica era varrida de seu próprio centro, erradicada do espaço, desentranhada daquela que talvez fosse a principal sede. Era o anúncio estridente de que a unidade dos dois reinos seria desfeita – como percebeu Bern, abade de Reichenau. Já em agosto, o religioso confidenciou o medo aos bispos Leão de Vercelli, Alberico de Como e Henrique de Parma, e suplicou-lhes, por carta, para que zelassem pela paz até que a assembleia de setembro concluísse a eleição (WIPO. Gesta Chuonradi II imperatoris. *MGH SS rer. Germ.*, 61, p. 27-30. • BÖHMER-APPELT, 1951, p. 8-9).

Os prelados pouco puderam fazer. Logo após a destruição, os magnatas envolviam-se na regeneração do reino. Enviaram emissários para a Gália, encarregados de comunicar ao rei dos francos que a coroa de ferro o aguardava. Em troca, ele substituiria os bispos da região por nomes convenientes às famílias condais e marquesinas. O rei, todavia, recusou. Os aristocratas, então, se dirigiram ao duque da Aquitânia, dizendo-se dispostos a entregar-lhe não só o reino itálico, mas o próprio Império. Caso o duque houvesse aceitado a oferta, ele se comprometeria a reverter um processo que durava décadas. A insistente mobilização pela mudança do poder reinante era uma reação coletiva à ascensão pública dos bispos. Era uma tentativa radical de inversão da cena política por parte das *famiglias funzionariales*. A expressão, tomada de empréstimo aos historiadores italianos, se refere precisamente a clãs como os *Obertenghi* e *Gandolfingi*: estirpes que ocupavam o topo da hierarquia senhorial graças ao controle das funções de conde e marquês e, através dele, graças ao contato direto com a corte. Estirpes, por conseguinte, que eram diretamente atingidas, gravemente feridas em seu *status*, toda vez que tais funções eram concedidas ou transferidas a um eclesiástico. Sua posição havia sido intoleravelmente diminuída. E a causa disto, sabiam-no muito bem, eram os bispos. Ou melhor, a aliança entre a realeza teutônica e os bispos. Por isso, a busca por um rei tornara-se crucial, urgente. Quando a aliança se rompesse, o passado retornaria. Seria o fim da desonra de possuir os mesmos títulos dos antepassados, mas, diferentemente deles, ter de se curvar às decisões de bispos e arcebispos. Por isso, mesmo após a recusa do duque da Aquitânia, as tensões não cessaram. Aquela sucessão monárquica pôs em disputa a hegemonia sobre os espaços públicos. Prolongá-la significava manter vivas as chances de vitória (VIOLANTE, 1974, p. 213-215. • WOLFRAM, 2006, p. 96).

Enquanto os aristocratas seguiam em busca de um rei para a coroa, Ariberto tomou a estrada na direção de Constança, ao encontro da corte teutônica. Viajou escoltado por um imenso cortejo, ostentando em cores, armaduras e baús a elevada posição clerical – afirma um cronista imperial. Espere um instante. Na verdade, não. Ele seguiu desacompanhado de pompa, comboiado por poucos homens, o suficiente contra ladrões – consta numa narrativa milanesa. Seja como for, isto parece certo: quando chegou àquela cidade que mais parecia uma construção agachada à beira do lago de vastidão azul-esverdeada, havia um propósito encilhado sobre sua montaria: jurar ao verdadeiro rei. Chegou no dia de Pentecoste, já em 1025. Recebido em audiência, Ariberto se viu, pela primeira vez, na presença de Conrado, conde há pouco eleito monarca dos teutônicos aos 34 anos. A presença deve tê-lo impressionado. Medindo quase dois metros, Conrado era motivo de constante admiração entre os contemporâneos, que lhe atribuíam façanhas como a de suportar uma cavalgada de 150km num único dia do inverno mais inclemente. O corpanzil parecia provar que o conde era, de fato, um "sálio", um descendente direto dos mais nobres francos, que adotaram a lei sálica ditada pelo Rei Clóvis, morto no longínquo ano de 511. O arcebispo se ajoelhou. Tendo a corte por testemunha, ele firmou um vínculo público, o laço que fundava a equidade e a ordem. Jurou estar diante de seu único senhor, aquele a quem a coroa de ferro pertencia por direito (WIPO. Gesta Chuonradi II imperatoris. *MGH SS rer. Germ.*, 61, p. 27-28. • ARNULFO. Gesta Archiepiscoporum Mediolanensium. *MGH SS*, 8, p. 12. • BÖHMER-APPELT, 1951, p. 26-27. • WOLFRAM, 2006, p. 24-26, 64-66).

Após recusar tomar parte das mobilizações iniciadas pelas grandes famílias itálicas, Ariberto surgiu do outro lado das montanhas e ofereceu seu *consortium* a Conrado. Palavra de muitos significados, todos igualmente cruciais para o governo dos homens. *Consortium* significava "participação numa comunidade", "partilhar de uma mesma sorte coletiva". Era o nome cabível ao lugar ocupado em uma comunhão terrena orientada para o bem, a paz e a ordem. Quando o cronista milanês Arnulfo falou da recusa do *consortium* aos aristocratas era disso que se tratava: o arcebispo não os reconhecia como porta-vozes da *res publica*. A comunidade política na qual ele, Ariberto, ocupava um lugar não estava na alçada daquelas famílias, mas do homem eleito pelos teutônicos. Conrado era o guardião daquele vínculo, que não podia, portanto, ser oferecido a mais ninguém, pouco importa se rei dos francos ou duque dos aquitanos. Ofertar o *consortium* ao guerreiro de aparência fabulosa era mais do que tomar uma decisão individual ou agir em interesse próprio. Ao fazê-lo, o dignitário de Milão realizou uma declaração de princípios. Talvez John Howe tenha razão quando pensa que "os membros da Igreja da virada do milênio eram muito melhores fazendo as coisas do que descrevendo-as". Este parece ser o caso. Com a coreografia sagrada dos gestos, na fórmula verbal congelada em ritual, Ariberto declarou publicamente ao menos dois princípios. É dever do eclesiástico zelar pelo lugar possuído na comunidade conhecida como reino itálico: ele responde pela instauração desse vínculo, dessa posição; como tal, ele dispõe desse laço. Um eclesiástico detém o poder de orientar um destino coletivo, é fundador da comunidade política. Eis o primeiro princípio. E, naquele momento, a sorte coletiva dos itálicos deveria ser depositada nas palmas das mãos do rei teutônico. Não o fazer mudaria a natureza dessa comunidade, ela deixaria de ser o que era, seria desfigurada, desfeita, morreria. A morte de Henrique não significou a morte da comunhão entre os reinos. O rei morreu, mas a unidade política vivia. Eis o segundo princípio. Colocadas lado a lado, tais ideias provocavam um mesmo efeito: Ariberto agia em prol da continuidade, pela preservação da política otônida. Quando deixou Milão decido a prestar juramento ao rei, ele não era mero súdito zeloso ou vassalo exemplar. Era um consorte da *res publica* (HOWE, 2016, p. 174-175).

O juramento selou a comunhão entre rei e arcebispo. Comunhão política e pública, que empurrava os pavienses para o papel de adversários da ordem, inimigos da concórdia e da paz – embora eles tenham protestado contra tal reputação. Alguns dias antes da chegada de Ariberto, seus emissários solicitaram uma audiência. Vieram a Constança para reatar a relação corroída pela notícia da destruição do palácio que abrigava os teutônicos. Tão logo pousou os olhos sobre eles, Conrado os confrontou com a acusação de ultrajar a majestade que agora o habitava. Os emissários se justificaram. E aqui a narrativa de Wipo, o capelão régio que teria testemunhado a cena, torneia um forte contraste. "A quem ofendemos?", os citadinos teriam rebatido, "servimos ao nosso imperador com fé e honra até o fim de sua vida, uma vez morto, não mais possuíamos um rei, de modo que não podemos ser acusados de destruir a casa de nosso monarca". O rei morreu, o reino está morto. Honra e fé seguem seu destinatário até o jazigo. Assim que o sentido da frase se fechou, Conrado teria reagido com o mesmo vigor com que cavalgava sobre a neve: "saibam isto, ainda que o rei morra, o reino persiste, assim como um navio persiste à morte do timoneiro". Um relato verídico? Pouco importa. Ainda que não passe de floreio retórico, mesmo que seja somente um modo de trazer para a biografia imperial uma prestigiosa metáfora grega – a do governante como timoneiro –, o diálogo prova a existência de certa semelhança entre Ariberto e Conrado. Os citadinos figuram como embaixadores da mudança, da ruptura, da descontinuidade política então enxergada como morte. Já arcebispo e rei partilham a defesa da continuidade, de uma conservação que não se perde com o falecimento, mas se renova, se refaz, refunda. Está aí uma medida da ordem pública: o reino persiste na conduta dos prelados. Os bispos fundam e perpetuam o governo, são eles que mantêm intacto e em curso o navio durante a ausência de um timoneiro. Na falha dos citadinos, a virtude do prelado (WIPO. Gesta Chuonradi II imperatoris. *MGH SS rer. Germ.*, 61, p. 30. • BÖHMER-APPELT, 1951, p. 26-27).

Entre 1024 e 1025, as terras imperiais passaram ao governo de uma nova linhagem. Os saxônicos não eram mais vistos sobre o trono, pois a coroa fora depositada na cabeça de um dos sálios da Francônia. Mudou o sangue, mudou o berço territorial, mas não a maneira de reinar. Os eclesiásticos continuavam reconhecidos como fundamento imprescindível da legitimidade e do governo efetivo. Dias de um novo rei, tempo de velhas práticas. Durante as celebrações do Pentecostes, Conrado ditou um privilégio. Quatro dias após a audiência concedida a Ariberto, o bispo de Novara foi agraciado com a confirmação de seus direitos sobre os mosteiros de São Salvador e de São Félix. O primeiro estava localizado na diocese de Ivrea, peça-chave nos planos dos magnatas que, àquela altura, ainda procuravam por um rei que lhes restaurasse o mundo dos antepassados. A segunda casa religiosa estava situada no território de Pávia e trazia para o bispo a posse de dois condados, rendas e fortificações. Teria sido a dádiva o primeiro gesto de retomada do controle sobre a cidade que destruiu a "casa do monarca"? Provavelmente, sim. Conrado fortalecia sua autoridade ao fortalecer a posição senhorial de um aliado, um consorte. Um "sim" tanto mais convincente quando se nota quem estava presente no ato da concessão: Leão de Vercelli. Já sexagenário, o bispo guerreiro era, em si, evidência de que a posição do episcopado como elite política itálica se mantinha. Pávia, Ivrea, Vercelli: Conrado se voltava para os mesmos lugares onde o poder dos otônidas foi contestado em 1002. E, como antes, a defesa da realeza teutônica dependia das armas, dos castelos e das riquezas episcopais. Novos sobre o trono, os sálios já surgiam dependentes dessa partilha do governo (Diplomas 38, 84. *MGH DD K*, II, p. 40-42, 114-116. • BÖHMER-APPELT, 1951, p. 26-27. • WOLFRAM, 2006, p. 24-26, 64-66).

Ariberto ocupou o lugar de defensor da Sé Milanesa e da Coroa Sálica. No momento em que foi ordenado arcebispo, recebeu o cuidado do rebanho de Santo

Ambrósio; quando ofereceu seu *consortium* à corte, firmou o compromisso de zelar pela *res publica*. Vínculos firmados em lugares distintos, consagrados a pessoas diferentes. Porém, ambos resultavam no mesmo papel: o de artífice da comunhão verdadeira e justa entre os homens. Pela "bem-aventurada memória do santo" ou para "honra do rei" esperava-se o mesmo: que o prelado governasse. Que ele ordenasse os homens para uma finalidade comum, que os guiasse para uma existência em comunidade, dispondo sobre o uso benfazejo dos bens e combatendo os iníquos, os usurpadores e conjurados. Reforma da Igreja e perpetuação da realeza não eram experimentadas como questões distintas, uma "religiosa" e a outra "política"; "espiritual" e "secular". Eram domínios contíguos da vida de um rebanho, aspectos de um único destino. E Ariberto concretizou ambas através da guerra. Em nome do santo e pelo rei, a comunhão seria instaurada com o uso da força, a lâmina desembainhada.

O arcebispo reuniu vassalos e rumou para batalhas. Nos meses seguintes ao retorno de Constança, ele resistiu militarmente à aristocracia lombarda. Enfrentou-a até o momento em que o próprio Conrado surgiu pela passagem Brenner e avançou para Milão à frente de um "copioso exército" formado por mais de dez mil cavaleiros. Enquanto a maior parte dos guerreiros tinha sido destacada do corpo principal e sitiava Pávia, assolando o interior rural para impedir que a cidade encontrasse alimento ou socorro, o arcebispo coroou o sálio "rei dos itálicos". Era março de 1026. Na Catedral de Milão, Ariberto ergueu a coroa como se a repassasse à mão invisível de Santo Ambrósio, que a depositaria sobre a testa do guerreiro colossal. Quando foi alçado à vista de todos, o valioso objeto já não era apenas um símbolo pessoal, atributo do rei. Naquela tira metálica larga, forjada com o ferro de um dos pregos da crucifixão – assim assegurava a tradição milanesa –, estava representada a renovação da aliança entre a realeza e o episcopado. As vinte e duas gemas que reluziam ao redor das têmporas de Conrado coroavam igualmente as imunidades e as "funções e partes públicas" então asseguradas às igrejas de Como, Lucca, Bérgamo, Pávia e da própria Milão. A guerra fez com que a "clemência divina" continuasse a favorecer o governo dos bispos e da nova dinastia (Diplomas 52-56, 58, 59, 61, 62. *MGH DD K* II, p. 59-66, 68-71, 73-76. • ARNULFO. Gesta Archiepiscoporum Mediolanensium. *MGH SS*, 8, p. 12. • BÖHMER-APPELT, 1951, p. 35-38).

Em 1027, Ariberto estava novamente em guerra. O inimigo não era um antagonista do rei, mas da tranquilidade eclesiástica. Dessa vez, ele pegou em armas contra a cidade de Lodi. O estalo do conflito foi ouvido quando um falecimento disparou o gatilho de uma desavença insanável. Naquele ano, morreu o bispo local. Ariberto decidiu que o lugar seria ocupado por um padre leal, chamado Ambrósio.

O sucessor, portanto, seria designado pelo arcebispado milanês e deveria ser recebido em Lodi como procedimento justo, exercício da prerrogativa hierárquica assegurada pelo Rei Conrado. Assim se pensava em Milão. Mas o que foi pronunciado como "direito" terminou escutado como "tirania". Agindo conforme o ensinamento da Igreja primitiva de que cada rebanho deve escolher seu próprio pastor, o clero laudense elegeu um dos seus: Oderico foi ordenado e empossado. Os citadinos, então, aderiram à posição clerical e resistiram ao escolhido de Milão. A reação surgiu a galope. O arcebispo invadiu a região. Ele asseguraria a investidura do protegido à força. Os laudenses revidaram e fincaram uma resistência encarniçada. Não era o bastante para forçar a retirada do exército. Fustigados, encurralados pela superioridade militar, os *cives* – os "citadinos" – se reuniram em assembleia e decidiram aceitar a "proposta de paz" do arcebispo. Ambrósio os encontrou no portão da cidade e recebeu seu juramento coletivo de obediência. Mesmo após a capitulação, um ódio mútuo, insistente, passou a jorrar entre as duas cidades. Saques e incêndios recomeçavam sem cessar. A "guerra era frequente entre eles", diz um cronista, e devastava campos, vinhas e a *terra suburbana* – as áreas densamente ocupadas no lado de fora das muralhas. Por anos a rivalidade desancou entre as duas populações, fluiu como um rio que movia as engrenagens de um moinho infernal. E o nome "Ariberto" ressoou de cada episódio. Não como o de um mentor distante ou um estrategista de aposentos, mas como o líder militar *in loco* (ARNULFO. Gesta Archiepiscoporum Mediolanensium. *MGH SS*, 8, p. 13-14. • CARAZZALI, 1974, p. 46-55. • ROSSETTI, 1977, p. 60-61. • BIANCHI, 2007, p. 341).

Ariberto "investiu violentamente contra as muralhas de Lodi", assegura um cronista milanês. Como Leão de Vercelli, cerca de dez anos antes, ele empregou a violência quando fulminou o patrimônio, quando arrebatou a posse alheia. E como tantos outros eclesiásticos então acreditavam, dispôs o mal para a utilidade do bem. O alvo da ação, a própria cidade mais do que os habitantes, era suficiente para caracterizar sua conduta como violenta. Uma caracterização transitória, reversível, instável. Pois a violência de Ariberto era a mesma de Leão de Vercelli ou de Poppo de Aquileia. Era apresentada como ação restauradora, como o esteio da pacificação. Sem ferir a legitimidade da ordem pública, tal conduta não emergia plena e duradouramente como *violentia*. No ano anterior o arcebispo recebera de Conrado a prerrogativa decisiva: estava em seu poder o direito de designar o sucessor no bispado de Lodi. É muito provável que a questão tenha sido discutida e ratificada dois anos antes, em Constança. Talvez uma contrapartida pelo juramento prestado... Que seja. Como iniciativa calculada pelo rei ou como retribuição solicitada pelo arcebispo, como dádiva ou barganha, o ataque a Lodi era efeito de uma cadeia de decisões que chegavam até a corte sália e suas audiências. A realeza não era alheia àquele acontecimento. Sua presença pairava sobre ele como aliado subjacente: foi igualmente em nome do rei que a liderança eclesiástica incitou os homens às armas (ARNULFO. Gesta Archiepiscoporum Mediolanensium. *MGH SS*, 8, p. 14. • BÖHMER-APPELT, 1951, p. 26-27).

A invasão de Lodi era um prolongamento da ordem pública encimada pela coroa. E era algo mais. Pois o que servia à honra do rei podia ser consagrado à bem-aventurança do santo. Liderado pelo consorte da realeza, o ataque teria sido um meio de reformar a Igreja, de zelar pela disciplina clerical. A descrição também pertence ao cronista, Arnulfo. A mão que recorreu ao advérbio "violentamente" retratou o candidato milanês como o "sacerdote idôneo". Para isso a força havia sido empregada: para assegurar a direção espiritual de uma Igreja a um sacerdote digno, apto, conveniente ao lugar. Na cúpula milanesa, sitiar Lodi, depredar fortificações e golpear uma população eram ações consideradas compatíveis com a dignidade eclesiástica. Compatível porque útil, edificante, zeloso. Destroçar e sangrar para instaurar a ordem, para instituir um estado de consciências adequado ao sacerdócio. Afinal, o desfecho da investida teria sido a reunião dos laudenses à entrada da cidade e o juramento de fidelidade. O ataque teria resultado no empenho comum pela obediência. Como o cajado do bom pastor, a guerra teria vergado aquelas mentes obstinadas, conduzindo-as de volta para uma concórdia pública deliberada como pacto, jurada como fé. Guiou-os para "a paz do bispo", sugere a narrativa milanesa. Mas e o ódio semeado entre as duas cidades? E a rotina de destruição que se impôs após a promessa de lealdade? Acaso não resultaram das ações do arcebispo? Não era o desfecho da guerra? Não. Aquele ciclo infernal de incêndios e ressentimentos era consequência da "audácia" das gentes de Lodi. Afinal, foram eles que "desprezaram audaciosamente a constituição do imperador" – esclarece o cronista. O ódio e a destruição eram consequências da audácia, sentimento dos insolentes e conjurados, dos que agem como cismáticos. Eis a origem do mal, a raiz do câncer que a mão encouraçada do arcebispo manteve distante da Igreja de Lodi (ARNULFO. Gesta Archiepiscoporum Mediolanensium. *MGH SS*, 8, p. 13-14. • BÖHMER-APPELT, 1951, p. 26-27).

Reconstrução, reparação e restauração. Essas são as ideias que encontraríamos atrás dos olhos de Ariberto. Ele se lançou às armas para combater a dispersão da sua palavra de arcebispo, para evitar que ela esmorecesse, contrariada e confrontada. Caso ela fosse vergada, caso sua voz – morada de uma constituição do rei – não fosse obedecida, a unidade clerical seria desfeita. Era isso o que seus cavaleiros foram encarregados de assegurar em Lodi. Era isso, igualmente, que eles já realizavam dentro do condado milanês. Artífice da comunhão com o poder do Rei Conrado e a autoridade de Santo Ambrósio, Ariberto protagonizou uma agressiva rotina de incorporação de terras e rendas ao patrimônio eclesiástico. Seu governo da Sé Ambrosiana transcorreu como uma expansão contínua do poderio fundiário. E, como no caso de Lodi, o estopim para a conquista territorial foi a consolidação do vínculo com a corte. Após a coroação do sálio, os magnatas milaneses experimentaram um drástico recuo do domínio sobre as áreas próximas à cidade. Os homens do senhor bispo ocuparam terras, apoderaram-se de fortificações, controlaram o curso dos rendimentos agrícolas. Um acerto de contas. Uma reparação em razão dos "maus costumes" infligidos contra a Igreja desde o tempo do reinado de Arduino. O principal atingido foi Hugo, "marquês e conde de Milão": um *Obertenghi*. Seu poder decrescia. A justiça já não era buscada em suas audiências com a mesma frequência de antes. Raramente o reencontramos como juiz do patrimônio clerical, como ainda ocorria em 1021. O arcebispo cobrava ao poder laico o preço pela restauração da unidade da Igreja (Diploma 58. *MGH DD K*, II, p. 68-69. • MANARESI, 1958, p. 624-625. • CAPITANI, 1984, p. 17-18. • VERGANI, 1997, p. 47-55. • CANTARELLA; POLONIO & RUSCONI, 2001, p. 37. • BIANCHI, 2007, p. 17).

Ariberto era uma síntese entre guerreiro e reformador. Ele ceifara vidas nos campos imbuído pelo zelo pastoral. Em 1032, partiu para a Borgonha, onde lideraria os milaneses em outras batalhas travadas em nome de Conrado. Desta vez, o sálio reclamava o direito de suceder o falecido Rodolfo III. O arcebispo lutaria por outra coroa, a de "rei da Borgonha". Convocou cavaleiros, arregimentou provisões e deu início à procissão armada. Enfrentaria os borguinhões depois de ter combatido magnatas lombardos, senhores pavienses, citadinos de Lodi. Entre os inimigos enfrentados pelo arcebispo antes da campanha borguinhã, havia um particularmente insidioso, que não vestia metal ou empunhava a espada: a heresia.

Anos antes, quando "visitava quase todos os bispos da diocese", Ariberto chegou a Turim. Veio acompanhado por um "copioso séquito de bons clérigos e bravos cavaleiros" – é o que diz o cronista conhecido como Landulfo "o Velho. Durante a estadia, ele ouviu um relato perturbador. O Castelo de Monforte, situado nas proximidades de Asti, era reduto de hereges. Imediatamente ordenou que um deles fosse trazido à sua presença. Passamos à linha seguinte da crônica e o prelado tem diante de si um *plebeu* de nome Gerardo. "De maneira diligente e metódica" – assim o cronista assegura, em tom enaltecedor –, Ariberto interrogou-o sobre a vida e os costumes dentro dos muros de Monforte. "Qualquer que seja vosso motivo ao indagar sobre minha fé e a de meus irmãos, responderei", dissera Gerardo. As "opiniões heréticas" logo se enfileiraram: cultuavam a virgindade acima de tudo, jamais partilhavam o leito com as esposas, nunca comiam carne, nada possuíam que não fosse de propriedade comum, ansiavam pelo martírio e – resposta singularmente inquietante – não reconheciam o pontífice romano, "mas outro papa", que os visitava diariamente e absolvia seus pecados. Bastava. Os "falsos ensinamentos" foram revelados. Após os ouvir da boca do denunciado, Ariberto enviou os guerreiros ao castelo e capturou todo o grupo. Levou-os para Milão. Lá, "ele e seus sacerdotes tentaram reintegrá-los à fé católica". O exame de fé iniciado em Turim era, agora, um duelo espiritual. Um combate que se prolongou por dias, até ser subitamente interrompido pelos citadinos. Após ouvir as notícias sobre a obstinação daquela gente, os laicos mais influentes violaram a custódia episcopal, apoderaram-se dos prisioneiros e os arrastaram para a praça onde uma imensa pira funerária havia sido acesa. Encarando o fogo selvagem, os hereges ouviram a ordem: abracem esta cruz ou entrem nas chamas! Alguns cederam e, prostrados, se declararam católicos. Muitos cobriram os rostos com as mãos e pularam na garganta das labaredas. Entre eles, ao que parece, a condessa do castelo. Seu nome? Landulfo cala, não revela. Os historiadores sugerem "Berta", viúva do Marquês Olderico *Manfredi*. Sangue *Obertenghi* (LANDULFO. Historia Mediolanensis. *MGH SS*, 8, p. 65-66. • Annales Sangallenses Maiores. *MGH SS rer. Germ.*, 61, p. 92. • ARNULFO. Archiepiscoporum Mediolanensium. *MGH SS*, 8, p. 14. • BIANCHI, 2007, p. 21-22. • VIOLANTE, 1972, p. 260-261; VIOLANTE, 1974, p. 217-232. • TABACCO, 1989, p. 271-272).

Elo vivo entre "bons sacerdotes e bravos guerreiros", Ariberto viveu a beligerância como atitude intrínseca ao episcopado. Ao seu redor, sacerdócio e guerra se entrecruzavam como caminhos para a mesma comunhão, para uma unidade sem impasses ou contradições. Promoveu o culto às relíquias de Santo Aurélio e batalhou por Conrado sobre chão itálico e borgonhês; renovou as decisões dos primeiros concílios, proibindo que esposas e filhos de padres usufruíssem dos bens clericais, e devastou Lodi para empossar um cônego milanês. Seu nome ainda seria recordado por outros dois episódios. Pelo magnífico crucifixo doado ao Mosteiro de São Dionísio, uma peça única de ourivesaria sacra; e pela invasão das terras eclesiásticas de Cremona, liderada pelo sobrinho. Ele encomendou uma réplica do corpo de Cristo, em metal delicadamente modelado, para o próprio túmulo; mandou guerreiros a um parente, que se aproveitava da desgraça de um bispo privado de seus castelos para retomar o patrimônio que outrora pertenceu aos antepassados.

O sono derradeiro seria velado pelo Salvador após tantas manhãs despertando para guerra (Heinrici II et Benedicti VIII synodus et leges papienses. *MGH Const.*, 1, p. 70-78. • MANSI 19, p. 343-346. Cf. tb. LUCIONI, 1997. • BRIVIO, 1997. • BIAN-CHI, 2007).

Ariberto era a prova de que a guerra ganhara uma dimensão pastoral.

3

Era como se a lama houvesse coagulado. A própria terra parecia ter sido ferida, tal havia sido o derramamento de sangue sobre aquele descampado conhecido como "Campo Malo", próximo a Motta. Ali, no dia 7 de dezembro de 1035, um exército de guerreiros dos mais baixos escalões aristocráticos passou à ferro a multidão que seguia os comandos dos magnatas locais. Homens do arcebispo de Milão e do marquês de Turim estavam entre os mortos que ensanguentaram o solo. Um dos cadáveres era do bispo de Asti, Alrico. Após ter sido alvo do poderio militar do arcebispado milanês em 1008, Alrico se convertera em vassalo exemplar. Em Campo Malo, encouraçado da pele ao espírito, puxando as rédeas da montaria, ele esbravejava ordens como um marechal do arcebispado. Esse bispo guerreiro morreu em ação, liderando o contingente armado convocado para matar em nome de Santo Ambrósio (ARNULFO. Gesta Archiepiscoporum Mediolanensium. *MGH SS*, 8, p. 30-31. Cf. tb. ROSSETTI, 1977, p. 60).

Wipo, o biógrafo do Imperador Conrado, se refere à batalha como uma vitória do "povo contra os príncipes", triunfo dos "menores contra os maiores". Não era uma "causa popular" que estava em jogo, como entenderíamos hoje. O "povo" em questão era formado por vavassalos. Isto é, por vassalos dos vassalos de grandes senhores de terra como condes, marqueses e bispos. Eram homens livres, geralmente modestos castelões, donos de uma ou talvez de poucas fortalezas – quando não, cavaleiros errantes –, que ofereciam a lealdade aos "maiores" em troca de terras e do direito de explorar populações rurais. Eram eles que povoavam os teatros da guerra. Situados na borda dos escalões aristocráticos, os vavassalos formavam um extrato social numeroso. Militarmente, eram imprescindíveis. Pois eles eram a reserva de braços armados mobilizada pelo efeito dominó das redes de dependência. Para formar um exército, um grande senhor de terras convocava os vassalos – os "maiores" – e, cada um deles, por sua vez, fazia o mesmo: comparecia seguido por seus próprios vassalos – os "menores", os vavassalos. Assim Ariberto lutou na Borgonha três anos antes: à frente de uma coluna de vassalos dos seus vassalos (Annales Sengallenses Maiores. *MGH SS rer. Germ.*, 61, p. 92. • ARNULFO. Gesta Archiepiscoporum Mediolanensium. *MGH SS*, 8, p. 14).

Imprescindíveis, os vavassalos viviam expostos a riscos desconhecidos pela maioria dos aristocratas que os convocavam. Quando sobreviviam à batalha, retornavam para uma posição social ameaçada por drásticas alterações. As chances da fortuna ou da influência se deteriorarem eram altíssimas se comparadas ao restante da elite senhorial. Isto porque eram impedidos de evocar o direito hereditário sobre os bens recebidos em troca de sua lealdade armada. Eles não poderiam transmiti-los aos herdeiros. Na realidade, tais bens sequer eram vitalícios. A posse sobre os mesmos era revogável: poderia ser desfeita quando seu patrono assumisse que a fidelidade fora violada, descumprida ou apenas negligenciada. A acusação de traição ou deslealdade era suficiente para que eles amargassem a perda de terras, rendas, prerrogativas, castelos, enfim, para que despencassem na hierarquia dos livres. Contudo, o rompimento desse pacto, dessa aliança para a guerra, provocava celeumas estridentes. Pois a infidelidade de um vavassalo raramente era conduta óbvia ou consensual. Na maioria dos casos, tratava-se de uma acusação, uma alegação com contornos de fato. Uma vez bradada, ela produzia um duelo renhido pela verdade. Na peleja da palavra de um contra a do outro, o vavassalo e seu senhor empregavam todas as armas de que dispunham: relíquias, gestos, testemunhas, ancestralidades, fórmulas mágicas, nomes de santos. Engalfinhavam-se como se disputassem a chave do paraíso. Não era incomum que a discordância descambasse para a luta e os dois lados em disputa logo se tornassem bandos armados hostis, sempre prontos a cobrar em dor e morte o reconhecimento de sua verdade. Foi isto o que tingiu de sangue o chão em Campo Malo (VIOLANTE, 1974, p. 232).

Em 1035 a terra concedida a um vavassalo foi retomada por seu senhor. O cavaleiro julgou-se desonrado e protestou. A fúria, contudo, foi direcionada ao senhor de seu senhor: Ariberto. As queixas se revelaram fendas num dique de insatisfações represadas. Atingindo uma posição social mais do que um indivíduo, o caso provocou uma inundação de temores coletivos. Transtornados pela indignação partilhada, "os guerreiros urbanos subitamente se rebelaram" – explica um cronista. A cidade amanheceu em revolta. No começo, não passou de pequenos enfrentamentos, achaques, brigas, emboscadas. Porém, o que parecia um filete de rebelados tornou-se uma corredeira de inimigos. Após as escaramuças, os vavassalos se retiraram para o campo. E lá, atraíram o apoio de quem considerava o arcebispo um pai da injúria e do ultraje. Encontraram a solidariedade de muitos. De centenas. Talvez milhares. Famílias do Condado de Seprio, senhores de Martesana, laudenses, pavienses, cremonenses: os vencidos pelo bispo guerreiro. O levante mudou de magnitude. Já não era o contragolpe desferido por um grupo, mas uma mobilização maior e socialmente heterogênea. A revolta – batizada de "conjuração dos itálicos" pelos *Annales Sangallenses* – não era consequência de um alinhamento provisório de interesses. Era efeito da convergência de grupos sociais que, há décadas, sofriam os efeitos sociais provocados pela ascensão da dominação militar eclesiástica. Vavassalos, magnatas laicos, habitantes de Lodi, Pávia e Cremona tinham isto em comum: suportavam a hegemonia de prelados como Ariberto. Após quase um século de contínua ascensão pública, o episcopado tornara-se o pivô de um agravamento do contraste político no seio da aristocracia, a razão por trás de uma significativa diferença no exercício do poder. A revolta de 1035 se espalhou no rastro de uma conscientização. Grupos situados em posições distintas, em escalões sociais diversos, estavam unidos na perda de poder para o arcebispo. "Maiores" e vavassalos, estirpes rurais e comunidades urbanas: tão diferentes nas riquezas, rotinas e interesses; tão semelhantes nas derrotas sofridas para o eclesiástico (Annales Sangallenses Maiores. *MGH SS rer. Germ.*, 61, p. 94. • HERMANN DE REICHENAU. Chronicon. *MGH SS*, 5, p. 122. • Annales Hildesheimenses. *MGH SS rer. Germ.* 8, p. 41. • ARNULFO. Gesta Archiepiscoporum Mediolanensium. *MGH SS*, 8, p. 13-14. • TABACCO, 1979, p. 226-228. • VIOLANTE, 1974, p. 241. • SERGI, 1994, p. 12-17).

Em Campo Malo, os derrotados triunfaram. Os "grandes de Milão" sangraram. Um bispo entre eles. Após a luta, os vavassalos reingressaram na cidade, mas não puderam se impor. Uma parcela dos citadinos organizou uma milícia e resistiu. Em termos práticos, ela se aliou ao arcebispo. As desordens se alastraram, ataques e pequenos incêndios tornaram-se diários. Milão seguiu assim, dividida, repartida como as casas alternadas de um colossal tabuleiro de xadrez, à espera do juiz que selaria o conflito: o imperador.

Conrado surgiu em janeiro de 1037 e foi magnificamente recebido por Ariberto. No entanto, em poucas horas o séquito imperial foi engolfado pelo conflito local. Mal estavam concluídas as formalidades da recepção e um rumor passou a correr de mão em mão. O rei já havia selado uma aliança com os vavassalos – sussurrava-se entre os milaneses. O boato acendeu o pior dos medos: a cidade seria entregue aos castelães! Tomados por temores, os citadinos explodiram em fúria. Um "grave tumulto" estourou pelas ruas e forçou a partida do imperador. Escorraçado, Conrado se dirigiu a Pávia. Após alguns dias, mandou chamar o arcebispo, que deveria comparecer a uma audiência, que julgaria a "conjuração". Assim foi. Em março, Ariberto se apresentou à corte. Adentrou o salão e notou a aglomeração nas imediações do trono: uma falange de aristocratas rodeava uma figura conhecida.

Era Hugo *Obertenghi*, conde de Milão. Ele apontou em sua direção e pronunciou uma acusação letal, que sibilou pelos ares feito flecha: o prelado milanês era culpado de exceder a autoridade, violar a ordem do reino invadindo bens alheios. Tais injustiças empurraram os vavassalos à revolta. Giro da fortuna, reviravolta de destinos. Quem ganhou, agora perde. No salão que havia sido destroçado por magnatas como Hugo há mais de dez anos, Ariberto, consorte do rei, "luminar do reino", era acusado de violar a paz dos sálios. Quem perdeu, agora ganha. O *Obertenghi* encontrou na humilhação de Conrado a oportunidade para reaver os poderes públicos exercidos pelo prelado. Nos últimos anos, juízes régios designados pelo arcebispo esvaziaram sua posição de conde. Os litígios e as requisições eram julgados por citadinos investidos pelo bispado da prerrogativa de ditar a justiça em nome do monarca. Através dos novos juízes, Hugo viu escapar entre os dedos o controle sobre as muralhas, a proteção sobre estradas e rios, a supervisão sobre mercados e feiras. Guarnições, rendas, poder para decidir quem subiria ao cadafalso: tudo estava em outras mãos. A acusação do *Obertenghi* não dizia respeito apenas à "conjuração dos itálicos". Era o eco de um conflito maior, mais antigo e, muitas vezes, latente. Era indício da concorrência política entre laicos e bispos. A luta pelo governo dos espaços públicos foi reaberta (LANDULFO. Historia Mediolanensis. *MGH SS*, 8, p. 71. • ARNULFO DE MILÃO. Archiepiscoporum Mediolanensium. *MGH SS*, 8, p. 14. • BÖHMER-APPELT, 1951, p. 118-119. • VIOLANTE, 1974, p. 233. • TABACCO, 1979, p. 227. • NOBILI, 1988, p. 71-81. • BORDONE, 2003, p. 101-122).

Denúncia acolhida. As vestes episcopais cobriam, agora, a pele de um réu. O "líder invencível dos bispos itálicos" caía em desgraça; aquele que fora o "expoente máximo do partido imperial" estava encurralado como transgressor das leis. Foi dada a ordem para que devolvesse tudo que era reivindicado através da garganta *Obertenghi*: restituição de todos os bens e prerrogativas recentemente incorporados pelo arcebispado. Perante a negação de Ariberto, os gritos "traidor, traidor" cortaram o ar. Conrado ordenou a prisão e confiou sua custódia a Poppo de Aquileia e ao duque da Caríntia (WIPO. Gesta Chuonradi II imperatoris. *MGH SS rer. Germ.*, 61, p. 55. • ARNULFO. Gesta Archiepiscoporum Mediolanensium. *MGH SS*, 8, p. 17. • HERMANN DE REICHENAU. Chronicon. *MGH SS*, 5, p. 121-122. • LANDULFO. Historia Mediolanensis. *MGH SS*, 8, p. 59. • BÖHMER-APPELT, 1951, p. 119. • VIOLANTE, 1974, p. 217. • WOLFRAM, 2006, p. 12, 98).

O encarceramento não durou. Ariberto fugiu e retornou para Milão. Entrincheirado no interior urbano, ele assumiu a preparação para a guerra. Por dois meses os muros foram reparados e fortificados. As dezenas de torres que cravavam a muralha na paisagem como gigantescas estacas de pedra foram visitadas e muitas delas recuperadas. Os vassalos foram chamados às pressas; a milícia foi ampliada. Separados por rígidas barreiras sociais, *milites* e *cives* – cavaleiros e citadinos – se emparelhavam na espera pelo dia em que todos sangrariam sem distinção. Esse dia não tardou. Em maio, a primeira coluna de guerreiros teutônicos raiou com a aurora, sob liderança do príncipe herdeiro, Henrique. O restante do exército encarregado de capturar o fugitivo chegou pouco depois. Na vanguarda, uma figura troncuda, Conrado; na retaguarda, uma trilha de destruição. A massa quase interminável de combatentes reunida pelos *Obertenghi*, *Aledramidi* e os Canossanos devastara paisagens inteiras. Searas foram convertidas em clareiras fumegantes; aldeias, em festins de corvos; fortalezas mantidas pelo arcebispo em Lodi foram reduzidas a pilhas de escombros. Porém, toda impetuosidade se esfarelou ao sopé das muralhas milanesas. Encastelados no cinturão de muralhas, os citadinos resistiam, imbatíveis, dia após dia e, como costumava acontecer, o cerco se fez rotina. As horas pesaram. Este seria o tempo daquela guerra. Longa, morosa, ela se arrastaria por uma série de embates inconclusos, com as posições se congelando ao ponto de Conrado ocupar-se – com o cerco em pleno curso – da concessão do direito de hereditariedade aos vavassalos. O conflito seguia estagnado. Entre a captura de grupelhos e o enfraquecimento mútuo em batalhas campais, não surgiam perdas irreversíveis. Ninguém triunfava. Ninguém era vencido (ARNULFO. Gesta Archiepiscoporum Mediolanensium. *MGH SS*, 8, p. 14-15. • WIPO. Gesta Chuonradi II imperatoris. *MGH SS rer. Germ.*, 61, p. 54-56. • Diploma 244. *MGH DD K*, II, p. 336. • Annales Hildesheimenses. *MGH SS rer. Germ.*, 8, p. 41. • BÖHMER-APPELT, 1951, p. 123-125. • SERGI, 1994, p. 16. • WOLFRAM, 2006, p. 125-126).

Sem lograr êxito, o assédio foi desfeito em junho, não antes de o imperador declarar outro clérigo arcebispo de Milão. Conrado permaneceu na península por um ano, à frente do exército que seguiu serpenteando de cidade em cidade até o Sul. Retornou em junho de 1038, declarando que retomaria a guerra. Era tarde demais. No verão causticante, um algoz mais implacável surgiu: a peste. O flagelo dizimou as tropas e forçou um retorno imediato. Antes de partir, Conrado exigiu que os magnatas itálicos sustentassem uma aliança contra o fugitivo da justiça régia. Outro exército se pôs em marcha, sob a liderança do marquês de Canossa, Bonifácio. A cidade seria sufocada novamente. Em breve, o canossano trituraria os campos ao redor de Milão e derramaria outra multidão de guerreiros ao pé das muralhas. Antecipando-se à investida, Ariberto anunciou um chamado às armas: "do homem rústico ao cavaleiro, do desprovido ao abastado", todos deviam se mobilizar "para o grande grupo que defenderia a pátria como um exército " – afirma o cronista Arnulfo. Medida incomum, excepcional, pois camponeses raramente recebiam o chamamento dirigido a cavaleiros. A guerra não lhes pertencia, não pertencia ao seu estado, à fronteira entre o reino dos homens e o das bestas. Gesto desesperado? Talvez. Mas que expressava uma ideia já praticada por Ariberto. O temor por outro cerco tornou urgente o cumprimento daquele dever já exercido em nome do rei, do santo e da Igreja: semear a comunhão, zelando pelo destino comum. O chamado às armas era um caminho para a união entre os milaneses. A despeito do abismo criado pelas diferenças terrenas, os habitantes da cidade se converteriam nos membros de um só corpo. No combate, encontrariam a salvação comum, pois unir era apascentar. Esse era o exemplo dado por Deus: "Eu apascentei as ovelhas da matança, as pobres ovelhas do rebanho. Tomei para mim duas varas: a uma chamei Graça, e à outra chamei União; e apascentei as ovelhas" (Zc 11,7). Chamando às armas, Ariberto empunhou a vara espiritual da União. Mas a voz não bastava. Era preciso tornar tal chamamento visível, revelá-lo aos olhos. Foi quando a inspiração ocorreu (WIPO. Gesta Chuonradi II imperatoris. *MGH SS rer. Germ.*, 61, p. 57-58. • ARNULFO. Gesta Archiepiscoporum Mediolanensium. *MGH SS*, 8, p. 16. • BÖHMER-APPELT, 1951, p. 124-126, 135-138).

Um símbolo. Às vésperas de ser atingido pela segunda ofensiva, Ariberto ordenou a confecção de um objeto que comunicasse aos milaneses o sagrado chamado à unidade. Um vagão de madeira, de forma retangular robusta, alto como um homem. Surgia arrastado por duas parelhas de bois. A cada chibatada, os animais bufavam e puxavam, fazendo as quatro rodas gemerem antes de começar a girar. Sobre o grande carro, um altar foi instalado como base para um mastro, que esticava o olhar até o alto. No topo pontiagudo, havia uma maçã de ouro, espetada um pouco acima de uma trave sobreposta perpendicularmente, formando um longo "t". À esquerda e à direita do mastro, duas bandeirolas brancas pendiam da trave. Um pouco abaixo delas, à meia altura do mastro, havia um crucifixo: talhada em lenho, a figura flagelada do Salvador sacolejava sobre o vagão que rangia e gemia, vagarosamente movido pela tração animal (ARNULFO. Gesta Archiepiscoporum Mediolanensium. *MGH SS*, 8, p. 16).

Inspirado em uma antiga estrutura móvel usada pelos romanos para transportar as insígnias imperiais, o objeto era uma novidade. Posteriormente batizado como *carroccio*, ele fora montado para acompanhar os milaneses durante o combate que se avizinhava; iria a campo aberto, caso fosse preciso. Era um objeto de força simbólica sem precedentes. Um veículo da presença divina, um sinal de que Cristo estava em seu meio. Com aquele vagão, a sagrada aliança perambulava. Já não estava cravada no espaço, abrigada entre as paredes de um santuário. Era um altar para os tempos de guerra. Através dele, o Salvador cruzava o umbral da igreja e acompanhava os citadinos. Assim, a batalha não seria travada em "nome de Cristo", mas *com* o próprio Cristo. A guerra dos milaneses ganhava o significado de ato sacrifical. Perante aquele altar, o combate era imitação da Paixão; e os combatentes, irmãos em uma comunhão verdadeira e plena (ZUG TUCCI, 1985, p. 39-43, 69-72).

O *carroccio* era a materialização de uma espiritualidade centrada na humanidade de Cristo, criação de uma nova ênfase religiosa. *Uma* criação, na realidade. A busca por viver intensamente os significados do sacrifício divino arrebatava muitas mentes em incontáveis pontos da Cristandade. Na liturgia, nas iluminuras, nos relicários, nos afrescos; em Fécamp, em Colônia, em Monte Cassino, a Eucaristia era um assunto frequente, mais e mais central. Arte e rito multiplicavam as formas da Paixão em cores, traços, gestos, superfícies, brilhos. E assim, a morte do Verbo Encarnado, drama de linguagem misteriosa, tornava-se menos opaca, distante, cósmica; mais luzidia, pessoal, corpórea. O próprio Ariberto empenhou-se nessa busca ao longo dos anos e de diversas maneiras. Nas capas dos Evangeliários de ouro esmaltado que encomendou para o clero ambrosiano; no Sacramentário reservado para seu uso pessoal; nos afrescos que comissionou para iluminar o interior da robusta Igreja de São Vicente, em Galliano; no crucifixo metálico de dois metros de altura doado ao Altar de São Dionísio: todos proporcionam o encontro com a figura flagelada do Salvador. Assim como o vagão de madeira criado às vésperas do segundo ataque das forças imperial. O *carroccio* integra essa lista. Era uma expressão dessa mesma devoção; evidência de que os guerreiros não eram indiferentes ao "realismo eucarístico" que se apoderava do século XI. O culto da presença real de Cristo em ritos e objetos chegava aos campos de batalha (PAREDI, 1958. • MAGGIONI, 2007, p. 269-287. • HOWE, 2016, p. 177-180).

O *carroccio* era um sacramento. Ele havia sido concebido como um sinal visível da Palavra de Deus, um guia material para certezas espirituais. Como tal, revelava a santidade da batalha e dotava cada golpe de eficácia sobrenatural: quando se corta a carne adversária, oferece-se o sangue rival perante o altar ali presente. A espada tornava-se um instrumento através do qual a graça divina tocava e purificava a alma do combatente. Puxado por bois, aquele veículo era o condutor palpável de virtudes, de dons sobrenaturais que, transmitidos ao íntimo dos combatentes, resgatavam condutas. Ponhamos de lado, momentaneamente, séculos de tradição tridentina e da imagem dos sacramentos como um determinado número de práticas litúrgicas. O *carroccio* era um *sacramentum* por outra razão, mais abrangente. Mais do que um artefato cerimonial, ele era um símbolo que instituía um laço inigualável: através dele os milaneses restauravam maior semelhança com Deus e entre si mesmos. A presença daquele vagão deveria proporcionar a todos os combatentes, indistintamente, uma sensação similar: a graça divina fluía daquela imagem do Crucificado, tal como fluíra, um dia, do flanco direito do Cristo no instante em que o centurião romano o espetou com uma lança e fez jorrar água e sangue do corpo flagelado. Logo, o *carroccio* deveria permitir que as mentes rasgassem o véu do tempo e, tocando a eternidade, comungassem de um mesmo destino, uma única sorte. Ele instaurava o laço de uma unidade comunitária como presença tangível de Deus. A noção de "sacramento" seria teorizada um século mais tarde. Todavia, os traços essenciais que a definiriam já estavam presentes na invenção de Ariberto (HUGO DE SÃO VÍTOR. De Sacramentis Christianae Fidei. *PL*, 176, 317-328. • MALEGAM, 2013, p. 149).

Para os milaneses, o *carroccio* era elo de união. Para os historiadores, declaração de posse: a autoridade episcopal reivindicava a batalha como colônia do altar, como província do cuidado das almas. Seu aparecimento consagrava uma fusão entre assuntos espirituais e seculares, entre devoção pastoral e justificação da batalha. Naquele símbolo, as proibições contra o envolvimento eclesiástico na guerra ficavam para trás, circunscritas ao interior das muralhas. Seus ecos eram abafados pelos rangidos daquele madeiro santo que as parelhas de bois desatracavam do espaço urbano e no qual o próprio Cristo navegava sobre as águas tempestuosas da colisão dos exércitos. Quando o novo símbolo foi trazido à vista de todos pela primeira vez, os milaneses testemunharam o apogeu de um processo histórico iniciado na era otônida: a clericalização da guerra. A unidade cívica se fortalecia com a preparação sacramental da batalha; a cidade se transformava em comunidade política através de uma espiritualidade identificada com a liderança episcopal – liderança destacadamente militar.

Nem mesmo os textos imperiais se furtaram a registrá-la. Em fins de maio de 1037, um episódio teria chocado o acampamento imperial. Com os citadinos ainda aquartelados e as tropas estagnadas na lama à espera do triunfo, Conrado desejou celebrar o Pentecostes – afirmam os textos. Mas tudo de que ele dispunha era uma capelinha rural, nos arrabaldes de Corbetta, um dos castelos milaneses capturados durante a marcha. A corte se dirigiu até o modesto sítio a tempo das solenidades do domingo. O que se passou, então, fica a cargo, sobretudo, da narrativa de Wipo, capelão imperial. A missa transcorria solene, com grande serenidade desde o alvorecer. Por volta das nove horas a calmaria reinante foi subitamente interrompida. No céu ainda há pouco tomado pela vastidão de um silêncio azul, uma massa cor de chumbo surgiu. Trovões começaram a rugir e uma tormenta se formou. O aguaceiro despencou sobre a capela. Em poucas horas, muitos foram dizimados e o campo se cobriu com carcaças de homens e cavalos (WIPO. Gesta Chuonradi II imperatoris. *MGH SS rer. Germ.*, 61, p. 56. • Annales Hildesheimenses. *MGH SS rer. Germ.*, 8, p. 41. • Gesta Episcoporum Cameracensium. *MGH SS*, 7, p. 487. • Annales Sangallenses Maiores. *MGH SS*, 1, p. 84. • BÖHMER-APPELT, 1951, p. 124).

Considerar tal relato verídico não seria perda de tempo ou mera quimera. Wipo era um cronista particularmente bem-informado, que tinha por hábito participar das campanhas de Conrado. Ele acompanhou o exército que enfrentou os borgonheses em 1033, e seguiu a marcha dos guerreiros convocados contra os eslavos em 1035. Com frequência, o capelão narrou o que viu. Mas uma suposta correspondência entre fato e narrativa não é o aspecto mais relevante. O valor do texto reside no julgamento que ele apresenta como milagre; está na crença de que o céu se encarregou de revelar o erro do rei. Observe-se (BAGGE, 2002, p. 189-231).

A tempestade era uma das faces punitivas de Deus e o símbolo de um julgamento apocalíptico. Assim ela figurava nos textos sagrados. Ao interpretarem a passagem bíblica em que Cristo surge acalmando o vento e apaziguando as ondas bravias que aterrorizaram os apóstolos, na travessia para Genesaré (Mt 14,24-32), os padres ancestrais consideraram a embarcação uma metáfora da Igreja. Como uma segunda arca, diria Tertuliano no início do século III, aquele pequeno barco abrigava a salvação. Fora dele haveria apenas a morte e a aniquilação. As águas tempestuosas eram o martelo da sentença divina, através delas, a humanidade era arrasada e a natureza purificada (Gn 7,6-25). Purgando a obra da Criação, uma tempestade como a que foi narrada por Wipo, súbita e avassaladora como um juízo de Deus, aniquilava "todo o ser vivente que havia sobre a face da terra, desde o homem até ao animal" (Gn 7,23). É preciso notar o versículo com atenção redobrada. O capelão imperial parece tê-lo adotado como modelo: seu texto está comprometido em reproduzi-lo. Afinal, o paralelismo salta aos olhos: no "dia do Senhor", em um domingo, homens e cavalos foram fulminados exatamente como prescrevia o livro bíblico. Não se trata de mera coincidência; as semelhanças não são casuais, aleatórias. Trata-se da sobreposição de referências: para narrar o acontecimento, Wipo imitou o Gênesis. Ao fazê-lo, registrou como simbolismo bíblico uma opinião inquietante para um cronista imperial: ao despejar sua ira como águas da destruição, Deus protegeu o arcebispo. Defendeu-o como um segundo Noé e encharcou as narinas do exército imperial até que não houvesse mais espaço para o fôlego da vida no peito de dezenas de guerreiros (TERTULIANO. *De Baptismo Liber*, 1964, p. 38-39. Cf. tb. DANIELOU, 1964, p. 58-69. • CULPEPPER, 2006, 382-383).

A cena da tempestade classifica politicamente a ação sália. Ao despejar a tormenta, Deus teria revelado: o cerco a Milão era um erro. Na realidade, corrigiriam outras crônicas, a intervenção celestial não foi obra do Criador – ao menos, não diretamente. O prodígio era coisa de santo. Quando as águas torrenciais finalmente escoaram ao redor de Corbetta, um personagem se dirigiu à tenda do rei. Empapado até os ossos, com os sentidos atordoados, o Conde Bertoldo Zähringer balbuciava algo temível: uma visão! Durante a tempestade, no terrível momento em que a chuva abatia homens e animais como pencas de frutos podres, Bertoldo ergueu o rosto para o alto e viu: os raios que chamejavam pelo céu desenharam a figura de Santo Ambrósio. Os clarões que pulsaram a cada relâmpago revelaram-no, nítido, movendo-se entre a massa sombria estacionada sobre a capelinha. Era ele, Ambrósio, que desatava as nuvens em corredeira para varrer da terra o "mal gerado pelo rei" quando este decidiu atacar sua cidade (Gesta Episcoporum Cameracensium. *MGH SS*, 7, p. 487. • Annales Hildesheimenses. *MGH SS rer. Germ.*, 8, p. 41. • ARNULFO. Gesta Archiepiscoporum Mediolanensium. *MGH SS*, 8, p. 15-16. • VIOLANTE, 1974, p. 253).

"O mal gerado pelo rei". Conrado difundia o pecado e arrastava incontáveis almas para a perdição. Uma avaliação a respeito das decisões tomadas pelo monarca ganha forma através do relato sobre a aparição de Santo Ambrósio. A cena sobrenatural abriga um juízo político: o governo imperial se excedia. O simbolismo da mensagem ganha contornos mais fortes na figura apontada como protagonista da visão arrebatadora. O conde era peça-chave na campanha militar contra Ariberto. Guerreiro calejado, de espírito e corpo vincados por cicatrizes, Bertoldo foi o encarregado pelo recrutamento das tropas que atacaram a cidade. No ano seguinte, em 1038, ele seria reencontrado presidindo julgamentos na Toscana, em nome de Conrado. As duas atribuições – o recrutamento dos guerreiros locais e o exercício da justiça na península – indicam que Bertoldo "possuía uma especial competência acerca das leis itálicas", como concluiu Herwig Wolfram. Teria sido um aristocrata familiarizado com as tradições do reino itálico que presenciara a força milagrosa por trás da tempestade. Relampejando entre as nuvens, a imagem do patrono milanês se revelou a olhos habituados à realidade local. Olhos políticos, treinados no reconhecimento de costumes itálicos. Olhos capazes de vislumbrar que a unidade cívica fundada na obediência a um arcebispo era algo inviolável, verdadeiramente sagrada (WOLFRAM, 2006, p. 130).

O vínculo entre o arcebispo e os citadinos era um laço espiritual. A vida pública era o próprio itinerário da alma. A unidade cívica era uma unidade sacramental. Obedecer ao prelado e guerrear por ele era servir a Cristo. Através da espada desembainhada segundo a ordem eclesiástica emulava-se o mistério da Paixão, pois derramando o sangue purificava-se a terra do mal, ouvia-se o clamor dos justos, livrando-os das aflições do pecado. Antes de ser a idealização de um homem, o *carroccio* era a criação da religiosidade em que uma batalha era santuário; a vitória, um altar. Ao liderar os homens para o combate, ao guiá-los para a unidade das armas, um eclesiástico cumpria o mesmo dever pastoral assumido ao vestir a estola rubra feito um veio de sangue – como aquela depositada sobre os ombros de Cádalo no dia de sua ordenação, em 1045.

As batalhas eram exigências do episcopado, pois a guerra era um sacramento.

5

Um sínodo decreta o fim da era dos "bispos malditos": clero, hegemonia dinástica e a ideia de liberdade da Igreja

*Mas vede que essa liberdade não seja de alguma maneira
escândalo para os fracos.*
1Cor 8,9

1

Sobre este chão os exemplos da fé florescerão. Lavouras de virtudes brotarão aqui – assim, provavelmente, pensava Cádalo, enquanto seu olhar percorria o terreno tomado pelo matagal. Quando encontraram a paisagem silvestre, seus olhos desenharam sobre ela uma cena inexistente. Uma comunidade religiosa se instalaria naquele pedaço ainda selvagem do mundo. De sol a sol, a consciência dos futuros residentes seria cultivada com exemplos santos e irrigada com horas de meditação solitária. A humildade, a obediência e a castidade cresceriam entre eles como o trigo mais viçoso. As ervas daninhas da vaidade, da discórdia e da luxúria não deitariam raízes ali. Aquela seria uma terra de abundância espiritual para a religião – nisso acreditava o bispo de Parma como se tivesse o futuro do lugar diante de si. Bastaria que sua vontade fosse obedecida e a clareira seria transformada. Arbustos seriam arrancados; pedras, removidas. Uma multidão servil seria trazida para cavar as fundações de um conjunto de edifícios. As valas rasgariam o solo formando o traçado de uma cruz imensa: alicerces de uma igreja! Ao lado dela, vagarosamente, quatro corredores surgiriam como o cercado de pedra para um pátio retangular, o qual, por sua vez, interligaria diversos cômodos: um refeitório, um dormitório, uma cozinha, uma biblioteca, capelas. Talvez um lavabo pudesse ser erguido. Após alguns anos, o conjunto arquitetônico seria habitável, e a visão de Cádalo realizada: um mosteiro teria sido criado sobre o campo bravio. A lavoura das almas teria início.

Sobre aquele descampado, os monges cultivariam a restauração da fé católica. Eles viveriam imitando rigorosamente exemplos deixados pelos homens que morreram durante os primeiros séculos após a Paixão. Os preceitos primitivos, saídos das bocas dos apóstolos e dos antigos Pais da Igreja, se tornariam o pão diário daquela comunidade. Bem nutridas, as consciências daqueles homens não fraquejariam frente às tentações trazidas pelo tempo, isto é, perante os maus costumes que carcomiam a castidade, o celibato, a pureza. Portanto, era com anseio reformador que Cádalo contemplava aquela paisagem. Ele havia adquirido aquele lugarejo para um propósito sublime: edificar uma comunidade monástica e, através dela, promover o ideal de restaurar a fé às raízes da Antiguidade (CICCOPIEDI, 2012b, p. 531-566. • HOWE, 2016, p. 6-12).

Não era uma área de grandes proporções. O terreno media pouco mais de setenta mil metros quadrados. A seara espiritual poderia ser atravessada de um extremo a outro em poucos minutos, bastaria caminhar em linha reta por quatrocentos e dois metros. Na escala dos patrimônios monásticos era pouco. Muito pouco. Comparado às paisagens controladas por antigas casas beneditinas, como a Abadia de Farfa, ou mesmo por uma recém-fundada, como a de Frutuária, o mosteiro nasceria miúdo, pequenino. Porém, por pouco tempo. Ele prosperaria. Aqueles eram apenas os primeiros palmos de chão de uma criação religiosa de grandes proporções. Essa certeza Cádalo possuía no momento em que adquiriu o lugar. Era abril de 1046. Mal se passara um ano desde a ordenação na Basílica de Parma e ele ganhou a estrada, retornando à cidade natal. Em Verona, no dia 23, Cádalo selou a negociação de terras com seu antigo superior, a quem serviu como *vicedominus*. Guálter transferiu-lhe a propriedade daquele terreno: peça de terra arável, circundada por muros e situada "fora, mas não longe da cidade, às margens do Rio Adge" – reza o registro documental. Havia ali uma igrejinha, abandonada, cujas paredes, erguidas há quatro séculos, teimavam contra a ação do tempo. Em troca, o bispo de Parma abarrotou o confrade de riquezas: quarenta parcelas de terra por aquele lugar. Áreas agrícolas rentáveis, uma vistosa rede de núcleos de exploração rural formada por fortificações, casas camponesas, vinhedos, campos arados. Tão vultoso era o patrimônio envolvido que a transferência exigiu um rol de testemunhas à altura, ilustres. Dois vassalos de Guálter, dois homens de confiança de Cádalo, três juízes palacianos e quatro homens probos ofereciam seus olhos e bocas como as provas de que tal permuta havia ocorrido de boa-fé (CENCI, 1924, p. 320-326. • CASTAGNETTI, 2014, p. 67-79).

Quarenta unidades agrícolas, todas rentáveis, trocadas por um terreno de dimensões tacanhas. Naquele dia de abril, Cádalo iniciou a permuta empenhando bens à mancheia – e terminou com os dedos abarrotados de uma riqueza inestimável. Ninguém diria que a troca fora desigual, desproporcional ou que a pequena fortuna rural empenhada por ele era mais preciosa do que o terreno oferecido por Guálter. O pedaço de chão à beira do Rio Adge era um sítio de localização privilegiada: afastado, mas não isolado; distanciado dos riscos e das tentações da cidade, mas não inacessível às oferendas dos citadinos; separado na paisagem, mas protegido pela proximidade com o prado régio – a floresta pertencente ao imperador. Os setenta mil metros quadrados eram ideais para aninhar um mosteiro. Espaço compacto, recortado por muros, o lugar se tornaria um recinto santificado, um reduto para homens de vida austera e pura. Ali seria erguida uma fortaleza espiritual, uma trincheira sobrenatural que protegeria o maior tesouro cristão, as virtudes que aproximam da salvação e repelem o diabo. O terreno seria uma manjedoura, o berço para uma construção redentora, que faria o espaço rural renascer como "local privilegiado da mediação espiritual entre este mundo e o além". Se a troca assumiu uma aparência desigual para alguém, esse foi Guálter. Talvez ele pudesse ter obtido ainda mais. Pois quantas peças de terra pode valer uma antecâmara da salvação? (BERLIOZ, 1996, p. 9).

Sem dúvida, todas das quais se pode dispor – pensava Cádalo, como foi provado na manhã seguinte, 24 de abril. Neste dia, ele formalizou sua intenção e doou o espaço para a comunidade ainda inexistente. O lugar estava para sempre reservado a uma congregação de beneditinos. Esses, no entanto, usufruiriam de tudo em nome de alguém mais, de um santo singular. O santo em questão não era o autor do modelo de conduta. Os monges viveriam segundo a Regra de São Bento, mas entre paredes consagradas à proteção de outro patrono celestial. Recomendação expressa! Uma vez levantado do chão, o mosteiro seria dedicado "ao nome e à honra do bem-aventurado mártir Jorge". Isto deveria ser feito, determinava o doador, "por Deus onipotente, pela salvação da minha alma e das almas de meu pai, mãe e irmãos". Uma escolha emblemática (BORDONI, 1661, 1, p. 50-54. • UGHELLI, *Italia Sacra*, 5, p. 757-758. • CENCI, 1924, p. 329-330. • CASTAGNETTI, 2014, p. 79-86).

"Bem-aventurado Jorge" era nome antigo, alcunha rodeada de brumas do tempo. É difícil encontrar a figura histórica lembrada nessa expressão. Tarefa impossível – já foi dito por alguns historiadores. Praticamente não há vestígios dela fora dos relatos redigidos para criação dos exemplos católicos. Ela parecia existir somente no interior de coletâneas sobre a santidade. Seja lá quem ele tenha sido, na década de 1040, São Jorge era o que o século VI fizera dele: inspiração da piedade armada, um mártir de couraça e batalha. Histórias de quinhentos anos atrás marcavam seu nascimento em 280, como herdeiro de um aristocrata capadócio, um filho das terras orientais do Império Romano. Tornou-se soldado, chegou à guarda imperial e daí ao martírio. Descumpriu ordens do imperador: recusou-se a destruir os templos onde se rezava a Cristo, a incinerar livros sagrados e a escravizar os seguidores do Nazareno. Defendeu-os publicamente. Daí em diante, testemunhou a fé numa *via crucis* pessoal: foi ameaçado, preso, torturado e morto. Antes do desenlace letal, converteu-se. O culto a esse soldado romano se difundiu a partir do local atribuído ao seu sepultamento, a cidade de Lydda, na Palestina. As imagens do santo logo se multiplicaram entre os crentes orientais. Vestida em armadura, equipada com lança e espada, sua figura adornava igrejas e mosteiros no Egito, na Geórgia, na Etiópia, em Constantinopla. Durante o século X, o culto atingiu dimensões incomuns: a devoção a Jorge povoou a costa leste do Mar Mediterrâneo com uma iconografia militarista. A imagem do combatente celestial era gravada em ícones, afrescos, amuletos, relicários; ela podia ser encontrada no interior silencioso de santuários bizantinos ou reluzindo sobre os escudos com os quais os georgianos guerreavam em nome do rei. No Egito, sua silhueta era pintada sobre colunas: encouraçado, espada presa ao lado esquerdo da cintura, imberbe, longas madeixas circundadas pelo halo. "Evidentemente, um guerreiro" – como realçou Charles Walter. Ao consagrar o futuro mosteiro àquele soldado celeste, Cádalo difundiu o zelo pela santidade armada (Acta Sancti Georgii. *AASS*, Aprilis 3, 1866, p.101-133. • WALTER, 1995, p. 318. • EASTMOND, 1998, p. 161-165).

O culto ao capadócio prosperou em litorais bizantinos e platôs islâmicos. Por certo, o mártir também era venerado nas terras a Ocidente. No "Livro dos Pontífices" consta que Leão II lhe dedicou uma igreja por volta de 683 e que o Papa Zacarias rezava perante uma relíquia trazida de Lydda: até o fim da vida, em 742, Sua Santidade entregou as orações na presença da cabeça daquele morto extraordinário. Havia notícias sobre outras relíquias em Tours, Mainz, Metz, Arles e Paris. Entretanto, Jorge era santo de fronteira. A devoção a ele se difundia impulsionada pelo encontro entre a fé cristã e a fala árabe. A figura beligerante, pintada em ação para aquecer paredes e tetos de capelas sírias com o calor de um combate físico e férreo, era o intercessor para ameaças trazidas pelo outro da fé. Milagres atribuídos a ele envolviam persas zoroastristas, egípcios maometanos, sírios judeus. O santo guerreiro era evocado para assumir a defesa contra os riscos de contaminação da religião, para zelar pela integridade e pureza da comunhão cristã. Na devoção a esse guardião de uma fronteira simbólica, cultuava-se uma consciência de resistência à mudança, à elasticidade da crença, ao sincretismo. As imagens de um campeão espiritual sempre ativo, combativo, investiam "nas audiências a confiança de que sua religião era maior que a de seus rivais e santificava a manutenção do *status quo* como preservação de um cristianismo triunfante" – segundo a conclusão de Heather Badamo (*Liber Pontificalis*, 1, p. 360, 362, 434, 439. • BADAMO, 2011, p. 2. Cf. tb. DELEHAYE, 1909. • WALTER, 2003).

Não se sabe quando Cádalo tornou-se devoto do mártir militar. Talvez, tenha lido a respeito no tempo de diácono, quando integrava o poderoso Capítulo Catedralítico. Poderia ter sido influência de Roma, onde o santo era cultuado há séculos. Porém, o mais provável é que a santidade belicosa tenha chegado a Verona após desembarcar de um dos numerosos navios mercantes que movimentavam o comércio com o Levante. O aparecimento do santo como o patrono do mosteiro às margens do Rio Adge ocorreu em um momento de expansão das rotas comercias mediterrâneas. Tendo forçado um recuo da pirataria no "Mar Interior", cidades da península passaram a cruzar as fronteiras entre as terras cristãs e sarracenas com uma regularidade inédita. A demanda crescente por ervas, trigo, carnes salgadas, queijos, sedas, metais, joias, lã, escravos, cavalos e ouro catapultou mercadores peninsulares para a posição de protagonistas de uma "revolução comercial respaldada por uma impressionante evolução nos métodos de negócio" – como notou David Abulafia. É muito provável que as orações ao santo palestino tenham sido murmuradas em Verona por quem conheceu algum daqueles negociantes que chegavam aos portos de Veneza ou Amalfi acariciando amuletos incomuns, obtidos ao longo das arriscadas rotas que levavam até Caffa, Trebizonda ou Antioquia. Talvez o "mártir Jorge" tenha sido conhecido no interior do reino itálico graças a outro efeito dessa "revolução" na mobilidade e na integração das áreas mediterrânicas: a intensificação das peregrinações. Neste caso, os mensageiros do "mártir Jorge" tinham pés empoeirados e calosos, como costumava ocorrer com quem retornava de Jerusalém e ou de outros lugares santos (ABULAFIA, 2014, p. 300).

Se o culto viajou por mar ou por terra, se chegou entrouxado em veste de peregrino ou mercador, não se sabe. Dada a proximidade entre Verona e a região do Vêneto, pode-se assumir que os caminhos que levaram São Jorge ao espírito de Cádalo partiram de Veneza, onde, há mais de cinquenta anos, cristãos frequentavam duas igrejas dedicadas ao soldado martirizado. Mesmo que o itinerário da crença ainda não tenha se dado a conhecer, há algo que se pode reter: pela primeira vez, um mosteiro daquela diocese era consagrado ao santo oriental. A fundação pretendida pelo bispo de Parma abria o coração do reino itálico para a difusão de símbolos, ideias e representações até então distantes. Ao comprar aquele campo indômito e prometê-lo ao santo de fronteira, Cádalo deslocou a fronteira da crença. Afinal, o nome "Jorge" era habitualmente invocado por mentes desassossegadas pelo medo de ser governado pela fé alheia. Isto fazia sentido em Veneza, Roma ou mesmo em Salerno, onde a presença do Islã era sentida nos mercados, na língua, na moeda ou na memória. Mas por que em Verona? E não apenas isso. Por que Cádalo dedicou um dos atos inaugurais de seu episcopado, precisamente, a tal santo? As respostas não surgirão projetando características venezianas sobre a planície do Pó. Verona não era um limite entre religiões. Sua população não crescia rodeada pela língua grega, por símbolos coptas ou pela pirataria muçulmana. É preciso olhar noutra direção (DAMERINI, 1956. • RAMSEYER, 2006, p. 100-102).

Ao depositar seu selo sobre aquela doação de terras para o futuro mosteiro, Cádalo escreveu um relevante capítulo de um processo de transformação da figura de São Jorge. A figura do santo calava fundo em seu espírito não como a de um protetor contra os infiéis e os hereges, mas como modelo da autoridade episcopal. O apóstolo da guerra representava a imagem do bispo ideal. Em 1046, quando o recém-empossado dignitário de Parma confiou a comunidade ainda invisível ao mártir oriental, ele reforçou uma analogia entre os deveres de bispo e a vida do santo guerreiro. Tal analogia consta no registro da doação. Ele aparece no trecho que regulamenta a escolha do futuro abade. Aquele que conduziria a comunidade deveria ser um dos próprios monges que ali residissem. O eleito seria um religioso daquele lugar, "não de outra congregação" – consta no texto. Mas, sob uma condição. A aprovação episcopal era imprescindível. Não se poderia negligenciar a "parte do bispo de Verona" na escolha, pois ele consagraria e conservaria o superior – "eis minha determinação", disse Cádalo. Não haveria margem para dúvidas: o mosteiro estaria "sob o poder e a *defesa* do bispo da Santa Igreja de Verona, que o *defenderia* e governaria para sempre". Guálter e os sucessores defenderiam os monges como São Jorge defendia os fiéis. Eis a analogia: como modelo de autoridade. Porém, note-se. Nesse modelo, o exemplo era seguido no céu assim como na terra: o santo se prestava a um papel de reflexo dos bispos. A fundação monástica ocorreria numa diocese cujos prelados eram conhecidos por reservar terras para o sustento de guerreiros, por ter lutado contra o Rei Arduíno e por custearem sozinhos a construção de castelos. Tal ambiente acentuou o aspecto militarizado da santidade. Ali, São Jorge não era santo de fronteira. Era um símbolo do apostolado armado que os eclesiásticos praticavam há décadas (BORDONI, 1661, 1, p. 51. • UGHELLI, *Italia Sacra*, 5, p. 757-758. • CENCI, 1924, p. 329-330. • CAVALLARI, 1967, p. 60. • TABACCO, 2000, p. 91-92. • CASTAGNETTI, 2014, p. 79-86).

A defesa da comunidade cristã era prerrogativa episcopal. Se havia fronteira para a fé naquele lugar, era esta: acatar o governo dos bispos era a conduta crucial, a que separava concórdia e soberba, virtude e vício, eleição justa de usurpação. Homens como Cádalo e Guálter eram os defensores deste limite. Eles julgavam se a linha divisória entre retidão e injúria havia sido violada, se um comportamento se situava dentro ou fora da Igreja. Nas terras itálicas, tal defesa não era metafísica ou meramente simbólica. Não estava confinada à imaterialidade porque o espiritual estava em toda parte, em tudo. Ao ser incorporada pelo mundo latino, a figura de São Jorge foi apropriada, modificada e adaptada para atender aos anseios de eclesiásticos que "estavam envolvidos no mundo em grau incomum" – palavras de John Howe que não se deve perder de vistas. A devoção ao batalhador celestial ganharia espaço na consciência de homens como Cádalo porque aprofundava este envolvimento, em razão de sacralizar a vida de prelados que se vestiam com couraça lustrosa e espada solta à cintura para cumprir o dever de defender o rebanho de ataques, pilhagens e dos "inimigos públicos". Na difusão do nome de São Jorge cultuava-se a liderança dos bispos guerreiros. Na mobilidade da crença a ironia da história: entre os bispos gregos dessa época crescia a reprovação aos "homólogos latinos, politicamente poderosos como sangrentos senhores da guerra". As condutas que escandalizavam os eclesiásticos orientais eram celebradas através de um santo oriental (HOWE, 2016, p. 240. • KOLBADA, 2000, p. 48-51).

O patrono do futuro mosteiro não era um santo local. Não era um evangelizador da região ou um dos primeiros bispos do lugar. A fundação não seria um monumento erguido conforme o costume, isto é, à memória de um antepassado espiritual familiar, já conhecido por ter pisado sobre aquele chão ou por milagres que eram levados de um lado para o outro pela oralidade. Surgindo sem tais vínculos de pertencimento, como o mosteiro prosperaria? Pois viria ao mundo num contexto de acirrada concorrência. Muitos claustros disputavam a devoção cristã em Verona. Entre 910 e 1020, as comunidades se multiplicaram cobrindo a paisagem com um manto branco de santuários: a de Sant'Ângelo *in Monte* foi fundada em 925; a de São Fermo *Maggiore* surgiu em 966; as de São Fermo *Minore* e de São Silvestre são mencionadas em seguida, embora suas origens persistam sem datas precisas; em 1033, os santos Nazário e Celso tornaram-se os patronos de outro mosteiro. Havia outras. Nove no total. Entre as quais duas gozavam de reputação espiritual inalcançável às demais: Santa Maria *in Organo*, fundada por volta de 650, e São Zeno *Maggiore*, que existia desde 743. Veneradas como guardiãs das tradições locais, as duas abadias atraíam a maior parte das doações das terras, posses e rendas.

"São Fermo" descansava em Verona, estava enterrado ali; "São Silvestre" fora papa, pertencia à península; martirizados em Milão, "São Nazário e São Celso" formavam um caso similar; "São Zeno" fora o oitavo bispo veronense; Maria e o "Santo Anjo" (Sant'Ângelo) protagonizaram o Advento do Messias, logo, transcendiam o espaço, eram universais. Todos distintos, mas igualmente dessemelhantes a Jorge, mártir capadócio sepultado no outro lado do mundo. Seria tarefa árdua assegurar um lugar para o novo estabelecimento religioso junto a esta elite espiritual (SEGALA, 2004, p. 9-17, 193-194, 227-234. • CASTAGNETTI, 2014, p. 67-86).

Árdua, mas não improvável. A primeira vantagem era o próprio patrono. Ao dispor uma comunidade de beneditinos sob a proteção do santo encouraçado, Cádalo estabeleceu um apelo identitário, um vínculo de pertencimento local. Os monges não seriam associados a um ícone estranho, forasteiro, remoto. Mas a uma imagem em que se poderia reconhecer o zelo militarista dos bispos guerreiros: uma que devolveria aos olhos do espírito o reflexo de um Leão de Vercelli ou um Ariberto de Milão. Portar o nome "bem-aventurado Jorge", um mártir de espada em punho, poderia significar ter o DNA da fé dos itálicos. Isto não era tudo. Além desse simbolismo estratégico, Cádalo se assegurou de que os monges abrigados ali dispusessem dos meios necessários para consumar sua divina missão. No mesmo dia em que selou a transferência do terreno, em 24 de abril, ele concedeu ao mosteiro toda riqueza acumulada por sua família: "todas as casas e possessões territoriais que pertencem ao meu direito, que foram transferidas a mim por sucessão e herança de meu pai, mãe e irmãos". Léguas e mais léguas, domínios que se espichavam até os horizontes de Verona e Vicenza, tudo foi oferecido para a fundação monástica. Os castelos de Sabbione e Lonigo, antigas residências da linhagem, estavam incluídos, destinados a uso piedoso: colocados em poder dos religiosos. Comparadas a esse patrimônio, as quarenta peças de terra transferidas para Guálter eram filetes d'água derramados de um tonel de riquezas (BORDONI, 1661, 1, p. 50-54. • UGHELLI, *Italia Sacra*, 5, p. 757-758. • CENCI, 1924, p. 329-330. • SIZGORICH, 2009, p. 56. • CIARALLI, 2011, p. 76-77. • CASTAGNETTI, 2014, p. 73-79).

Não se deixe hipnotizar pela grandiosidade atribuída pelo doador ao próprio gesto – retrucariam alguns historiadores. Eles, então, prosseguiriam. Uma fundação episcopal era uma tática social hábil, uma maneira de ampliar a influência e a fortuna aristocráticas. Os monges estariam permanentemente em dívida com a linhagem do patrono. Para retribuir as generosas doações, eles ofereceriam o próprio mosteiro como um intermediador particular entre a generosa estirpe e o espiritual. Era uma questão de tempo para que à parentela do benfeitor fossem asseguradas remissões dos pecados, intercessões, milagres, sepulturas. O *status* da linhagem junto à população do lugar seria inflado pelas dimensões do sagrado. O mosteiro seria convertido em um novo centro de propagação da dominação social daquela família. Os eruditos alemães da virada de 1900 cunharam uma expressão para casos assim: *Eigenkloster*, isto é, o "mosteiro próprio" de um poder senhorial (VOIGT, 1909. • STUTZ, 1913, p. 364-377. • GOETZ, 1999, p. 872-874. • SERGI, 1994, p. 8-22. • D'ACUNTO, 2010, p. 52).

De fato, "mosteiros próprios" existiam. Eram muitos, sobretudo aqueles protegidos pelos reis. Porém, esse não parece ter sido o caso da nova fundação. A doação foi um tiro fatal no *status* usufruído pelos herdeiros dos "homens novos" de Verona. Em abril de 1046, Erizo estava morto. O irmão mais velho de Cádalo, no entanto, não havia retornado ao pó sem antes cumprir a determinação divina "crescei e multiplicai-vos". Esposa e três filhos herdaram a posição e o patrimônio do homem que falecera como o chefe da linhagem. Ou melhor, teriam herdado. Os registros documentais são escassos, não passam de farelos para o apetite de saber, mas os poucos que existem permitem afirmar isto: se a herança não foi inteiramente tomada, ela foi drasticamente reduzida pela piedosa transferência de bens para um mosteiro inexistente. A viúva sequer parece ter tido voz na decisão. Ela é mencionada como reles referência, como uma peça decorativa movida pela vontade de Cádalo ao doar "todos os bens que meu irmão Erizo deixou em sucessão à esposa e que se encontram no mencionado Condado de Vicenza, tanto dentro quanto fora da cidade, e em outros lugares". Os filhos, por sua vez, resistiram. Que o tio declarasse o que bem entendesse: as terras que um dia pertenceram a Ingo continuariam atreladas a suas vontades. Por anos foi assim. Os três irmãos não cederam. Colheitas e víveres obtidos ali eram servidos em suas mesas, não em refeições monásticas. O impasse se arrastou por mais de uma década. Só chegou ao fim quase quinze anos depois, em outubro de 1061, quando os sobrinhos depositaram nas mãos do tio os direitos senhoriais reclamados sobre o patrimônio doado a São Jorge. Renúncia sonora: "asseguramos a ti, senhor bispo, que, de modo algum, possuímos a permissão ou a prerrogativa, seja por direito legítimo ou por qualquer circunstância, para exercer o poder, impor ou remover algo em prejuízo do mosteiro construído por ti ou de uma das partes que o compõem" (CENCI, 1924, p. 341. • BORDONI, 1661, 1, p. 50-54. • UGHELLI, *Italia Sacra*, 5, p. 757. • MILLER, 1993, p. 75).

"Reconhecemos que não mais possuímos prerrogativas", "que não mais dispomos de permissão para"... Os sucessores de Ingo sabiam-se menores do que seu antepassado. A piedosa doação foi para eles uma subtração, uma privação, à qual se opuseram por longos anos. A fundação não faria surgir um "mosteiro próprio" porque caracterizava um caso em que a transferência patrimonial não fortaleceria o *status* de uma linhagem. Uma fortuna em terras e direitos senhoriais mudava de mãos. Propriedades laicas foram, então, convertidas em bens eclesiásticos. Ao consumar a decisão, o bispo de Parma expropriou os próprios parentes. O aparecimento do Mosteiro de São Jorge, em Verona, foi obra de um bispo que agia à revelia de sua parentela. Por isso, antes de ser erguida do chão, a nova casa religiosa contava já com um adversário, um antagonista tenaz: a estirpe do próprio benfeitor. Cádalo apressou-se em tomar partido nessa disputa. "Qualquer um de meus agnatos ou cognatos", disse ele referindo-se aos parentes, "seja pessoa poderosa ou modesta, que ouse agir contra esta minha doação ou que procure violá-la através de um estratagema, será agrilhoado com o anátema". Quem assim o fizer será maldito, continuava o bispo, "como foi Judas, traidor do Senhor, e os malfeitos Ananias e Safira" (BORDONI, 1661, 1, p. 50-54. • UGHELLI, *Italia Sacra*, 5, p. 757-758. • CENCI, 1924, p. 329-330. • CASTAGNETTI, 2014, p. 79-86).

Ananias e Safira são nomes mencionados no livro dos Atos dos Apóstolos. Eles teriam vivido entre os primeiros seguidores do Crucificado, quando a posse comum dos bens era regra santa. Naquela época, ao se converter à fé palestina, homens e mulheres deviam agir como Barnabé, um homem de Chipre que vendeu seus bens e doou toda a soma obtida a Pedro. Entretanto, Ananias e a esposa não seguiram o exemplo. O casal trapaceou. Certo dia, aquele homem desgraçado veio à presença do apóstolo e sacou da túnica uma bolsa de couro repleta de moedas. Todo o valor que conseguiram em troca de suas terras. Não era. Ananias havia retido um punhado do dinheiro para si. Antes que o farsante pudesse desviar o olhar, Pedro indagou: "Por que é que satanás encheu seu coração a ponto de você mentir ao Espírito Santo?" Instantes depois, Ananias caiu morto. Três horas mais tarde, a esposa, Safira, encenou a mesma mentira e, imediatamente, desabou sem vida sobre o chão (At 5,1-16). O exemplo bíblico é uma história sobre a transferência da posse sobre a riqueza. Nesta passagem, destinar bens à vida comum significava desfazer a propriedade familiar e criar outra, comunitária – como aquela que seria usufruída pelos monges abrigados sob a proteção de São Jorge –, então depositada sob a guarda apostólica. Era uma transposição integral, sem meio-termo, exceção ou negociação. Pois reter uma única fatia dessa riqueza era uma conduta que violava as determinações divinas para a vida cristã. Era um pecado grave, punível com a morte, a aniquilação individual. Ananias e Safira, o malfadado casal bíblico, se tornam o símbolo da própria linhagem de Cádalo: caso eles não cedessem, caso não renunciassem de uma vez por todas aos direitos de senhores de terras, aqueles parentes enfrentariam um risco de extinção social. Eles seriam excomungados, malditos entre todos os cristãos. Pois o bispo de Parma estava disposto a combater sua estirpe para assegurar que a riqueza transferida ao mosteiro não fosse violada.

Órfão de tempo, Cádalo transformou os familiares em órfãos de riqueza. Eles viram a fortuna dos homens novos de Verona ser arrebatada por um único destino. O patrimônio resultante da ascensão aristocrática deixou de ser laico e assumiu nova natureza, distinta, restrita e indivisível. Ele foi trazido à outra existência perante os homens, dado à luz de um novo começo social. Despojado de passado, ele surgiu eclesiástico, tal como ocorreu com Cádalo. Quem, aos olhos da história, nascera clérigo.

2

Já nos primeiros meses de bispado, Cádalo despontou como um defensor estridente da *libertas ecclesiae*, a "liberdade da Igreja". Liberdade é uma ideia mais escorregadia do que pode parecer à primeira vista. Hoje em dia, ela nos parece um conceito óbvio, preciso, que empregamos com uma segurança certeira. Ao falarmos a seu respeito adotamos uma perspectiva sobre nossa própria vida, individual e coletiva: esse é o nome reservado para a condição de tudo o que não está sujeito à dependência ou acorrentado a uma interferência externa, seja a consciência ou o corpo, a escolha pessoal ou a opinião pública. A liberdade é um modo de estar, um estado de controle sobre si, de autonomia, independência, de ser autocentrado. Não era assim há mil anos. Na cultura cristã daquela época, o significado era outro. Aliás, outros. Em uma mesma frase, a palavra *libertas* continha definições variadas, que se sobrepunham simultaneamente. Era uma máscara cobrindo muitos rostos. Defini-la implicava falar, ao mesmo tempo, em humildade e dignidade, em saber-se dependente de uma mente superior e solitário ao fazer uso do livre-arbítrio. É livre quem é subserviente à Verdade – era o que se lia, por exemplo, nas veneráveis páginas deixadas por Agostinho de Hipona. Vista de relance, a definição pode parecer um emaranhado de conceitos díspares, pois a liberdade seria, no mesmo instante, um grau de proximidade com a lei divina *e* um estado absoluto da alma; seria uma capacidade para recomeçar coisas boas e belas *e* um dom infinito concedido por Deus. Com efeito, uma dúvida vem à tona, inquietante. Trata-se da mesma pergunta que, há quase cem anos, picou a mente do falecido Gerd Tellenbach, historiador insubstituível: Que realidade concreta defendia um eclesiástico como Cádalo ao se engajar pela *libertas ecclesiae*? Que consequências práticas essa causa deveria provocar na sociedade? Ou dito de modo mais direto: no dia a dia, o que era a "liberdade da Igreja"? (TELLENBACH, 1959, p. 126-127. Cf. tb. AGOSTINHO DE HIPONA. De Libero Arbitrio Libri Tres. *CCSL*, 29, 1968, p. 211-321).

Liberdade significava, fundamentalmente, um estado de união patrimonial e social. Uma Igreja seria livre enquanto todos os bens nominalmente vinculados a ela formassem uma unidade estável: enquanto campos, estradas, rios, casas, animais, objetos, colheitas, enfim, tudo o que havia sobre as terras transferidas a uma Igreja – por doação, compra ou permuta – fossem reconhecidos como diferentes partes de um mesmo organismo terreno. Como os órgãos de um corpo, tais bens não poderiam ser separados, divididos, diminuídos ou invadidos. Quando aplicada às igrejas, a palavra "liberdade" nomeava uma integridade visível, uma indivisibilidade material. Elas mantinham-se livres ao se conservarem inteiras no espaço, territorialmente intactas. Esta singularidade era anunciada através de palavras santas, fórmulas e gestos cerimoniosamente codificados. O patrimônio eclesial era dotado de uma especificidade porque estava submetido a certas práticas cabíveis somente ao clero. Por isso o chão reclamado por uma Igreja se distinguia do restante da paisagem pisoteada por pés pecadores; por isso o roçado de aveia semeado sob as ordens de um bispo ou abade não poderia ser confundido com uma forragem comum, destinada, como inúmeras outras, aos estábulos de um laico: por ter sido ritualmente anunciado como um bem reservado para aqueles encarregados do Batismo, da Penitência, da Eucaristia, da ascese, da contemplação, da renúncia carnal. Era eclesiástico tudo o que havia sido consagrado à missão de conferir visibilidade à presença de Deus em meio à humanidade, essa gigantesca ovelha desgarrada dos planos divinos. A liberdade de uma Igreja ou um mosteiro era isto: a integridade dos bens unidos pela função de prover as necessidades da elite clerical, o único grupo apto a assegurar uma comunhão espiritual entre criaturas e criador (IOGNA-PRAT, 2006, p. 309-361).

Assim agiu Cádalo. Sua doação de 1046 determinava com letras firmes e resolutas: "ninguém tem poder para alienar, conceder ou doar o mosteiro ou os bens a ele vinculados, quer seja por *livello*, precária ou como concessão de benefício". Pois, prosseguia o texto, "o mosteiro deverá permanecer, perpetuamente, em um único e mesmo estado sob a Regra de São Bento". Aí está! Único, indivisível, inteiro pelos séculos dos séculos: ao converter a integridade patrimonial em mandamento social – num santo preceito a ser observado pelos próprios parentes –, Cádalo ditou uma sonora declaração de liberdade eclesiástica. Não era a primeira vez. Ele havia proclamado aquele mesmo princípio meses atrás, ainda em 1046. Antes de retornar a Verona e ocupar-se da piedosa fundação, o bispo de Parma chamou ao palácio uma mulher. A figura idosa, atarracada, de mãos frágeis e rosto austero chamava-se Liuda. Há quase quarenta anos ela conduzia um mosteiro erguido nos subúrbios da cidade, era a primeira abadessa daquele lugar, a única superiora conhecida pelas dezenas de jovens e velhas que entregaram suas vidas à clausura, para a honra de São Paulo. Cádalo estendeu um pergaminho à superiora, onde declarava: as doações até então realizadas à comunidade seriam preservadas intactas.

A confirmação era um gesto de autoridade. Por meio dele, o bispo recém-investido tomava posse da diocese – demonstrando que, ali, em Parma, a integridade dos patrimônios eclesiásticos dependia do consentimento episcopal –, e do passado. Pois Cádalo redizia as decisões dos predecessores. As doações em questão eram formadas, principalmente, por fortalezas, casas, vinhas, prados, capelas e campos concedidos por três bispos anteriores: Sigefredo, o "bem-aventurado fundador" do mosteiro e que morrera por volta de 1006; e por dois outros benfeitores, Henrique e Hugo, falecidos em 1026 e 1040, respectivamente. Todos esses atos eram relembrados naquele gesto, todos coexistiam naquela confirmação. Esparramadas por quatro décadas, essas doações não eram ações separadas, distantes entre si, cada uma delas situada em um contexto singular. Ao contrário. Eram evocadas como se fossem todas simultâneas, reunidas simbolicamente por uma mesma voz que as aparências carnais tinham feito ressoar de diferentes gargantas: a voz da autoridade episcopal. O gesto de Cádalo criava uma continuidade, uma impressão de sincronização, ao enfileirar diversas concessões como atos renovados por um único consentimento, que "permanecia imutável no tempo" – assim constava no privilégio oferecido a Liuda. Inalterável, sempre idêntica, a voz episcopal era o elo que unificava eventos picados pelo tempo numa só história. Graças a ela, as doações não eram episódios diferentes, mas evidências do mesmo passado, etapas de um só movimento: a liberdade da abadia dedicada a São Paulo. Alquimista do tempo, o bispo convertia o descontínuo em ininterrupto, dispersão em unidade, enfim, desintegração em liberdade (Diploma 77. *DREI*, 2, 1924, p. 126. • BORDONI, 1, 1661, p. 50-54. • UGHELLI, *Italia Sacra*, 5, p. 757-758. • *Italia Pontificia*, 5, p. 426. • CENCI, 1924, p. 329-330).

Para ser livre, uma igreja ou mosteiro dependia da supremacia pública de uma voz. Poder detido pelo bispo, mas, sobretudo, pelo rei. Em meados do século XI, o monarca era o maior defensor da liberdade eclesiástica. Posição que Henrique III reivindicaria naquele mesmo ano de 1046 com estardalhaço.

Seu pai, o imperador, estava morto. Conrado havia retornado da campanha contra o arcebispo milanês, "o desertor", com saúde abalada. O homenzarrão tornara-se uma figura frágil, constantemente empalidecida. Num dia de verão, um súbito ataque de gota paralisou seus rins e tomou-lhe a vida. A doença desferiu um golpe seco, mas atingiu apenas o corpo físico da realeza, não o político; abateu o rei, não o reino. Após o sepultamento na cripta da Catedral de Speyer, seguiu-se uma sucessão tranquila, sem disputas. Fato raro. Coroado corregente em 1028, quando era um garoto de 11 anos, Henrique era um sucessor maduro, apto, militarmente experiente. Ainda adolescente, acostumou-se ao peso da cota metálica e do escudo: tinha 13 anos quando pisou em campo de batalha. Desde então, participara de numerosas campanhas. Poloneses, eslavos, bohêmios, milaneses: conhecia os muitos rostos da guerra. Em 1031, seu nome aparece nos diplomas imperiais, indicando que já integrava a rotina da corte. Governava ao lado do pai, mas formando o senso de uma política própria: em ocasiões cruciais, negou consentimento às decisões imperiais, como no caso em que o duque da Caríntia foi deposto por traição. Assim, após o súbito falecimento de Conrado, a transição ocorreu com uma estabilidade incomum. Henrique cumpriu imediatamente uma exigência para reinar: pôs a corte em movimento. Itinerou. Por mais de um ano, percorreu o reino de Leste a Oeste. Exercendo prerrogativas características dos otônidas, renovou sua posição de vértice de uma aliança aristocrática suprarregional. Do ducado da Francônia ao da Saxônia, sucessivos magnatas – entre os quais, muitos eclesiásticos – juraram lealdade, quer atraídos pela metódica inclinação do recente rei para partilhar poderes públicos, quer intimidados pelas inéditas dimensões atingidas pelos domínios monárquicos. Figurando no topo da hierarquia mantida por concessões, conquistas territoriais e casamentos, Henrique acumulou imensa força social e multiplicou as possibilidades de exercer o poder (Diplomas 167-188. *MGH DD K*, II, p. 222-251. • BÖHMER-APPELT, 1951, p. 85-94).

Tudo ocorreu em meio a um "despertar econômico sem precedentes" – lembraria Stefan Weinfurter. Os sálios se beneficiavam do crescimento da produção agrícola geral. A intensificação dos rendimentos rurais era bombeada para as cidades através das artérias do comércio – sobretudo terrestre. Irrigada pelo fluxo de excedentes gerados no campo, a vida urbana, materialmente oxigenada, intensificava o movimento de suas frentes produtivas, do trabalho artesanal ao intelectual. Os níveis de enriquecimento eram elevados, ampliando a capilaridade da arrecadação fiscal, o que permitiu a emergência de novas forças militares – outros extratos sociais, além dos antigos aristocratas, passam a suportar os altos custos de viver à sorte das armas (WEINFURTER, 1999, p. 61-84. • VIOLANTE, 1972, p. 270).

Capaz de mobilizar crescentes reservas de guerreiros, recursos e consensos, o novo rei cimentou a coesão do reino formado por três coroas – a dos teutônicos, a dos itálicos e a dos borgonheses. Sustentado por uma imensa teia de alianças políticas, impulsionado por um *boom* econômico, Henrique trouxe de volta à obediência as terras a Oeste, sufocando a revolta deflagrada por um vassalo da Lorena, e estendeu a supremacia militar para o Leste, subjugando boêmios e húngaros. Sete anos se passaram desde a ascensão. Agora, em 1046, Henrique III, "o pacificador", desejava coroar a estabilidade do reino com o mais alto título conhecido, de "augusto imperador dos romanos". No verão de 1046, ele iniciou a travessia dos Alpes como *caesar futurus*, "futuro César", após as negociações com o Papa Gregório VI chegarem a bom termo. Roma era preparada para a coroação.

Uma vez na península, o monarca se ocupou da liberdade da Igreja. Em setembro, os prelados itálicos receberam a convocação de comparecer a Pávia. A antiga sede do reino tornou-se o destino de dezenas de cortes clericais. Dia após dia, a população testemunhou a cena se repetir com pontualidade cerimonial: um bispo cruzava a muralha e se dirigia a um casarão tornado vago por ordem do rei. Ao vê-lo soltar as rédeas, uma comitiva descia das montarias. Cônegos e diáconos, acólitos e auxiliares, serviçais de cozinha e das estrebarias, guerreiros da escolta, todos se punham em movimento para recriar o ambiente entorno do hóspede, instalando utensílios, livros, paramentos, horários e hábitos trazidos pela estrada afora. Temporariamente, o lugar deixaria de existir como casarão para se tornar um palácio episcopal. O episódio se repetiu em numerosas cores e dialetos: d'Além Alpes, da Saxônia, da Borgonha, da Bavária. Os bispos provinham dos quatro cantos do Império. Cádalo eram um deles. Ele tomou assento no sínodo geral convocado para deliberar sobre os assuntos eclesiásticos. Ele integrava a sacrossanta audiência que se reuniu no dia 25 de outubro e preocupou-se, sobretudo, com a unidade patrimonial das igrejas.

Como o novo Constantino, Henrique convocou e presidiu as deliberações. Segundo o Monge Raul Glaber, foi ele quem tomou a palavra e disse: "com pesar me dirijo a vós no dia de hoje, todos vós, representantes do Cristo na Igreja, aquela que Ele próprio escolheu como esposa e redimiu pelo preço do sangue". "Lembrai-vos", – teria prosseguido o rei – "Jesus deixou aos apóstolos esta lição de caridade: dai de graça o que de graça recebeste". O rei pranteava alguma mazela, lamentava-se em tom paternal. Mas eis que o tom muda. O pranto transborda em ralho, repreensão explícita: "sois vós, que vos deixastes corromper pela avareza e cupidez, quando deveríeis vos empenhar apenas para distribuir os dons que vos foram dados gratuitamente, vós, que violais os santos cânones, sois todos malditos". A voz rasgava o ar com severidade – descreve Glaber. E ninguém foi poupado. "Sei que meu próprio pai se entregou inteiramente à avareza condenável durante sua vida, por isso receio pela salvação de sua alma". A corrupção imperava: "todos os graus eclesiásticos, do papa ao simples padre, estão oprimidos sob o peso de vossas condenações; e, de acordo com a palavra do Senhor, em todos eles grassa o assalto espiritual". A Igreja era, cotidianamente, vítima de um crime apavorante, de um *latrocinium spirituale*, conforme o latim do monge. O ato odioso se repetia sem cessar. Seus cúmplices eram muitos. Ele era cometido de novo e de novo, ocorrendo toda vez em que alguém, do falecido imperador ao Sumo Pontífice, vendia as funções clericais. Na cena narrada por Glaber, os padres conciliares reagem com estupefação, as consciências emboscadas pela repreensão. Os instantes foram espichados pelo silêncio até que os bispos responderam: que o futuro imperador fosse misericordioso, pois a "heresia simoníaca" seria condenada ali, sem hesitação ou demora. A medida teria surgido assim, quase em uníssono: quem insistisse em ordenar um clérigo ou um abade em troca de dinheiro, ou em exigir moedas para consagrar um bispo ou um altar, seria, daquele dia em diante, prontamente excomungado. Quem cometia tal crime, tal latrocínio, traficava dons espirituais, era vendilhão de coisas santas. Simoníaco! Seu pagamento era o anátema: fiat! – "faça-se", os prelados teriam bradado, ainda abalados pela recriminação real (RAUL GLABER. Historiarum libri quinque. *PL*, 142, p. 697-698. • WIPO. Gesta Chuonradi II imperatoris. *MGH SS rer. Germ.*, 61, p. 31. • CAPITANI, 1966, p. 64).

A simonia dividia a Igreja. Quando barganhava as ordens clericais, um arcebispo ou mesmo o imperador corrompia a unidade eclesiástica porque a escancarava aos interesses mundanos. O sacerdócio era sequestrado pelo afã de negociatas laicas, bens piedosamente oferecidos eram desviados dos propósitos santos. Não percamos de vista a ênfase impressa pelos homens da época: a simonia era "latrocínio espiritual". Roubo. Prejudicava o espírito ao afetar a posse das coisas, diminuindo-a, dividindo-a, alienando-a. Causada pela avareza, a simonia era motivada pelo pecado, mas se tornava delito como ação patrimonial. Possuía origem na escravização da alma, mas se tornava ato infracional ao perturbar as relações de propriedade. Combatê-la exigia agir no ponto certo: na materialidade, na gestão dos bens e da terra. "Para que cesse o ímpeto insolente destas pessoas", o sínodo de 1046 proibiu que as posses eclesiásticas fossem envolvidas em contratos fundiários, como *livellos*, precárias ou permutas. "A não ser que tenham ocorrido para o benefício das igrejas", esclarecia o texto, tais práticas fariam jus à pena de excomunhão. Nas restrições temporais, a pedagogia do eterno: determinando como se poderia ser dono de algo pertencente à Igreja se educava espíritos para a salvação. Coibir o envolvimento de terras eclesiásticas em contratos rurais era parte da "luta enérgica e total travada por Henrique III contra a simonia" – conforme os termos de Tellenbach. Preservar a unidade patrimonial do clero era conservar a liberdade da Igreja (TELLENBACH, 1977, p. 30. • SILVA, 2014, p. 109-134).

As palavras que Glaber faz ecoar da boca do rei, provavelmente, nunca foram ditas. Não há outros registros acerca delas. O próprio cronista não as presenciou. E ainda que ele as tivesse ouvido, não é prudente confiar nesse "monge estranho, que confunde as datas e a sucessão dos acontecimentos, que mescla a lenda com a história" – alertam os eruditos há séculos (BARTHÉLEMY, 2005, p. 33). Mas nada disso é razão para descartá-lo. Mesmo duvidosos, ainda que imprecisos quanto aos fatos, os livros escritos por esse cronista de imaginação inesgotável registraram certos modos de perceber o mundo. A própria maneira de pensar atribuída a Henrique III condiz com os padrões de governo dos sálios. O discurso provavelmente fantasiado expressa uma visão política, a de que a "liberdade da Igreja" era encarada pela própria realeza como uma atribuição singular e um pré-requisito para o papel de imperador. A visão esta lá, ao longo de todo o relato. Mas em certos trechos ela emerge com uma clareza cintilante. Trechos como a passagem em que Henrique aparece dizendo: "assim como o Senhor me concedeu a coroa imperial por um dom gratuito de misericórdia, eu, igualmente, realizarei gratuitamente tudo o que pertence à sua religião". Liderar a luta contra a heresia era agir como imperador, mesmo sem ter sido coroado. Num reino como o itálico, onde prerrogativas públicas estavam concentradas em mãos episcopais, o exercício do governo imperial ocorria como ação reformadora, como defesa da ordem eclesiástica. E isto não era fábula de cronista, mas algo sobejamente documentado (RAUL GLABER. Historiarum libri quinque. *PL*, 142, p. 697-698. Cf. tb. HILL JR., 1972, p. 61-69. • REUTER, 2006, p. 355-412. • WEINFURTER, 1999, p. 85-111).

O rei cristianíssimo da narrativa, o homem que surge em Pávia expiando a memória do próprio pai, admitindo os males que ele causara às igrejas, não é um perfil biográfico ou um retrato psicológico. É um símbolo, uma metáfora, alegoria. Henrique é a representação de uma relação de dependência mútua. Através dele, de sua personalidade e de seus gestos, fazia-se presente esta realidade: bispos e imperadores eram imprescindíveis uns aos outros. O patrimônio detido pelos eclesiásticos estava em risco fora da sombra protetora oferecida pela autoridade imperial; o governo reivindicado pelos augustos monarcas ruiria como um castelo de cartas sem o apoio episcopal. A severidade que o cronista atribui ao rei durante o sínodo é menos um traço de temperamento do que uma medida da intensidade dessa relação, do quanto ela se tornara crucial, grave, politicamente visceral. O paralelismo desenhado na narrativa é forte evidência neste sentido. Para vê-lo melhor é preciso reunir a sequência das cenas. Então, façamos pausa. Retrocedamos. Eis o enredo. Primeiro, Henrique reconhece o pai, o falecido imperador, como avarento. Em seguida, afirma que o latrocínio espiritual se espalhou entre as ordens sagradas feito poeira ao vento. Um clamor por correção, punição. O plenário reage. Um decreto de excomunhão é promulgado. O rei se compromete a zelar para que tudo transcorra na religião à semelhança de sua coroação, isto é, gratuitamente. "Assim o desejo e, se vos agrada, que vós façais de maneira idêntica" – tais palavras teriam selado o pacto com os homens repreendidos como "malditos" poucos instantes antes. Vista em conjunto, a história tem dois movimentos. Ato um: o sínodo é inaugurado como fardo, assembleia de um clero simoníaco que contava com a leniência do falecido rei simoníaco. Ato dois: o sínodo é encerrado como promessa, comunhão de um clero arrependido que se empenha no caminho de um novo e virtuoso rei. Aí está! Um clero corrompido estava para Conrado como uma Igreja livre estaria para Henrique. Eis o paralelismo. E, através dele, a mensagem: bispos e imperador estavam atados ao mesmo destino, na graça e na desgraça. Portanto, imaginada ou não, fictícia ou não, a fala que teria estalado no ar, chicoteando as consciências de quem estava presente no Sínodo de Pávia, é uma prova histórica: o indício robusto da interdependência política entre duas forças políticas, episcopado e monarquia (RAUL GLABER. Historiarum libri quinque. *PL*, 142, p. 697-698).

Encerrado o sínodo geral, Henrique seguiu para Piacenza, onde receberia Gregório VI num encontro que trataria dos preparativos finais para a coroação. Mas Sua Santidade trouxe consigo uma companhia inesperada. Um rumor havia viajado com a comitiva papal. Era um murmúrio terrível, de aparência aterradora: "o pontífice é um simoníaco", dizia-se. O espectro da simonia acompanhava o bispo romano. Como sombra indesejada, a silhueta daquele delito seguia os passos do papa. Seguiu-o até Piacenza e participou do encontro – isto é, o rei foi informado com antecedência sobre a acusação de simonia que pairava sobre o pontífice. Apesar da companhia inquietante, tudo transcorreu sem incidentes. Henrique e Gregório trocaram o beijo da paz. Rezaram juntos. Mas o incômodo visitante não tomou o caminho de volta. Não partiu para Roma. Permaneceu na cidade, cochichando temores nos ouvidos do rei: a coroa seria recebida de um simoníaco? Não é maldito o governo que vem ao mundo manchado por tal vício? Para uma corte que agia como guardiã das normas e dos cânones eclesiásticos, um "sim" para tais perguntas significaria grave ameaça política. A razão havia sido demonstrada em Pávia: a autoridade para corrigir assuntos da Igreja era a pedra angular do governo imperial. Sem ela, o comando sobre os três reinos seria exposto à dúvida corrosiva, a desconfiança mordaz de ser cúmplice de um ladrão de dons divinos. Ao invés de auréola do guardião da vontade de Deus, a coroa seria a grinalda de um comparsa num crime espiritual. Sem tempo a perder! "Henrique tinha que estar absolutamente certo de que a integridade do papa que o coroaria imperador estava além da reprovação", como bem percebeu Weinfurter. Tomada pela urgência, a corte iniciou um escrutínio sobre o que ocorria em Roma. Fatidicamente, as notícias chegaram rápido. Gregório estava metido em uma trama perturbadora, um enredo de rebelião, tratos escusos, parentes e muito dinheiro. Os rumores se confirmaram. A sombra do papa era real (WEINFURTER, 1999, p. 90).

A história já havia corrido a península. Há décadas, dois clãs se engalfinhavam pelo governo sobre os romanos. A disputa se instalou sob o sol em 1012, quando o emaranhado de famílias ligadas pelo nome *Crescenti* foi apeado do poder pelos Tusculanos. Eram dias de maio, quando homens do conde de Túsculo puseram em fuga a maioria dos senadores, os sustentáculos da supremacia daquela parentela interminável. Cerca de cinquenta anos de domínio foram interrompidos. Nada semelhante ocorrera nas últimas décadas. Nem mesmo quando Oto III liquidou a rebelião liderada pelo *patricius* Crescêncio em meados de 990. O clã recuperou as posições e as punições eram lembradas como breve parênteses na história daquela gente. Não dessa vez. A ascensão dos Tusculanos não foi uma reles substituição de nomes e genealogias. Ela mudou a vida política. Ao *patricius* e ao senado foi exigida a renúncia definitiva às atribuições. A cunhagem da moeda, o patrulhamento das muralhas, o controle sobre o uso das estradas e do Rio Tibre, a subordinação dos juízes, a tributação de peregrinos e dos arredores rurais: tudo foi removido daqueles títulos que lembravam um longínquo passado romano e transferido para o palácio pontifício. Somente lá se decidiria sobre tais questões ou quaisquer outras relativas aos costumes locais. Desde aquele mês de maio, todo o governo urbano refluíra para o interior do papado e quem cruzava as ruidosas portas de bronze que davam acesso à Sua Santidade se deparava com um nicho de parentes e vassalos do conde de Túsculo. Eles estavam por toda parte, a começar pela cadeira onde um dia se sentara um apóstolo de Cristo: em 1012, Teofilácto, o filho do conde, sentou-se nela como Bento VIII. Doze anos depois, foi a vez do irmão ocupá-la como João XIX. Em 1032, ela foi assegurada a um sobrinho, que adotou o nome de Bento IX. A concentração de poderes foi o mecanismo central de criação de um "papado familiar". A identificação da autoridade pontifícia com um clã criou uma simbiose duradoura. Ambos, papado e família, eram fortalecidos. As vastas rendas apostólicas somavam-se ao poderio militar de conde, a autoridade do sagrado à hegemonia do magnata, gerando recursos materiais e simbólicos em escala suficiente para neutralizar os antagonistas. A partilha de poderes entre o bispo, o *patricius* e os senadores foi extinta.

A regra de ouro se impôs: na política romana, só havia lugar para um, para aquele que chegava a papa. A coexistência entre as famílias deu lugar a uma concorrência acirrada pelo controle da autoridade apostólica, centro que ordenava a economia dos poderes locais. À medida que os Tusculanos o ocupavam, as outras linhagens permaneciam estacionadas nas margens da obediência, honra e governança. Cada década de outros "Bentos" e "Joões" como príncipes da Igreja era, para o restante da aristocracia, uma década a mais vivida em contraste: como magnatas da terra reduzidos a vozes politicamente irrelevantes. Os títulos de *praticius*, senador ou juiz já não soavam como antes, não inspiravam reverência, eram símbolos palpáveis do declínio dos senhores da terra. Que, todavia, permaneciam como tal. Rebaixados politicamente, mas não socialmente, eles persistiam como a elite, mantinham a propriedade sobre horizontes largos e a dominação sobre as populações. Elite alijada dos espaços públicos, ressentida, afrontada, mas dotada de meios para contragolpear e reabrir a disputa pela hegemonia. O "papado familiar" não deu início a uma espécie de monopólio dos poderes, mas a uma disputa latente, a uma competição ensurdecida. As rivalidades não cessaram. Ao contrário. A escassez de posições de poder intensificou-as. As ambições de toda elite passaram a convergir numa só direção, para um mesmo ponto de escape, o único lugar onde encontrariam plena vazão: o papado. Porém, o controle tusculano sobre a Sé as impedia de avançar. Mas elas continuavam a jorrar, em fluxo contínuo. Sem escoamento, foram represadas e seu volume cresceu ano a ano. Um acúmulo tão grande de hostilidades, que o rompimento da represa seria inevitável. A inevitabilidade chegou em 1044.

Em setembro, os romanos se rebelaram. Uma gritaria tomou as ruas. Com armas em punho, uma multidão tomou o rumo do palácio apostólico, exigindo a cabeça do pontífice. De longe, nos arredores da residência episcopal, se ouvia os urros de "matem o papa!", que se alastravam céu afora, feito labaredas infladas pelo ar quente do fim do verão. Alertado, Bento IX fugiu em busca de um dos castelos de sua família. O evento que detonou a fúria dos citadinos é um mistério. Os registros são vagos. Alguns dos mais importantes textos do período só mencionam isto: após doze anos de pontificado, um impreciso "povo romano" (*populus romanus*) pegou em armas contra seu bispo. Este é o caso dos *Annales Romani* e dos manuscritos preservados na Abadia de Farfa. Por sua vez, certo Herman, um religioso que reunia em pergaminho as notícias que chegavam ao distante Mosteiro de Reichenau, diz que os romanos estavam escandalizados com a reputação criminosa de Bento, mas não detalha os delitos do "criminoso". Demorou quarenta anos até o bispo de Sutri, um homem chamado Bonizo, atribuir feitos à fama: Sua Santidade era culpada de cometer adultérios e homicídios com as próprias mãos. Qualquer que tenha sido o fato que ateou fogo à revolta, ele decorria da rivalidade aristocrática represada há décadas. O levante contra o terceiro papa tusculano não era um acontecimento isolado, mas o recente capítulo de um estado de conflito social que prevalecia entre as elites. Enraizada em antagonismos profundos, a luta se espalhou rapidamente (HERMAN DE REICHENAU. Chronicon. *MGH SS*, 5, p. 125-126. • Annales Romani. *Liber Pontificalis*, 2, p. 331-332. • BONIZO DE SUTRI. Liber ad Amicum. *MGH Ldl*, 1, p. 586-589. • Annales Altahenses. *MGH SS rer. Germ.*, 4, p. 42. • BÖHMER-FRECH, 2006, p. 184-189).

Uma parcela da elite se pronunciou pelo expulso. Os senhores do Trastevere, uma área no outro lado do Tibre, se opuseram à revolta. As consequências surgiram rápido. Em dezembro o lugar estava sitiado pelos adversários do papa. E como costumava ocorrer em cercos, a guerra entrou em compasso de caracol. Separados pelo espelho d'água fluvial, os grupos se encararam por semanas. Aqui e acolá, pequenos bandos se desgarravam do corpo da tropa e lançavam ataques furtivos à outra margem. Sem efeito duradouro. Escaramuças e incursões isoladas se repetiam, varando apenas o juízo e a paciência. Era janeiro. Relatos sobre emboscadas passavam de mão em mão em pleno inverno. Ao longo das margens do rio, o ar úmido pesava no gemido dos feridos. Ao amanhecer, corpos eram encontrados. O cerco prosseguia. Finalmente, as massas de guerreiros se movimentaram para a batalha. No sétimo dia do ano, os rebelados tombaram vencidos: os trasteverinos foram socorridos por cavaleiros de Túsculo, que chegaram do interior – "das colinas", dizem os *Annales Romani* – liderados pelo Conde Geraldo de Saxo. Bento assistiu toda a batalha. De longe, escoltado, ele testemunhou a debandada dos adversários. Em seguida, ele cruzou o rio e reconquistou o interior urbano. A vitória, contudo, não estancou a torrente de oposição. Três dias depois, os insurretos elegeram um novo papa: João, bispo da Sabina, foi então aclamado Silvestre III. Vencidos, os "romanos" tentavam assegurar que o poder mudasse de mãos. Ainda que militarmente derrotada, a revolta substituiria o tusculano no topo do governo. E conseguiu! –

por quarenta e nove dias: foi quanto durou o pontificado do "anti-Bento". Com as tropas do Conde Geraldo controlando a maior parte da cidade, a permanência de Silvestre tornou-se insustentável. Ele fugiu e aquartelou-se em sua antiga igreja. Da Sabina, ele continuou a proclamar-se o verdadeiro sucessor pontifício, injustamente expulso. A sorte do adversário não foi melhor. A revolta não se dissolveu, não houve rendição, a mobilização prosseguiu. Em maio, incapaz de governar uma cidade dividida, Bento agiu. Decidiu seguir o conselho de um ancião, Graciano, o respeitável "arcipreste de São João" e aceitou uma vultosa soma de dinheiro para renunciar ao papado. O ancião providenciou o pagamento e, dias depois, foi aclamado pontífice. Era Gregório VI (Annales Romani. *Liber Pontificalis* 2, p. 331. • HERMAN DE REICHNAU. Chronicon. *MGH SS*, 5, p. 125. • BONIZO DE SUTRI. Liber ad amicum. *MGH Ldl*, 1, p. 584. • BENO. Gesta Romanae Ecclesiae contra Hildebrandum. *MGH Ldl*, 2, p. 378-379. • ANNALES ALTANENSES. *MGH SS rer. Germ.*, 4, p. 42. • DESIDÉRIO DE MONTECASSINO. Dialogi. *MGH SS*, 30, p. 1.141-1.142. • BÖHMER-FRECH, 2006, p. 173, 190-208. • BORINO, 1916, p. 177-181).

A história era um emaranhado de impasses, excomunhões e hostilidades. Em maio de 1045, dois prelados se diziam papas – Gregório em Roma e Silvestre na Sabina. Alguns meses depois, o número subiu para três: Bento reapareceu, exigindo de volta as chaves do reino dos céus. Para a corte sália era um cenário gravíssimo. O monarca vinha tratando da coroação imperial com um simoníaco, um eclesiástico que chegara ao ofício episcopal em meio a uma trama que envolvia laicos, dinheiro, renúncia. Após se inteirar do que ocorria em Roma, a realeza agiu rápido. Pouco após o encontro em Piacenza, Henrique emitiu uma convocatória para novo sínodo, que ocorreria naquele ano, 1046. Do dia 20 de dezembro, em Sutri, distante não mais de 50km de Roma, o rei consultou um novo plenário eclesiástico a respeito do destino dos três pontífices. Bento e Silvestre foram declarados depostos. Gregório, que compareceu ao julgamento, abdicou, reconhecendo-se simoníaco. Os três papas foram removidos. A seguir, dias antes do Natal e já no interior da Cidade Eterna, Henrique assegurou o lugar de São Pedro a um teutônico. Suger, bispo de Bamberg, se tornou "Clemente II" e interrompeu a sucessão de Bentos e Joões. O "papado familiar" estava extinto. Na manhã natalina, em uma basílica atulhada de bispos, Clemente coroou o novo imperador dos romanos. Senhor de três reinos, Henrique III era agora um César, poder universal.

Todavia, os episódios de Sutri e Roma fizeram mais do que projetar um novo papa. Eles catapultaram uma ideia ao primeiro plano dos assuntos do reino. Os sínodos itálicos, a tripla deposição, a entronização de um prelado "d'Além Alpes":

por todo caminho que levou à coroação imperial, a realeza se opôs às ameaças que rondavam a unidade do episcopado. Em 1046, a liberdade da Igreja foi desfraldada como a causa maior da *res publica*.

3

Não exageremos. As cenas ocorridas em Roma e, sobretudo, em Sutri, não devem ser pinceladas com tons extraordinários, incomuns. "Nenhuma transformação espetacular das práticas estabelecidas em Roma e certamente nenhuma reforma radical da Igreja estava sendo contemplada", afinal, a monarquia sália preocupava-se somente com o futuro de sua própria legitimidade – lembrou certa vez um exímio historiador (WEINFURTER, 1999, p. 90). Ao destituir os três papas, os bispos reunidos em Sutri tomaram parte de uma medida reacionária, não de uma iniciativa revolucionária. Eles agiram para conservar a figura do imperador. Emprestaram as vozes para confirmá-la como autoridade imbuída de sagrado, nunca meramente laica, já que investida por Deus do poder para intervir sobre os assuntos espirituais e conduzir a deposição de clérigos corruptos (ENGELBERT, 1999, p. 228-267).

Entretanto, mesmo uma intervenção reacionária pode acarretar mudanças decisivas e com consequências duradouras. Os eventos de dezembro de 1046 provocaram reações do próprio clero. Centenas de quilômetros ao norte das colinas vaticanas, a notícia da tríplice deposição desassossegou um sacerdote. Após ouvi-la, uma pergunta passou a arder em seu pensamento: Pode a autoridade imperial dispor da Igreja de Cristo? A resposta encontrada fez do autor um dos mais ruidosos críticos de Henrique III. Não pairam dúvidas de que um bispo mau deve ser deposto. O vigor da ordem eclesiástica se esvai quando atos ilícitos são tolerados ou esquecidos – declarou o sacerdote, sem abrir mão do anonimato. Detestar um prelado perverso é responsabilidade de todos os cristãos, que responderão com suas almas caso não o façam. É dever moral ser intolerante a um bispo ilegítimo. Ele deve ser deposto (De Ordinando Pontifice. *MGH SS Ldl*, 1, p. 8-11).

Mas não por decisão do rei! – rebatia o autor. Essa é uma prerrogativa dos homens investidos no sacerdócio. Em razão da virtude depositada por Cristo unicamente no ofício pastoral, somente eles poderiam investigar, examinar as evidências da culpa e destituir um eclesiástico, agindo sempre em estrita conformidade com as leis dos concílios gerais e as ordens dos Santos Padres. Um rei, até mesmo o imperador, por mais piedoso que seja, foi instituído por Deus neste mundo para lidar com a matéria corpórea, a guerra, a morte, não para instruir as almas no caminho da vida eterna. Manuseando uma educação refinada – obtida, provavelmente, em uma cidade da região da Lorena –, o autor anônimo se abrigava sob cânones de Niceia e de Calcedônia, textos de Leão I e Gregório Magno e a filosofia de Boécio, para pôr sua mirar sobre Henrique: "Onde está escrito que os imperadores são os representantes de Cristo?" E disparava em seguida: "para julgar um bispo, este imperador perverso introduziu testemunhas que", contrariando sua ambição, "provaram que ele não deveria colocar a mão sobre um sacerdote". Era, pois, um homem notoriamente "detestável a Deus", que "não hesitou em depor aquele sobre o qual não possuía sequer permissão para eleger". O imperador era espiritualmente inferior aos clérigos. Embora não tenha causado grande impacto nos anos seguintes à sua redação, em 1047, esse texto anônimo, conhecido como *De Ordinando Pontifice*, pregava em altíssimo som uma ideia inovadora, radical: os reis, entre eles o próprio imperador, não partilhavam o ministério espiritual. Eram laicos. E, como tal, eles também deviam obediência (De Ordinando Pontifice. *MGH SS Ldl*, 1, p. 12-14. • WEINFURTER, 1999, p. 91. • MELVE; 2007, p. 121-164. • VAN ENGEN, 1983, p. 42-46).

O Sínodo de Sutri marcou uma escalada da crítica à sacralidade régia. Mas, ocorreu assim na borda da Gália, entre os teutônicos. Deste lado da cordilheira, o efeito foi outro. No reino itálico, a assembleia abalou a consciência social do clero. Daquele momento em diante, a estreita vinculação entre o interesse familiar e os bispados passou a ser encarada pelo próprio clero local como uma fonte de riscos para a unidade eclesiástica. A destituição dos três homens perversos deu formas mais precisas à convicção de que tal vínculo era, na realidade, uma corrupção, uma violação da ordem eclesiástica. Numa palavra: uma ameaça à liberdade da Igreja. Claro, tais termos não serão encontrados nos documentos – não desta maneira. Essa consciência social não despontaria assim, como a leitura de quem considera a vida um objeto de análise. Esperar que homens do século XI reconhecessem as próprias experiências como um tipo de "vínculo social" é cometer um anacronismo, é atribuir-lhes a mente de outro tempo, ainda distante. Quem o faz acredita em possessão histórica: crê que os corpos de bispos e monges do passado eram habitados pelos espíritos de sociólogos e cientistas políticos do século XX. Não é necessário recorrer a essa superstição. Mesmo sem a linguagem analítica que aprendemos a esperar de casos assim, essa consciência estava lá. Ela foi expressada conforme as possibilidades e os limites impostos pela cultura clerical de então. Sua aparência linguística era a mesma de fórmulas habitais à época, isto é, de temas recorrentes ao discurso eclesiástico e reconhecíveis aos letrados: temas morais. As opiniões sobre os vínculos entre patrimônio episcopal e fortuna familiar não eram veiculadas como reflexões teóricas ou comentários formulados com um vocabulário específico, técnico, mas como juízos sobre a culpa, o pecado, a maldade e a falha espiritual. Uma nova maneira de encarar esta relação social surgiu em meio a tentativas de responder à velha pergunta: onde está a origem do mal que nos assola? (cf MINOIS, 2004, p. 11-85).

Por vezes, novas atitudes coletivas são expressadas através de modos de dizer que pouco têm de inovador; outras posturas perante o mundo passam a fazer sentido através do linguajar rotineiro e circulam como preocupações costumeiras, como assuntos tradicionais. Por vezes, as atitudes coletivas são como vinhos que ganham novo sabor em odres antigos. Portanto, paremos um momento, prepararemos o paladar e saboreemos novamente o óbvio, aquilo que nos parece comum. Afinal, aquilo que se apresenta como comum pode guardar o que é singular, diferente, inédito. No caso dos séculos X e XI, isto significa que é preciso estar atento aos enunciados morais: eles são o recipiente que guarda a consciência social do clero.

Quando se trata dos enunciados morais a respeito do Sínodo de Sutri, poucos temas foram mais recorrentes ou aparentemente consensuais do que a reputação de Bento IX nos círculos eclesiásticos do reino. Todos o repudiavam. As condenações que recaíam sobre ele formulavam uma retórica *ad hominem* sobre o pecado. Dito de outro modo, o terceiro papa tusculano passou a ser modelo de certas falhas, exemplo de certas transgressões, crime em forma humana. Recordá-lo era um exercício pedagógico, uma maneira de instruir ouvintes e leitores sobre como não se comportar. Ele se tornou o arquétipo da simonia. Observe-se a crônica redigida na Abadia de Farfa. Na menção à sublevação dos romanos, o texto assumiu voz passiva: Bento, "conhecido como Teofiláctó, foi expulso do pontificado". O sujeito da ação está oculto. Ao tratar da simonia, a enunciação muda. Agora, o nome do tusculano é o sujeito inequívoco da frase. Ele já não é passivamente movido pelo verbo: Bento, "após um mês, vendeu o papado". Esses fragmentos fugidios, quase banais, sugerem uma hierarquia de falhas, uma classificação de violações conforme diferentes origens: a expulsão era um movimento exterior ao indivíduo, algo que o atingiu e se impôs sobre sua vida; já a venda do bispado era uma consumação da *sua* vontade, *sua* decisão. A simonia carregava a marca pessoal de Bento IX, era o mal que lhe habitava as veias. Se a origem da revolta era vaga, incerta, nenhuma dúvida pairava sobre a simonia, o fruto amargo que brotara da avareza do papa tusculano (GREGORIO DE CATINO. *Chronicon Farfense*, 2, 1903, p. 244).

Mas esta personalização do pecado – essa espécie de retórica óbvia, previsível, já característica dos textos de então – recobre uma ruptura intrigante. Ou melhor, ela oculta o fato de ser uma guinada. Essa reputação de imoralidade era uma narrativa recente, brusca, surgida após o Sínodo de Sutri. Antes da assembleia, Bento IX não era a figura-tipo de um pecado. Ao contrário. Era o detentor de uma autoridade legítima. Ele governava a Igreja de Roma há doze anos. Durante todo este tempo, não se escreveu sobre ele como um teorema ambulante da simonia. Nenhum discurso dessa ordem circulou em abril de 1038, quando ele excomungou o arcebispo de Milão, fazendo descer a espada espiritual sobre um clérigo que resistia ao cerco de Conrado II. Tampouco o sucessor imperial, o próprio Henrique III, agia como se lidasse com o "papa maldito". Quando o tusculano lançou um anátema contra o duque da Boêmia e outro sobre aristocratas húngaros, em 1040 e 1041, a corte não julgou as decisões espiritualmente nulas: acalentou-as como provas de que a santa religião estava em jogo na guerra que o monarca travava contra ambos. As palavras ditas por aquele bispo de Roma não eram máscaras do pecado, mas o próprio rosto da verdade: assim pensaram os vintes e três bispos e a multidão de abades da Gália enquanto o ouviam atentamente em outubro de 1040, quando Bento viajou até Marselha, para consagrar a São Vítor a igreja da monumental abadia existente na cidade. Receberam-no como intérprete da verdade divina. Assim ocorreu também quando ele declarou que um asceta recentemente morto em Trèves já se encontrava à direita de Deus, pois era santo quando faleceu. Ou quando Bento enviou clérigos romanos a Ingelheim, incumbindo-os de abençoar as núpcias entre Henrique III e Inês de Poitou, dissipando a suspeita de que o parentesco entre os cônjuges violava leis da Igreja. Ou ainda noutro momento solene: quando ele ergueu a voz no concílio romano de 1042 e assegurou que a alma do Patriarca Poppo de Aquileia vagava desgraçadamente pelo Além, impedida por Deus de ingressar no paraíso em razão da invasão das terras do Grado (Gesta Treverorum. *MGH SS*, 8, p. 177. • Annales Magdeburgenses. *MGH SS*, 16, p. 171. • Annales Hildesheimenses. *MGH SS Rer. Germ.*, 8, p. 22-29, 42. • COSMA. Chronica Boemorum. *MGH SS*, 9, p. 67-72. • HERMAN DE REICHENAU. Chronicon. *MGH SS*, 5, p. 123. • Annales Altahenses. *MGH SS rer. Germ.*, 4, p. 36. • BENTO IX. Bulla Canonizationis Sancti Simeoni reclusi Trevirensis. *PL*, 141, p. 1.360. • De Ordinando Pontifice. *MGH Ldl*, 1, p. 15. • DAVIDSOHN, 1896, p. 17-18. • JAFFÉ, 1885, 1: 521).

Do período anterior à revolta são conhecidos ao menos cento e dois atos formais do pontífice. As decisões envolveram diretamente dois imperadores, três reis, quatro condes e duques, dois patriarcas, dez arcebispos, vinte e um bispos, dezessete abades. Muitos foram favorecidos. Permissões, isenções e bênçãos foram enviadas até Navarra, Dalmácia, Anjou, Besançon, Canterbuy, Cluny, Fulda, Amalfi, Hamburgo, Montecassino. Por doze anos, o papa presidiu concílios, canonizou vidas, consagrou bens, confirmou relíquias, empossou prelados, defendeu igrejas. Após Sutri, tudo mudou. O nome "Bento IX" caiu em desgraça. "Bendito apenas no nome, não nas obras" – lembraria Desidério, abade de Montecassino, uma das muitas abadias que detinham privilégios selados com as iniciais daquele pontífice. "Este homem foi escândalo para a fé", dizia-se de Verona a Salerno. As décadas passaram e a maneira de lembrá-lo tornou-se ainda mais sombria. Nos anos de 1090, Bonizo, um bispo de Sutri, o recordaria como um depravado que se entregou à simonia e ao assassinato até o dia em que abandonou o bispado para desposar uma sobrinha. Em Roma, a lembrança era um amálgama de indignação, trauma e tabu. Recordação a ser apagada, removida. Um caso de *damnatio memoriae*, "condenação da memória". Lá, dizia-se que ele vivera com o juízo incendiado pela luxúria, pecado que o fazia sucumbir às piores tentações: Bento praticava a magia e oferecia sacrifícios a demônios em troca de controle sobre os corpos femininos – a afirmação partiu do Cardeal Beno de Alba (DESIDERIO DE MONTECASSINO. Dialogi. *PL*, 149, p. 1.001. • BENO DE ALBA. Gesta Romanae aecclesiae contra Hildebrandum. *MGH Ldl*, 2, p. 376. • BONIZO DE SUTRI. Liber Ad Amicum. *MGH Ldl*, 1, p. 584-586. • BÖHMER-FRECH, 2006, p. 118-185. Cf. tb. BORINO,1916, p. 175).

Uma degradação moral tão brusca quanto duradoura. Perpetuada por gerações de clérigos, ela foi ampliada e detalhada; nunca contestada. Foi um caso único entre os outros protagonistas dos eventos de 1046. Por volta de 1100, Silvestre III, o bispo da Sabina, não passava de um grão de lembrança: as referências a ele se tornaram tão fugidias e pontuais, que desapareciam antes mesmo de arrancar algum juízo substancial do cronista. Gregório VI, por sua vez, foi reabilitado. Simoníaco confesso, banido pelo rei e exilado em Colônia, o arcipreste idoso era lembrado como um homem penitente e expurgado de qualquer culpa. Nem mesmo a imagem de Henrique III escapou ao toque do tempo. No final do século, sua reputação de justo protetor da Igreja – alardeada por seus contemporâneos itálicos – havia desbotado: "o veredito sobre seus feitos mudou da aclamação para a condenação, até que, finalmente, por volta de 1200 ele era visto como herético", conforme concluiu um dos mais conhecidos historiadores do papado. Por que o tusculano foi capturado por uma reputação inalterável, invencível? Por que mais de uma década de governo foi enfronhada no interior dessa fama sinistra? Em suma: Que particularidade causou e alimentou esta caracterização peculiar? (SCHIMMELPFENNING, 1992, p. 130-131).

Pois se trata disso, de uma particularidade. De fato, há uma. Não se trata da simonia ou da promiscuidade. Essas são caracterizações genéricas, imprecisas. Cada uma delas era uma "hidra de muitas cabeças, que poderia cobrir uma multidão de pecados e passar por diversas transformações", como bem viu Uta-Renate Blumenthal. Bento foi, efetivamente, o protagonista de uma ocorrência singular, historicamente precisa: a divisão da Sé Romana por forças aristocráticas. Os terríveis aspectos morais enunciados a seu respeito cumpriam a função de responsabilizarem-no pela eclosão da rivalidade entre *Crescenti* e Tusculanos, que explodiu em 1044. O conflito, aliás, não foi vivido ou relatado entre os itálicos como "luta social" ou mesmo "guerra civil", mas como uma contínua violação da ordem eclesial, causada pela existência de Bento, o papa que não passava de um pecador indômito, homem de mente maléfica, escravo do pecado (BLUMENTHAL, 1998, p. 239-240).

Damnatio memoriae, condenação da memória: fardo da maneira de memorizar. Por décadas, os eclesiásticos recordaram a crise buscando o mesmo ponto de referência para o qual se voltavam quando lembravam a prosperidade. Eles recordaram as desavenças assim como rememoravam a união: responsabilizando o detentor do papado. Entre os cardeais de Roma ou os monges de Montecassino, as elites clericais assimilaram a realidade conforme a cultura da época. Elas apreenderam o conflito do mesmo modo como conservavam ideias sobre a vida, o homem e a fé: moralmente. Bento era o culpado. Nele deveria ser buscado o pecado original que trouxera o caos a Roma. Embora o terceiro "papa dinástico" fosse tão aristocrático quanto os predecessores, ele, somente ele, era papa quando a rivalidade entre *Crescenti* e Tusculanos estourou e mandou pelos ares a unidade da Sé Apostólica. Por isso as gerações eclesiásticas não cessaram de acusá-lo, de multiplicar-lhe as falhas. A ambição simoníaca, a depravação sexual, a juventude leviana, a perversão satânica eram temas que atendiam a uma exigência cultural: expressar a culpa pessoal pela fragmentação da ordem eclesial. A culpa era medida da causa. Sem um culpado, o grave conflito não teria origem, não faria sentido. Não seria injustiça, provação ou castigo, mas um toque de caos, golpe do aleatório, lance do incomensurável. Cultivando essa memória, eles o desvendavam, traziam à luz do conhecimento, onde todos poderia repudiá-lo.

Perpetuada, recriada e multiplicada, a reputação de "príncipe maldito" expressava uma consciência singular. É um registro da percepção coletiva sobre os efeitos do domínio familiar sobre a unidade do patrimônio eclesiástico. A fama arrepiante cimentada ao redor de Bento era a própria consciência sobre a liberdade da Igreja. Tal tomada de consciência era um processo já em curso em diferentes pontos da península. Cádalo o protagonizou em Verona, quando tratou os parentes como ameaças ao mosteiro recentemente fundado. Mas o relato do que ocorreu em Roma – a Igreja dos apóstolos transformada em um monstruoso corpo dotado de três cabeças – galvanizou este processo, acelerou-o. Numa palavra, aquele episódio mudou a opinião de uma parcela crescente de bispos e monges sobre a junção das lideranças eclesiástica e laica numa única pessoa. Essa convergência de papéis passou a ser encarada como violação da disciplina e da pureza eclesiástica, porque borrava as linhas que identificavam a unidade patrimonial de uma igreja ou uma abadia. Quando um bispo servia a dois senhores – à fortuna de sua linhagem e ao cuidado das almas – ele pervertia o ofício pastoral do qual foi investido. Pois ele o dividia, dilapidava e oferecia, pedaço a pedaço, a interesses diversos, muitas vezes profanos. Tal prelado era maligno, devia ser combatido e banido. Eis a santa obra que o "invencível senhor imperador" realizou em Sutri! Era o que assegurava um prior.

Seu nome, Pedro Damião. Esse homem de semblante duro, queixo impecavelmente imberbe, fronte alta, porte esguio e gestos vigorosos liderava o eremitério fundado por um santo nos montes de Fonte Avellana há mais de meio século. Na época do Sínodo de Sutri, o prior tornava-se figura influente. Ele se correspondia com bispos, arcebispos, marqueses. As opiniões que lhe ocorriam no silêncio montanhoso chegavam a eclesiásticos e laicos em Amalfi, Ravenna e Canossa. Em uma dessas cartas de latim desenvolto, Damião assegurou ao clero papal: graças à tripla deposição, "a Sé Apostólica foi retirada das trevas e dirigida à luz" (PEDRO DAMIÃO. Epistola 26. *MGH Briefe d. dt. Kaiserzeit*, 1, p. 241. Cf. tb. LAQUA, 1972, p. 279-290. • BOVO, 2012. • BOVO, 2014, p. 179-203).

Aos olhos de Damião, Henrique era um novo Davi. Ele afastava os "bispos maus" e os impedia de se apossar da esposa de Cristo, a Igreja. Por isso, o prior saudou com furor a notícia de que o monarca continuava agindo como em Sutri. Em maio daquele mesmo ano, 1046, Henrique depôs o arcebispo de Ravenna. Era Widger, o prelado que, provavelmente, consagrara Cádalo como bispo de Parma. Um homem amaldiçoado – sentenciava Damião em uma carta enviada à corte. Pois ele não zelava pela propriedade da Igreja. Na realidade, era seu maior dilapidador. Ele era o maior responsável por empobrecer os mosteiros de sua província, pois se apoderava de rendas e saqueava terras; sequer hesitou ao oferecê-las às gentes daquele lugar para que intercedessem contra sua deposição. "Obviamente", conclui o prior, "os raptores seculares que buscam os bens da Igreja anseiam por um bispo tal, que não se oponha às suas rapinas". Widger era como Bento IX. Era um homem que punha em risco a integridade material da ordem eclesiástica. Uma ameaça viva à liberdade da Igreja. O vocabulário empregado pelo prior é marcante neste sentido. "Com lágrimas nos olhos, me lanço a vossos pés", está escrito em outra carta dirigida ao arcebispo cerca de dois anos antes, "e imploro à santa piedade que habita em vosso ser para que consideres seriamente cessar o flagelo aplicado nesta sina de perseguições" (PEDRO DAMIÃO. Epistolas 7, 20. *MGH Briefe d. dt. Kaiserzeit*, 1, p. 115-117, 202. • BOVO, 2015, p. 263-285).

Arrebatar bens clericais é perseguir uma Igreja. O prior não falava de "perseguição" como os antigos Pais da Igreja. Basta lembrar Agostinho de Hipona: perdas temporais não trazem prejuízo à integridade da fé. Os bens deste mundo são fontes de incessantes aflições – assegurava o bispo africano. Quando a consciência se apega à riqueza material, o espírito cai em armadilha e é arrastado para o precipício da morte. Por isso, um cristão de piedade sincera e coração simples reencontrava o sentido da fé até mesmo nas torturas. Aquele que prefere sofrer a entregar seus bens, não é um bom cristão – dizia Agostinho. Já aquele que acolhe a perda da riqueza e se desapega das posses é merecedor de recompensas celestiais. Afinal, "na tortura ninguém perdeu Jesus Cristo, confessando Jesus Cristo, ninguém salvou ouro, senão negando o ouro". Eis o ensinamento: "ensinando a amar bens incorruptíveis, as torturas lhes eram – quem o sabe? – mais úteis que os bens" (AGOSTINHO DE HIPONA. *De Civitate Dei, Libri XXII*, 1991, p. 13-14).

Não no século XI. Na época do prior Damião, tais ideias eram veneradas, mas nem sempre praticadas. As condutas eclesiásticas eram guiadas por outra consciência a respeito das "perseguições". Instalada no espaço, materializada em propriedades e rendas, a Igreja se "petrificara". Purificados através de ritos sagrados, os monumentos, as terras e as posses eram receptáculos da presença divina. O Deus que criou o universo habitava os santuários produzidos por mãos humanas, nisso acreditavam parcelas crescentes do clero da época. A Igreja, a comunidade espiritual nascida com o Evangelho, estava contida em cada uma das muitas igrejas esparramadas mundo afora, nas edificações talhadas em pedra, erguidas com suor e argamassa. A sociedade da salvação monumentalizou-se, se tornou indissociável das bases patrimoniais adquiridas ao longo do tempo. A salvação se apegara à riqueza material. Quem destruía bens eclesiásticos oprimia a obra fundada por Cristo (IOGNA-PRAT, 2006, p. 259-315).

E como tal deveria ser combatido. Nos anos de 1040, a "perseguição à Igreja" era uma justificativa para a luta, ao enfrentamento sem tréguas. Uma lógica beligerante, militarista, delineava os comportamentos esperados do próprio clero da época. "Enquanto o dragão da Simonia, após reunir exércitos de miseráveis traficantes dos bens eclesiásticos, vomita para fora o seu veneno", leu certo arcebispo em uma carta enviada por Pedro Damião, "vós sois quase a única exceção a permanecer imaculada e invicta". O prior havia escrito estas linhas por volta de 1043 para um conhecido. Além de tê-lo ordenado sacerdote, o destinatário era notório pela conduta austera, por impor uma estrita obediência à palavra dos Santos Padres. Seu nome era Gebeardo. Era um prelado exemplar, rigoroso e justo, ou, segundo os termos empregados pelo remetente, um guerreiro da fé: "sois um cavaleiro de Cristo, que perfura a garganta da maléfica besta [da simonia] com a lança de Pedro. Entre os esforços de vossa santidade", explicava Damião, "é sobremaneira caro a mim aquele através do qual manténs uma vigilância de pastor sobre o bem-estar dos monges e graças ao qual vós não cessais de revelar suas enfermidades ou de extraí-las com as lâminas da disciplina". O texto segue, as metáforas bélicas se multiplicam. Deste ponto em diante, uma invocação à guerra salta das palavras habilmente escolhidas: "venha, pois, cavaleiro de Cristo, e empunhais bravamente vossa força e, com a prudência adequada, luteis contra as armadilhas maléficas. Matai a avareza, pisoteai o orgulho, erguei os decaídos". Agindo dessa maneira, "guardando vossa integridade sob os escudos das santas virtudes", que "possais defender incontáveis outros contra os ataques do antigo inimigo" e conservar vossa "Igreja livre de toda contaminação imunda" (PEDRO DAMIÃO. Epistola 3. *MGH Briefe d. dt. Kaiserzeit*, 1, p. 107).

Exércitos, lanças, lâminas, escudos, ataques. As palavras eram sacadas por Damião como figuras de linguagem, não em sentido literal. Todas eram metáforas desenhadas com perícia retórica. A carta era uma exortação moral. Foi redigida para emprestar novo ânimo ao arcebispo, encorajá-lo a persistir na tarefa diária de advertir e disciplinar quem infringia certos princípios. A página não parece ter sido escrita para instá-lo a percorrer a diocese e, trajado para batalha, intimidar fisicamente padres e monges pecadores. As armas exaltadas no texto eram dons espirituais: a obediência silenciosa, o domínio de si, a perseverança na justiça. Os adversários, alegorias: ninguém via o dragão da simonia ou se descobria cara a cara com a avareza; todos eram capazes de reconhecer e sentir suas presenças. Tudo nesse vocabulário era estratégia de orador. Contudo, uma carta como esta revela algo mais. Algo que aproximava padres e cavaleiros, algo que estava presente no comportamento de ambos. "Conservar a Igreja livre" e "pôr fim às perseguições" eram temas de uma espiritualidade da ação, de engajamento no mundo (cf. BOVO, 2015, p. 263-285).

A contemplação não bastava. A entrega a uma espera paciente, à certeza de que os maus seriam punidos e as reparações impostas conforme o misterioso desígnio divino, não era suficiente. Durante o século XI, a lógica dos bispos guerreiros ditava como lidar com as "perseguições": cabe à própria ordem eclesiástica cooperar com a Providência celestial na reparação desta injustiça. Limitar-se a "suportá-las gloriosamente", como aconselhava o bispo de Roma Clemente, mil anos atrás, era tornar-se cúmplice dos sofrimentos impostos por homens iníquos. Mesmo um monge como Pedro Damião – alguém que se dizia morto para o mundo desde o dia que ingressara no claustro – exigia que os clérigos se lançassem à ação em casos assim. "Nós verdadeiramente esperávamos que fosses tu o que redimisse Israel", escreveu o prior a Clemente II, em abril de 1047, lamentando a inércia do pontífice entronizado pelo imperador ao expurgar Israel – isto é, a comunidade que peregrina para a salvação, a Igreja – dos "bispos perversos". O zelo militante tomava o lugar da expectativa evangélica quando se tratava da liberdade eclesiástica. Defendê-la era mandamento, uma obrigação a ser cumprida nesta terra, aqui e agora. Agir com eficiência contra um Bento IX era preceito de fé. Não se engajar para "restabelecer a justiça e aplicar a força da disciplina eclesiástica" era mover-se em sentido oposto. Omitir-se era empenhar-se para que a facção dos iníquos instaurasse o reinado da soberba sobre o mundo, o que privaria os humildes da esperança nas boas obras, concluía o prior de Fonte Avellana. Suas epístolas proporcionam uma medida da abertura das elites eclesiásticas itálicas à ideia de agir diretamente sobre o mundo, de transformá-lo e combatê-lo. Tais cartas indicam uma receptividade cultural ao envolvimento em conflitos e disputas (PEDRO DAMIÃO. Epistola 26. *MGH Briefe d. dt. Kaiserzeit*, 1, p. 242. Cf. tb. CLEMENTE DE ROMA. *Epistola*, 1971. • BOVO, 2015, p. 263-285).

Esta mutação da espiritualidade estava em curso desde o século X. Agora, na época do Sínodo de Sutri, ela acelerava, sendo impulsionada pela reivindicação da liberdade para a Igreja. Isto reafirmava a guerra como um elo sagrado na relação entre os eclesiásticos e o mundo. Ganhando a realidade como a conscientização acerca dos riscos enfrentados toda vez que não se distinguia entre patrimônio eclesial e fortuna familiar, a causa reforçaria a imagem do mundo como uma arena. Ela difundia a percepção de que a unidade dos bens mantidos sob o domínio direto do clero – o cerne dessa ideia de liberdade – estava cercada por ameaças, por forças concorrentes, por laços que semeavam a ambição e a destruição, a começar pela própria linhagem dos bispos e abades. A esperança pela libertação cresceria alimentada pela certeza da opressão. Instalada no espaço, contida em cada edificação que – tal como o mosteiro fundado por Cádalo em 1046 – era consagrada a Deus e seus santos, a Igreja deveria ser mantida a salvo *do* mundo *no* próprio mundo. Não bastava rezar por ela para preservá-la. Era preciso dar um passo à frente e defendê-la das forças predatórias que habitam a terra. Ser pela Igreja implicaria estar disposto a lutar por ela, combater, golpear e batalhar. Como a paz e a comunhão cristã, a liberdade era depositada no altar da guerra.

Retórica da liberdade, realidade da guerra. O emprego da força física estava prestes a se tornar o alfabeto da correta ordem eclesiástica.

6

Diáconos clamam pelo sangue dos sacerdotes casados: a heresia e a luta social pelo emprego sacramental da força

Os seus sacerdotes caíram à espada, e as suas viúvas não fizeram lamentação.

Sl 78,64

1

"Fica assim estabelecido segundo a razão e delimitado conforme a lei", disse o juiz antes de prosseguir à definição dos pagamentos em caso de descumprimento. Contudo, não era preciso ouvir o restante. As palavras pacientemente aguardadas haviam sido proferidas e Cádalo, contrariado, as escutou com uma clareza cortante. Talvez elas não passassem de um palavreado habitual para ouvidos literais. Não era o caso dos homens reunidos ali, em pleno palácio episcopal de Parma, naquele dia outonal. Entre eles, o veredicto árido, quase monótono, ecoou como acorde agudo. As palavras eram sons estridentes. Um observador recém-chegado ao recinto talvez não percebesse. Surdo à acústica da dominação local, ele, quem sabe, não perceberia que a frase simples tocava com um só movimento as cordas de muitos interesses. Composta por mais notações, dizendo mais do que aparentemente dizia, a declaração picou o ar com tom afiado: fica assim estabelecido, senhor bispo, que a razão não é convosco, que vós agis à revelia da lei. A mensagem soava assim, mordente. Cádalo acabava de ser considerado culpado de um ato ilícito.

O motivo da sentença era uma disputa sobre posse de terras. Uma generosa porção de terras, diga-se logo. Quase três dúzias de localidades são mencionadas nos documentos para formar o inventário dos "bens e territórios" cujo destino foi decidido pelo veredicto. A lista chamava ainda mais atenção quando se esclarecia que aqueles trinta lugares dispersos, que salpicavam a paisagem, estavam, na verdade, vinculados a dois castelos, uma capela, uma corte, um bosque. Ou seja, tratava-se não somente de coisas e posses, mas de famílias, grupos, comunidades. Em suma, uma expressiva reserva de poder senhorial. Algum tempo atrás, Cádalo entregou tudo a um aristocrata local, identificado nos registros do julgamento como Odo, filho de Gerardo de Cornazzano. O prelado cedera aquele pedaço do mundo em retribuição aos conselhos e auxílios permanentes de Odo. Era uma prática comum entre a elite peninsular. Tão comum que, séculos depois, os europeus batizaram-na para melhor reconhecê-la. Chamaram-na "laço feudal": os bens e as prerrogativas de exploração assim concedidas tornavam-se um "feudo", a recompensa vitalícia de um vassalo. Mas havia um obstáculo. As terras não eram do bispo – o alarde soou dentro da própria Igreja de Parma. Ao dispor daquelas casas, campos, bosques, riachos, Cádalo pôs a mão sobre os pertences alheios. A concessão era usurpação, a violação dos direitos do legítimo proprietário – foi o que vociferou outra voz eclesiástica. Era o Capítulo da basílica. O próprio clero de Parma desancou a gritaria geral contra o vassalo. Estava instaurada a disputa (REYNOLDS, 1996, p. 1-16. • DAVIS, 2008, p. 23-50).

A tensão persistiu – aparentemente, sem causar incidentes – até o dia 29 de outubro de 1046, quando um enviado da corte, Teutemário, iniciou a audiência que julgaria o caso. No palácio episcopal, sob o teto da residência que o bispo magnificamente reformava, a contestação foi apresentada: "Declaramos e sustentamos nossa propriedade sobre todos os referidos bens [...] fazei-nos justiça!", rogou o advogado em nome dos cônegos. Em seguida, Odo foi ouvido e atestou: detenho as fortalezas como "benefício [concedido] da parte do senhor bispo". A manifestação do vassalo deixava claro que não era ele quem litigava com o Capítulo. Seu envolvimento era a consequência de uma decisão tomada por Cádalo. Esse, sim, o causador da discórdia. Tendo a resposta como bússola, Teutemário se voltou, então, para o norte do conflito. Ele indagou se o prelado podia demonstrar, com segurança, que possuía tais castelos para doá-los. Sem escapatória, "o referido bispo disse e confessou que nenhuma segurança possuía para tal" – reza a ata. O que essa expressão, "com segurança", significava, não está claro. Certo registro escrito? Talvez, já que os cônegos apresentaram ao juiz pergaminhos amarelecidos, carcomidos nas bordas, mas legíveis nos trechos onde se lia que eram os detentores daqueles lugares desde a época do Rei Arnulfo, morto em 889. Ou a expressão aludia a uma testemunha acima de contestações? Difícil saber. Certo é que ela nomeia a insuficiência fatal, provando que Odo havia se apoderado de algo que não lhe pertencia *legalmente*. O emissário, então, ditou a sentença: "em nome de Deus e da alma do senhor rei", as terras e os bens mencionados pertenciam aos cônegos e não podiam ser ocupados por ninguém mais. Sua inviolabilidade foi atestada segundo a razão e delimitada conforme a lei (MANARESI, 1960, vol. 3, p. 140-143. • Diplomas 80 e 82. *DREI*, 1924, vol. 2, p. 132-137. • IRENEO AFFÒ. *Storia dela Città di Parma*, 2, p. 319-321).

Cádalo foi derrotado. A concessão ao vassalo, anulada. E a derrota não era exceção. Era mais um episódio na longa cadeia de evidências sobre os limites da "feudalização" – conforme demonstrou, magistralmente, Giovanni Tabacco. Diferentemente do que ocorria, por exemplo, há algumas léguas de Paris – onde, segundo autores, a concessão do "feudo" se tornara prática soberana, transferindo para o vassalo um poder sem igual –, no reino dos itálicos, outras relações sociais prevaleciam sobre o pacto firmado entre um suserano e seu vassalo. Não que o chamado "laço feudal" fosse minoritário ou desconhecido por lá. Como mencionado há pouco, ele era uma maneira habitual de transmitir vantagens e privilégios entre a elite peninsular. Mas limitá-lo não era incomum. Comparado ao vínculo alodial – este reclamado pelos cônegos e que consistia na propriedade livre e integral sobre um bem –, o "laço feudal" se revelava, amiúde, instável e até mesmo frágil. O episódio vivido por Cádalo ilustra-o de modo emblemático (TABACCO, 2000, p. 15-87. • GUERREAU, 1987, p. 213-258. • DUBY, 1992, p. 87-156. • LAURANSON-ROSAZ, 2000, p. 12-31. BASCHET, 2006, p. 128-142).

Visto de relance, o caso cria a expectativa por um triunfo esmagador da concessão. Afinal, ela estava fundada sobre a autoridade dupla de suserano e bispo – autoridade a que estava subordinado o próprio Capítulo. Uma vez contestada, ela foi levada a um juiz que se instalou no palácio episcopal, ou seja, sob o teto do suserano, entre as paredes de seu salão. E, tão importante quanto, a audiência ocorreu quando Cádalo ostentava *status* elevado: dias antes ele estava em Pávia, somando sua voz à do imperador no sínodo que legislou sobre a Igreja e o reino. O litigante, o lugar, o tempo. Todos, a princípio, subordinados àquele que se apresentava como suserano. Não foi suficiente. A autoridade imperial não se limitava a validar redes de vassalos, não se contentava em confirmar pactos selados no interior dessas teias de interesses senhoriais. Ela as ordenava, redistribuía, restringia e desfazia. Na derrota de Cádalo cumpriu-se uma lógica que prevalecia no reino desde a época em que o primeiro Oto pôs os pés na península. As fidelidades locais se multiplicavam, concessões desse tipo eram praticadas com frequência. Todavia, elas se alastravam como cadeias de poderes que complementavam a voz monárquica. Para vigorar, para perdurar, tais vínculos dependiam da legitimidade assegurada por decisões da realeza. E a realeza havia decidido: o laço entre Cádalo e o homem de Cornazzano era ilegal.

O veredicto que golpeou ouvidos em Parma, no final de 1046, é evidência de algo mais. Atritos como aquele, entre um bispo e seu clero, eram comuns. Mais comuns do que transparece em nossa linguagem. Corriqueiramente, falamos da "elite clerical medieval" assim, no singular. Dizemos que, nos assuntos eclesiásticos, a divisão fundamental era esta que dispunha laicos, de um lado, e clérigos, do outro. Quando se trata do clero, os conflitos sociais são explicados por tal separação, são choques e atritos que ocorrem nessa fronteira. No entanto, um momento. Observe-se esse hábito com atenção redobrada. Ao pensar dessa maneira, fazemos algo mais. Sugerimos, a tiracolo, que as diferenças internas aos "homens da Igreja" eram secundárias, latentes ou inexpressivas; que os eclesiásticos eram um grupo homogêneo, perfeitamente integrado e harmonizado, uma espécie de "ordem social" ou até de uma "classe" unificada pela posse de privilégios patrimoniais.

Os privilégios cravavam desigualdades e divergências duradouras. Consequências que Cádalo conheceu de perto. Nos tempos em que era diácono e, em seguida, *vicedominus* em Verona, ele integrou uma Igreja marcada por um histórico de tensões internas. Durante toda a segunda metade do século X, os cônegos e o bispo agiram como forças concorrentes pelo controle da riqueza agrária, da formação sacerdotal, da hegemonia sobre a população. As notícias que o "clérigo Cádalo" provavelmente ouviu descreviam cenários semelhantes em cidades próximas. A partilha de prerrogativas públicas entre o "reino" e o "sacerdócio" intensificou as rivalidades. Com os otônidas, as concessões se individualizaram ainda mais. Já não eram feitas "à Igreja", entidade muitas vezes genérica, mas a instâncias eclesiásticas bem-definidas. Ora o Capítulo surgia como beneficiário, ora a cúpula do bispado ocupava tal posto. Cada fortaleza, campo, renda ou direito "destinado à mesa dos cônegos" tornava-se um limite que a autoridade do prelado não deveria trespassar. O próprio rei assim dizia: nenhum "duque, marquês, visconde, *bispo ou arcebispo* ouse molestar os referidos bens". Ditando tais diplomas a mancheia, a realeza reconhecia a existência de instâncias distintas no interior de uma igreja. Por sua vez, vivenciando tais concessões, o clero local percebia que o bispo não falava por todos; que suas vozes não coincidiam. Interesses distintos coabitavam a mesma instituição.

Não se pode ceder ao exagero. No quadro da estratificação social, mesmo os setores mais divergentes entre o clero partilhavam algo único: o controle da dominação social. Isto os integrava. Entre o padre aldeão da paróquia e o arcebispo aristocrático da basílica, entre os rincões rurais e os centros urbanos, havia muito em comum. Os registros sobre alianças, solidariedades de interesses e proteções mútuas não são escassos, tampouco marginais. Ao contrário: eles são a regra. E sua abundância demonstra que os diversos escalões, grupos e círculos eclesiásticos convergiam para um mesmo destino: reproduzir as separações entre dominantes e dominados. Das vestimentas aparatosas ao latim muitas vezes decorado, das mãos jamais calejadas pelo roçado ao tesouro de dízimos e oblações, dos gestos metódicos em ritos e missas à certeza de reter na garganta os desígnios do Além; por todos os ângulos o que se vê são diferentes faces de um poder capaz de "englobar, submetendo-as, as vidas inteiras dos subalternos" (BASTOS, 2013, p. 235. Cf. tb. MORSEL, 2008, p. 9-15).

Mas, conforme alertou o historiador italiano Giovanni Levi algumas décadas atrás, para caracterizar a posição social de um grupo, indicadores gerais não são suficientes. Para isso, não basta descrevê-lo. É preciso observá-lo em ação: tão importante quanto detalhar o patamar de enriquecimento ou as dimensões das propriedades é compreender as condutas, as prioridades, as estratégias coletivas. Como eles lidavam com os desafios diários? Como enfrentavam as situações concretas provocadas por outros grupos ou forças? Enfim, como eclesiásticos tão diferentes respondiam às chances de sucesso e insucesso, de sobrevivência e desaparecimento? A busca por respostas levará à constatação: competindo entre si com a mesma verve com que disciplinavam os laicos. Antagonismos eram recorrentes dentro dos muros de mosteiros e sob os tetos de basílicas. Entre o alvorecer do ano 1000 e aquele mês de 1046 em que Cádalo foi julgado infrator da justiça, queixas e demandas clericais foram levadas à audiência dos tribunais itálicos ao menos noventa e sete vezes. Em vinte e nove ocasiões suplicava-se por um veredicto contra outro eclesiástico. Diáconos confrontavam monjas, padres interpelavam bispos, presbíteros pressionavam abadessas, arcebispos contra abades, esses contra cônegos. Em 1013 o bispo de Cremona se justificou perante um padre. Em 1015, o de Tortona fez o mesmo perante um abade, assim como o de Milão – Ariberto – em 1018, o de Ascoli em 1019, o de Ravenna em 1031, o de Imola em 1036: todos foram condenados ou forçados a ceder. Em 1022, o bispo de Novara saiu vitorioso. Mas como ele terá encarado a experiência de recorrer a um tribunal para prevalecer sobre uma monja, sua inferior na hierarquia? Talvez não muito diferente do bispo de Bérgamo, que litigou contra um presbítero em 1026; ou do bispo de Assis, que passou pela mesma experiência dez anos depois. Houve o caso em que cônegos puseram em xeque a decisão de um prelado falecido – ocorreu em Cremona, no ano 1000. Aliás, cônegos e abades não costumavam deixar os tribunais sem obter o *bannum*, a garantia de que "nenhuma pessoa, poderosa ou modesta, pode invadir, devastar, remover, empregar em investiduras ou molestar alguma parte ou a totalidade de suas terras sem uma decisão legal", sob pena de assumir uma dívida em ouro. Se considerarmos que os bispos e arcebispos estavam subordinados a tal decisão, o número de medidas implicando conflitos clericais subirá para cinquenta e um. Mais da metade dos casos. As rivalidades permeavam o cotidiano de homens e mulheres da Igreja (LEVI, 2000, p. 43-87. • MANARESI, 1957, p. 445-469; 1958, p. 440-661; 1960, p. 2-143).

Diferenciados, o bispo e seu clero protagonizavam políticas próprias. A autonomia fomentava a rivalidade. A concorrência agravava-se como disputa patrimonial e ganhava o tribunal como antagonismos explícitos. E, cabe lembrar, raramente isto ocorria como fato isolado. As partes em litígio possuíam origens sociais aristocráticas. Ambas estavam atadas a redes de alianças e dependências: os núcleos familiares e os vínculos vassálicos pesavam sobre a disputa, acrescentando ambições, somando rivalidades. As divergências eram um emaranhado de tensões sociais que ultrapassavam as durações das audiências e os termos férreos dos veredictos. Partilhar a visão e os interesses de uma elite, de quem dominava as relações sociais, não era suficiente para impedir divisões internas ou a eclosão de graves conflitos. A oposição de um clérigo a outro não era algo simples de ser freado. Considerar o clero como categoria social implica levar em conta a instabilidade dos compromissos que os envolviam e a provisoriedade dos consensos alcançados. Instabilidade que se mostrava proporcional à dependência dos grupos em relação às reservas de poder senhorial – quanto maior a fortuna em jogo, mais frágil era o consenso, mais quebradiça era a disposição para acatar as prerrogativas hierárquicas, como evidenciou a disputa ocorrida entre Cádalo e os cônegos de Parma. O controle sobre as fontes de riqueza e prestígio impulsionava rixas e lançava clérigos e seu superior em campos opostos e, muitas vezes, irreconciliáveis. Assim havia ocorrido em Vercelli, em 998, quando os cônegos teriam participado do cerco militar que matou o Bispo Pedro. E voltou a ocorrer em 1002. Dessa vez, não só em Vercelli, mas também em Ivrea: clérigos das duas cidades aceitaram concessões régias da mão do homem excomungado e combatido até o sangue pelos prelados locais, Arduino. Ao acolher os privilégios, ambos os Capítulos reconheceram o "matador de bispos" como monarca. A lista foi ampliada nas décadas seguintes. Mântua e Ravenna em 1014, Pávia e Lodi em 1027, Cremona em 1031, Florença em 1035, Roma em 1044: em todas essas ocasiões a unidade clerical se dissolveu e o bispo do lugar enfrentou o antagonismo inflamado por sua própria Igreja (CAPITANI, 2009, p. 234-266).

O estabelecimento da liderança episcopal no interior das dioceses foi um processo marcado por oscilações. Embora concentrassem um poder ascendente desde a era otônida, distinguindo-se dos castelões, condes e do próprio rei, os bispos estavam expostos ao revés e à contestação. Que não eram impostos exclusivamente por magnatas e linhagens laicas, mas, com visível regularidade, pela própria congregação diocesana que eles presidiam. A *família* episcopal – assim os textos se referem à comunidade eclesial – era perpassada por contradições. Só recentemente esta constatação cabal ganhou espaço entre os historiadores. Por muito tempo sua formulação fora impensável. Em razão, sobretudo, da ênfase criada pela terrível reputação que envolvia o período de 950 a 1050. A época teria sido dominada pelo apetite laico por bens clericais. Onde quer que se buscasse, a notícia seria a mesma, os dias eram assim: marqueses, condes e duque violavam a imunidade assegurada pelos reis a igrejas e mosteiros. Tirando proveito da fraqueza política das monarquias, as elites feudais invadiam e tomavam o patrimônio eclesiástico, desviando dízimos, interferindo na eleição dos bispos. "A fortuna de Deus e dos santos", concluiu Georges Duby, "acabava de passar ao controle e à exploração de uma autoridade privada, o espiritual tornava-se seu escravo". Tal teria sido o único conflito relevante no quadro das elites: a resistência de uns poucos líderes religiosos para impedir que a Igreja caísse em poder dos laicos (AMANN & DUMAS, 1948. • PAUL, 1988. • CHÉLINI, 1991. • DUBY, 1989, p. 39).

Repetida *ad nauseam* durante décadas, tal ênfase simplificou a história. À luz desta opressão de uma era sem lei, todas as desigualdades internas ao clero perdiam relevância e peso. Na prática, esfumaçavam-se. Pincelada com as cores sombrias de uma desintegração social, desatando na mente do leitor cenas de caos e desordem, essa caracterização induz à imagem de uma elite repartida em dois blocos, "clérigos *versus* laicos". Comparadas a essa fratura, as demais diferenças eram superficiais, meros contratempos que não afetavam essa fronteira essencial.

Mas há algumas décadas a compreensão mudou. A reputação do "século de ferro" foi desfeita. É cada vez mais difícil sustentar que o ano 1000 tenha sido o meio-dia de uma "anarquia feudal", de uma era-catástrofe que teria transformado os laicos em predadores do clero. Entretanto, que não se apresse a leitura! Não se trata de uma negação. Conflitos entre clérigos e laicos existiam em larga escala, por todo Ocidente – reconhecem os responsáveis pela revisão. Porém, não como o epicentro de um abalo sísmico da vida em sociedade. Por mais frequentes e duradouras que tais disputas se tornassem, elas figuravam entre as muitas tensões existentes no interior das elites. Em diferentes territórios do Império, antes que as "instruções laicas" ocorressem, bispos já "lutavam para estabelecer sua autoridade em um ambiente incerto e mais politicamente competitivo" do que em décadas anteriores – como advertiu John Eldevik. A *familia* episcopal – a hierarquia eclesiástica em uma localidade – não era uma comunidade docilizada por um sentimento nato de unidade ou por um pendor para a solidariedade corporativa. Nas cidades, o próprio clero era uma fonte de constantes pressões sobre os prelados, com os quais disputava bens, prerrogativas e rendas. E assim, a abrangência do poder exercido e das isenções usufruídas por um bispo era, frequentemente, pressionada, contestada e barganhada dentro das próprias igrejas. Afirmar que as chamadas "intrusões laicas nas igrejas" foram excessivamente enfatizadas não significa negá-las, mas situá-las num cenário mais complexo, sem polarizações do tipo "vilões *versus* vítimas" no interior das elites. O enfrentamento contra a dominação laica, lema maior da "liberdade da Igreja", foi uma iniciativa reformadora: uma entre as tantas mobilizações orientadas para o fortalecimento da posição clerical em meio à população diocesana. As manifestações neste sentido eram frequentes, numerosas e díspares. Eram campanhas inflamadas contra laicos? Sem sombra de dúvida! Mas não eram menos reformadoras as denúncias episcopais contra presbíteros, diáconos, monges e monjas, censurados por desobediência, enriquecimento ou autonomia. Assim como os clamores monásticos contra bispos e arcebispos, vilipendiados como corruptos e simoníacos. Ou a decisão conciliar que fulminava o papa, atribuindo-lhe crimes e impiedades de toda sorte. Reformas. No plural. Em toda parte. Porque "reforma" é o nome reservado pelos historiadores para as maneiras como o clero adquiria consciência dos inesgotáveis conflitos que marcavam sua posição social (ELDEVIK, 2012, p. 16. Cf. tb. CAPITANI et al., 1991. • VIOLANTE & FRIED, 1993. • TABACCO, 2000. • HOWE, 2010a, p. 866-887. • HOWE, 2010b, p. 1.000-1.022).

Pressões e conflitos modelavam a identidade episcopal cotidianamente. Afetavam a racionalidade com que os prelados agiam. Vividos desde os espaços mais habituais, sob o teto das próprias residências, as colisões de interesses guiavam as maneiras de conduzir-se, ajustavam-nas, calibrando valores e comportamentos, ideias e atos. Cádalo foi um exemplo disso. Após a derrota na audiência presidida por Teutemário, sua mudança foi marcante. E ela pode ser constatada nas atas de uma nova audiência. Outro julgamento, outro juiz. A causa, porém, era a mesma: as queixas dos cônegos de Parma contra Odo de Cornazzano. O litígio prosseguia.

O aristocrata não acatou a sentença de 1046. Nove anos se passaram e ele retinha as casas, o castelo, as capelas e todos os bens assegurados ao Capítulo. Ao que parece, os protestos clericais se propagaram para além das montanhas e chegaram à corte. Pois em fevereiro de 1055 dois homens tomaram assento no palácio episcopal como juízes encarregados de cravar um fim naquela história. Perante uma audiência de elevado *status*, à qual concorreram condes e notários, uma sentença favorável aos cônegos foi ditada mais uma vez. As semelhanças, porém, terminam aí. O julgamento não ocorreu como antes. "Os senhores Guntério e Oderico, juntamente com o senhor Bispo Cádalo", é o que consta no anúncio da decisão, "confirmam ao subdiácono Ado e seu advogado a investidura canônica de todos os mencionados bens, por Deus e pela alma do senhor imperador". Em momento algum o bispo foi implicado no litígio. Quem desconhecesse os registros anteriores sequer suspeitaria que o causador da contenda ruidosa fosse ele. Menos ainda que ele tivesse sido formalmente inquirido como tal. Agora, seu nome era enfileirado entre os dos guardiões da justiça imperial. O réu se fez juiz e condenou o próprio crime. Por que isso ocorreu? O que explica a mudança? O manuscrito padronizado e enxuto – forma característica das atas de julgamento – não oferece muito. No entanto, ele registra isto: entre os homens aos quais os cônegos apelavam, estavam "Guido, Ubaldo, Henrique e Tebaldo, vassalos do mencionado senhor Cádalo" (MANARESI, 1960, vol. 3, p. 208-211. • Diploma 97. *DREI*, 1924, vol. 2, p. 158-160. • IRENEO AFFÒ. *Storia dela Città di Parma*, 2, p. 324-326).

Na ligeireza quase fugidia da frase, o peso da transformação. A presença dos quatro situava, juridicamente, os protegidos do bispo. Os homens do prelado estavam ali, entre as testemunhas públicas que auxiliavam os juízes: um lugar diverso daquele ocupado por Odo de Cornazzano. A participação dos vassalos criou uma dissociação. Os "homens do bispo" estavam ali para julgar o réu. Esse, portanto, não era um deles. Deixara de ser. A presença dos quatro vassalos atestava que Cádalo e o acusado eram partes distintas do caso. O bispo mudou. Seus aliados já não estavam na outra margem da justiça, ele já não agia "à revelia da lei". Agora Cádalo projetava os vassalos no exercício de funções públicas. À sombra do fiasco de 1046, perante o castelão que foi símbolo vivo de um fracasso, ele protagonizava outro exemplo: quem recebia uma mercê de suas mãos operava a justiça imperial, já não era alvo dela. A clientela episcopal saiu fortalecida do segundo julgamento, engrandecida como um meio de promoção social. O bispo recuperou prestígio tornando-se aquilo que o litígio com os cônegos fizera dele: um prelado capaz de moldar-se aos conflitos (SERGI, 1994, p. 12-17).

Entre 950 e 1050, as percepções a respeito do lugar e da conduta de um bispo foram transformadas. Em grande medida, as mudanças foram modeladas por conflitos internos à ordem clerical. Essa era a realidade de muitas cidades.

De nenhuma outra como Milão.

2

Criada no bojo da guerra contra o imperador, a unidade social apregoada em Milão durou pouco. Nutrida no tempo da batalha, ela minguou nos dias de calmaria. Já em 1041, a cidade foi tomada pela hostilidade entre facções. A elite militar – os chamados *capitanei* – passou a pressionar o arcebispado. As antigas famílias, entranhadas no espaço urbano, se valeram dos filhos padres e dos parentes clericais para influenciar o centro da vida pública. Para eles estava em jogo a manutenção dos privilégios ancestrais. Tratava-se, sobretudo, de barrar a ascensão dos *cives* ou, como também se dizia, o *populus*. "Os citadinos" ou "o povo" eram nomes antigos que, naquela época, designavam uma camada urbana em rápida expansão. Não englobavam todos os habitantes da cidade, como se aludissem ao conjunto dos milaneses. Essas referências não abrangiam sequer a maioria da população, não incluía aqueles que, embora livres, viviam se equilibrando sobre a corda bamba entre a miséria e o trabalho. "Povo" eram umas centenas de pessoas que enriqueciam em compasso acelerado, a saltos de leopardo: mercadores, artesãos e notários. Despidos de tradições militares, eles haviam formado a milícia que defendeu o episcopado das retaliações dos vassalos e, em seguida, a cidade do cerco imperial. Foi assim, como o baluarte da resistência montada às pressas, que os "citadinos" ganharam presença e voz nos espaços públicos. Essa associação política imprevista entre povo e arcebispo precipitou a reação dos *capitanei*, dos senhores cujos interesses se ramificavam até a cúpula da Igreja através dos herdeiros, dos sobrinhos e dos aliados: os cônegos milaneses.

De um lado, a aristocracia que herdara o *status quo* sobre a vida urbana, do outro, os segmentos que despontavam graças à força das trocas e do dinheiro. No centro da cena, o alvo comum: o arcebispado, vértice do poder local. Parelhas, igualmente municiadas de riquezas e braços armados, as duas forças se lançaram em uma corrida política impiedosa. Visado e pressionado pelos dois grupos, o Arcebispo Ariberto já não era reconhecido como líder por nenhum deles. Temendo pela vida, em 1042, ele abandonou a cidade e refugiou-se em Monza, na Abadia de São João Batista. O prelado retornaria anos depois, mas já sem influência. Adoentado, diariamente trespassado por dores abdominais, ele faleceu em maio de 1045, sob a proteção de Santo Ambrósio, isto é, na basílica da cidade. Não agonizou só. Quando a morte encomendou sua alma, o leito estava rodeado por diáconos e subdiáconos. O autor da *Historia Mediolanensis* os descreve em prantos, soluçando após tomarem-lhe a confissão para que partisse desembaraçado de uma vez por todas do corpo, esse andrajo no qual nascemos. Mais do que uma descrição realista, a cena era uma alegoria. Até na hora da morte, Ariberto cumprira o dever pelo qual tantas vezes combatera em vida: aproximar as gentes, inspirar afeição, assegurar a união de mentes e corações – eis a mensagem que o cronista esperava cultivar no espírito de seus leitores e ouvintes (LANDULFO. Historia Mediolanensis. *MGH SS*, 8, p. 69. Cf. tb. CAPITANI, 1984, p. 9-28, p. 22-23).

A retórica tentava endireitar a realidade. O arcebispo falecera como o pastor de um rebanho raivoso, cingido por uma rivalidade inédita: "o caráter socialmente bem-definido das duas frentes [rivais] é um fato novo na história de Milão", concluiu aquele que talvez seja o principal historiador do tema (VIOLANTE, 1974, p. 261). A oposição entre as elites se agravou após a expulsão do eclesiástico. As hostilidades transbordaram. Em 1043, uma torrente de ataques e saques inundou as ruas. Apesar da ausência de notícias sobre o que se passou a seguir, o conflito parece ter continuado assim, turvo e agitado por dois anos, até que um emissário imperial selasse a trégua. Ao regressar no início de 1045, ciente de viver os últimos dias, o arcebispo encontrou uma cidade em que a paz era um arranjo provisório, convalescente como seu próprio corpo, sabidamente passageiro, já destinado a ser poeira e cinza (ARNULFO. Gesta Archiepiscoporum Mediolanensium. *MGH SS*, 8, p. 17).

Provavelmente, a principal razão que levou as elites engalfinhadas a jurar a trégua perante o emissário da corte era o próprio Ariberto – ou melhor, a morte dele. As notícias de que a vida do prelado cambaleava, de que a figura pálida e de andar arrastado já havia, inclusive, ditado testamento, abria um atalho na disputa. Já não seria preciso consumir bens e almas para impor-se ao arcebispado. Bastaria controlar a eleição que se avizinhava, ditar a sucessão que se anunciava na decrepitude daquele corpo. Quem determinasse o sucessor do inventor do *carroccio* controlaria a Sé e, através dela, o núcleo da autoridade pública. Os *capitanei*, de um lado, o *populo*, de outro, permaneciam mobilizados, empenhados por uma alteração da balança do poder. Esse último, o povo, agia para que ela continuasse a se mover, para que avançasse o reposicionamento político ocorrido durante a guerra contra o imperador. Identificando o arcebispo como símbolo maior do sentimento cívico nascente, o heterogêneo grupo de forças citadinas buscava alinhar a jurisdição da Igreja – que cobria toda vida urbana – aos interesses mercantis: diferentemente do que ocorria em Cremona, as famílias endinheiradas de Milão enxergavam na voz episcopal um aliado à sua hegemonia comercial, não um rival ou obstáculo. Por sua vez, aqueles – os capitães urbanos – impeliam vassalos e clérigos a conter tal deslocamento. Conservar privilégios ancestrais, assegurar o controle da justiça aos nascidos em berço senhorial, impedir que rendas e taxas fossem coletadas por quem vivia como forasteiro, desenraizado mundo afora pelos movimentos de moedas e bens: escolhido o arcebispo conveniente, tudo isso estaria assegurado. Os pratos da balança do poder voltariam às posições fixadas pela tradição e pela fortuna em terras. A trégua não era uma pausa no conflito. Era sua continuação por outros meios (VIOLANTE, 1972, p. 284. • BIANCHI, 2007, p. 456-461).

E neste prolongamento, o que veio a seguir agravou as circunstâncias. Com Ariberto sepultado, cumpridos os ritos funerários, os inimigos em trégua reuniram-se em assembleia para eleger o sucessor do arcebispo guerreiro. A tensão persistia, as divergências impediam que uma maioria se cristalizasse em torno de um nome. Todavia, os impasses se tornaram a própria brecha pela qual se pôde vislumbrar um consenso: já que a eleição majoritária era impossível, ela não ocorreria. Não era preciso que um desfecho ocorresse ali. Os preferidos por cada grupo seriam considerados elegíveis. Sem distinções canônicas, tratados em pé de igualdade, eles seriam enviados para Além Montes como candidatos aclamados pelo clero e pelos laicos do lugar. Então, após inquiri-los, que o imperador decidisse qual deles seria investido com o anel e o báculo, os símbolos da autoridade de Santo Ambrósio. E assim foi feito. Quatro nomes surgiram. Quatro diáconos chamados Anselmo, Landulfo, Arialdo e Atto partiram ainda no fim de maio. Um deles retornaria transformado. Não mais como um simples cônego, mas o arcebispo de uma das mais antigas e prestigiosas igrejas do reino (LANDULFO. Historia Mediolanensis. *MGH*, 8, p. 74. • GOLINELLI, 1984, p. 11-12).

Procedimento raro, incomum, o envio dos candidatos revela a força da política local sobre o tecido social da época. Divididos entre a posição aristocrática e a atuação mercantil como soldados em barricadas, açulados por recentes enfrentamentos armados, os milaneses tentavam manter o controle sobre a nomeação episcopal. Caberia a Henrique acatar opções já determinadas. Mesmo exasperadamente divergentes, as forças citadinas se alinharam para estipular as margens do poder imperial, limitar-lhe o campo de ação, enfim, para conduzi-lo a uma decisão previsível e pontual. Todos os candidatos eram clérigos locais, residentes na Igreja ambrosiana. Qualquer que fosse o escolhido isto seria certo: a mais alta dignidade eclesiástica continuaria a ser apanágio local, seu ocupante seria alguém oriundo dos grupos urbanos – como Ariberto, cuja vida parecia irrelevante até ser educado entre os clérigos de Milão. O novo arcebispo não era ainda conhecido, mas já não era desconhecido.

O desconhecido, todavia, se presta muito mal ao controle. O imperador cumpriu à risca o papel que lhe foi atribuído. Henrique investiu um novo prelado para a cidade, mas, com um detalhe: sua escolha não recaiu sobre nenhum dos candidatos enviados. Quatro clérigos partiram em maio. Mas, em setembro, cinco haviam retornado da corte. E sobre os ombros desse quinto e inesperado sujeito recairiam as vestes de arcebispo. Quando surgiu no portão da cidade, Guido de Velate era um imprevisto ambulante. Não era um estranho, tampouco estrangeiro; era milanês, diga-se logo. Pertencia ao clero local, convivera com o falecido prelado guerreiro, tendo sido por ele ordenado sacerdote – como todos os demais candidatos. Todavia, Guido não possuía raízes na cena política urbana. Era oriundo de uma família de *capitanei* rurais, de uma gente recentemente estabelecida longe dali, no distante território de Varese. Era um aristocrata do *contado*, da imensidão agrária existente além da muralha milenar. Ele era oriundo de terras que, apesar de vinculadas aos julgamentos e às arrecadações que ocorriam em Milão, eram cobertas por outro cotidiano, povoadas apenas por senhores e camponeses. Não sabemos como, mas a origem social catapultou seu nome até a cúpula sálica, assegurando-lhe um vínculo especial. Quando o grupo dos candidatos ao bispado milanês chegou, Guido já era pessoalmente ligado à corte de Henrique. Ele era, conforme os historiadores se habituaram a dizer, um "capelão imperial". Ao escolhê-lo, a realeza buscava restaurar a hegemonia sobre o espaço urbano. Assegurado o arcebispado a um padre oriundo do círculo social conhecido como a "capela régia", o recente histórico de hostilidades à coroa seria, finalmente, superado. Não é improvável que, ao promover um herdeiro dos *capitanei*, Henrique pressionasse por um realinhamento de todo aquele grupo: talvez os capitães apagassem da memória as cenas de 1037-1038, quando romperam com o rei para defender o arcebispo; talvez Guido lhes proporcionasse a experiência de ser fiel ao monarca através do prelado. Isso sepultaria as lembranças de Campo Malo, do *carrocio*, do cerco. Ariberto precisava morrer uma vez mais. Seu corpo fora sepultado; agora, seria sua memória política. A lembrança da resistência ao Império seria enterrada.

Guido era a escolha ideal na corte, não em Milão. Na cidade, a racionalidade quase impecável dos sálios tomou outro rumo, desdobrou-se de outra maneira. Ali, no interior do cinturão de pedras, aquele era um arcebispo improvável. Com ele, o conflito local ganhou uma terceira força: a aristocracia do *contado*. Uma nova barricada política foi erguida. Das entranhas daquela escolha estratégica saiu um fator que agravou a situação. Quando Guido surgiu para ser entronizado, o arcebispado deixou de ser almejado, pois passou a ser visto com desconfiança geral. Estava fora do alcance das elites urbanas tanto quanto dos grupos mercantis; tanto dos *capitanei* e vassalos – que, citadinos, já não se identificavam com as elites interioranas –, quanto dos notários e laicos oriundos de posições sociais modestas. O próprio clero o suportava mal. Ainda em setembro, perante a notícia de que ele havia sido ordenado pelo episcopado da província, eles o receberam e o seguiram em procissão pelas ruas tortuosas. Contudo, o cumprimento obediente dos ritos que marcavam a entrada de um novo pastor não exorcizou a animosidade. O desprezo já havia aderido a muitos espíritos como a ferrugem ao ferro. Uma grande parte dos sacerdotes se ressentia de servir àquele "idiota proveniente do campo" – conforme registrou um deles. Semanas depois, durante a celebração da missa na Catedral de Santa Maria *Iemale*, os diáconos e acólitos subitamente se retiraram, abandonando-o em plena liturgia. E os fiéis presentes no santuário viram o cálice da Eucaristia ser erguido por um arcebispo repudiado no altar (ARNULFO. Gesta archiepiscoporum Mediolanensium. *MGH SS*, 8, p. 17-18).

Era questão de tempo até Guido tornar-se alvo da acusação usualmente sacada para provocar a deposição de um eclesiástico: a de ter incorrido na odiosa "heresia da simonia". Já em 1050, ele enfrentou as denúncias de ter contrabandeado a si mesmo para a função de arcebispo, distribuindo dinheiro e favores. Naquele ano ele se justificou perante o papa e o sínodo romano, que declararam sua eleição justa e canônica. Odiado como a prova viva de uma interferência nas tradições ambrosianas, Guido mobilizava-se para desfazer a imagem de um prelado protegido pelas leis do Império e da Igreja, mas desamparado pelo respeito milanês. A legitimidade assegurada por essas duas instituições foi então direcionada para o propósito inadiável: assegurar uma posição estável dentro da cidade, lá onde os enunciados pomposos das bulas e dos diplomas se tornavam êxitos, frustrações, perigos e vantagens; lá onde intenções duelavam com o cotidiano. As autoridades universais foram recrutadas para sua afirmação como um poder local. Ele se pôs a promover Milão de todas as formas. Em 1047, obteve uma confirmação papal: cabia ao eclesiástico da cidade, não ao de Ravenna, a prerrogativa de sentar-se à direita do sucessor de Pedro. Dali em diante, numa audiência ou num concílio, a ordem dos assentos anunciaria a quem quer que fosse: a Sé Ambrosiana era superior a todas as igrejas, exceto à de Roma. Em 1053, Guido introduziu uma novidade no calendário litúrgico milanês: uma vez por ano os fiéis participariam da uma festividade de exaltação da Santa Cruz que ocorreria na Catedral de Santa Maria – palco de seu abandono ignominioso. Em 1056, sua intercessão teria influenciado a corte imperial a investir como bispo de Lucca o Cônego Anselmo, um dos quatro candidatos descartados para o lugar que era de Guido. Todas essas iniciativas eram muito distintas, aparentemente desconectadas – poder-se-ia dizer. Aparentemente! Afinal, do simbolismo cerimonial à nomeação episcopal, as medidas convergiam para uma mesma finalidade: reaver o posto de vértice da nascente cidadania milanesa. Em cada ação, o arcebispo improvável empenhava-se para provar sua capacidade de defender as glórias de Santo Ambrósio e da própria Milão. Empenhava-se para fortalecer a presença eclesiástica no centro da vida urbana (LANDULFO. Historia Mediolanensis. *MGH*, 8, p. 76. • GOLINELLI, 1984, p. 12-13).

Dez anos transcorreram desde a ordenação. Guido conquistou aliados. Entre o alto clero, muitos se converteram à obediência. Mas era só. As divisões políticas permaneciam. Entre "o povo" e os clérigos das ordens inferiores, a hostilidade ardia feito febre incurável. A adesão da elite eclesiástica não abrandou a reputação do arcebispo, que continuava a ser visto como o fruto vivo de um "ataque externo" às tradições do episcopado. Na realidade, a agravou ainda mais.

Os recentes aliados, os cônegos, se comportavam aristocraticamente. Nascidos em berço fundiário, tendo crescido sob a tutela dos ideais de linhagem, eles simplesmente não deixavam do lado de fora do Capítulo ou mesmo das igrejas os costumes característicos de sua origem social. Vestiam-se com fausto. Por vezes, era impossível para o olhar fisgar sua silhueta no ir e vir entre os espaços urbanos: sem as túnicas sacerdotais, envergando roupas coloridas e adornos dourados, nem mesmo a mais aguçada visão os distinguia dos demais magnatas. Frequentavam tabernas. Rendiam-se ao vinho e à falcoaria, empanturrando-se à borda de mesas sempre fartas. O ingresso no clero não era uma ruptura em suas identidades sociais. Quando, ainda crianças, eles ingressavam nas escolas sacerdotais, hábitos e valores aprendidos no seio da família não eram barrados à soleira da porta. A formação letrada, as longas imersões na Bíblia, a disciplina para domar o latim e a gramática sedimentavam-se sobre uma cultura maior, enraizada pela dominação, perpetuada pela hierarquia social: ser aristocrata. Foi precisamente aí que as consequências da aproximação entre Guido e o alto clero se fizeram sentir: a associação com o arcebispo, com aquele hospedeiro da discórdia e da hostilidade, deslocou o significado desses comportamentos tradicionais. Emergindo numa época de tensões profundas, à sombra de um histórico de confrontos locais, a aliança abalou a aceitação de condutas há muito conhecidas e integradas à cultura local. Em outras palavras, o repúdio ao arcebispo atiçou uma inédita intolerância ao modo de vida da elite clerical (GOLINELLI, 1984, p. 9-21).

Os primeiros golpes dessa intransigência foram desferidos no outono de 1056, por um diácono. Arialdo era filho de modestos proprietários rurais de Cucciago, um lugarejo distante 40km. Era homem letrado. Dominava as chamadas artes liberais, conhecia a "lei divina" – insistem os cronistas. Era homem severíssimo. Havia peregrinado por estradas e campos, atracando-se verbalmente com a escravidão espiritual, exortando os viajantes a perceberem que suas almas chafurdavam na lama mundana de vícios e desprezo pelo sacrifício do Cristo. Quando ingressou em Milão, no final daquele ano, sua reputação de pregador fervoroso o precedera: a fama chegara antes e já havia encontrado abrigo na cidade (ANDREA DE STRUMI. Vita Sancti Arialdi. *MGH SS*, 30/2, p. 1.051-1.052. • ARNULFO. Gesta Archiepiscoporum Mediolanensium. *MGH SS*, 8, p. 18-19. • LANDULFO. Historia Mediolanensis. *MGH*, 8, p. 76. • BONIZO DE SUTRI. Liber ad Amicum. *MGH Ldl*, 1, p. 591).

Dentro das muralhas não foi diferente. No primeiro sermão público ele insistiu na moralidade clerical e disparou contra os sacerdotes do lugar: homens avarentos, malditos frequentadores de tabernas, usurários imprestáveis! – disse ele, fazendo vibrar palavras que atraíam uma multidão até a fachada da catedral. Arialdo prosseguiu como se rugisse fogo. Não passavam de ímpios, pastores iníquos, sacrílegos. Sobretudo aqueles que desfilavam publicamente com esposas ou concubinas. Eis o grande alvo da ríspida campanha verbal: o casamento clerical. O enlace carnal é caracterizado como chaga para o sacerdócio, conduta incompatível com o altar. O sexo lança o coração no cativeiro da carne, torna-o escravo do pecado e das trevas, impedindo-o de encontrar a verdadeira luz, que é o Cristo – explicava o diácono. De alma sombreada, um clérigo deixa escapar a santidade interior. Quando isso ocorre, seus gestos e suas palavras nada mais fazem do que simular a santidade, instituindo exemplos falsos, cegos, que confundem o rebanho. Iludido, apascentado com sombras, esse se desvia, desgarra-se da graça divina, pois também já não encontra a luz. Comportando-se de tal maneira, o clero não passava de um covil de falsos apóstolos. Pois os verdadeiros ministros de Deus, Arialdo continuava, não eram "ricos em bens terrenos, excepcionais na edificação de casas e torres, superiores em honras, mais bonitos em vestes confortáveis e deleitáveis". Invejados como felizes, homens assim eram, na realidade, impuros; maior era a impureza de quem, "como os laicos, ostentava esposa". Em Milão, a Igreja negava Jesus. Que os cristãos, portanto, agissem: era preciso retornar aos corações, perscrutar a verdade desde o íntimo, reencontrar a luz e negar os falsos padres. Era uma causa santa, redentora, inadiável. Era um dever entregar-se a ela por inteiro, morrer caso fosse preciso, tal como o próprio pregador se dispunha a fazer: "estou pronto para entregar minha alma como espada para vossa salvação" (ANDREA DE STRUMI. Vita Sancti Arialdi. *MGH*, 30/2, p. 1.051-1.052. • MICCOLI, 1999, p. 130-140).

O chamado ao celibato não era uma novidade. Ele integrava os ideais da disciplina eclesiástica há duzentos anos. Bastaria vasculhar a legislação promulgada por reis e santos após o ano de 800 para encontrar a ordem expressa: os padres não devem formar família, pois esposa e filhos não condizem com aquilo que havia sido defendido nos concílios do tempo do Imperador Constantino. Esperava-se que os levitas e presbíteros católicos imitassem o próprio Cristo, que havia desposado uma única figura: a Igreja. Em permanentes núpcias espirituais, eles não poderiam se entregar a relações sexuais, pois violariam a pureza de tão sacrossanto matrimônio. A castidade era o selo inviolável dessa união. Há séculos, o coito e a prole eram proibidos aos homens que oficiavam no altar. Nos rigores dos decretos, era, inclusive, inadmissível que habitassem a mesma casa com uma mulher que não a mãe, a tia ou a irmã. Os veementes protestos testemunhados pelos milaneses não eram uma novidade do século XI. Não é descabido supor que o pregador os recitasse de cor. Talvez, enquanto empenhava-se no estudo da "lei divina", Arialdo tenha se deparado com as queixas contra Adriano II: em 868, a notícia de que Sua Santidade habitava as adjacências da Basílica de Latrão com a esposa, Estefana, e uma filha, despertou indignação entre o clero imperial. Os registros sobre o caso eram notórios, há muito circulavam entre a Gália e a península. Ou, outra possibilidade, enquanto era instruído como um *litteratus*, o diácono teria encontrado proibições impostas há séculos pelos bispos reunidos em Elvira (304) e Niceia (325). Pois os argumentos restritivos ou punitivos ao casamento clerical contavam com uma reluzente lista de autoridades, pilares da educação clerical: papas como Dâmaso, Sirício e Inocêncio I; os bispos africanos da época de Agostinho de Hipona; os concílios de Tours e Toledo. A própria Milão oferecia um precedente. Ninguém menos do que Ambrósio, santo patrono da cidade. No longínquo ano de 390, ele louvava a certeza de que o pastor virgem e casto era mais bem preparado para afugentar os lobos que rondam o rebanho do Senhor. Embora os cronistas lhe atribuam somente alusões à Bíblia, Arialdo vocalizava princípios da tradição. O áspero sermão que ecoou de sua garganta no outono de 1056 continha preocupações reformadoras repetidas em mosteiros e igrejas, que podiam ser lidas nas bibliotecas e nos *scriptoria* frequentados pelos próprios "nicolaítas" – nome que recaía sobre os sacerdotes incontinentes (HINCMAR DE REIMS. Annales. *PL*, 125, p. 1.238-1.239. • VIVES,

1963, p. 7. • MUNIER, 1974, p. 13. • MANSI, 15, p. 495. • AMBRÓSIO. Epistola ad Syricio papae. *PL*, 16, p. 1.124-1.125. • JAFFÉ 286: 293).

Arialdo era a mais recente voz no incontável coro de reformadores dos séculos X e XI. Muita tinta já foi derramada pelos historiadores a respeito da época em que ele pregou. De maneira geral, enfatiza-se que o diácono virulento teria vivido a "revolução disciplinar da cultura ocidental". Durante o primeiro milênio, a realidade social foi arredia ao celibato. Por toda a Cristandade, homens casados eram ordenados sacerdotes e clérigos mantinham esposas. A prática era não só tolerada, mas legítima: defendida por muitos como agradável aos olhos de Deus. Em poucas décadas, a guinada. As críticas e as repreensões acumuladas nos séculos anteriores como discursos rarefeitos se adensaram. As ideias não eram novas; o radicalismo de quem as defendia, sim. No Sínodo de Pávia, em 1022, a incontinência havia sido denunciada como "raiz de todos os males" e os filhos dos sacerdotes foram declarados servos, as mulheres foram banidas das habitações. Os empenhos por uma disciplina sexual intransigente se multiplicaram nas décadas seguintes, empurrando os casamentos clericais para a ilegalidade, rotulando-os como uma degeneração espiritual. Os anos de 1050 trouxeram o clímax de uma retórica agressiva não somente sobre a pureza eclesiástica, mas a respeito da moralidade e da sexualidade. Todavia, há outro aspecto decisivo no sermão de Arialdo. Tal aspecto, por sua vez, não conta com a mesma atenção dos historiadores (Heinrici II et Benedicti VIII synodus et leges papienses. *MGH Const.*, 1, p. 70-78. • MANSI 19, p. 343-346. Cf. tb. BARSTOW, 1982, p. 47-104. • CAPITANI, 1984, p. 16. • BRUNDAGE, 1987, p. 176-186. • FRASSETTO, 1998, p. 209-268. • PARISH, 2016, p. 87-122).

Retornemos às últimas palavras atribuídas àquela pregação pública de 1056. "Estou pronto para entregar minha alma como espada para vossa salvação", teria dito o diácono. Provavelmente, uma invenção do Abade Andrea de Strumi, biógrafo do pregador. O abade, que sequer era nascido na época em que o diácono disparava suas saraivadas morais, teria imaginado a frase lapidar meio século depois. Ele a teria criado para que Arialdo figurasse, desde o primeiro ato, como um mártir. Que seja. Ainda assim, ela registra algo de grande relevância. Tais palavras identificam um momento em que o emprego sacramental da força – seu uso para restaurar uma unidade social como comunhão de fé – foi reclamado fora do arcebispado. Pois é disso que a frase trata: de um chamamento ao combate, de empenhar-se até o derramamento de sangue, de cravar o limite da guerra espiritual, a carne. A menção à espada não é linguagem cifrada. Não é alegoria ou metáfora doutrinária. Mas uma fórmula direta: a saúde das almas dependia da disposição de ir ao refulgir das lâminas contra aquele clero aristocrático. A atitude mental herdada dos tempos de Ariberto estava ali. Mas, desta vez, evocada por um clérigo modesto, não pelo arcebispo; contra o alto clero, não em sua defesa.

O primeiro sermão atribuído a Arialdo figurava na memória das gerações seguintes como um chamamento às armas. Um chamado prontamente atendido. A execração pública dos sacerdotes casados galvanizou o antagonismo latente dos grupos urbanos. Mercadores, monetaristas, artesãos e notários convergiam para a liderança do diácono. A intolerância ao matrimônio clerical os mobilizava para uma causa comum, proporcionava-lhes uma razão para resistir abertamente à elite que orbitava em torno do arcebispo improvável. "Homens do povo milanês" – o que quer dizer proprietários e magistrados urbanos – ofereciam seus bens em sinal de compromisso. Casas, refeições, vestes: tudo era oferecido ao pregador da "doutrina que desmascarava os clérigos nefastos e seus execráveis casamentos". O sermão havia reverberado de cima abaixo na sociedade urbana, arrebatando mentes muito distintas, oriundas de diferentes posições sociais – incluindo o extrato dos *capitanei*. Quem seguisse o eco das vozes que incitavam "os citadinos a tomar ações contra os levitas que possuíssem esposas" não encontraria somente Arialdo, mas um sacerdote chamado Landulfo: um filho dos *Cotta*, uma influente linhagem de *capitanei* locais. Desfraldada por esses grupos como bandeira comum, a pregação de 1056 repercutiu como uma mobilização para o combate. A ela seguiram-se os juramentos, "pactos mútuos" foram selados contra os "ímpios". Resistir era prova de fidelidade entre "todo povo, todos os citadinos". 1037, 1057. As semelhanças se enfileiram. Juramento, fidelidade, universalidade. Como há vinte anos, o confronto seria sacramento da unidade, a espada, esteio da salvação. A descrição é familiar. Ela atribui aos *cives* uma mobilização similar àquela vivida no momento em que o imperador amanheceu no horizonte à frente do exército que estrangularia a cidade. Contudo, havia uma diferença. Marcante. Crucial. Antes, os milaneses recorreram às armas em nome do arcebispo. Agora, o fariam à sua revelia, contra ele (ANDREA DE STRUMI. Vita Sancti Arialdi. *MGH SS*, 30/2, p. 1.053. • LANDULFO. Historia Mediolanensis. *MGH*, 8, p. 77. • MICCOLI, 1999, p. 143-147).

Tudo aconteceu rapidamente em 10 de maio, 1057. Em vestes litúrgicas, o alto clero se preparava para sair à rua. Era a Festa de São Nazário. A costumeira procissão em memória do mártir seria celebrada. Antes que o cortejo deixasse a Catedral de Santa Maria, porém, a multidão formou-se do lado de fora. Lá estavam eles. Os seguidores de Arialdo e Landulfo, reconhecíveis pela obstinação, pelos ânimos excitados – diz um cronista. "Violentamente", prossegue o autor antecipando a ilegalidade do que narraria a seguir, eles estouraram porta adentro e "arrancaram do coro todos os clérigos que recitavam os salmos". Alertados pelo barulho que desembestava através da entrada principal, alguns tentaram escapar. Saltaram do coro, correndo em debandada, corações aos pulos. Mas foram "perseguidos pelos cantos e câmaras" do santuário. Os sacerdotes foram levados para fora, agarrados pelas gargantas, arrastados pelas golas das túnicas. E então, transpirando pavor, eles se perceberam vítimas de um assalto planejado. Aquela não era uma investida cega, ensandecida, mas uma ação proposital, determinada, orquestrada para exigir que todos "subscrevessem um édito sobre o dever de conservar a castidade". O horror! Segundo o cronista Arnulfo – autor do relato –, a cena era ultrajante, repugnante. Não pela brutalidade em si mesma, mas pela inversão de papéis sociais: a inusitada notícia sobre laicos "obrigando a todos aqueles consagrados às sagradas ordens na diocese ambrosiana a, com relutância, subscrever" um pergaminho. Laicos determinando como eclesiásticos deviam se comportar no seio da ordem clerical, nos próprios domínios da autoridade espiritual... Eis a violência manifesta (ARNULFO. Gesta Archiepiscoporum Mediolanensium. *MGH SS*, 8, p. 19-20. • GOLINELLI, 1984, p. 13).

O juramento não saciou o ímpeto do "povo". A Igreja ambrosiana permaneceria na escuridão enquanto aqueles que guardavam o corpo de Cristo partilhassem o leito com uma mulher. Os milaneses só reencontrariam a luz quando nenhuma sombra feminina pairasse sobre o patrimônio clerical. A purificação deveria prosseguir. Nenhum fornicador subiria aos altares novamente. Da catedral os citadinos saíram à caça de todos os nicolaítas e suas esposas. As habitações foram invadidas e depredadas; as famílias sacerdotais, ameaçadas de morte; a cidade foi banhada em fúria. Os eventos marcaram profundamente a memória do alto clero, como transpareceria na "História de Milão" redigida por um padre conhecido como Landulfo, "o Velho". Escrevendo muito tempo depois, na primeira década do século seguinte, esse fervoroso defensor do casamento eclesiástico descreveu o ano de 1057 com lembranças traumatizadas. "Todos os citadinos foram enfeitiçados e, como uma tremenda tempestade marinha ou um relâmpago fulminante, saíram à rua para atacar e matar muitos imprevidentes". Nas recordações desse homem visceralmente identificado com as glórias do arcebispado, as vielas foram tomadas por uma matilha enfurecida, que avançou sobre a igreja "como cães famintos ladrando torpemente: primeiro, eles percorriam todas as partes saqueando a casa dos sacerdotes, em seguida, para imensa vergonha, os constrangiam com espadas e bastões a separar-se das esposas". Quando, por fim, os cônegos compreenderam que suas famílias eram caçadas "sem uma disposição de leis, uma sentença ou uma decisão do bispo", a purificação sanguinária já estava consumada. Era tarde demais. "Acovardados, ignorando completamente tudo isto", lamentava Landulfo, "os sacerdotes alçavam os olhos e as almas aos céus, abatidos como ovelhas atacadas por lobos" (LANDULFO. *Historia Mediolanensis*, 1848, p. 80-81).

O chamamento proferido por Arialdo fora atendido. Os milaneses entregavam suas almas como espadas da salvação. Com isso, o reino itálico ingressava em uma nova fase da história da violência. Após um século de intensa vida militar do clero, o uso sacramental da força transcorria sem o protagonismo de um bispo guerreiro. Em oposição ao prelado local, citadinos, laicos em sua maioria, empregavam o derramamento de sangue como veículo de uma comunhão entre grupos sociais heterogêneos. Nos anos de 1050 os citadinos passaram a disputar o controle sobre o uso da força física como laço fundador da unidade cristã. Na cidade em que havia reinado um dos mais notórios bispos militares, onde a espiritualidade edificara um altar para a guerra – o *carroccio* –, a coerção e brutalidade eram linguagem da ação pela fé. A beligerância fazia parte da via ativa que conduzia à reforma da Igreja.

O rebanho assimilara o exemplo dos pastores.

3

Patarinos. Assim ficaram conhecidos os seguidores de Arialdo e Landulfo. Um nome proveniente da língua grega. Era derivado do vocábulo "*pathos*, que significa 'perturbação' em latim" – "foi o significado que descobri ao revolver um livro de etimologia, segundo minha limitada inteligência", explicou o cronista. Patarinos eram perturbadores da ordem, agitadores dos costumes. Naquele fatídico ano de 1057, o nome foi usado como sinônimo de algo mais: heresia (ARNULFO. Gesta Archiepiscoporum Mediolanensium. *MGH SS*, 8, p. 28).

Pouco depois "desta tempestade de horror provocada pelo povo insurgente", narra o mesmo cronista, o clero ambrosiano, "afligido de muitas maneiras, lamentou-se aos bispos da província". Desassossegados pelo que ouviram, os bispos autorizaram os presbíteros a prosseguir até Roma e consultar a autoridade apostólica. O pontífice de então, Estêvão X – o quinto na sucessão de prelados teutônicos que se sentavam no trono papal desde 1046 – decidiu que a concórdia seria reparada por juízes romanos, isentos. Cardeais pessoalmente escolhidos por ele seriam enviados à região e presidiriam um sínodo, onde a última palavra sobre o conflito seria pronunciada e acatada por todos. O arcebispo, no entanto, antecipou-se. Ausente de

Milão quando sacerdotes foram arrancados dos altares e espancados, Guido agiu depressa. Convocou os bispos das cidades que formavam a província eclesiástica para se reunirem em Fontaneto, uma praça-forte escorada entre os montes próximos a Novara. Os Patarinos foram intimados, porém se recusaram a comparecer. Protestaram vivamente contra a iniciativa, dizendo que aquela não era a assembleia anunciada em Roma, não havia sinal de cardeais ou legados pontifícios, ninguém investido da autoridade papal. As queixas não surtiram efeito. Os bispos se reuniram em novembro e, após três dias de deliberações, decretaram a excomunhão sobre Arialdo e Landulfo (ARNULFO. Gesta Archiepiscoporum Mediolanensium. *MGH SS*, 8, p. 18-20. • LANDULFO. Historia Mediolanensis. *MGH*, 8, p. 81-82. • ANDREA DE STRUMI. Vita Sancti Arialdi. *MGH*, 30/2, p. 1.054-1.056. • GOLI-NELLI, 1984, p. 14. Cf. tb. HEFELE-LECLERCQ, 1910, p. 1.126).

Foi o início da caracterização de heresia. A cristalização dessa imagem foi processo irregular e moroso, marcado por retrocessos e reviravoltas. Temidos por uns, exaltados por outros. Aqui, falava-se daqueles diáconos como violadores da fé, acolá, como vozes santas da religião. O sínodo provincial gravava o ferrete da infâmia na testa daqueles pregadores, e outros o apagavam logo em seguida. Entre os "outros" estava o papado. Um exemplo, para ilustrá-lo. Após a notícia do anátema lançado pelos bispos, um grupo de Patarinos chegou a Roma, entre eles, o próprio Arialdo. Na cidade de mil igrejas, o diácono desembainhou sua temível arma: o sermão. O disparo foi certeiro. Tocado pela pregação, o pontífice, Estêvão IX, anulou a excomunhão e decidiu enviar um grupo de clérigos à cidade. Eles atuariam como legados apostólicos, isto é, homens investidos do poder de decidir em lugar do papa. Em dezembro os enviados chegaram.

Um deles chamava-se Hildebrando, um arquidiácono de traços severos, compleição sólida e reputação ambígua. O rosto alongado, a nuca proeminente acentuada pelo desenho ovalar da tonsura sobre os cabelos escuros, os olhos de um castanho encovado entre a pele clara: a descendência alpina estampada na fisionomia. A altura de 1,63m comprimia o porte robusto, construído por refeições regulares e pelo hábito de cavalgar. Contando com pouco mais de 40 anos, esse monge influente, administrador das rendas, cartas e das decisões dos três últimos papas, carregava uma lembrança amarga: contra sua vontade, foi exilado com Gregório VI após a tripla deposição de 1046. Partilhou o destino do simoníaco confesso, a quem servia como capelão. Tendo retornado a Roma em 1048, Hildebrando era a furta-cor da autoridade papal. O outro enviado era Anselmo, o bispo de Lucca e herdeiro dos *Baggio*, cavaleiros de Cesano leais aos sálios e há quase duzentos anos em evidência nas preocupações e sentenças de juízes imperiais, condes e marqueses. Sobre ele, sabe-se pouco. Educado como monge em Le Bec, era um dos quatro diáconos desafortunadamente escolhidos pelos milaneses para o arcebispado há mais de dez anos. Uma vez na cidade, os legados papais se pronunciaram a favor dos Patarinos. A excomunhão decretada no sínodo, anulada. Arcebispo e alto clero foram rispidamente censurados. Simoníacos, incontinentes, eram eles que empesteavam a Igreja com vícios – tal foi o veredicto dos enviados. Os anos correram plenos em guinadas desse feitio: estigmatizados pela província, os Patarinos eram enaltecidos por Roma (LANDULFO. Historia Mediolanensis. *MGH*, 8, p. 82. • GOLINELLI, 1984, p. 14. • MARANESI, 1955, p. 456-459. • 1958, p. 551-555. Cf. tb.: CORSI, 1967, p. 166-204. • SCHMIDT, 1977, p. 1-15. • LUCIONI, 1990, p. 167-194. • ALZATI, 1993, p. 187-247. • COWDREY, 1998, p. 25).

Dezenove anos depois, quando as mobilizações perderam impulso, quando todas as lideranças dos *cives* estavam mortas, a reputação de hereges prevaleceu. Tendo combatido a "heresia simoníaca" – combate ao qual clamavam imperadores, pontífices e santos – e a "depravação da incontinência clerical", os seguidores de Arialdo e Landulfo passaram a ser lembrados como uma apavorante seita herética. Cem anos depois, "Patarinos" figuraria nos decretos inquisitoriais como a máscara que escondia os rostos de muitos inimigos da fé. A difusão do nome como termo genérico para a heresia foi tamanha que levou um talentoso historiador a falar em "Europataria": caberia nomear como *Pataria* as muitas dissidências e oposições enfrentadas em todo continente pela Igreja medieval (GRACCO, 1983, p. 345).

Mas o que é heresia? O que esse nome queria dizer quando aplicado aos Patarinos? Os cronistas – o principal registro para essa história – não titubearam nessa questão. Ainda que díspares, não poucas vezes contraditórias, suas narrativas surgem alinhadas no rumo de uma mesma resposta: uma versão farsesca da verdade cristã. Arialdo e Landulfo difundiam um conhecimento falso envernizado de doutrina católica. Eis a heresia. Eles dissimulavam a fé por orgulho, soberba, para se colocarem acima da hierarquia. Aqueles sacerdotes ainda em formação falavam como se a verdade fosse toda sua, estivesse em seu ventre. Como se eles, não a Igreja, fossem os únicos guardiões do exemplo de Cristo. Eis o erro por trás das pregações raivosas, daquelas incitações tenebrosas – insistem os cronistas. Intumescidos de vanglória, vaidosos, os diáconos de espíritos superficiais enganavam "o povo" pela argúcia da lógica, a fala ardilosa, seduzindo ignorantes através de mentiras astutamente adornadas como verdade. Assim agiu Arialdo. Tendo "acumulado muitas honras e prazeres", ele não se contentava com "sua modesta posição, já que tivera uma origem humilde". A ganância o levou a "aliar-se a Landulfo, que era mais nobre e, portanto, mais adequado para exprimir duros juízos contra o clero". Arialdo era trapaceador da crença, arrivista da fé, sujeito que se servia do exterior das coisas santas somente para satisfazer sua sede por glórias terrenas. Seu cúmplice não era diferente. "Amante como ele era de aplausos", Landulfo era movido pelo fito de "usurpar para si a faculdade de pregar, contrariando o costume da Igreja". Ele, "que não estava em posse de nenhuma ordem sagrada", impunha aos sacerdotes exigências pesadas e insuportáveis, "embora soubesse que o jugo de Cristo era suave e leve". Por isso, hereges. Por subordinarem a verdade à sanha pela notoriedade, "para sentirem-se radiantes como joias". Por pregarem um juízo que não era "um dom de Deus, mas derivado da fonte da iniquidade dos maus, pleno não do amor de Deus, mas da inveja e do ódio, amparado não pela misericórdia, mas pela ira e pela ambição" (ARNULFO. Gesta Archiepiscoporum Mediolanensium. *MGH SS*, 8, p. 18-19. • LANDULFO. Historia Mediolanensis. *MGH*, 8, p. 77).

As descrições parecem reproduzir um modelo herdado da Antiguidade. Elas ecoam um conjunto de fórmulas convencionais, atributos estereotipados pela força da tradição. Os Patarinos assumem os aspectos da figura-tipo cinzelada por Ireneu de Lyon séculos antes. Falecido nas cercanias do ano de 200, esse bispo da Gália empenhara-se para desmascarar os perpetuadores da "falsa gnose", do falso conhecimento. O cerne da argumentação é este: a heresia é o erro intelectual, é a distorção dos princípios revelados por Cristo. Distorção que se propaga camuflada, sob o disfarce convincente de uma interpretação sofisticada, repleta de volteios elegantes, sugestões engenhosas, fórmulas chamativas. As crônicas teriam sido inspiradas por essa definição. Herege não é aí quem simplesmente desobedece, mas quem adultera a verdade para ludibriar as mentes iletradas e obter ganhos pessoais (IRENEU DE LYON. *Adversus Haereses*, 1979).

Heresia é erro intelectual. Definição simples, coesa, curta – e por isso desafiadora e inquietante para os historiadores. Admitamos. É difícil resistir à atração deste conceito. De uma objetividade eficiente, ele simplifica as coisas e guia o olhar, apontando onde estaria o que importa numa história como essa. Por isso é tão comum encontrá-lo. Nem sempre está explícito, é verdade. Amiúde oculta, vagando nas entrelinhas de muitos estudos como uma presença que se pode sentir, mas nem sempre enxergar, essa definição é o polo teórico que tem atraído numerosas investigações para uma mesma conclusão: a heresia é um fenômeno de ordem intelectual. Ela consiste no surgimento de ideias rivais, da mobilização de grupos organizados como escolas de pensamento divergentes. Era o que pensava Felice Tocco, em 1884.

Esse pioneiro da *Eresiologia* – do esforço para emplacar o estudo das heresias como uma disciplina – as compreendia como consequências de "profundas agitações religiosas", de movimentos coletivos inspirados por ideias contrárias ao racionalismo das elites cristãs. Geralmente, tratava-se de ideias indóceis à lógica filosofante dos teólogos, de pensamentos extravagantes, radicais ou simplórios, como o maniqueísmo cristão, que elevava o diabo a rival de Deus e repudiava a humanidade de Cristo. A heresia seria, em primeiro lugar, uma oposição de juízos, um despertar das consciências para a rivalidade de opiniões. E, embora atenuada, é nessa perspectiva que alguns autores pensam em 2014 ou 2017. Caso de Alíster McGrath, que concluiu: *hairesis* é o nome aplicado pela Igreja para desqualificar os grupos arregimentados por uma "visão intelectualmente defeituosa da fé". Uma heresia, prossegue o autor, "não é falta de fé, tampouco é um sistema de crenças não cristão". Seria o conjunto de "ideias essencialmente religiosas, visões alternativas de Igreja e sociedade" que tem sua "origem na própria Igreja" (McGRATH, 2014, p. 107-110, 255. • TOCCO, 1884, p. 71. Cf. tb. LOOS, 1974, p. 103-126. • FICHTENAU, 1998, p. 13-51. • DEANE, 2011, p. 1-56).

Todavia, esta é uma fôrma na qual os Patarinos se encaixam muito mal. Os sermões que os diáconos trovejavam no ar das praças milanesas continham ideias professadas por diversas autoridades católicas ao longo dos séculos. Os princípios evocados como palavras de ordem não eram inspirações maniqueístas, tampouco "visões alternativas" a respeito da Igreja e da sociedade cristã. A intolerância à simonia, a defesa do celibato, o ultimato para que o clero renunciasse aos hábitos do dinheiro e do luxo eram princípios aprendidos nas escolas sacerdotais, lidos em pergaminhos atribuídos ao Papa Gregório Magno ou a Ratério de Verona, colhidos na mesma seara onde os abades e cardeais ceifavam argumentos para sua teologia. Eram, por assim dizer, ideias ortodoxas. "Não por acaso devemos recordar o *rationabiliter vivere* que animava as exigências comportamentais dos grupos heterodoxos ocidentais do século XI", lembrou Ovídio Capitani. Os Patarinos eram movidos por uma ânsia de "viver racionalmente" a experiência evangélica *dentro* da Igreja Católica, não fora dela, em algum domínio religioso alternativo ou concorrente (CAPITANI, 1994, p. 9). Mas então, e todo aquele antagonismo irredutível? Como se explica a hostilidade contra o clero local? A resposta não residiria no elevado cume das ideias, mas ao rés do chão da história, no terreno lamacento das relações de poder – concluíram outros historiadores. É necessário mudar a definição para enxergar. Há outro entendimento a respeito do que uma heresia é.

Pregações como aquelas iniciadas por Arialdo em 1056 não eram julgadas heréticas por desnudarem crenças novas e desconcertantes. Tem razão quem insiste na constatação de que os cronistas as retratavam assim, como novidades terríveis. Mas essa era a maneira como eles explicavam o que ocorria. Não era, propriamente, o que ocorria. Era sua versão do real, não o real em si. Deve-se ver além de intenções, sobretudo daquelas escritas com a consciência de quem domina as relações sociais. A ênfase depositada sobre as tais "crenças desconhecidas" recobria a causa profunda do conflito: a revanche dos dominados. Essa é a outra leitura histórica. Os grupos se tornavam heréticos não necessariamente por desviarem a visão sobre a Igreja, mas por se insurgirem contra o poder dos estabelecidos. Desviavam a si próprios, antes de desviarem as ideias. A divergência surgia das desigualdades sociais, dos conflitos econômicos. Falar em "erros" heréticos era um ato de discernimento por parte das elites, uma maneira de classificar as contestações das posições sociais: era a explicação religiosa para tudo o que desafiava a riqueza, o patrimônio e as garantias de superioridade. No caso de Milão, os Patarinos protagonizavam uma insurreição das classes urbanas contra as elites agrárias. Pregando sobre celibato e simonia, eles sublevaram os dominados contra os dominadores. Eis uma conclusão que se pode chamar de "clássica". Gioacchino Volpe a lançou em 1922, antes de ser badalada como nunca, trinta anos depois, na análise marxista de Ernst Werner. O inconformismo cristão era a voz dos oprimidos contra a dominação da elite feudal. "A principal reivindicação dos Patarinos era a liberação política e econômica dos trabalhadores milaneses do controle de prelados e nobres" – concluiria Jeffrey Russell. Afinal, quem negaria que as questões de fé tivessem fortíssimo impacto social? Se Arialdo, Landulfo e os seguidores erradicassem a simonia e a atividade sexual do cotidiano clerical, as consequências não seriam apenas religiosas. Caso eles triunfassem, uma parcela da elite agrária seria mantida a distância do dinheiro e do casamento, bens disputadíssimos dentro do cada vez mais superpovoado e concorrido mundo urbano do século XI. O confronto de ideias era uma etapa da luta de classes entre campo e cidade (WERNER, 1956, p. 111-164. • RUSSELL, 1965, p. 45. • VOLPE, 1997, p. 13-22. • DUPRÉ THESEIDER, 1978. • NELSON, 1972, p. 65-77).

Essa lente sociológica propiciava nítidos avanços ao conhecimento. Ao observar os Patarinos através dela, o historiador seria capaz de enxergar os nexos entre as controvérsias espirituais e o conjunto da vida coletiva, de vê-las surgindo no fluxo de mudanças maiores, mais abrangentes e, muitas vezes, apreciadas de maneira fragmentada. Todavia, havia um problema. Vantajosa, essa interpretação possui um inconveniente, percebido por Herbert Cowdrey ainda nos anos de 1960. De fato, observava esse historiador, os Patarinos eram fruto do "crescimento de contundentes divisões de classe"; entretanto, "seria falso interpretá-las em termos de um contraste entre cidade e campo ou, menos ainda, entre uma classe feudal decadente e as classes urbanas em ascensão". A multidão que arrebentou contra a porta da Catedral de Santa Maria Iemale, feito uma gigantesca onda de indignação, era "socialmente eclética". Considerá-la uma massa de excluídos das "elites feudais" seria uma precipitação. Fazê-lo exigira que as lideranças do ataque fossem apagadas da cena. Arialdo era filho de proprietários rurais. Nasceu, cresceu e peregrinou em meio às campanas e aos bosques: sua identidade – inclusive como pregador – seria mutilada ao ser concebida como o produto de uma "cultura urbana". O mesmo pode ser afirmado sobre Landulfo. Herdeiro dos *Cotta*, ele pertencia ao universo dos *capitanei*: a "elite feudal" do lugar (COWDREY, 1968, p. 28).

"Divergência intelectual", "luta de classes". Não é tarefa fácil explicar o que é uma heresia. Quando se considera essas respostas, algo da história dos Patarinos parece escorrer entre os dedos. Elas não são as únicas. Não é menos escorregadia a tentativa de demonstrar que os episódios em Milão eram erupções de uma cultura popular. Eis outra caracterização corrente. Um dos principais responsáveis por ela foi Rafaello Morghen, que dizia: motivos religiosos não obedecem a propósitos classistas, eles antes os extravasam, embaralham. Os Patarinos seriam a prova disso. Suas ações eram resultado de um despertar popular para a participação na vida religiosa. Nascidos após o ano 1000, tendo crescido numa época em que se aprendia a esperar pelo final dos tempos sem data marcada, os milaneses de meados do século XI acreditavam que a salvação tinha nova medida: não mais coletiva, universal, mas individual, pessoal. A espiritualidade incorporava a lógica de um cuidar de si, da iniciativa própria, da autonomia, enfim, do responsabilizar-se pelo dia em que o espírito estaria nu às portas do Além. E assim, inquietada, com o desassossego batendo no peito, uma população até então religiosamente acomodada abandona um estado de letargia espiritual e se põe em movimento, cada vez mais exigente e impaciente. No dizer desses outros autores, a heresia patarina era isto: uma espiritualidade orientada para a inspiração pessoal e capaz de se opor às tradições e instituições herdadas dos séculos anteriores (MORGHEN, 1951, p. 212-286. • GRACCO, 1983, p. 354-373. • POOLE & POOLE, 1984, p. 63-129).

Essa perspectiva parece melhor ajustada ao perfil dos Patarinos. "Cultura popular" é uma expressão que costuma calhar e revelar certa utilidade quando se trata de mobilizações socialmente ecléticas. Contudo, caracterizar os Patarinos como "movimento popular" surte um efeito muitas vezes indesejável: acaba por homogeneizá-los. Não só. Pode se perder de vista aquele que parece ter sido o sentido de suas ações: a luta contra a cúpula da igreja, o vértice do conflito. Entre os líderes daquela multidão, "definitivamente, não havia homens de condição modesta" – lembra Alexander Patschovisky. É enorme o risco de que a atração exercida pelo adjetivo "popular" deixe ainda mais turva a visão sobre as diferenças entre os perfis e os interesses mobilizados na luta contra o episcopado (PATSCHOVISKY, 2003, p. 29. • COWDREY, 1968, p. 32).

Entre tantas possibilidades, a dúvida persiste. Afinal, como explicar essa heresia? A resposta adotada vem a seguir. A partir de 1056, Milão tornou-se palco da radicalização de uma disputa política já existente. Intensificando-se há quase vinte anos, a luta ingressou em nova fase, na qual o uso da força não era apenas descarga de frustrações, efeito colateral ou um meio para pressionar. Era a razão da disputa. A heresia era a guerra e a coerção.

O cotidiano havia sido profundamente afetado pela ascensão do arcebispo durante o tempo de Ariberto. A influência exercida pelas principais linhagens dos *capitanei*, como os *Obertenghi* e os *Aledramidi*, foi eclipsada. Os poderes jurisdicionais do conde, velho esteio da dominação aristocrática, foram dramaticamente reduzidos. Além de arrancar a justiça e a taxação das mãos dos magnatas, os agentes do arcebispado invadiram terras, ocuparam fortalezas, impuseram-se sobre aldeias: parcelas da exploração agrária foram incorporadas à Sé como reparações à "liberdade da Igreja", violada em nome do apoio a Arduino. Como costumava ocorrer quando se tratava da liberdade eclesiástica, esse movimento foi, a um só tempo, patrimonial, político, religioso. A defesa da unidade fundiária da Igreja e o governo da cidade eram ações justificadas como ações pastorais. A integridade dos bens da "casa de Deus" e o bem-estar dos corpos e das almas eram um único e mesmo assunto. Não se pode perder isso de vista. A política era o próprio reino do espiritual. Assim foi exercida e, como tal, era disputada.

Mas eis que as relações de poder, em pleno curso de redefinição, foram engolfadas pelo torvelinho das armas. Em estado de sítio, sob dias desesperadores de combates contra coalisões aristocráticas convocadas pelo imperador, a autoridade eclesiástica foi empurrada para um inédito alinhamento social. Milícias urbanas assumiram a defesa do arcebispo. O chamamento às armas, dirigido "do rústico [camponês] ao cavaleiro", aproximou os grupos subalternos e as elites. A guerra contra os vavassalos e o longo cerco imposto pelas forças imperiais fez com que, em Milão, diferentes classes sociais acumulassem a experiência de atuar como guardiãs da integridade eclesiástica. Muitos podiam se dizer defensores da Sé e da comunhão espiritual local. As pregações de Arialdo não criaram essa identificação, mas a inflamaram: os sermões incendiavam memórias já existentes, formadas durante o tempo em que Cristo apareceu sobre um altar puxado por bois para acompanhar os milaneses até o campo de batalhas, para lembrá-los de que todos, "do desprovido ao abastado", deviam golpear e sangrar como um único rebanho. Quanto aos Patarinos, no princípio era a guerra travada em nome do arcebispo. Entre o final dos anos de 1030 e a conturbada década de 1050, não há ruptura. Não se trata de outra história.

Terminada a guerra contra o Imperador Conrado e as coalizões aristocráticas, Milão seguia vivendo a adversidade e a imprevisibilidade – era o tempo típico da guerra, embora sem novas batalhas. Os anos de 1040 encontraram os milaneses assim, as mentes tomadas por um inédito senso de engajamento, efeito das recentes experiências de mobilização militar. Arcebispo, *capitanei*, vavassalos, citadinos: todos politicamente ativos e ideologicamente ligados ao destino do bispado, nenhum deles, porém, hegemônico. Agravado pelo exílio de Ariberto, o cenário tornou-se instável com a eleição de Guido, prelado improvável. A esta abertura do governo às muitas forças sociais urbanas – e com ele dos assuntos espirituais – somaram-se as incertezas. Dentro do milenar anel de muralhas, a balança do poder oscilava bruscamente. E a cada deslocamento brechas surgiam, permitindo a emergência de novas entidades políticas.

Os "Patarinos" eram isso: uma entidade política. Sua unidade era uma convergência circunstancial, conjuntural: um alinhamento de forças que a guerra e, em seguida, as lutas pela projeção pública tornaram possível. Seus sermões expressam, de fato, um sentimento coletivo. Não um "movimento de ideias distorcidas", uma "consciência de classe" ou uma religiosidade "popular", mas uma experiência que a história de Milão tornara comum: a de viver numa arena política, de pertencer a um ambiente onde o triunfo político – e, por isso mesmo, religioso – era destino aberto, ao alcance dos três principais grupos, os *capitanei*, o "povo" e a aristocracia interiorana. As pregações iniciadas no outono de 1056 expressam o acirramento da disputa pelo papel já desempenhado por todos, o de guardião do centro da vida local: a Cúria eclesiástica. Essa entidade política que ficou conhecida como *Patarinos* era efeito de uma mobilização que levou aos ouvidos de elite clerical o som do impensável, o rumor surdo de uma notícia arrepiante, sinistra: figuras até então subalternas reclamavam o controle sobre o sagrado bélico; insolentes, diáconos e laicos reivindicavam a autoridade típica dos bispos guerreiros. Disparava-se as acusações de heresia para marcar esta certeza: a disputa pelo uso sacramental da força, travada desde o final dos anos de 1030, passara dos limites socialmente toleráveis. Ao pronunciar "Patarinos", o alto clero respondia à dúvida gerada por um medo visceral. Falar em heresia era uma maneira de posicionar-se perante à pergunta que chegava ao espírito como um pavor quase primitivo: O que será do mundo se o poder que humilhou um rei como Arduino e deteve um imperador como Conrado cair em mãos inferiores? Que destino nos aguardará quando o poder para salvar almas derramando sangue for exercido por quem nasceu para obedecer, jamais para liderar? Esse temor quase impronunciável foi expressado através da espiritualidade. No século XI, vontades políticas surgiam como confissões de fé. Os Patarinos não foram exceção. Seu "ímpeto moral foi expresso de tal maneira que se tornou uma forma de política" (PATSCHOVISKY, 2003, p. 31. • WITT, 2011, p. 53-80).

Nos idos de 1050, Milão viveu um agravamento da luta política local. *Patarinos* foi um nome que, sacado décadas depois, identificava a convergência momentânea de grupos heterogêneos, o alinhamento instável que resultou das tensões de *um* contexto. O nome era uma lembrança. E como tal, ele congelou esse contexto. Os cronistas o usaram assim, para fazer ver a unidade lá onde havia diversidade, a uniformidade onde havia fluidez. Como os olhos da Medusa, a palavra *Patarinos* foi criada para eternizar a fisionomia de um inimigo, para petrificar algumas características tacitamente selecionadas. Seu uso foi dominado pela função de encobrir a dimensão de tempo e fazer ver algo pronto e acabado. Aquilo que era um cenário aberto de forças sociais torna-se um "movimento social", um singular coletivo, uma identidade firme e fechada; o que resultava de relações temporárias e instáveis adquire a forma de ideias bem-definidas e duradouras. É preciso ser cuidadoso e insistir. Tentar ver e rever. Pois a palavra *Patarinos* inventa a heresia no exato instante em que a nomeia. Não se trata de exceção, de um caso isolado. "Em perspectiva histórica, quanto ao cristianismo, a heresia não é um dado: ela nasce lá onde a cultura clerical hegemônica a faz nascer e a hierarquia da Igreja dominante descobre os heréticos". O autor da frase é Grado Merlo, um investigador calejado pela extensão do problema. Que foi arrematado por outro historiador: "A heresia é o produto de um discurso forjado pela instituição eclesial" (MERLO, 2011, p. 107. • LAUWERS, 2009, p. 163).

Heresia é uma *inventio*, uma "invenção". Esse vocábulo, afortunadamente ambíguo, reúne dois significados diferentes: de um lado, a criação de algo que não existe e, de outro, a descoberta de algo escondido. Partidários do Arcebispo Guido, contrários aos grupos que se opuseram ao alto clero, os cronistas descobriram o que já haviam decidido encontrar. Ao redigir as descrições – nos idos dos anos de

1070, quando a multidão que arrastava sacerdotes incontinentes do altar não mais era vista –, eles recriaram algo que já existia, um modelo literário datado da época de Ireneu de Lyon: a imagem de uma seita de pseudoapóstolos, de falsários astutos da fé, "que contrariavam as Sagradas Escrituras e contra os quais foram aplicadas as sanções previstas nos cânones", trapaceiros que distorciam "o ensinamento de Cristo" em razão "da glória que esperavam obter". Tal caracterização não era uma verdade objetiva, mas uma verdade sugestiva: falando em nome dos vencedores, os cronistas evocaram a autoridade de Santo Ambrósio como tinta para suas páginas e sugeriram certos aspectos sobre o ocorrido. Aspectos que se revelavam úteis a quem partilhava dos mesmos interesses. Ao escreverem como se erguessem o dedo em riste, apontando para um "grupo herético", eles se convertiam na alternativa óbvia: em quem falava como ortodoxo. Sacar a acusação de heresia é uma maneira de tomar posse do lugar reservado para os "detentores do correto entendimento da fé". As descrições eram seletivas, táticas. Elas estavam menos comprometidas com as ideias e condutas dos Patarinos do que em fixar esses extremos, em criar um "tipo de reciprocidade estrutural entre heresia e ortodoxia" – tal como demonstrou Grado Merlo. *Inventio* e *Utilitas*. "Invenção" e "utilidade". Invenção de características que despontem familiares e persuasivas. E utilidade para reafirmar as prerrogativas de quem já detém o poder. Aí estão dois traços reais e históricos que explicam o surgimento da heresia como "um movimento" (ARNULFO. Gesta Archiepiscoporum Mediolanensium. *MGH SS*, 8, p. 18-19. • LANDULFO. Historia Mediolanensis. *MGH*, 8, p. 82. • MERLO, 2011, p. 97).

A denominação da heresia é um espólio dos vencedores. Por isso, os seguidores de Arialdo lutaram por ela até o fim. Eles disputaram o processo de construção social da fama de herético. Trata-se de uma constatação crua, explícita. Enquanto os cronistas afirmavam que os líderes Patarinos falsificavam as Sagradas Escrituras com a desfaçatez do vidraceiro que imita o brilho da esmeralda com vidro artisticamente falsificado, Andrea de Strumi – o biógrafo de Arialdo – narra os sermões intempestivos de 1056 como uma acurada exegese dos evangelhos. O afamado herege era dotado de um profundo conhecimento da Bíblia: eis a conclusão elaborada para arrebatar leitores. Era uma guerra de narrativas. Guerra travada pela posição de formulador da fé. Guerra travada com armas semelhantes. As acusações de simonia eram disparadas por ambos os lados. O abade de Strumi assegura que os diáconos condenaram toda forma de pagamento pelos bens clericais e se opuseram à Cúria porque a descobriram um viveiro de víboras simoníacas. Os cronistas denunciaram estes "campeões da fé" por esse mesmo crime: a multidão furiosa que invadia casas sacerdotais, rugindo a separação entre padres e esposas, era um leão que comia ouro das mãos daqueles diáconos ensoberbados. Se ali Arialdo e Landulfo surgem como defensores da purificação do clero; aqui, eles são denegridos como os mentores de uma incitação anticlerical. As semelhanças não são casuais ou acidentais. As versões são diametralmente opostas porque eram reflexo uma da outra. Esse jogo espelhado é a evidência histórica de que a heresia era criada em razão do acirramento da rivalidade pela posse da autoridade legítima, não, simplesmente, em reação a supostas crenças extravagantes (MERLO, 2011, p. 102-109).

A heresia é o resultado de acréscimos, criações e projeções ao objeto narrado. Mas é, igualmente, descoberta, revelação e absorção de algo real. Ora, e então? Que descoberta há neste caso? Esta. "Patarinos" foi o nome dado a uma entidade política formada para um propósito: conquistar poder sobre o espaço público controlando o principal recurso político das últimas décadas, o uso sacramental da força. Simonia, celibato, pobreza, pureza moral. Nenhuma dessas ideias era nova. Ainda que levassem a raciocínios diferentes e a opiniões contraditórias, todas integravam a cultura clerical e poderiam ser encontradas nos escritos e nas vozes de uma galáxia de papas, eremitas, abades, priores, abadessas, bispos, monjas, monges, sacerdotes. Nenhuma particularizava os grupos que atuaram em Milão. O mesmo não se pode dizer de sua pretensão sobre o poder até então restrito: ordenar a vida pública desembainhando a lâmina e derramando o sangue. O nome "Patarinos" identificava uma ruptura que parece ter ocorrido primeiro e de maneira traumática em Milão. A quebra do protagonismo episcopal sobre a coerção sagrada.

À medida que os meses passaram, o clamor sanguinário só fez crescer. Eis um traço recorrente em todos os registros – entre os detratores do "povo milanês" tanto quanto entre seus defensores. Ambas as descrições avançam sob o compasso dessa ênfase até atingir um momento apoteótico: os últimos anos de 1050. A missão romana havia partido, deixando à cidade uma paz tão resistente quanto a chama de uma vela em meio à ventania. Os homens do papa repreenderam o arcebispo severamente. Descobriram simonia e repartiram a culpa entre o prelado e o alto clero. Com os pulmões inflados com aquele ar saturado de censuras a Guido, Arialdo imprimiu novo fôlego aos sermões. As pregações recomeçaram. Ele dizia que os citadinos eram um rebanho apascentado por lobos. No momento em que se aliaram ao arcebispo, aquele traficante de coisas santas, os clérigos se curvaram a satanás. Estavam todos contaminados pela perdição, cúmplices de violações, horda de "hereges simoníacos". Como tais, os gestos ministrados por eles eram nulos. As hóstias que eles erguem no altar não passam de "esterco de cães", as igrejas em que celebram as missas não se diferem de "presépios de asnos", teria dito Landulfo, as palavras estalando na garganta, ricocheteando os antagonismos de uma década. Exortados a desprezar as liturgias, "homens e mulheres deixaram de frequentar as igrejas". Os santuários esvaziaram. Dízimos secaram. Enquanto insuflava a greve litúrgica, Arialdo teria deixado claro que a resistência seria conduzida a todo custo, mantida *ad sanguinem*, "até o sangue" (ANDREA DE STRUMI. Vita Sancti Arialdi. *MGH SS*, 30/2, p. 1.057. • ARNULFO. Gesta Archiepiscoporum Mediolanensium. *MGH SS*, 8, p. 19-20. • MICCOLI, 1999, p. 180-182. • GOLINELLI, 1995, p. 35-56, p. 40-43).

É o próprio biógrafo, o abade empenhado em provar sua santidade, que descreve a cena. Revolvendo as páginas do livro de Jeremias no íntimo da memória, o diácono teria se voltado à multidão que se acotovelava na praça e indagado: "não disse o profeta: 'maldito aquele que retém a sua espada do sangue'?" "Isto é", continuava Andrea, explicando como deveria ser compreendida a frase, "aquele que se abstém da morte do monstro horrendo". Cinzio Violante insistia que a "espada" aqui mencionada era um símbolo, uma metáfora da pregação antissimoníaca: a palavra era o gume que abatia o dragão da simonia. Espada era o dever que tinha todo cristão de se declarar, de pronunciar seu repúdio aos simoníacos. A morte visada aqui era apenas a do pecado, a dos vícios, que definhavam quando uma mente se convertia à verdadeira disciplina e ao rigor. A conclusão permanece irretocável. Porém, a declaração não possuía único sentido. Ela se presta a essa leitura alegórica, tanto quanto a outra, literal. Não é o pregador, sozinho, quem determina o significado do que diz. Parte de um universo cultural dinâmico, uma frase assim comunicava outros predicados; transmitia igualmente outras mensagens: ela era, igualmente, enunciado do contexto. E, em Milão, a espada tinha apetite de vísceras e veias, não só de ética (VIOLANTE, 1965, p. 645).

As palavras de Arialdo não podem ser desconectadas do contexto. Elas diziam algo na cidade onde sermões significavam habitações espoliadas e sacerdotes *forçados* a jurar o celibato. Note-se o verbo empregado pelo próprio biógrafo: *cogeretur*, "forçado", coagido. A pregação criava uma generosa brecha semântica por onde poderia passar a compreensão de se tratar do uso da força. Essa abertura para conotações bélicas literais era reforçada por outra alusão, realizada logo a seguir por Arialdo. Citando Mateus, o diácono teria evocado as palavras que Cristo dissera: "não vim trazer a paz, mas a espada". A pregação exultava a subversão da ordem existente, louvava o antagonismo, enaltecia o combate como caminho para a salvação (ANDREA DE STRUMI. Vita Sancti Arialdi. *MGH*, 30/2, p. 1.056-1.057).

Era um chamado sagrado à ação, ao engajamento para além da palavra, à conversão da conduta em ato – como fizera Ariberto na iminência do cerco imperial. E como antes, as consequências não foram metafóricas. "Se alguém decidisse passar pela cidade durante tais dias", dizia o abade, "não teria ouvido falar de outra questão a não ser deste confronto: de uma parte, aqueles que justificavam a simonia; de outra, aqueles que a condenavam". A dissensão alastrava-se sem peia, incontornável. "Não era de se estranhar se uma casa fosse inteiramente fiel, uma segunda era infiel, enquanto em uma terceira a mãe e um filho eram crentes, o pai e outro filho, descrentes. Pois toda a cidade foi tomada e sobressaltada por esta confusão e este confronto". Confronto e iminência da ação. As marcas da presença dos Patarinos, um nome marcado como heresia (ANDREA DE STRUMI. Vita Sancti Arialdi. *MGH SS*, 30/2, p. 1.056-1.057).

Na cidade onde surgiu o *carroccio*, o altar da batalha, foi deflagrada a disputa pelo sacramento da guerra.

7

Papa Noturno e o bispo que não deveria ter nascido se enfrentam: alianças, rito e o papado como bispado da guerra

E ouvireis de guerras e de rumores de guerras; olhai, não vos assusteis, porque é mister que isso tudo aconteça, mas ainda não é o fim.
Mt 24,6

1

Durante toda manhã, o ambiente tremeu. Reunidos para deliberar e aconselhar o rei, os bispos, condes e duques fizeram o ambiente ranger. Era um troar sem fim. A acústica do palácio imperial da Basileia amplificava as manifestações, fazendo-as ressoar como golpes. Veementes e enérgicas, cada opinião era um estrondo vocal. O ar vibrava. Os espessos vitrais não continham as vozes arremessadas, audíveis no lado de fora. De repente, após horas de abalos sonoros, um silêncio desabou sobre a assembleia dos "grandes do reino". A calmaria parecia ter despencado do teto, soterrando a todos, sem escapatória. Imobilizados por uma pausa hipnótica, eles aguardavam, calados, à espera de um pronunciamento que os resgataria daquela quietude que esmagava suas gargantas como uma massa de escombros. Rigorosamente distribuída nas alas da *Aula Regia*, o salão principal, a multidão emudecida olhava imóvel para o fundo do recinto. Oriundos, sobretudo, do reino itálico, os magnatas esperavam pela voz que ecoaria dali, onde estava sentado um menino de 10 anos. Menino vivaz, de braços esguios, mãos delgadas e impacientes, os pezinhos agitando-se sob o trono como pêndulos imparáveis. A figura franzina era o sucessor imperial, o futuro Rei Henrique IV. À esquerda dele, sua mãe, Inês, a rainha e regente do reino desde 1056, quando faleceu o monarca. Atingido em cheio pelo desmoronamento do silêncio, o plenário os aguardava.

Os instantes pesaram como toneladas até que o menino de trejeitos ensaiados abriu a boca. Arqueado sob um manto pesado demais para seus ombros mirrados, com a cabeça enterrada em uma coroa trazida de Roma, ele gritou uma ordem na direção da audiência. A voz que finalmente implodiu o silêncio era fina, esganiçada, um som sem conserto. Mas de uma clareza aguda. Ela ordenou que o bispo de Parma se aproximasse. Cádalo se ergueu e atravessou o salão até se pôr de joelhos perante o trono. Numa sincronia ritual, em pé, mãe e filho entregaram-lhe uma cruz gemada e um anel de um dourado faiscante. O eclesiástico ainda acomodava os objetos entre os dedos envelopados num par de luvas brancas, quando sentiu um peso cobrir-lhe as costas: os regentes desfraldaram sobre ele a *cappa rubea*, um manto púrpuro bordado com os fios da reputação de um dia ter pertencido ao Imperador Constantino. Por fim, surgiu um objeto desconhecido por muitos. Lembrava um elmo, mas possuía aparência macia, alva. Talvez alguém o tenha associado a uma coroa, a julgar pela maneira reverencial com que fora erguido. Mas a associação cabia mal. Feito inteiramente de pano, era algo diferente. Fechado, ele recobria o topo da cabeça com o formato da ponta arredondada de uma lança, com o traçado pontiagudo desenhado desde a base, um grosso círculo dourado que enlaçava as têmporas. Acostumados ao barrete – ao compacto chapéu dos patriarcas –, os presentes na *Aula Regia* surpreendiam-se com a mitra, a criação itálica de fins do século X. Todos esses objetos eram singulares. A cruz, o anel, o manto, a mitra: símbolo sobre símbolo, ali estavam as insígnias da Sé de Roma. Os adornos do sucessor do Apóstolo Pedro. Ao concedê-las, emitia-se a mensagem inconfundível. *Consummatum est.* "Está consumado". O novo bispo romano foi empossado. Cádalo era sumo pontífice (BENZO DE ALBA. Ad Heinricum. *MGH SS rer. Germ.*, 65, p. 586-590. • BERNOLDO DE CONSTANÇA. Chronicon. *MGH SS*, 5, p. 427. • BONIZO DE SUTRI. Liber Ad Amicum. *MGH*, 5, p. 595. • Chronica Monasterii Casinensis. *MGH SS*, 34, p. 385. • BÖHMER-STRUVE, 1981, p. 92-93).

Na manhã do dia 28 de outubro de 1061, após consultarem a assembleia reunida na Basileia, a rainha viúva e o rei impúbere selaram a decisão. Os gestos rituais confirmaram a eleição bradada de maneira unânime dentro do palácio. Talvez Cádalo tenha considerado a investidura papal uma dádiva celestial. São Jorge o recompensara – teria pensado. Afinal, há apenas três semanas, ele, o bispo de Parma, salvara o imenso patrimônio consagrado ao santo militar nos arredores de Verona. A ameaça era a própria parentela clerical. Durante anos, três sobrinhos resistiram à sua decisão de dispor das terras da linhagem, doando-as a um mosteiro que seria erguido em memória do guerreiro celestial. A oposição se prolongou por uma década e meia. Apenas no início daquele mês de outubro, uma renúncia formal foi jurada sobre pergaminho. Nada que o "senhor bispo doara à honra de São Jorge" poderia ser reclamado pelos três irmãos. Vivendo em uma época dominada por uma economia das trocas espirituais, quando cada oferenda alimentava a expectativa do acesso a um dom do Além, quando cada doação nutria a espera por uma contrapartida divina, não é improvável que Cádalo tenha enxergado a eleição papal como um pagamento celestial. Com a renúncia dos sobrinhos, ele finalmente concluiu a transferência do patrimônio para São Jorge. Três semanas depois, o novo proprietário retribuiu (CENCI, 1924, p. 309-344. • MILLER, 1993, p. 75. • MORÁS, 2001, p. 217-235).

Não que fosse preciso falar em milagre para explicar aquela eleição. A elevação de Cádalo a sucessor de Pedro não era algo inconcebível ou inopinado. Não era uma manobra inusitada ou uma interferência descabida. Sob muitos ângulos era, inclusive, um desfecho provável, esperado e satisfatório. O órfão do tempo alcançara um prestígio invulgar. Como bispo de Parma, ele ocupava uma posição que já recebera as honrarias de "conde palatino" e "arquichanceler imperial". Guibodo, Elbunco, Aicardo, Sigefredo: seus predecessores, os eclesiásticos dos quais ele se tornara o herdeiro espiritual, foram *episcopus et cancellarius*, "bispo e chanceler". Assim foi ininterruptamente, entre os anos de 896 e 945. As dinastias mudavam, mas o prestígio dos prelados de Parma permanecia. E persistiu com os otônidas e os sálios: de Humberto, consagrado em 960, a Hugo, falecido em 1044, todos os bispos ocuparam aquela alta função. Entre as vozes que bradaram o novo papa na Basileia estava a de Guiberto, o chanceler imperial do reino itálico. Diácono parmense, ele era a prova de que o título permanecia prerrogativa da diocese: estava ao alcance da vontade de Cádalo como esteve à disposição dos predecessores. Ao tornar-se bispo, o órfão do tempo recebeu as chaves que garantiam acesso a uma fabulosa riqueza simbólica, a grandes reservas de prestígio (OTO I. Diploma 239. *MGH DD O*, I, p. 332-334. • IRENEO AFFÒ. *Storia dela Città di Parma*, 1, p. 351-353. • BORDONI, 1661, 1, p. 128-131. • Diploma 63, 1924, 1, p. 145. • GUENZA, 2005, p. 47-65, p. 51. • BIANCHI, 2006, p. 40-43).

Riqueza multiplicada ao longo de quinze anos. Quando a corte imperial convocou bispos e condes para a Basileia, Cádalo era o reconhecido detentor de uma imensa fortuna em obras piedosas. Era, em primeiro lugar, um benfeitor monástico. Enquanto fundava um mosteiro nos arredores de Verona, dedicando seu patrimônio familiar à honra de um santo guerreiro, em Parma, ele confirmava imunidades fiscais e ampliava as posses do mosteiro feminino dedicada ao Apóstolo Paulo –

não apenas uma, mas três vezes entre 1046 e 1061. Como insistiram numerosos historiadores, tornar-se patrono dos monges era uma maneira de associar-se aos ideais de pureza e rigor da religião. Cádalo foi além. Por volta de 1055, ele converteu a tragédia urbana mais comum daquela época em uma ocasião de ampliação da autoridade episcopal. Um incêndio tomou a cidade de Parma. O chão ferveu e consumiu ruas inteiras. Atarantado, o clero viu as chamas mastigarem a antiga basílica e cuspirem de volta uma carcaça enegrecida e retorcida. Imediatamente, ele tratou de reerguer o edifício. Não como uma restauração. O templo era outro. Era um santuário de proporções maiores e mais sedentas de céu, com as paredes mais altas e planejadas para suportar grandes vitrais. Em 1061, o feito já era digo de rumor: o bispo de Parma fazia uma igreja imensa brotar de um chão chamuscado. O novo templo seria um magnífico conjunto de três naves, uma obra que consumia infindáveis carregamentos de madeira e mármore. A empreitada ambiciosa envolvia muito mais do que o próprio Cádalo pretendera. A nova arquitetura redesenhava a identidade urbana, afinal "uma catedral era um microcosmo de uma transformação maior". No caso, de uma nova aliança entre bispo e população, de uma recriação da certeza de que, juntos, formavam uma comunidade capaz de resistir às provações e justificar-se aos olhos de Deus. A nova edificação era a prova de superação do trauma criado pelo fogaréu. Uma igreja como aquela era mais do que uma construção. Era um símbolo colossal da prosperidade urbana – pois era a riqueza das elites locais que, incessantemente taxada, financiava aquela aventura talhada em pedra – e de uma espiritualidade revigorada, que renascia das chamas mais confiante na relevância das ações humanas para o julgamento divino (MILLER, 2000, p. 86-88. • IOGNA-PRATT, 2006, 331-360. • HOWE, 2016, p. 86-112).

Ademais, mosteiros e igrejas não eram os únicos espaços onde a atuação de Cádalo podia ser testemunhada. Havia outros, havia os sínodos. Era comum fisgar sua silhueta nos plenários reunidos tanto pelo imperador quanto pelo pontífice: em Pávia, no ano de 1046 e novamente em 1049; reiteradas vezes em Roma: 1049, 1055, 1059. Tendo subscrito as decisões dessas assembleias, ele tomou parte das condenações disparadas contra a simonia, a violação do celibato, a interferência laica nas eleições episcopais. Em outras palavras, o bispo de Parma participava ativamente dos empenhos coletivos para reformar o modo de vida eclesiástico e restaurar a disciplina inspirada no exemplo apostólico. Reformador do clero, construtor de igreja, fundador de mosteiro: Cádalo era um candidato plausível para o trono de Pedro. Havia razões de sobra para elevá-lo ao papado (MANSI, 19, p. 721-724, 835-838. • BERNOLDO, Chronicon. *MGH SS*, 5, p. 426. • BONIZO DE SUTRI.

Liber Ad Amicum. *MGH*, 5, p. 588, 590, 593-594. • HERMANN DE REICHENAU. Chronicon. *MGH SS*, 5, p. 128. • HEFELE-LECLERCQ, 4/2, p. 1.002-1.009, 1.117-1.118. Cf. tb. ALLODI, 1856, p. 121-123. • CAPPELLETTI, vol. 15, 1859, p. 149-151. • BAIX, 1949, p. 56-57. • BERTELLI, 2006, p. 15-20. • QUINTAVALLE, 2006, p. 201).

Havia razões de sobra para o papado ser entregue a um bispo como Cádalo. Roma se tornara o palco de uma agitação inédita. A mudança que desassossegava a população se iniciara no final de 1045. Quando o falecido Rei Henrique III depôs os três eclesiásticos que reclamavam a autoridade papal e instalou um bispo germânico como pontífice, o cotidiano local começou a ser afetado. A princípio, tudo ocorreu de modo pontual, discreto – não era a primeira vez que um monarca interferia no pontificado. Contudo, os meses dançaram no carrossel do calendário e uma realidade nova se pôs a girar diante dos olhos de todos. Giro inquietante. Para muitos romanos, a ponte entre o ontem e o hoje se partira. Que mudança era essa? O que havia de novo? A resposta exige uma pequena volta no tempo.

Desde 1003, todos os papas eram oriundos da aristocracia do Lácio. Há quase meio século, a autoridade apostólica integrava a dominação exercida pelos magnatas locais. Por gerações fora assim. Ainda que perpetuassem rivalidades sangrentas, literalmente lutando até a morte, as forças senhoriais agrupadas em torno das grandes linhagens, os *Crescenti* e os Tusculanos, jamais abalavam tal vínculo. Só faziam reforçá-lo. Os *Crescenti* foram clã dominante durante a segunda metade do século X. Sua influência sofreu um primeiro abalo quando um dos seus tentou subtrair Roma ao controle otônida. O *praefectus* Crescêncio se tornou líder de uma revolta que terminou com sua decapitação. Foi espetado num varapau e exibido como carcaça infame no Monte Mário, em dezembro de 997. O declínio não foi imediato, mas foi irreversível. O enfraquecimento do clã tornou-se irremediável após o fim do reinado de Arduino. Com a restauração da hegemonia teutônica tornou-se insustentável a posse das funções públicas por parte daquela família que carregava na corrente sanguínea as lembranças da revolta contra o imperador. Outra porção da elite romana ganhou terreno. Seu *paterfamilias*, isto é, a figura que a liderava, vinha de fora dos muros, de uma cidadela a quinze milhas, rodeada por vales férteis e pela reputação de fortaleza inexpugnável. De lá provinham os novos senhores de Roma, gente do conde de Túsculo – os Tusculanos. Essa linhagem assumiu uma aliança com a realeza teutônica, conquistou um governo autônomo sobre a cidade, o que levou os chefes da linhagem ao trono de Pedro. Por trinta anos, desde 1012, a voz que falava pelo apóstolo saía da garganta do conde de Túsculo.

A tensão nunca cessou. A atmosfera de hostilidades pairava sobre todos. Na maior parte das vezes, o antagonismo era como o ar rarefeito, pouco denso, pois ocorria de modo difuso, latente sob a supremacia tusculana. Em outras, especialmente quando o papa morria ou algum fato oferecia a brecha para reiniciar a luta pelo poder, ele irrompia aos borbotões, feito rajada de vento, com os *Crescenti* agindo para reaver o governo. Foi o que ocorreu em 1044-1045. A luta entre os três papas era também uma guerra de bandos que orbitavam a riqueza das duas linhagens. Os reclamantes ao trono eram três, mas os lados em disputa apenas dois: Bento IX era o próprio conde de Túsculo; Gregório V, um aliado tusculano; Silvestre III, o eleito dos *Crescenti*. O "cisma tríplice", como ficou conhecida aquela luta, era o mais recente episódio de um longo histórico de rivalidades sangrentas. Todavia, por mais brutais que fossem tais disputas, elas ocorriam no interior de certos limites sociais. As contínuas deflagrações seguiam uma razão prática, a conquista do papado. Cada uma delas só reforçava a condição fundamental para o exercício do poder local: o controle do bispado era "a" peça-chave na manutenção do *status quo* das maiores famílias romanas. Era ele que abria caminho para a exploração do chamado Patrimônio de São Pedro, isto é, das terras, cidades e aldeias diretamente vinculadas à Santa Sé. Não fosse através da autoridade papal, tais bens permaneceriam fora do alcance das elites. Além disso, grande parcela dos agentes encarregados dos rendimentos consumidos pelas linhagens era formada precisamente pelo clero romano. Para chegar até as bolsas e as mesas aristocráticas, a riqueza produzida pelos camponeses transitava pelas mãos de diáconos, presbíteros e cardeais. Em outras palavras, a estrutura eclesiástica concentrava porções imensas dos meios de exploração econômica. O bispado e a aristocracia integravam a mesma cadeia de dominação. Esta condição histórica não somente saiu ilesa, como foi reforçada ao longo das décadas. *Crescenti*, Tusculanos... Pouco importava o nome, o desfecho era um só: as famílias se alternavam no triunfo, mas a Sé Apostólica permanecia um *Adelspapsttum*, um "papado aristocrático" (HERRMANN, 1973, p. 166-178. • TOUBERT, 1973, p. 960-1.038, 1.226. • WICKHAM, 2015, p. 181-258).

Em 1045, a ruptura. A profunda identificação regional do poder pontifício cessou. A coroação de Clemente II fez mais do que selar o fim de um conflito local. Ela afetou as posições de poder dos grupos estabelecidos. Pela primeira vez em décadas, o Santo Padre não era romano. Era um homem estranho a todas as famílias do Lácio. Na verdade, ele era algo mais. Clemente era conde de Mörsleben-Hornburg e bispo de Bamberg, posições que manteve após a investidura papal. Não ter renunciado ao governo de sua Igreja imperial – sobretudo quando as tradições canônicas proibiam que um prelado acumulasse a direção de duas dioceses (JEEP, 2001, p. 39-41. • ROBINSON, 2004, p. 5-6. • WOOD, 2006, p. 299-300) – é, talvez, a maior evidência do impacto de sua ascensão. O pontífice persistia um aristocrata teutônico. Sua maneira de ver o mundo permanecia atrelada a relações de poder existentes longe dali. Sua presença era a imagem viva de que a cúpula eclesiástica era orientada para interesses fundados muito além do horizonte da dominação local. Antes mesmo de colocar em prática qualquer aspiração reformadora, ele se converteu na encarnação do impensável: o bispado foi subtraído à influência direta dos antigos magnatas e deixou de ser o "ponto de equilíbrio entre as famílias da aristocracia romana" (CANTARELLA, 2006, p. 37). Sim, Roma abrigava agora uma liderança eclesiástica inédita. Mas sua característica angustiante, que tomou de assalto o cotidiano da cidade, era o fato de ser desenraizada, alheia às forças senhoriais à sua volta. Após tanto tempo sangrando como rivais inconciliáveis, Tusculanos e *Crescenti* descobriram algo em comum. A Sé Apostólica escapava a todos. Todos, sem distinção de nome ou terra, estavam alijados do poder.

A esta altura, é necessário recordar: Clemente foi o primeiro de uma série de papas teutônicos. Os sucessores eram eclesiásticos de perfis semelhantes. Dâmaso II provinha da ilustre casa de condes palatinos da Baviera e permaneceu bispo de Brixen até o fim de seu curto pontificado. Em 1049, a corte assegurou a mitra para um descendente dos condes de Egisheim: tal como os predecessores, Leão IX foi pastor de duas igrejas – Roma e Toul, seu bispado anterior – por anos. O último eleito por ação direta da corte imperial não fugiu à regra: Vítor II foi o nome apostólico tomado em 1055 por Gerardo I, sucessor dos condes de Dollnstein-Hirschberg e bispo de Eichstätt. Todos eram homens de posições elevadas na aristocracia d'Além Alpes. Alguns, como Leão e Vítor, eram parentes do imperador. Seu revezamento à frente do papado agravava a experiência de obedecer a um pastor que não era eleito conforme as vozes mais potentes do "povo romano", ou seja, do *populus*, um dos muitos nomes reservados pela documentação à fina camada de homens livres e detentores de terras. Para os romanos, era uma regularidade perturbadora. Na medida em que aqueles prelados de sotaque forasteiro persistiam à frente do cuidado de suas almas, sedimentava-se nas consciências a certeza de ter sofrido uma perda inédita e enervante: os patrimônios eclesiásticos locais serviam a interesses alheios, longínquos. Em Roma, a Igreja era agora uma força rival, antirromana. As relações entre bispado e aristocracia se deterioraram num compasso vertiginoso para época. A dissonância instalou-se de imediato com o semblante de uma divergência grave. Em semanas, a divergência cedeu lugar ao antagonismo. E foi uma questão de meses para o antagonismo se metamorfosear em hostilidade escancarada. Desde 1046, vivia-se assim. O papado era um bispado hostilizado em sua sede, preso num atoleiro de ameaças, emboscadas e ataques (HUMMER, 2013, p. 69-84. • MUNIER, 2002, p. 23-31. • HOWE, 2016, p. 297-300. Cf. tb. RUST, 2011, p. 153-161).

Inesperadamente unidas pela súbita perda de poder, as famílias romanas levaram os esforços para reaver o controle da Igreja às últimas consequências. Clemente governou por menos de um ano. Morreu em novembro de 1047, velado por sinistros rumores de ter sido envenenado por um capelão leal a Bento IX. Dâmaso não teve melhor sorte. Faleceu vinte e quatro dias após colocar os pés na cidade. Sucumbiu à malária. Essa certeza, porém, não afastou a suspeita de assassinato, pois o risco de morte continuava espreitando os salões e os altares apostólicos. Por uma razão simples: não se desfaz meio século de domínio num punhado de meses. Embora os novos pastores – sobretudo Leão IX – se cercassem de um clero não romano, confiando postos estratégicos da administração eclesiástica para monges e cônegos oriundos da Gália e de distantes terras imperiais, o bispado permanecia povoado por subordinados nascidos bem ali, na cidade e em seus arredores. Os incontáveis clérigos e laicos encarregados das tarefas cotidianas eram homens das velhas famílias. Sua presença fazia com que a hostilidade das elites não fosse um sentimento vago, longínquo, mas um risco palpável que roçava a pele. Ela podia ser sentida na respiração dos que auxiliavam na celebração das missas, nos gestos e meneios de quem servia as refeições, no peso das mãos que ajudavam o pontífice a se vestir. Capelães, copeiros, acólitos e diáconos eram adeptos dos *Crescenti* ou dos Tusculanos por força do sangue ou da lealdade. Essa divisão interna, essa fratura entre cúpula episcopal e clero citadino, era a realidade que inspirava histórias como aquela em que Vítor II era salvo por um milagre de ser envenenado durante a missa por um subdiácono. Os papas viviam acossados por quem os servia (Annales Romani. *MGH SS*, 5, p. 469. • LUPO PROTOSPATARIUS. Annales. *MGH SS*, 5, p. 59. • *Liber Pontificalis*, 2, p. 273. • HERMANN DE REICHENAU. Chronicon. *MGH SS*, 5, p. 127. • BERNOLDO DE CONSTANÇA. Chronicon. *MGH SS*, 5, p. 426-427. • PEDRO DAMIÃO. De Abidicatione Episcopatu. *PL*, 145, p. 432. • GREGOROVIUS, 1905, 4/1, p. 73-75. • HEFELE-LECLERCQ, 1912, 4/2, p. 992. • MUNIER, 2002, p. 106. • FALCONIERI, 2002, p. 40-44).

A morte do papa era uma oportunidade única para as linhagens romanas. Por isso, o falecimento provocava mobilizações em larga escala. Dâmaso assumiu o episcopado nove meses após Clemente II ser entregue à terra fria. Esse intervalo longo foi consequência da vitória momentânea de uma aliança inédita. Bento IX ressurgiu e pela terceira vez instalou-se no palácio de São João de Latrão, a sede do episcopado. Era um retorno surpreendente! O conde de Túsculo não sucumbia ao peso dos acontecimentos. Naquela altura da vida, ele já havia sido expulso por uma revolta que acabou derrotada; retornou à Sé e renunciou em seguida; arrependeu-se e ressurgiu, reclamando o antigo lugar; foi deposto por um sínodo e substituído por um homem caro ao imperador. Entretanto, lá estava ele, de volta como uma vontade inconstante, mas que nunca quebrava, só vergava. As chaves do céu estavam, uma vez mais, naquelas mãos tantas vezes repudiadas e por tantos odiadas. Seu êxito resultava não só de uma aliança com os *Crescenti* – os mesmos que exigiram sua cabeça há pouco mais de dois anos –, mas, principalmente, pelo suporte oferecido pelo marquês da Toscana, Bonifácio de Canossa. Observemos atentamente. Pois não se pode perder isto de vista: era o "marquês *da Toscana*". A reação romana para pôr um fim ao "papado germânico" havia extrapolado o Lácio e chegado ao norte da península. O insucesso dessa tentativa não deve apagar sua relevância. O fato de as pressões imperiais terem levado o canossano a reverter o curso de sua conduta e a voltar-se contra seus recentes aliados – o que resultou na fuga de Bento e na entronização de Dâmaso – não deve borrar a constatação de que o antagonismo dos grandes senhores de terras repercutia a milhas da colina vaticana, atingia as proporções inéditas de uma mobilização suprarregional (COWDREY, 1998, p. 23-25).

O malogro dessa brevíssima restauração não desmobilizou a aristocracia. *Crescenti* e Tusculanos atearam guerreiros sobre as propriedades apostólicas e se apropriaram de grande parte dos rendimentos clericais. A Igreja Romana mergulhou em graves dificuldades fiscais. Além de enfrentar os perigos aninhados na própria hierarquia que encabeçavam, os papas pelejavam com o enfraquecimento econômico. A autoridade que envergavam carecia de bases patrimoniais, era débil em recursos, já que alienada pela elite local das cadeias de exploração da terra e do trabalho camponês (DUCHESNE, 1904, p. 381-390. • McQUILLAN, 2002, p. 38-44). Acuada, a cúpula episcopal reagiria de muitas maneiras. As campanhas para disciplinar o clero seriam uma delas, principalmente por exaltarem este ideal: a integridade da Igreja dependia da submissão direta e exclusiva de todos os eclesiásticos, sem exceção, ao pontífice. Pertencer à ordem dos sacerdotes implicava obedecê-lo antes mesmo de se ouvir qualquer outro – assim proclamavam os novos bispos romanos. Na prática, exigia-se que fossem desfeitos os laços de lealdade entre o clero citadino e os clãs locais. A urgência para reduzir a influência das grandes linhagens sobre os integrantes do bispado alimentaria o ideal da subordinação como prova de unidade. Outra reação surgiria do afinco com que o papa e seus conselheiros ganhariam a estrada. Viajando sem cessar, percorrendo paisagens distantes como a voz que arbitrava conflitos e confirmava privilégios, eles favoreciam reis, arcebispos, abades. Com isso, em pouco tempo se ouviria as vozes de grupos interessados na manutenção daquele novo papado. Mas houve outra. E ela foi tão duradoura e frequente quanto as demais. Após 1046, o senhor bispo de Roma viveu em guerra.

Ordens para ataques e cercos atravessaram, incessantemente, as imensas portas de bronze da Basílica de São João de Latrão. O primeiro a governar com alguma estabilidade foi também o primeiro a guerrear sem descanso. Ao assumir, em 1049, Leão IX iniciou o "longo período de combates pelo território, organizando uma série de missões punitivas na área tusculana, visando destruir a base do poder econômico da família" (BEOLCHINI, 2006, p. 72). A *Vita Leonis*, obra composta para imortalizar a santidade do papa, descreve o rastro de devastação deixado sobre os campos por um ataque pessoalmente liderado contra os castelos de Túsculo (Vita Leonis. *PL*, 143, p. 488-499). Tendo integrado os exércitos do falecido Imperador Conrado, Leão era um bispo guerreiro veterano, que se apressou em dotar a Sé Apostólica de uma clientela militar própria. Seus cavaleiros podiam ser vistos por toda parte, cobrindo distâncias cada vez maiores: investindo contra as fortalezas dos magnatas locais, sitiando abadias arredias a suas ordens na distante região da Campagna, defendendo o Patrimônio de São Pedro do avanço normando que engolia o sul peninsular (Chronicon Sublacense. *RISS*, 24, p. 932. • *Italia Pontificia*, 2, p. 92-93. • McQUILLAN, 2002, p. 38-44. • HOWE, 2016, p. 297-314). Mesmo quando os pontífices deixaram de ser escolhidos conforme decisões da corte imperial, a realidade persistiu. Estêvão IX e Nicolau II – aquele, oriundo da Lotaríngia, esse, de Florença – herdaram intacta a oposição letal das linhagens romanas. Ambos afirmaram sua legitimidade a golpe de espadas, expulsando a força prelados rivais que reivindicavam o lugar de Pedro graças ao suporte da aristocracia. Combates urbanos, batalhas campais, cercos a castelos. Tais episódios eram tão recorrentes quanto as preocupações espirituais. A guerra era tão vital quanto a reforma da Igreja. Aliás, a guerra era a reforma em curso.

Eis o papado no alvorecer dos anos de 1060. Um bispado banhado em todos os lados por graves ameaças e instabilidades, pressionado pela estreiteza dos limites impostos à sua inserção econômica e – não menos decisivo – dependente da condução eficaz da guerra. Quando Nicolau morreu, num aborrecido dia de calor abrasador de julho de 1061, a Igreja que muitos consideravam a pedra angular da fé exibia sinais dos tempos. As circunstâncias indicavam a necessidade de um sucessor de prestígio, capaz de dispor de amplas reservas de poder senhorial e movido por um zelo militarista. Um prelado que conduzisse o governo urbano com punhos de ferro e exibisse provas de uma devoção afeita ao derramamento de sangue. Um eclesiástico como Cádalo, senhor de fortunas em Verona e Parma, patrono do culto a São Jorge, poder reconhecidamente público em sua cidade.

Roma exigia um novo bispo guerreiro.

2

Após a eleição na Basileia, Cádalo tomou o caminho de volta, rumo a Parma, onde prepararia a viagem definitiva para o Sul. E então, provavelmente, uma notícia alcançou-o. Uma notícia inquietante. Outro sacerdote ocupava o lugar apostólico. Alguém mais se dizia papa. A julgar pelo panorama documental de que dispomos, ele ouviu um relato vacilante, esburacado. Uma mensagem repleta de vazios e imprecisões.

Os três meses que separam a morte de Nicolau II (27 de julho de 1061) e a eleição transcorrida na corte, em Basileia (28 de outubro de 1061), compõem um período confuso, um tempo crispado por informações desencontradas, picotado por versões reiteradamente contraditórias. Eis, por exemplo, o que se encontra nos *Annales Romani*. Após a morte de Nicolau, o "povo romano" escolheu seus integrantes mais proeminentes e os encarregou de uma missão junto a corte: obter do jovem rei a designação do novo bispo. Ao se inteirar da decisão, a cúpula papal se alvoroçou. Se o *"populus"* havia enviado as joias e as vestes do *patricius* para a corte, conforme se comentava, os riscos seriam imensos. *Patricius* era um título antiquíssimo. No distante século VIII, ele identificava o "protetor da Santa Igreja" e seu portador assumia o dever de zelar pela integridade das propriedades e dos homens que a formavam. Todavia, após a década de 980, os *Crescenti* se apossaram do título e o inflaram, transformando-o em algo maior e mais poderoso. Eles proclamaram que cabia ao *patricius* "designar os papas". Desde então era assim. Esse solene nome latino designava o guardião de um princípio a ser acatado por todos: em Roma, a autoridade espiritual era transmitida conforme a vontade nativa que se ouvia da boca do "patrício". Os rumores sobre tudo isso devem ter descido sobre o alto escalão pontifício como um calafrio na espinha. Afinal, ao enviar para a corte os símbolos daquele título, a aristocracia pôs em marcha um propósito arrojado. Essa era sua maneira de solicitar ao rei infante e à rainha viúva que escolhessem um bispo conforme uma tradição laica, segundo o costume das linhagens locais. Em outras palavras, era uma tentativa de enredar a realeza para a causa aristocrática sempre urgente: reconquistar o papado. Ciente da chance do bispado cair nas mãos de homens combatidos há quinze anos, Hildebrando – o arquidiácono que se transformou na iminência parda do poder pontifício – dirigiu-se até Lucca para se reencontrar com Anselmo, o bispo local. Ele recorreu ao homem com o qual havia partilhado a responsabilidade de julgar os pregadores milaneses conhecidos como Patarinos e o convenceu a acompanhá-lo até Roma. Enquanto a comitiva do "povo" seguia até o rei, cruzando colinas verdejantes e montanhas pálidas de neve rumo ao Norte, o eclesiástico trazido há pouco pelo arquidiácono teria sido aclamado pelos cardeais. Eleito em 30 de setembro, Anselmo foi consagrado no dia seguinte "Papa Alexandre II" (Annales Romani. *MGH SS*, 5, p. 472. • BERNOLDO DE CONSTAN-ÇA. Chronicon. *MGH SS rer. Germ. N.S.*, 14, p. 390-391. • PEDRO DAMIANO. Epistola 89. *MGH Briefe*, 2, p. 559. • D'ACUNTO, SARACENO, 2005, p. 430-431. • NOBLE, 1984, p. 278-291).

Alexandre foi eleito, consagrado e entronizado em menos de vinte e quatro horas. A rapidez com que os ritos foram conduzidos era eloquente. A cúpula clerical tinha pressa. O círculo de colaboradores deixado por Nicolau II agia com urgência. Ou melhor, reagia. Sua conduta não era planejada, nenhum de seus atos havia sido premeditado ou arquitetado. A iniciativa da elite romana soou como um alerta à mobilização. Portanto, se agiram à revelia da monarquia teutônica, sem consultá-la ou aguardar sua decisão, o fizeram por força das circunstâncias, empurrados pela obstinação dos clãs locais. Essa, porém, é a versão que se depreende dos *Annales Romani*. Se olharmos em outra direção, a história muda.

Os *Annales Altahenses* sugerem o inverso. O "povo" enviou o conde de Galeria e outros *capitanei* ao encontro do rei *porque* Alexandre já havia sido eleito. Era uma decisão atarantada, afoita, tomada em sobressalto. Quaisquer narinas poderiam farejar o desespero que exalava daqueles homens torpes, que chegaram ao ponto de "furtar sorrateiramente os ornamentos pontifícios, os objetos que somente o papa poderia portar" – a mitra e a cruz gemada – e despachá-los com a comitiva para provar que "Alexandre não havia sido eleito com o voto de todos os romanos". O principal argumento daquele grupo era fruto de roubo. Como se pode notar, o relato encaminha-se para desfazer a legitimidade de Cádalo. Afinal de contas, isso transformava a assembleia da Basileia num plenário manchado, convocado sob circunstâncias ilícitas. Que se agravam e se tornam ultrajantes quando o texto assegura que o próprio Cádalo comprou a eleição pontifícia distribuindo imensas somas de dinheiro do outro lado dos Alpes: a corte sália teria se banqueteado com o ouro trazido pelo o bispo de Parma. Porém, ainda que inequivocamente contrária aos procedimentos liderados pela Rainha Inês e por seu jovem filho, a mesma narrativa contém informações que expunham a fragilidade da causa alexandrina. A sequência de fatos que se lê no latim desse pergaminho ressequido é esta: Hildebrando deu o primeiro passo. Ele mobilizou os cardeais, buscou um candidato pessoalmente, procedeu à eleição e empossou o escolhido sem sequer consultar a realeza – um ultraje para a época. Eis o grande trunfo da comitiva enviada para a Basileia: vassalos exemplares, os romanos apresentavam à corte uma oportunidade para anular uma eleição conduzida sem a aprovação imperial, violação grave e que deveria ser reparada. A mesma trama de eventos pode ser lida em outro documento, a Crônica de Monte Cassino. Apesar da devoção ao arquidiácono, esse texto também indica que a conduta do alto clero alienou a majestade imperial – o que, aos olhos de muitos, bastava para declarar irregular a eleição de Alexandre (Annales Altahenses Maiores. *MGH SS rer. Germ.*, 4, p. 56-57. • Chronica Monasterii Casinensis. *MGH SS*, 34, p. 385).

Duas versões; duas sequências de acontecimentos; duas medidas de crime, culpa e castigo. O que ocorreu naqueles três meses cruciais permanece um mistério. A divergência sobre os eventos se impôs, rígida e insolúvel. E ao invés de dissipar a névoa de impasses, a passagem do tempo a deixou mais espessa. De um lado, os cronistas convencidos de que a monarquia era o centro ordenador do mundo atravessaram décadas bradando: a eleição de Alexandre precedeu a comitiva. Ele, portanto, não passava de um invasor, um usurpador, o pivô de uma tentativa de subtrair a Igreja Romana à unidade imperial. Por outro, o acúmulo dos anos multiplicou o número de partidários de Hildebrando, engrossando o coro de vozes que alertavam: os romanos agiram primeiro, movidos pela sanha de reabrir a disputa pelo papado. Teria sido assim, diziam, tomados pelo temor de que ocorresse algo semelhante ao insólito retorno de Bento IX, que os cardeais elegeram o bispo de Lucca. Tudo não passou de um esforço legítimo – imprevisto, sôfrego, mas legítimo – para desmobilizar os rivais e evitar a violação da liberdade da Igreja (BENZO DE ALBA. Ad Heinricum. *MGH SS rer. Germ.*, 65, p. 602. • BERNOLDO DE CONSTANÇA. Chronicon. *MGH SS rer. Germ. N.S.*, 14, p. 390. • PEDRO DAMIÃO. Disceptatio synodalis. *MGH Ldl*, 1, p. 83. • BONIZO DE SUTRI. Liber ad Amicum. *MGH Ldl*, 1, p. 594-595).

Não é tarefa simples declarar um vencedor nessa guerra de versões. Especialmente porque o propósito que animava cada uma delas não era a descrição objetiva dos fatos, mas tomar partido na própria disputa e narrar a realidade de modo a fazê-la testemunhar a favor de um dos lados em luta. Os textos eram meios de participação política. Recorria-se à força da escrita, apelava-se à eficácia das palavras para que, gravadas na superfície da página, a versão parcial fosse tomada como registro impessoal, isento e integral; construindo, assim, uma legitimidade incontestável e duradoura, algo que nenhum dos dois partidos possuía.

Quando outubro entardeceu, descobriu-se que o papado era reivindicado por forças parelhas, ambas simultaneamente legítimas e contestáveis. O círculo que elegeu Alexandre representava a continuidade da situação iniciada no fim de 1045, pois nele encontraríamos os homens que velaram Clemente II, aconselharam Leão IX, defenderam Nicolau II. Mas não seria Cádalo um campeão da mesma causa? Ele, o prelado da realeza, o escolhido sob o olhar ainda infante do sucessor sálio, a quem Deus transmitiu a autoridade que fundara o "papado germânico"? Ambos repartiam também as máculas. Se Alexandre era visto como uma criação da discórdia, o fruto de uma violação das prerrogativas imperiais, não faltava quem enxergasse Cádalo como a consequência de uma transgressão não menos grave: um bispo eleito sem a participação majoritária do clero a ser governado, uma cabeça estranha ao próprio corpo. Era um cenário confuso porque equilibrado. O homem de Lucca tinha ao seu lado as principais vozes da Cúria, todavia, nem Roma, nem o bispado estavam em suas mãos: o abade dos santos André e Gregório, do mosteiro que irradiava controle sobre as ruas próximas ao Coliseu, o *praefectus* Cêncio e Hugo Cândido – um cardeal em torno do qual, provavelmente, orbitava uma ala de clérigos dissidentes – se pronunciaram pelo senhor de Parma. E como em um jogo de espelhos, uma situação semelhante se refletia na relação entre Cádalo e a corte. A aclamação na Basileia não rendera uma adesão unânime. Ao contrário. Ele não contava com a simpatia de prelados influentes, como os arcebispos Anno de Colônia e Siegfried de Mainz. Nos últimos dias daquele agitado mês de outubro de 1061, a sucessão papal se tornou um lusco-fusco político, pois cada partido originado das eleições rivais era uma mescla de luz e sombra. Os dois repartiam méritos e máculas, os dois eram reformadores e transgressores. Todos se diziam inspirados por Deus, ninguém escapava da fama de ser instrumento do diabo (BAIX, 1949, p. 58-59. • STROLL, 2012, p. 135).

Todos estavam a dois passos da vitória e a um passo do fracasso. No bojo de uma disputa assim aberta e imprevisível, ambos os grupos buscaram um desfecho recorrendo ao mais característico meio de afirmação do poder episcopal no reino itálico: o uso da força. A guerra revelaria o detentor da verdade.

Tendo ocorrido primeiro, quatro semanas antes da reunião do ruidoso plenário em Basileia, a eleição de Alexandre parecia uma manobra de trincheira. Desde o momento em que Hildebrando tomou o caminho de Lucca para buscar pessoalmente seu candidato, nada foi feito sem chocar-se com a resistência armada das antigas famílias. Entrar em Roma foi uma façanha. Para abrir caminho até o palácio de Latrão foi preciso aguardar a chegada de um pequeno contingente de normandos, liderados até o sopé das muralhas por Ricardo, o príncipe de Cápua. Provavelmente, não era assim que o sucessor do apóstolo se imaginava ingressando na cidade: escoltado por um bando de guerreiros de tez morena e fala estranha – características dos litorais do Sul e associadas aos infames sarracenos –, esgueirando-se à sombra das guarnições das muralhas, temendo ser emboscado ao dobrar a viela lá adiante. Uma entrada nada gloriosa, nada triunfal. Uma vez no palácio, as dificuldades persistiram.

Dia a dia respirávamos "o perigo iminente de uma guerra civil", lembraria Pedro Damião – elevado a cardeal anos antes, o prior de Fonte Avellana era um dos alexandrinos aquartelados. Dois meses já haviam se passado. O trono apostólico seguia vazio. Enquanto a vacância perdurava, cada pôr do sol podia ser o último antes de uma descida ao abismo, a véspera da manhã fatídica em que a comitiva liderada pelo conde de Galeria retornaria do Norte e exigiria o bispado em nome do rei. A aristocracia romana era o rival, mas o tempo era o verdugo. Quando a eleição finalmente ocorreu, após a chegada de Hildebrando, outro obstáculo surgiu. A procissão de coroação – a etapa seguinte prescrita pelo rito da sucessão apostólica – não pôde ocorrer imediatamente: o caminho até a Basílica de São Pedro estava bloqueado pelos *Crescenti*. Àquela altura dos fatos, Anselmo já detinha "a autoridade para governar [as almas] e dispor [das posses] da Santa Igreja de Roma". Ter sido "livremente eleito" pelo clero era o suficiente para que ele a possuísse, conforme esclarecia o decreto sobre a sucessão apostólica promulgado em abril de 1059. A rigor, aquela coroação não era imprescindível. O papa já caminhava entre os homens. Mas como consentir em dispensá-la? Por que evitar o gesto derradeiro que poderia desmobilizar os romanos de uma vez por todas? Após superar tantos riscos, por que permitir que essa brecha seguisse aberta? Não. O último ato deveria ser consumado. Na busca por escapar às garras da urgência, na peleja contra as horas, uma alternativa surgiu. Alguém lembrou que havia outra basílica dedicada a São Pedro. Um santuário menor, de dimensões atarracadas se comparado ao majestoso átrio onde a cerimônia deveria ocorrer. Contudo, naquelas circunstâncias, ele oferecia algo de um valor imenso, maior que qualquer grandeza arquitetônica: uma curta distância a ser percorrida. Nesse novo itinerário, um pequeno grupo de cavaleiros – ou seja, toda a força militar de que os cardeais dispunham – bastaria para levar o eleito ao cenário da coroação e trazê-lo de volta o quanto antes. E tudo teria transcorrido num altar consagrado ao príncipe dos apóstolos, cumprindo a tradição. Uma solução engenhosa! E uma medida desesperada, uma confissão de fraqueza. Cada pedaço de chão afetava o curso da sucessão. Cada palmo de rua era um reino a ser conquistado (Chronica Monasterii Casinesis. *MGH SS*, 34, p. 385-386. • Annales Augustani. *MGH SS*, 3, p. 127-128. • BERNOLDO DE CONSTANÇA. Chronicon. MGH SS *rer. Germ. N.S.*, 14, p. 390. • DEUSDEDIT. *Collectio Canonum*, 1869, p. 341-342. • BENSON, 1969, p. 35-45. • STROLL, 2012, p. 124-130).

A coroação ocorreu na igreja dedicada a São Pedro *in Vincoli*, isto é, a "São Pedro acorrentado". O nome decorria do fato do lugar abrigar uma relíquia única: a corrente que teria atado os pulsos do apóstolo durante a prisão em Jerusalém. O santuário compunha a paisagem que entrava pelas janelas do piso superior do palácio lateranense. Estava perto, a pouco menos de 2km, a uma hora de caminhada. No entanto, foi preciso tingir as ruas de sangue para que Alexandre chegasse lá. Tudo se passou à noite. Momentos após a eleição, os cavaleiros saíram à frente e se depararam com os inimigos ao primeiro puxão de rédeas à esquerda, quando ganharam a rua que se alongava feito um corredor de pedra rumo à Basílica Menor. O avanço foi brutal. Eles rasgaram o breu esporeando e golpeando. O cortejo de cardeais seguiu logo atrás, a passos nervosos, guiados pelo rastro de gemidos e corpos mutilados. A procissão serpenteou até a igreja, esparramando pelos ares um som pungente, uma mistura de vozes erguidas em oração e espadas tilintando. Quando o último padre finalmente completou a travessia, os archotes aglomerados na entrada da pequena basílica revelaram o preço do êxito. A luz bruxuleante clareou a silhueta de Ricardo e seus homens, chapinhados de um vermelho quente, as "mãos ensanguentadas" sobressaindo das cotas metálicas – lembraria o Bispo Benzo de Alba, exasperado, anos depois. Era assim que o episódio soava para boa parte das elites de então: um ato perturbador, intolerável, nocivo. A procissão realizada a duras penas era evocada como estigma para a causa alexandrina (BENZO DE ALBA. Ad Heinricum. *MGH SS rer. Germ.*, 65, p. 592-596. Cf. tb. *Liber Ponticalis*, t. 2, p. 73-77).

Porém, o que a tornava perturbadora aos olhos de então não era o derramamento de sangue. Não era esse o principal aspecto apontado como motivo para escândalo. Era, sim, o fato de tudo ter acontecido à noite. Agir nas sombras, mover-se na escuridão, era conduta de trapaceiros, embusteiros, de quem pretendia subtrair-se à lei e à tradição. A referência às trevas que sucedem o pôr do sol era um traço de mentalidade religiosa tanto quanto um enunciado jurídico. Era uma maneira de expressar esta certeza: aí está a evidência de um crime! É preciso dar ouvidos a Paolo Grossi – jurista atento às especificidades da história – e lembrar sua advertência de que, na época em questão, era comum que a caracterização de uma conduta decorresse não somente de atos previstos por normas ou leis, mas da relação homem-natureza. Isto é, do princípio de que as coisas ao redor dos indivíduos transmitiam predicados às ações que eles protagonizavam. Quem agia à noite era visto como portador das mesmas características atribuídas pela mentalidade coletiva à atmosfera do escuro: a de ser "o refúgio ideal do banditismo, a origem da insegurança e de desordem social" – papel também assumido por outros ambientes, como a floresta. Assim, é possível perceber quão assombroso era o nome usado por conselheiros sálios para se referir a Alexandre: *Papam Nocturnum* (Papa Noturno) (BENZO DE ALBA. Ad Heinricum. *MGH SS rer. Germ.*, 65, p. 592-596. • GROSSI, 2014, p. 75-86).

Contrabandeado para dentro de Roma, eleito por um processo que se desenrolou no ponto-cego da realeza, entronizado debaixo do manto da escuridão... Paremos um instante. Observemos com afinco. Algo em comum em tudo isto? Um tema reincidente? Sim! Todos os episódios retocam um mesmo enredo, o de uma ocultação. Todos insistem que os fatos em questão ocorreram longe dos olhos da maioria, sua origem era velada, encoberta. Essa ênfase no oculto era motivada por um juízo político: Alexandre caminhou para o papado marchando para os confins da ordem pública. Pois a Igreja de Roma era também isto: uma "parte da república cristã". Condição que se tornou ainda mais evidente em 1045, quando a realeza se fez fiadora dos novos pontífices. À luz da ordem política liderada pelos sálios, a eleição do bispo de Lucca, além de indigna e ilícita, fracassava como rito de uma passagem pública, como a cerimônia que tornava possível ingressar numa *functionem publicam*, em uma "função pública" como o episcopado. Essa era uma exigência elementar para qualquer prelado do reino itálico. A incapacidade em cumpri-la talvez seja o mais eloquente indício da escassez de meios enfrentada pela cúpula pontifícia. Os mínimos avanços eram obtidos a custos altíssimos, quase insuportáveis para um clero atolado em apuros econômicos. Se, por um lado, as grandes linhagens romanas vivenciaram um grave revés quando o papado foi arrancado das antigas raízes aristocráticas que o prendiam, por outro, não eram menores as dificuldades enfrentadas pela cúpula episcopal. As terras eclesiásticas foram invadidas, as rendas, expropriadas, as doações deixadas por peregrinos e mortos, interceptadas. Os partidários de Alexandre combatiam por uma Igreja materialmente debilitada, um bispado carente de recursos suficientes para traduzir a autoridade em escudos e espadas, desentocar os *capitanei* de suas fortalezas, assegurar o controle da cidade, enfim, impor-se como um poder público (RUST, 2011, p. 170-181).

Papa Noturno herdara uma posição sem autossustentação, incapaz de manter-se. Eis a explicação para o aparecimento dos normandos nessa história. Não é improvável que a simples cena daqueles homens empertigados sob a sela, vigiando os arredores de Latrão, causasse pavor entre os próprios cardeais. Muitos se lembravam da maneira como Leão IX lidou com aquela gente. De como ele se desdobrou para mobilizar duques, príncipes e dois imperadores – o sálio e o bizantino – contra aquelas hordas que deixavam para trás a vida de mercenários após conquistar, um a um, os condados do Sul e exibir-se como os novos senhores de Aversa, Troia, Bari, Melfi, Cápua, Ascoli, Apulia. Recordavam, sobretudo, do dia em que um mensageiro cruzou as muralhas com a notícia perturbadora: Sua Santidade caiu em poder dos normandos. Leão foi feito prisioneiro após ser entregue pelos habitantes de Civitate, a cidadela para onde marchara à frente de um exército de suábios e lombardos, convocados para destruir aqueles inimigos do Apóstolo Pedro. Em julho de 1053, há apenas oito anos, o papa enfrentou e foi derrotado por aqueles homens. A presença deles em Roma era uma reviravolta, uma guinada recente. Pressionado pela interminável luta contra as antigas linhagens romanas, desesperadamente dependente de aliados e recursos para manter-se no bispado, um dos sucessores de Leão, Nicolau II, agiu como um alquimista político e transmutou a fraqueza em vantagem. Em troca de um juramento de fidelidade e auxílio, ele ofereceu o bem mais cobiçado por aqueles grupos nascidos em outra franja do mundo e que desembarcaram nas praias mediterrâneas como exilados, guerreiros errantes e viajantes em busca de expiação para seus pecados: legitimidade. Nicolau confirmou domínios e títulos conquistados por normandos nas últimas duas décadas – muitos deles arrancados de mãos cristãs. Pouco tempo depois, cavaleiros vindos do Sul podiam ser reconhecidos à frente da multidão armada que avançou pelo Lácio destruindo castelos em Túsculo e incendiando as terras do conde de Galeria, até desatrelarem as montarias em uma Roma pacificada a ferro, rendida à devastação. Estava selada a aliança surpreendente, inadmissível para muitos. Um pacto que levava o nome do "bem-aventurado Nicolau", mas que era obra da necessidade, criação da urgência. Pelejando com essa mesma realidade como nenhum outro, Alexandre se apressou para renová-lo. Logo após a coroação, na manhã do dia 2 de outubro, tendo por testemunhas os santos mosaicos de Latrão, ele recebeu o juramento solenemente prestado por Ricardo de Cápua. O recém-eleito tomou como protetor um dos homens que, no verão de 1053, ordenou que a morte galopasse até o estandarte apostólico de Leão IX. O vulto que aprumou os joelhos e se ergueu naquele dia como "fiel defensor da Santa Sé" já havia derrotado, humilhado e encarcerado um papa (GODOFREDO MALATERRA. De rebus gestis Rogerii Calabriae et Siciliae Comitis et Roberti Guiscardi Ducis fratris eius. *RISS*, 1, p. 15-23. • GUILHERME DE APÚLIA. Gesta Roberti Wiscardi. *MGH SS*, 9, p. 261-262. • Chronica Monasterii Casinensis. *MGH SS*, 7, p. 706-707. • BONIZO DE SUTRI. Liber Ad Amicum. *MGH. Ldl*, 1, p. 593. Cf. tb. LOUD, 1985. • LOUD & METCAL-FE, 2002, p. 151-184).

Os normandos não foram os únicos que encontraram uma oportunidade de ascensão na dependência crônica que afligia o alto clero papal. Embora desembainhassem a espada em memória daquele pacto surpreendente, os cavaleiros de Ricardo de Cápua não lutavam sem recompensa. Essa era a lógica guerreira: um senhor justo sempre honrava a fidelidade de quem se arriscava a morrer por ele. Aquele que tinha o nome gritado em batalha deveria reconhecer o valor dos combatentes tornando-se pródigo, distribuindo riquezas à mancheia. Para dispor de força militar era preciso liberar a bolsa e proporcionar ganhos. Como, então, Alexandre honrou o suporte normando? Onde ele obteve a riqueza necessária para manter ao seu lado um contingente militar como aquele – pequeno, porém, dotado da eficiência de veteranos? Uma resposta se revela a partir de um nome, Hildebrando.

Uma das razões por trás do poder amealhado pelo arquidiácono era sua condição de elo entre o papado e uma parcela minoritária da aristocracia romana. Ele era a ponte que levava assuntos eclesiásticos aos ouvidos de duas famílias. Os *Frangipani*, dos quais quase nada se sabe, a não ser que disputavam o título de *praefectus*, galgando a administração urbana, e os *Pierleoni*, um ramo de judeus convertidos. Consta nos *Annales Romani* que o ouro de certo Benedito Cristiano começou a jorrar para as mãos de Hildebrando na mesma época em que o papado se aliou aos normandos, em 1059. "Benedito" foi o nome adotado por Baruch, um dos mais ricos mercadores da Ilha Trastevere – espécie de centro pulsante do comércio romano. Seu filho, Leo, é frequentemente colocado pelos documentos ao lado do arquidiácono. Era ele o arrimo que escorava financeiramente a causa de Alexandre, algo que os adversários não esqueceram. Reconhecê-lo como sucessor apostólico era aceitar um "partidário do diabo, o novo anticristo, [era entregar a alma a quem] se aconselhava com Leo, que tinha se convertido do judaísmo", advertia-se na corte. Mas foi Hildebrando quem se tornou o principal alvo da fúria antijudaica dos rivais. "Eis o sarabaíta e o líder de todos os mercadores", injuriavam os partidários imperiais que viam nele uma figura meio monge vagabundo, meio mercador judeu. "Sussurra-se entre todo o povo que ele se retira para sua *proseuca* – pequeno lugar judaico de oração – e, longe da vista de todos, oferece sacrifícios para demônios e realiza encantamentos de magia", comentava-se entre os bispos toscanos. Os rumores se multiplicaram, cada vez mais sombrios. "Hildebrando, o falso monge que se serviu da nigromancia", afirmaria um clérigo imperial de identidade imprecisa, conhecido apenas como Pedro Crasso. "Ele costumava chamar dois familiares a Latrão, [que levavam consigo] livros que ninguém ousaria abrir; porém, quanto maior a inibição, mais inflamada tornava-se sua curiosidade para investigar aqueles livros secretos", censurava um cardeal dissidente. Os relatos se alastraram. Na corte, nas igrejas do reino, na própria Cúria, essas histórias ganhavam vida através de lábios apertados pelo horror. Um imaginário arrepiante se formou ao redor da causa alexandrina. O principal aliado do Papa Noturno teria sido um religioso mancomunado com as trevas, alguém que evocava o futuro na nervura de vísceras frescas e despertava os mortos com a leitura de páginas misteriosas (BENZO DE ALBA. Ad Heinricum. *MGH SS rer. Germ.*, 65, p. 196, 204-208, 247. • PEDRO CRASSO. Defensio Heinrici IV Regis. *MGH Ldl*, 1, p. 451-452. • BENO. Gesta Romanae Ecclesiae. *MGH Ldl*, 2, p. 373. • Annales Romani. *MGH SS*, 5, p. 472-477).

As acusações que esses eclesiásticos carregavam em suas aljavas de estigmas são os indícios de uma transformação profunda. A debilidade material do papado foi ocasião para a ascensão de novos aristocratas. Grupos até então marginais, secundários, que viviam à sombra das antigas linhagens, tornaram-se a tábua de salvação do clero papal. Remediando a escassez material que grassava desde 1045, *Frangipani* e *Pierleoni* assumiram um papel eminentemente político. Surgiram como os principais sustentáculos da voz que encarnava o vértice das funções públicas. Em outras palavras, a dramática situação do bispado permitiu que grupos até então encobertos por uma grossa cortina de silêncio documental ganhassem voz junto à instância que governava a cidade. As circunstâncias críticas que envolveram a eleição de Alexandre colocavam em marcha um novo tempo para as elites romanas. Outras forças foram catapultadas para a luta pelo poder. Agentes políticos surgiram, energizados pela abertura de um campo de possibilidades para a partilha e a conquista das prerrogativas públicas. A luta por Alexandre não pode ser explicada somente como uma mobilização em defesa da fé ou da "causa reformadora". Havia mais em jogo. Aquele conflito decidiria a quem pertenceria o amanhã dos aristocratas.

Outubro transcorreu assim. A cidade atulhada de conflitos, a cúpula papal acossada, o papa protegido por antigos inimigos e judeus convertidos, a legitimidade equilibrando-se à beira do precipício econômico. Quando o novo mês raiou, todavia, a sorte de Cádalo não era melhor. Tendo retornado a Parma, ele concluiu os preparativos para cumprir a vontade do rei e tomar posse do bispado romano. Convocou os vassalos, reuniu os aliados e ganhou a estrada. A certa altura, o trajeto foi bloqueado por uma tempestade. Poucas horas depois da partida, a comitiva se viu forçada a montar acampamento para suportar o aguaceiro que despencava das nuvens negras. Abrigaram-se junto a um poço, à margem da *Via Aemilia*. Aguardaram por horas a fio. A chuva não cessou. Os pés afundavam no terreno lamacento. Anoiteceu. O cortejo aristocrático havia cedido à ordem dada pela natureza para acomodar-se quando o chão começou a troar: em disparada, um grupo de cavaleiros saltou de repente das sombras e emboscou o acampamento. Os viajantes foram encurralados e rendidos antes que pudessem berrar as ordens para contra-atacar. Em seguida, ouviram o anúncio: seriam levados para Módena como prisioneiros de Beatriz, senhora e condessa de Canossa. Aliada de longa data de Hildebrando, a aristocrata tomou para si a missão de impedir o avanço do prelado rival – e a cumpriu com eficiência arrasadora. No início de novembro de 1061, ela lançou no cárcere o prelado investido pelo rei como Sumo Pontífice. A notícia propiciaria a desforra aos partidários de Alexandre, que não perderiam de vista a circunstância noturna da prisão: o ataque se deu sob a penumbra, pois aquele era o momento em que o alvo se revelava. As ordens da condessa foram cumpridas sob a "noite tenebrosa" porque Cádalo era "criatura das trevas" (DONIZO. Vita Mathildis. *MGH SS*, 12, p. 375. Cf. tb. BENZO DE ALBA. Ad Heinricum. *MGH SS rer. Germ.*, 65, p. 192. • BONIZO DE SUTRI. Liber ad Amicum. *MGH Ldl*, 1, p. 595. • BORINO, 1952, p. 373-440. • GHIRARDINI, 1984, p. 67-84. • STROLL, 2012, p. 151).

A desforra teimava com a realidade. Foi uma vitória quebradiça, curtíssima. Cádalo fugiu da prisão. Como? Não se sabe. Outra fatia de passado que o tempo devorou. Todavia, enquanto o escolhido imperial fazia o cavalo deitar espuma sobre as rédeas, galopando de volta a Parma, outra mulher alterou os rumos da disputa. Após ouvir a respeito do ocorrido, a rainha regente, Inês, enviou o próprio camareiro ao reino itálico. Despachou-o com uma caravana de mulas, todas apinhadas de presentes e peles preciosas, rumo à cidade de Alba. O carregamento era destinado ao bispo local, Benzo, um prelado intempestivo, eloquente, capaz de se fazer compreender na língua dos teutônicos, em latim, em grego, e cujos olhos flamejavam de ódio toda vez que alguém mencionava os normandos. Os presentes traziam consigo uma atribuição. A fileira de mulas era a linha de transmissão de uma ordem. Inês o incumbia de seguir para Roma e garantir que a fidelidade do "povo" não fosse abalada pela notícia sobre a prisão do bispo parmense. Benzo deveria preparar a cidade para a chegada de Cádalo.

Dezembro. Benzo chega à cidade. A lealdade dos "nascidos das antigas linhagens" é revigorada em passo acelerado. Cerca de duas semanas. Isto foi tudo do que necessitou o enviado da Rainha Inês. Após esse tempo, lá estava ele, no Capitólio, ouvindo os senadores e juízes agradecerem-lhe pela chance de "tomar parte no cuidado da *res publica*, [contra a] tribo formada por Leo Judeu, o fariseu Anselmo, o falso monge [Hildebrando] e [Ricardo de Cápua], o normando, tirano para a plebe". Janeiro. Emissários do senado são enviados a Parma. O favorito imperial é formalmente convidado a tomar posse do bispado. Fevereiro. Cádalo inicia a viagem. Dessa vez, o itinerário seria outro. Ele seguiu para Bolonha, onde angariou o apoio dos senhores da Lombardia. A hoste tornou-se um exército. Os guerreiros parmenses ganharam a companhia de cavaleiros e mercenários vindos de muitas partes. A resistência oferecida pela condessa de Canossa não passou de contratempo desbaratado por Pepo, um dos muitos condes de Orvieto. Brutal, astuto, contando com vinte e poucos anos, esse descendente dos *Farolfingi* sobressaiu entre os "fiéis ao rei", trucidando os homens da suserana de seus pais – a própria Beatriz. Suas façanhas catapultaram um vassalo rebelde para a condição de "conde indubitavelmente fidelíssimo ao rei" (BENZO DE ALBA. Ad Heinricum. *MGH SS rer. Germ.*, 65, p. 216. • Annales Camaldulenses, 1756. • *APP*, p. 153-155. Cf. tb. HERBEHOLD, 1947, p. 487-492. • STROLL, 2012, p. 156-159).

Março. Cádalo chega a Sutri. No dia 25, ele desponta a 50km de Roma, anunciado pelo eco da multidão metálica em marcha, o sacolejar de sua montaria regendo o compasso de centenas de pés martelando o chão. Uma vez instalado, encontra-se com Benzo, que lhe assegura: Alexandre fugira! As espadas *Crescenti* permitem caminho livre até a Basílica de São Pedro. O "povo e clero romanos" o aguardam para a coroação! A boa-nova dissipou a expectativa por uma batalha. Ele deu a ordem para descanso, deixou o exército estacionado e se pôs a caminho com uma pequena comitiva – Benzo sempre ao seu lado. Ele mal havia cruzado as muralhas romanas, quando uma notícia zuniu pelos ares e o picou. A retirada do Papa Noturno não passava de rumor traiçoeiro. Um maldito boato! O rival resistia. Estava encastelado do outro lado do Rio Tibre, a sede do episcopado em seu poder. A cidade seguia retalhada, dividida. Porções inteiras eram inacessíveis aos aliados do rei. Homens dos *Pierleoni* e dos *Frangipani* estavam à espreita. Não era seguro sair em procissão. Ninguém realizaria cerimônia alguma sem arriscar a pele. Perante a constatação, Cádalo subiu à cela mais uma vez e esporeou de volta a Sutri. Partiu em busca do exército (BENZO DE ALBA. Ad Heinricum. *MGH SS rer. Germ.*, 65, p. 192, 202-220. • Annales Altahenses Maiores. *MGH SS rer. Germ.*, 4, p. 60. • Annales Romani. *MGH SS*, 5, p. 472. • BONIZO DE SUTRI. Liber ad Amicum. *MGH Ldl*, 1, p. 595-596. • Chronica Monasterii Casinesis. *MGH SS*, 34, p. 386. Cf. tb. GREGOROVIUS, 1896, p. 135-137. • BAIX, 1949, p. 67-70. • STROLL, 2012, p. 156-159).

Ele entraria em Roma a força e se faria reconhecer. Mesmo que precisasse entalhar sua imagem como pontífice na retina dos adversários.

3

Os cadáveres flutuavam, mansamente, correnteza abaixo. Eles eram tantos que mais pareciam um gigantesco cardume morto que o próprio rio tossira para fora. Os corpos que boiavam haviam afundado ainda há pouco nas águas espessas do Tibre. Eram de guerreiros que desceram sem resgate para aquele rio que passava fatigado e barrento. Eles buscaram o leito fluvial como rota de fuga, porém, sem força, esgotados, afogaram-se, engasgados com desespero. Na margem esquerda, a terra ainda revirada, a barranceira sulcada por passadas fundas e desorientadas, guardava as últimas pegadas da aflição para salvar-se. Horas antes, as carcaças que agora inchavam sobre o espelho d'água eram homens em pânico, correndo em debandada do "Campo de Nero".

"Campo de Nero" era como os eclesiásticos se referiam à área ao redor da Basílica de São Pedro. Talvez a expressão intrigue. Afinal, por que aquele lugar sagrado carregava o nome de um imperador odiado como perseguidor de cristãos? Não havia mistério algum. A resposta era simples. Porque a igreja teria sido construída sobre as ruínas da arena onde aquele César com fama de incendiário se deleitava com corridas de bigas protagonizadas por seus cavalos. Antes de ser consagrado à religião cristã, aquele descampado pertenceu a Nero. Aliás, teria sido naquela arena que ele mandou matar Pedro. E foi ali, sobre o mesmo chão onde o apóstolo agonizara varado por pregos, crucificado de ponta-cabeça, que dois padres convictos de o suceder mediram força derramando sangue cristão. Os guerreiros de Cádalo e Alexandre batalharam ali pela posse das chaves do céu. E como se evocasse algo da época de Nero, o confronto assumiu ares de martírio para um dos lados. Ao tomarem a direção daquele lugar, os alexandrinos caminharam para um suplício. Em menor número, sobrepujados em recursos, com os ânimos macerados por meses de cerco, eles avançaram rumo ao desastre: atacaram um exército maior e descansado. Quando Pepo, o "nobilíssimo conde", rechaçou a investida liderada, provavelmente, por Hildebrando, o desfecho fatídico se impôs. A frente ofensiva se estilhaçou em um paredão de escudos alinhados à frente de estandartes onde se viam, empoleiradas, águias imperiais esculpidas em ouro. Represados pela barreira de braços, madeira e metal, os atacantes se viram sugados por um redemoinho de matança. Abatidos impiedosamente, eles tombavam pelo terreno como um amontoado de membros contorcidos, olhos petrificados, bocas arroxeadas em gemido.

Muitos fugiram. Feridos, tropeçando uns nos outros, tentaram cruzar o Tibre. Jamais alcançaram a outra margem. Agora, boiavam como cardume morto (Annales Altahenses Maiores. *MGH SS rer. Germ.*, 4, p. 60. • BENZO DE ALBA. Ad Heinricum. *MGH SS rer. Germ.*, 65, p. 220-222. • Annales Augustani. *MGH SS*, 3, p. 127. • Annales Romani. *MGH SS*, 5, p. 472. • Annales Weissemburgenses. *MGH SS*, 3, p. 71. • BERTHOLDO. Annales. *MGH SS*, 5, p. 272. • Chronica Monasterii Casinesis. *MGH SS*, 34, p. 386).

No dia 14 de abril de 1062, Cádalo venceu a "batalha do Campo de Nero" e assumiu o controle da cidade leonina, a área fortificada que abrigava a Basílica de São Pedro. Uma vitória sangrenta, clamorosa – mas insuficiente. Pois triunfantes, seus aliados sucumbiram ao golpe de uma ideia. A coroação papal deveria ocorrer na Igreja de São Pedro *in Vincoli*! Nenhum outro lugar era aceitável, a não ser o altar onde o bispo de Lucca foi entronizado. Aparentemente, eles pensavam assim: a vitória só seria completa, sua por inteira, quando todos os vestígios da ascensão de Alexandre fossem anulados. A disputa pela legitimidade, por esse bem cuja escassez afligia ambos os lados, revelou-se radical, total. Nenhum naco dela seria deixado ao alcance do outro. O grande cenário da ascensão pontifícia acabava de ser conquistado. Cádalo já tinha a seu dispor o lugar imprescindível. Dali partia, há mais de duzentos anos, a procissão que aclamava um sacerdote como a rocha que sustentava toda a Igreja. Três anos antes, ali foi entronizado o último padre que governou em nome de Pedro. Ali o predecessor reconhecido como "bem-aventurado Nicolau, de santa memória" tomou posse da autoridade apostólica. Em suma, os vencedores tinham em seu poder o tradicional palco da coroação papal. Mas recusaram-no. Preteriram-no por outro, menor. Não bastava imitar os mortos e tornar-se o guardião do seu precioso tesouro simbólico. Era necessário espoliar os vivos e tomar o pouco que haviam amealhado em parcas liturgias improvisadas. A exigência se mostrou incontornável: urgia despojar o adversário de tudo que pudesse ser evocado a favor de sua causa, incluindo símbolos e gestos. Assim, aferrados à ideia de que apenas um rito conduzido na Basílica Menor desfaria o anterior e converteria a cerimônia realizada em outubro passado numa encenação de atos e palavras superados, os partidários de Cádalo se recusaram a entronizá-lo no berço dos costumes pontifícios. Como explicar a decisão? Como a exigência imposta por uma mentalidade regida pela pureza ritual? Como soberba semeada pela euforia sanguinária da vitória militar? Ou mera "tolice" – como quis a historiadora Mary Stroll? Difícil saber. Seja como for, a convicção causou consequências sérias (STROLL, 2012, p. 160. Cf. tb. BLUMENTHAL, 1998, p. 121-132).

Na manhã seguinte, a constatação crua: Roma não seria subjugada em uma batalha. Distribuindo o dinheiro dos *Pierleoni*, Hildebrando fortaleceu as posições do outro lado do Tibre da noite para o dia. Era impossível cruzá-lo e prosseguir para São Pedro *in Vincoli*. A força imperial insistiu. Forçou a passagem. Mas o exército que triunfou em campo aberto era insuficiente para cobrir o interior da cidade e controlar cada corredor daquele labirinto de ruas. Cinco dias se passaram. Impotentes, impacientes e incapazes de ganhar terreno, os homens se tornaram indóceis. A tensão aumentou. Rixas e brigas se espalharam entre os vitoriosos. Para salvar o que sobrou da vitória, as lideranças imperiais cederam ao conselho senatorial de levar o formigueiro de guerreiros coléricos para fora da cidade, até Fiano, um vale dominado pelo conde de Galeria. A retirada selou a partilha do espaço urbano. Cádalo controlava a Basílica de São Pedro; Alexandre, a de São João de Latrão. Aquele era senhor do Castelo de Sant'Ângelo e da Cidade Leonina, esse, do Capitólio e da Ilha de Trastevere. A margem esquerda do Tibre estava em poder de um pontífice eleito perante o rei, mas não entronizado; a direita, de um papa entronizado, mas contestado pela realeza. Mesmo após o desfecho atroz cravado sobre o Campo de Nero, a disputa prosseguia como começara: dramaticamente equilibrada, aberta, imprevisível. Ninguém triunfava. Ninguém capitulava. Todos sangravam (BENZO DE ALBA. Ad Heinricum. *MGH SS rer. Germ.*, 65, p. 220-222. • Annales Romani. *MGH SS*, 5, p. 472. • Annales Altahenses Maiores. *MGH SS rer. Germ.*, 4, p. 60. Cf. tb. BAIX, 1949, p. 71. • STROLL, 2012, p. 159-162).

A batalha travada nos idos de abril de 1062 é um episódio importante. A frase soa paradoxal. Afinal, não se pode dizer que aquela colisão de forças guerreiras tenha sido um acontecimento de repercussões extensas e duradouras. Suas consequências sequer duraram um dia. Quando o sol raiou novamente, a vitória já não possuía qualquer peso, a derrota já não era o fim. Campo de Nero não forjou uma época, não selou destinos políticos. É inútil procurar. Nada épico há ali. Nada que arrebatasse o canto dos poetas ou impressionasse as imaginações que estavam por nascer. No entanto, ela possui um valor crucial, sem par. Não como fato em si. Sua importância não está na aparência de "evento histórico". Mas em sua utilidade como bússola. Aquela batalha é um ponto de orientação privilegiado. Ela aponta uma direção a ser seguida para descobrir como os eclesiásticos de então compreendiam as relações entre a autoridade apostólica e o uso da força. Como a agulha que indica o Norte, ela permite encontrar o lugar do papado no mundo dos bispos guerreiros.

Um primeiro passo pode ser dado vasculhando a reação de quem viu tudo de perto, Benzo de Alba. O bispo de confiança da Rainha Inês é a única testemunha que transformou as impressões colhidas por seus olhos em relato escrito. Sua versão da batalha sobreviveu num único manuscrito sem título, conhecido como *Ad Heinricum IV Imperatorem libri VII*, "Sete livros para o Imperador Henrique IV". A redação carregava o calor dos fatos, já que o texto começou a ganhar forma enquanto Cádalo ainda lutava por Roma. Mas ainda que Benzo tentasse capturar em tinta os agitados eventos à sua volta, a narrativa resultante de tal empenho não pode ser ingenuamente tomada ao pé da letra. Os sete livros foram feitos e refeitos por ele ao longo de vinte anos, conforme a conveniência dos tempos. As marcas das alterações são visíveis, denunciadas ao longo das bordas dos maços de páginas grossas e carcomidas. Versos escritos em tinta distinta, folhas inseridas posteriormente, diferentes dedicatórias, variações na ortografia e a inclusão de um pós-escrito são indícios de edições concluídas por volta de 1085. O relato é uma mescla de fatos, memória e imaginação. Uma visão seletiva, manipuladora, que adaptava, omitia e acrescentava pessoas, motivos, ações e até lugares. Tudo conforme a utilidade do argumento para a defesa fervorosa de Cádalo – cuja eleição estava repleta de implicações para a imagem do rei, considerado pelo autor o ungido de Deus e seu único vigário. Em suma, Benzo enxergava o mundo com os olhos da "ideologia imperial". E foi como tal que ele viu sobre o Campo de Nero uma vitória que permitia medir a história universal (SAGULO, 2003, p.19-34).

O triunfo foi devastador, insistia ele. Não só para os planos de *Prandellus* – um dos nomes injuriosos dados por Benzo a Hildebrando, juntamente com "Merdiprando" e "diabo de capuz". Mas, sobretudo, para os romanos. Na manhã seguinte à batalha, a dor teria se apoderado da população. As ruas foram tomadas por gritos e lamentos. Todos "eram vistos partilhando o luto, ricos ou pobres". Amigos e inimigos foram conjuntamente abatidos pela dor. "Por essa razão nos recusamos a avançar para [o interior da] cidade" – por compaixão aos que sofriam, não por impotência de meios ou em função de decisões equivocadas, dizia o bispo de Alba, encontrando uma justificativa altiva para o exército não ter cruzado o rio. Pois o clamor que subia aos céus era excruciante, comovente – prosseguia. "'Desde os dias do Rei Evandro, que fundou os limites de Roma', diziam alguns [romanos], 'a amargura de tal carnificina não nos atingia'". Cinco dias passaram. O exército permaneceu acampado na mesma posição, os ímpetos congelados, até que a "chama da dor foi extinta e a tristeza dos enlutados cessou" (BENZO DE ALBA. *Ad Heinricum*. *MGH SS rer. Germ.*, 65, p. 220-222).

Esse trecho não passa de um lampejo do talento retórico do autor. É um fragmento minúsculo dos "Sete livros para o Imperador Henrique IV". Apesar do tamanho mínimo, o relato é prodigioso. Ele dá à luz uma cena surpreendente. Ele cria a imagem da compaixão pela tristeza adestrando a fúria carniceira de centenas de guerreiros. Muito poderia ser dito sobre essa idealização que mescla virtudes cristãs e a eficácia da crueldade, que entrelaça a autoridade clerical e a imaginação de certa disciplina social. Todavia, outro aspecto chama atenção. Um que talvez passasse despercebido. Voltemos à narrativa e reparemos como ela é afetada pelo empenho para atribuir magnitude à batalha.

A matança ocorrida naquele dia 14 de abril era comparável somente à época do Rei Evandro, um monarca pagão conhecido através das páginas da *Eneida*, um poema colossal, recitado sob a brisa do Mediterrâneo quando os milagres de Jesus não passavam de futuro desconhecido. Eis o que o poeta recitava. Fruto do desejo do deus Hermes por uma ninfa, Evandro zarpou da Grécia e alcançou a embocadura do Tibre muitos anos antes da Guerra de Troia. Ele subiu o rio até se deparar com um vale rodeado por sete colinas. Sobre uma delas, ele e os companheiros fundaram um povoado, "Palanteu", do qual se fez monarca. Assim surgiu a colina do Palatino, onde, um dia, Roma seria fundada. Além de difundir o culto aos deuses, a escrita e a música entre os "bárbaros latinos", Evandro e sua prole são implicados pela *Eneida* em guerras de dimensões míticas, descomunais. A devastação e o sofrimento provocados por esses conflitos ancestrais jamais foram igualados. Pelos séculos afora nada se equiparava. Até o momento em que os romanos foram massacrados em nome de Cádalo (cf. VIRGÍLIO. *Eneida*, 2014, p. 517, 537-555).

Para dotar o episódio do Campo de Nero de grandeza, o relato se abre a uma cisão. Ele sofre uma guinada. O fluxo de alusões aos evangelhos, aos salmos, aos livros do Velho Testamento e autores cristãos, essa característica que define a escrita eclesiástica da época, é momentaneamente interrompido para dar lugar a uma referência que extrapola a Bíblia: o tempo das origens de Roma. O instante vivido pelo autor é assim diretamente reportado ao início absoluto da cidade dos Césares, ao ato seminal que traria à luz aquele lugar. Através da referência ao "Rei Evandro" – figura mítica, lendária, mas que emerge no texto como um monarca real –, o presente ganha uma conexão sem desvios com um passado. Porém, note-se. Não com qualquer passado, mas com "o" passado, isto é, com aquele tempo antigo sem par, inigualável, ao qual nenhum outro se assemelha, pois ele só ocorre uma vez: o instante fundador, a própria nascente da história dos romanos. História que fluiu incessantemente, feito uma corredeira que arrastou consigo a existência de gerações e gerações, até desaguar ali, em abril de 1062. Aí está o aspecto mencionado, que deve provocar a atenção: falar da batalha exigiu que a história assumisse a forma de uma "narrativa primordial".

Essa narrativa funciona assim: ela formula certa versão da realidade a partir de uma preocupação específica, a de explicar os eventos vividos relacionando-os ou comparando-os com um fato fundador. Ela vincula os momentos atuais a uma origem remota. E assim, acontecimentos pontuais são diretamente ligados aos primeiros momentos de uma história coletiva. Experiências muitas vezes efêmeras, passageiras, se tornam mensageiras da ideia do início, portadoras da crença no princípio, no momento reverenciado, pleno em verdades e grandioso, porque detém para sempre as razões para um povo ter surgido. Uma narrativa é primordial em dois sentidos. Por explicar aquilo que se passa recorrendo à imagem de um primórdio, à raiz da vida coletiva; e por atribuir uma grandeza predominante, principal, ao que é vivido. Narra-se um fato reportando-o ao passado entre todos os passados para que tal fato assuma extrema importância e seja admirado como algo que se desgarra do tempo diário, que sobressai ao fluxo maçante do ordinário. Primordial porque a maneira de narrar constrói aquilo que deve vir primeiro, no tempo e nas proporções. É isso que a batalha do Campo de Nero provocou em Benzo: uma "primordialização" dos fatos protagonizados por ele e por Cádalo. Embora fosse um desenlace momentâneo – e de consequências efêmeras –, ela foi descrita como um episódio que se desgarrava da história e se situava muito acima dos incontáveis confrontos que enxameavam as crônicas clericais, um episódio comparável somente aos eventos que deram origem à Cidade Eterna. O confronto foi inflado. No texto, ele ganhou dimensões raras, formidáveis. Uma magnitude que exigia muito da memória e que não cabia em comparações e analogias comuns. A batalha deixava as lembranças com fome de tempo (SOMERS, 1994, p. 605-629. • SUNY, 2001, p. 862-896).

A narrativa primordial recria um evento. Ele muda seu lugar na ordem do tempo, o reposicionando com outra importância. Narrativa trapaceira, cínica? Não. Ao contrário. O empenho para reinventar um fato resulta de uma necessidade espontânea, genuína. Resulta da expectativa de que o acontecimento reflita a identidade de um grupo. No caso dos "Sete livros para o Imperador Henrique IV", o massacre alcançado sobre o Campo de Nero era narrado para refletir uma separação entre defensores e adversários do *Imperium Romanum*. Trata-se de um jogo de analogias. Cádalo era vitorioso como o Rei Evandro, o homem que fundara a autoridade da Roma conquistadora. Como se seguissem o exemplo dos inimigos do fundador de Roma, os derrotados se opunham não somente a um líder, mas a uma força que conferia ordem e paz ao mundo terreno. Alexandre e Hildebrando não lutavam contra Cádalo. Eles faziam algo mais, eles eram algo mais: eram adversários de um fundamento antiquíssimo da existência humana. Eis os inimigos da "conservação do Império Romano"! – conforme dizia o próprio bispo (BENZO DE ALBA. Ad Heinricum. *MGH SS rer. Germ.*, 65, p. 196). A narrativa primordial mescla realidade e imaginação para reforçar a unidade de um grupo e delimitar sua fronteira, separando-o dos demais. Através dela, um conjunto de pessoas encontra resposta para perguntas como "quem somos?" e "o que nos distingue dos outros?" "Somos os guardiões da origem do poder imperial, as sentinelas da tradição e da ordem desejada desde os primórdios do tempo" – eis a resposta cunhada por Benzo a partir do relato sobre o confronto no Campo de Nero. Mas ele não foi o único a fazê-lo. Movido por essa mesma necessidade, um dos principais partidários de Alexandre se pôs a narrar o significado daquela guerra para os vencidos.

Pedro Damião se revelaria um oponente fabuloso para a reputação de Cádalo. Pelas mãos desse eremita, o bispo de Parma sofreria a derrota fatal. Damião destroçou a imagem eclesiástica do predileto imperial, estilhaçou-a com tal veemência que a posteridade jamais reuniu os cacos. Pedro era figura graúda na cúpula papal. Como cardeal-bispo de Óstia, ele detinha precedência em uma série de ocasiões. A sucessão apostólica era uma delas. Ele foi um dos primeiros a ser ouvido e sua voz ditou o rumo daquela eleição repudiada pela corte. Ele entronizou Alexandre. As mãos que pousaram a coroa pontifícia sobre a testa do bispo de Lucca eram suas. Sua influência era imensa. A bem da verdade, o poder o atormentava. Há anos ele implorava para que sua renúncia ao cardinalato fosse aceita. Comunicadas em cartas, suas súplicas ecoavam pelas câmaras do palácio lateranense como gritos de socorro. Uma delas chega a recrutar trinta justificativas para a missão de convencer o Santo Padre, todas portando o mesmo argumento: cada prerrogativa de um "senador da Igreja Romana" era um aguilhão que feria de morte seus votos monásticos. O papa morreu negando-lhe a alforria espiritual. Damião viveu anos de amargura. Mas quando a disputa pela Santa Sé se instalou, esse velho eremita revelou-se um combatente enérgico, infatigável e, sobretudo, implacável (PEDRO DAMIÃO. Epistolas 57, 72, 79. *MGH Briefe*, 2, p. 162-190, 327-328, 398. • D'ACUNTO & SARACENO, 2002, 248-277; 2005, p. 98-101, 190-191).

Em novembro de 1061, ele responsabilizou o poder secular pela ruína da disciplina clerical. "O ardor da avareza ou da luxúria infiltrou-se, primeiramente, nas vigas dos tetos das casas dos príncipes e, em seguida, espalhou-se entre os súditos", dizia Damião, em nada lembrando a figura de um cardeal relutante com sua posição. E concluiu logo em seguida: "uma vez que um povo mau não merece bons governantes, o mundo inteiro [...] é abatido pela contaminação de um crime contínuo". As frases parecem conter a primeira reação ao papel desempenhado pelo poder imperial na eleição rival. Poucos meses depois, as cartas seriam endereçadas ao próprio Cádalo. Já na primeira delas, o bispo de Parma surge como uma figura maldita. O velho eremita não titubeia numa só linha: cada palavra ditada por ele era endereçada a uma criatura ambiciosa, um prelado condenado "em três sínodos reunidos em Pávia, Mântua e Florença" – sentenças jamais encontradas. Aliás, a epístola é a única a mencioná-las. Em parte alguma há qualquer vestígio delas (uma acusação infundada?). O cardeal prosseguia. Cada frase formulada, um punho cerrado erguido contra o destinatário: avarento, simoníaco, profano, ímpio, inimigo da paz... A mitra e o manto vermelho foram entregues a uma natureza assim desgraçada só porque a decisão coube a mentes facilmente manipuláveis, isto é, a uma mulher e um menino, "nossos reis, que, por razão da fraqueza de seu sexo ou de sua idade, tiveram seu direito roubado". A vida de Cádalo era um flagelo para o mundo, cada batida de seu coração, um açoite dolorosamente suportado pela Igreja. Pudesse ele tomar consciência de seu ser e renunciar à natureza que o preenchia, ele jamais teria visto a luz do mundo: "tu terias de algum modo falecido no ventre naquele exato dia se tivesses desistido do mal de que és culpado". Culpado desde as entranhas da mãe, ele era um bispo que nunca deveria ter nascido (PEDRO DAMIÃO. Epistola 88. *MGH Briefe*, 2, p. 515-530. • D'ACUNTO & SARACENO, 2005, p. 368-389).

Quando Pedro Damião ditou tais palavras de temperamento vulcânico, o confronto era iminente. Tendo deixado Roma e já de volta a Fonte Avellana, seu eremitério aninhado nas alturas serranas da Úmbria, ele sabia que Cádalo havia se preparado militarmente para conquistar o papado. É o que sugerem trechos como este: "tu", dizia ele ao detestado rival, "laboras para envolver todo Império em guerra como se reuniste vítimas para o massacre". Sua expectativa pelo confronto era palpável. Era março de 1062. A tensão crescia. A força dos bandos armados estava prestes a decidir o destino da fé. De sua cela voluntária, isolado na quietude dos eremitas, o cardeal meditava com olhar de quem pelejava diariamente com a realidade: "este mundo parece quase recompensar os guerreiros". Um olhar algo trágico e resignado, de quem estava prestes a desistir e reconhecer que era impossível escapar desse lamaçal cinzento que é a vida terrena, dessa existência que parecia premiar quem "padece pela espada mais do que termina seus dias [...] nos leitos". Tornar-se belicoso insinuava-se como uma condição para estar no mundo. Aparentemente, a guerra se tornava a medida das coisas, dos gestos e dos homens (PEDRO DAMIÃO. Epistola 87. *MGH Briefe*, 2, p. 508-514. • D'ACUNTO & SARACENO, 2005, p. 354-367).

Mas de todos? Inclusive os eclesiásticos? Acaso é assim que devem agir e pastorear o rebanho terreno? – indagava Damião. Deverão, portanto, "buscar vingança e, conforme o costume dos seculares, reparar o mal com o mal?" Quando o manejo da lâmina parece ser a língua falada entre os cristãos, pode um sacerdote pegar em armas? A resposta veio seca: jamais! A resignação que se esboçava desaparece. O pensamento é capturado pelo traçado de uma convicção firme e sólida. "Parece-me ser plenamente absurdo que os sacerdotes do Senhor tentem portar os mesmos objetos que proíbem à turba comum" – rebateu o eremita. Clérigos deveriam manejar palavras e exemplos morais, nada mais. O verdadeiro sacerdote não se curva aos ditames do mundo, não cede aos ultimatos do tempo. "Não conhecemos o que [o Papa] Gregório disse ou ensinou sobre isto em suas epístolas, um homem que sofreu tantas rapinas e violências dos ferozes Lombardos? Ambrósio fez guerra aos arianos que o haviam atacado cruelmente em sua Igreja?" Perguntas retóricas. Antes mesmo de chegar à última linha, ouve-se o "não" farfalhando no espaço entre as palavras. Quando Leão IX "se envolvia em atos de guerra" ele falhava, vacilava. Contudo, assim como Pedro não perdera o primado apostólico ao negar o Senhor, o papa não se tornava menos digno ao se lançar à batalha. Permanecia santo, mas falível, suscetível, fraquejante. A guerra, o uso da força, as marcas da coerção eram mazelas mundanas, grilhões espirituais, algemas da alma (PEDRO DAMIÃO. Epistola 87. *MGH Briefe*, 2, p. 508-514. • D'ACUNTO & SARACENO, 2005, p. 354-367, DUGGAN, 2013, p. 101).

A batalha do Campo de Nero mudou esse olhar. Deslocou-o. Já ciente do massacre, o cardeal escreveu outra carta a Cádalo. As palavras estalavam repulsa, faiscavam fúria: "tu nunca te manténs quieto e, cuspindo chamas infernais como o Vesúvio, espalhas as brasas ardentes do dinheiro entre o povo e corrompes o coração de homens fracos". Em seguida, o eremita adverte: prepara-te para a verdadeira consequência da batalha. Pois o fruto gerado no Campo de Nero não seria a glória militar, cuja doçura não passava de efeito enganoso, a ilusão que, acariciando as papilas da ambição, envenenava a alma. Não. Quem se deleitava com a vitória, em breve sentiria escorrer pela garganta um gosto amargo, acre, lancinante da vingança divina. Naquele fatídico 14 de abril, Cádalo se tornou um inimigo de Deus, e o "Senhor é Deus zeloso e vingador, o Senhor é vingador e cheio de furor, o Senhor toma a vingança contra os seus adversários e guarda a ira contra os seus inimigos". Bastava virar a face para o horizonte da história e encontrar os precedentes do que aconteceria com o bispo de Parma e seus aliados. Que proveito teve o ouro para Ptolomeu, o rei do Egito que, após se precipitar em uma guerra naval contra Júlio

César, foi morto, abandonado e desprezado? De que valeu a ostentação a Nero, quando ele fugiu do palácio e matou-se nos subúrbios de Roma? Quanto alívio os tesouros trouxeram ao Imperador Justino depois que sua mente foi afetada por uma possessão? Todos foram fulminados pela ira divina, assegurava o cardeal (PE-DRO DAMIÃO. Epistola 89. *MGH Briefe*, 2, p. 531-540. • D'ACUNTO & SARACE-NO, 2005, p. 390-403).

Ptolomeu, Nero, Justino. Figuras antiquíssimas, nomes que emprestavam vida a um passado que transcendia a história eclesiástica. Se antes Damião vasculhava a natureza da guerra folheando as lembranças sobre Pedro, Gregório I e Ambrósio de Milão, agora, após a batalha, ele revirava o passado de um rei egípcio, um imperador pagão e outro já acusado de heresia. Não só. A carta faz alusão a Alarico, líder godo que comandou o saque a Roma em 410; a Aníbal, inimigo que os romanos conheceram muito antes de conhecerem César. Efeitos de uma narrativa primordial. Como Benzo, o prior sentiu fome de tempo ao se ver diante do confronto militar. E de maneira semelhante ao adversário imperial, ele recorreu a exemplos primordiais para modificar a imagem da batalha. Pedro Damião a recriou, mudou seu lugar na ordem do tempo, atribuindo-lhe outra importância: a reinventou como a prova cabal da ilegitimidade dos vitoriosos. Ele percorreu séculos à caça de exemplos longínquos de vitórias que colocaram vidas no prumo de um fim trágico, desgraçado, aterrorizante. Ao ligar aqueles marcos fundadores do passado ao ocorrido no Campo de Nero ele converteu a derrota em mais um precedente de uma história inevitável e inadiável.

Inevitável, inadiável e sangrenta. "Deixe-me, agora, levar esta história, merecedora de tua atenção, ao fim", diz o eremita em um dos trechos finais. A vitória naquele dia 14 de abril selou o destino de Cádalo. O triunfo era evidência segura de que ele trilhava o mesmo caminho já percorrido, "não muito antes de nossa época, por um bispo de Piacenza, de tua vizinhança". Esse prelado, "um homem astuto e dissimulado como tu" – disparou Damião, enfatizando as semelhanças entre ontem e hoje –, assumiu o controle da Igreja Romana após o papa ser escorraçado da cidade. Como agora, ele triunfou. Vangloriou-se em júbilo. Mas "o povo, tendo recobrado o juízo, se ergueu e o atacou". Foi preso, teve "os olhos vazados, as orelhas e o nariz decepados". Arrancadas à lâmina, as pretensões caíram-lhe do rosto. E nas mutilações se cumpriu a vingança divina. Pois retalhado e rasgado, "ele experimentou o que o Senhor tinha advertido, primeiro, através das palavras do Profeta Ezequiel e, agora, adverte contra ti, Cádalo: 'E virão contra ti com carros, carretas e rodas, e com multidão de povos; e se colocarão contra ti em redor com paveses e escudos e capacetes; e porei contra ti o meu zelo, e usarão de indignação contigo. Tirar-te-ão o nariz, as orelhas, e o que restar cairá à espada. Eles tomarão teus filhos e tuas filhas, e o que ficar por último em ti será consumido pelo fogo'" (PEDRO DAMIÃO. Epistola 89. *MGH Briefe*, 2, p. 538-540. • D'ACUNTO & SARACENO, 2005, p. 390-403).

A carta narra a história de João Filagatos, abade de Nonatola e bispo de Piacenza. Entre abril de 997 e maio de 998, ele assumiu o nome "João XVI" e, com apoio de *Crescenti*, substituiu Gregório V até ser capturado por ordem de Oto III. Seu fim era o desfecho para o qual Cádalo se candidatava – assegurava Damião. O passado era testemunha: o tempo da multidão cintilando em escudos, capacetes e espadas chegaria. A derrota militar e a justiça flagelante já aguardavam o recente usurpador. Após tomar conhecimento da batalha sobre o Campo de Nero, o prior de silhueta esguia e retórica vigorosa redescobriu os significados espirituais das armas e da coerção. Pela versatilidade de uma narrativa primordial, Damião reencontrou a expectativa pela vitória como promessa de clamor militar e derramamento de sangue. Como os numerosos bispos da era otônida, Damião depositou sua esperança numa paz encouraçada.

Embora sentisse um odor infernal em tudo que dizia respeito ao adversário, Benzo de Alba e Pedro Damião se assemelhavam. Rivais, bispo e cardeal encontraram na batalha o tema de narrativas primordiais. Das mesmas linhas que redigiram para se distinguir como forças opostas, uma intercessão sobressaía. Emergia uma ideia comum: a guerra carregava a autoridade do eterno ontem e, como tal, ocupava um lugar especial no presente. Estavam unidos na fé vestida em aço. A devoção aguerrida estava incrustada na identidade de ambos, revelando-se um dos vínculos sociais que reunia aliados em torno de Cádalo tanto quanto partidários ao redor de Alexandre. O recurso às armas fundamentava o modelo de liderança que ambos os grupos buscavam protagonizar. A história chegara a termo. Mesmo sem um vencedor, uma consequência já havia triunfado. A batalha no Campo de Nero não decidiu a disputa pelo controle da Sé de Roma. Os impasses persistiam. Entretanto, ela trouxe algo à tona das opiniões eclesiásticas: guerrear era um dos fundamentos de ser papa.

O bispado de Roma era agora a primeira força guerreira da Cristandade.

8

A guerra recomeça após uma "fraude piedosa": autoridade e legitimidade como devoção militar

Deliciosamente vivestes sobre a terra, e vos deleitastes; cevastes os vossos corações, como no dia da matança.

Tg 5,5

1

Cádalo morreu papa. Quando deixou este mundo, a autoridade do apóstolo habitava sua pele. Ao menos foi nisso que ele acreditou. Até o último fôlego ele se agarrou à certeza de que a verdade era consigo. Afinal, no momento crítico, a batalha pelo papado havia sido vencida para ele. Era seu o nome ouvido entre os urros dos vitoriosos. E quando se crê que as espadas são o martelo de uma santa justiça, os olhos leem nos corpos derrotados juízos proclamados pelo invisível. Seu rival era um usurpador. Quem combateu por esse intruso, pecou, e o pecado dos guerreiros encontrou o justo salário: a morte pela lâmina. Contudo, quase ninguém lhe dava ouvidos. Ele ordenava padres e selava cartas como "Papa Honório II", mas suas decisões não eram observadas fora dos limites de Parma. Sim, Parma. Pois Roma foi perdida. Quando ele a deixou e retornou para a antiga Sé, estava convicto de que seria universalmente reconhecido como Sumo Pontífice. Enganou-se. Os anos passaram. A roda da fortuna girou e pôs o mundo de ponta-cabeça. Tudo mudou em um piscar de olhos. O rival superou a derrota e triunfou. Nesse ínterim, Cádalo envelheceu. As rugas cavaram um rosto ossudo e rochoso, as dores pareciam ter conquistado cada dobra do corpo, o peito arfava, já não caminhava sem apoiar-se. Nada, todavia, debilitava a convicção de que a Sé Apostólica lhe fora corretamente designada. Ele teria reparado a honra do mundo, dizia-se em Parma, mas foi impedido pela traição e pela duplicidade.

Tudo começou em maio de 1062. Um mês inteiro transcorrera e a vitória na batalha sobre o Campo de Nero continuava sem consequências políticas. Nenhum avanço ocorrera. Os dois lados mantinham as posições. As constantes escaramuças e emboscadas custavam vidas, mas ninguém lucrava qualquer avanço sobre uma rua ou uma Igreja controlada pelo adversário. Era impossível saber para quem o triunfo iria. Ambos ruminavam impotência e a regurgitavam como fel contra o adversário. No acampamento de Cádalo, boatos de que o papa rival agonizava febril eram mais comuns do que refeições diárias. Na outra margem do rio, do outro lado da cidade, os defensores de Alexandre asseguravam que o inimigo obtivera uma vitória pagã: desumana, bestial, cujo único efeito seria o de provocar a ira do Senhor, "Deus zeloso, vingador e cheio de furor". Ambos aguardavam por um golpe fatal, um acontecimento súbito que mudasse o rumo dos eventos. Esperavam por algo que estava além de sua capacidade. Esse algo apareceu (BENZO DE ALBA. Ad Heinricum. *MGH SS rer. Germ.*, 65, p. 224. • PEDRO DAMIÃO. Epistola 89. *MGH Briefe*, 2, p. 531-540. • D'ACUNTO & SARACENO, 2005, p. 390-403. • BOTTAZI, 2009, p. 205).

Na realidade, não era algo, mas alguém. Um homem de aparência colossal, apesar de sexagenário. Grande parte de seu rosto anguloso e largo estava coberta por uma barba loira que, de tão compacta e lustrosa, parecia ser única, jamais conhecida por outro queixo. Realçando a distância, ela tornou-se seu atributo físico distintivo. Godofredo, "o Barbudo", era voluntarioso, temperamental, amiúde irascível. Esse descendente da antiga aristocracia imperial era "muito experimentado militarmente", segundo um cronista. A simples menção ao seu nome semeava medo e reverência. Com razão. Godofredo parecia ter vivido muitas vidas em uma só existência. Era amplamente conhecida a história de como, há quase vinte anos, ele declarara guerra a Henrique III após receber a notícia de que o falecido imperador decidira dividir sua herança, determinando que repartisse o vasto património deixado pelo pai no ducado da Lorena. De vassalo influente, Godofredo passou a rebelde contumaz. Ele "matou aquele que o rei nomeou para o posto de seu pai, impôs a matança de homens e reduziu a cinzas todos os lugares habitados ao longo do Rio Reno" – tal era sua reputação, sussurrada com lábios crispados em mosteiros. Foi capturado, metido em uma prisão, mas perdoado cerca de um ano depois. Desde então vivia assim, ziguezagueando entre a fama de bandoleiro do Império e o súbito ressurgimento como homem providencial. Recuperou parte da herança graças às intercessões do Papa Leão IX, após se flagelar publicamente por incendiar igrejas. Tornou-se o regente da Toscana ao desposar a viúva do marquês local, a Condessa Beatriz, voltando a atiçar a fúria imperial. Henrique desaprovou o casamento, cruzou as montanhas e encarcerou a esposa do antigo rebelde, que, por sua vez, revidou reacendendo a guerra na Lorena. Renascendo sem cessar entre tantas ascensões e quedas, "o Barbudo" se descobriria ainda parente do papa, após o irmão, Frederico, governar como Estêvão IX por menos de um ano. Quando Henrique III foi acamado pela morte, o agitador de outrora, o guerreiro corpulento um dia deserdado e encarcerado, era duque da Lorena, marquês da Toscana, conde de Camerino e Spoleto: o aristocrata mais poderoso do Império e a voz hegemônica sobre os assuntos itálicos (LAMBERTO DE HERSFELD. Annales. *MGH SS rer. Germ.*, 38, p. 59-67. • Chronica Monasterii Casinesis. *MGH SS*, 34, p. 355. Cf. tb. DUPRÉEL, 1904, p. 7-97. • GLAESENER, 1947, p. 379-416. • TABACCO, 1978, p. 42. • BERTOLINI, 2004, p. 173-174).

No dia 14 de maio, Godofredo surgiu nos campos primaveris ao norte de Roma. Ele avançou até a Ponte Mílvia, onde estacionou o exército que liderava. Aquela ponte era um lugar quase sagrado. Foi ali que se viu, pela primeira vez, um imperador romano lançar-se à batalha com as iniciais de Cristo pintadas nos escudos de suas legiões. Talvez tenha sido assim, apresentando-se como um novo Constantino, que o duque cruzou as muralhas. Sem demora, encontrou-se com Cádalo e Alexandre – separadamente, ao que tudo indica. Com palavras que trançavam a linha fronteiriça entre o conselho e a ameaça, convenceu ambos a se retirarem para suas dioceses de origem. Que se abstivessem da busca pela prelazia papal e aguardassem o julgamento que seria proferido na corte, em nome do jovem Rei Henrique IV. Benzo parece ter razão ao dizer que a proposta deleitou os ouvidos de Cádalo. Afinal, o bispo de Parma havia sido eleito sob os olhos daquele rei ainda imberbe, que lhe entregara, pessoalmente, as insígnias pontifícias. Ademais, ele contava igualmente com as bênçãos da rainha-mãe, a regente que lhe angariou aliados na hora incerta. Em outras palavras, Cádalo era o candidato imperial. O julgamento anunciado por Godofredo seria, na realidade, uma confirmação de seus direitos ao papado. Confiante nessa promessa das circunstâncias, ele ganhou a estrada e retornou, triunfante, para Parma. A cidade o recebeu em júbilo. Ereto sobre um cavalo ricamente ajaezado, ele se deixou conduzir sem pressa entre a multidão que inundava o ar com um dilúvio de palmas, gritos e cânticos, louvando a "vitória de seu bispo como a vitória de seu exército". Mas a euforia secaria em breve. Aquele entusiasmo transbordante sumiria como chuvisco que cai em terra esturricada. Cádalo não sabia, mas no momento em que cruzou o muro de Parma como redentor do mundo as circunstâncias eram outras. O desfecho prometido por elas, também (BENZO DE ALBA. Ad Heinricum. *MGH SS rer. Germ.*, 65, p. 228-230. • Annales Altahenses Maiores. *MGH SS rer. Germ.*, 4, p. 60-61. • BONIZO DE SUTRI. Liber ad Amicum. *MGH Ldl*, 1, p. 595. Cf. tb. BAIX, 1949, p. 75-76. • STROLL, 2012, p. 162).

Quarenta dias antes, enquanto a longa coluna de combatentes parmenses marchava até o Campo de Nero, a corte imperial banqueteava em Kaiserswerth. Após as celebrações da Páscoa, o rei subiu o leito do Reno até aquele lugarejo e instalou o volumoso séquito de parentes e serviçais no palácio erguido há mais de cinquenta anos para ser uma das muitas residências frequentadas pela realeza itinerante. O edifício possuía dois pavimentos, salões arejados, apesar das paredes espessas como as de um claustro beneditino. Ficava tão perto da margem, que o rio tingia sua lateral com pinceladas de lodo e musgo. No início de abril, um visitante ilustre chegou. Após balançar pacientemente à jusante, Anno, o arcebispo de Colônia, atracou à sombra do palácio. De têmporas grisalhas e estatura mediana, o recém-chegado trouxe consigo a neblina de uma reputação contraditória. Tendo completado cinco décadas de vida há pouco, Anno era um clérigo de erudição invulgar e atitudes barulhentas. Era meio santo, meio endiabrado. Foi o confessor do falecido imperador e o algoz da mais poderosa linhagem da vizinhança de Colônia; erguia mosteiros e então roubava relíquias de outras casas religiosas para glorificá--los; desaprovava a regência da rainha-mãe, mas devia a ela a elevação do próprio sobrinho ao episcopado. Envolto por essa mesma atmosfera, ele desembarcou em Kaiserswerth: em um navio algo admirável, algo enigmático. Mesmo de longe era possível ver o convés ricamente adornado, embelezado com tapeçaria, almofadas e tecidos coloridos, como uma suntuosa tenda flutuante. Tudo isso para a honra do rei – os lacaios do arcebispo se apressaram em esclarecer. A embarcação permaneceria ali, atada ao pequeno cais, pelo tempo que fosse necessário, até que o monarca viesse visitá-la. Não foi preciso esperar muito (Vita Annonis Archiepiscopus Coloniensis. *MGH SS*, 11, p. 467-469, 475-481. • LAMBERTO DE HERSFELD. Annales. *MGH SS rer. Germ.*, 38, p. 242-245. Cf. tb. ROTONDO-McCORD, 1995, p. 77-106; 1996, p. 297-312. • STROLL, 2012, p. 164-165).

Após um novo banquete, Anno convidou pessoalmente o soberano de 12 anos de idade. Já na rampa que conduzia ao convés, o jovem Henrique sorria, embasbacado com os enfeites e o colorido. Estava radiante, impacientemente alegre. A euforia palpitava na voz de menino. No entanto, no instante em que o infante subiu a bordo, algo mudou. O convés foi tomado por uma agitação, um corre-corre. O som de passadas duras começou a martelar sobre o assoalho, ressoando de todas as partes. Os homens que até então acompanhavam o arcebispo discretamente, mantendo uma distância ritual, saltaram de trás do vulto clerical, esparramando-se em todas as direções, numa debandada frenética, mas, ao mesmo tempo, orquestrada, como se cada um tivesse acabado de receber um comando. Alguns avançaram na direção do herdeiro, que se descobriu cercado. Ao fundo, um grito e, de repente, o navio começou a estalar. O madeirame rangeu. Puxadas através de roldanas, as cordas retesadas escovaram o ar bruscamente. Desfraldada, a vela reclamou dos golpes do vento. Estavam em movimento. Afastaram-se da margem, já quase no meio do rio. Confuso e apavorado, o pequeno Henrique tentou fugir e pulou na água. Não fosse pela ligeireza do Conde Ekberto, que mergulhou atrás dele e o puxou para cima, teria se afogado na correnteza – assegura o monge da Abadia de Hersfeld, que narrou o episódio como se o tivesse testemunhado. Em prantos, o sucessor imperial foi trazido de volta à embarcação. Aturdido, dominado, ele viu o palácio de Kaiserswerth ficar para trás, inalcançável. Horas depois, quando saltaram em terra firme, os homens que há pouco o reverenciavam já não acatavam sua vontade, apenas o conduziam apressadamente por ruas que não eram desconhecidas. Era Colônia. Foi para lá que Anno levou a criança depois de arrancá-la da corte. A sede do arcebispado se tornou cativeiro do rei (LAMBERTO DE HERSFELD. *Annales*. *MGH SS rer. Germ.*, 38, p. 80-81. • BÖHMER-STRUVE, 1981, p. 103-105. Cf. tb. STROLL, p. 164-165).

No início de abril de 1062, Henrique IV foi raptado por um grupo de aristocratas. O plano para o sequestro contava com o apoio de Gunther, bispo de Bamberg; Siegfried, o arcebispo de Mainz; Oto, o duque da Baviera; Dedi II, o Marquês de Ostmark; Ekberto, o conde de Braunschweig. Liderada e executada pelo arcebispo de Colônia, a ação envolvia figuras graúdas do Império, os grandes senhores da *res publica*. As narrativas documentais os caracterizaram como conspiradores. Dissimulação, insídia, traição, exposição da vida do rei ao perigo de um afogamento... "Diversos crimes foram cometidos" naquele episódio em que "a majestade régia foi violada" de muitas maneiras diferentes – protestou o cronista, sem palavras dúbias. O alvo do sequestro não era, propriamente, a criança. Mas o que ela representava. Isto é, o legítimo direito de governar o reino. Prova disso foi o fato de que os conspiradores levaram consigo os símbolos imperiais. Quando o menino começou a subir a rampa que o levaria para a arapuca armada sobre o convés, os partidários do arcebispo já haviam retornado da capela do palácio com a cruz e a lança dourada, os emblemas régios. Anno, um exímio ladrão de partes santas, roubara as relíquias que continham a essência da realeza: a cruz, a lança, o corpo ainda infantil. A monarquia já não estava na corte, mas em Colônia, vigiada pelo arcebispo, que dizia, publicamente, agir somente para protegê-la. O prelado e seus aliados acabaram de tomar o poder. A mensagem foi imediatamente captada na corte. Em menos de um mês, a rainha-mãe "abdicou inteiramente ao governo do reino" com um gesto inequívoco. Sem arriscar qualquer iniciativa para resgatar o filho, uma Inês "abatida pela tristeza" anunciou que se entregaria "para o serviço de Deus" no Mosteiro de Frutuária. Aí está. Eis o sinal do abandono político, da recusa. Tornar-se freira significava morrer para o mundo e, por conseguinte, renunciar ao Império. Em maio, Anno, "guardião do rei", assumiu a regência (LAMBERTO DE HERSFELD. Annales. *MGH SS rer. Germ.*, 38, p. 80-81. • Annales Altahenses Maiores. *MGH SS rer. Germ.*, 4, p. 59. • Annales Weissemburgenses. *MGH SS*, 3, p. 71. • BERTHOLDO DE REICHENAU. *MGH SS rer. Germ. N.S.*, 14, p. 194. • BERTHOLDO. Annales. *MGH SS*, 5, p. 272. Cf. tb. BAIX, vol. 11, 1949, p. 75-76. • BÖHMER-STRUVE, 1981, p. 104-107. • ROTONDO-McCORD, 1996, p. 297-312. • STROLL, 2012, p. 164-166).

Estava consumado o "golpe de Kaiserswerth". Nos registros documentais, ele surge como uma reação aristocrata ao poder de uma mulher. O próprio Anno assim teria dito. Em Colônia, na primeira assembleia convocada como regente, ele teria justificado o sequestro dessa maneira: era preciso interromper aquele governo fraco, débil, de natureza feminina – teria anunciado o arcebispo. O tom de calamidade impresso sobre as palavras recobria uma rivalidade pessoal – sugeriram alguns cronistas. Anno encabeçava uma lista de magnatas que haviam perdido espaço junto à corte. O declínio de sua influência coincidia não só com a viuvez da rainha, mas com o aparecimento de Henrique, bispo de Augsburgo, tido como a verdadeira mente por trás das decisões de Inês. Quanto mais os dois surgiam juntos, mais ácidas se tornaram as intrigas contra a soberana. "É inapropriado que o reino se submeta ao governo de uma mulher"; "com temeridade feminina, ela age, frequentemente, contra as leis", escreveu um bispo itálico. "A Imperatriz se ocupa dos assuntos do reino conforme os conselhos do bispo de Augsburgo, donde a suspeita de que não convivem sem praticar um torpe comércio [carnal]", acusava um monge. Inês prostituía o reino para o amante clerical. O estereótipo misógino, que recaía sobre todas as mulheres ao exercer um poder, ocultava uma concorrência aristocrática pela autoridade. Concorrência que se transformou em uma corrida pela carne: se Henrique possuía o corpo da rainha, Anno revidou apoderando-se do frágil invólucro que abrigava a alma do filho real. No frenesi da disputa, prevaleceram os costumes de então e a autoridade seguiu as pegadas da carne masculinizada (LAMBERTO DE HERSFELD. Annales. *MGH SS rer. Germ.*, 38, p. 79-80. • BONIZO

DE SUTRI. Liber ad Amicum. *MGH Ldl*, 1, p. 595. • Vita Heinrici IV Imperatoris. *MGH SS rer. Germ.*, 58, p. 13. • ADÃO DE BREMEN. Gesta Hammaburgensis ecclesiae pontificum. *MGH rer. Germ.*, 2, p. 176. • BÖHMER-STRUVE, 1981, p. 105-108).

Já para os historiadores, o "golpe de Kaiserswerth" é a evidência de uma mutação social. Se esquadrinharmos atentamente o rapto do rei, dizem os estudiosos, encontraremos mais do que rivalidades de grupo e ambições pessoais. Veremos as marcas mentais de um novo tipo social. A racionalidade na encenação e a frieza imperturbável na execução eram traços psicológicos de uma aristocracia diferenciada. A engenhosidade e a meticulosidade do empenho atribuído aos sequestradores indicam o anseio de apoderar-se da realeza, não o ímpeto para lesá-la ou substituir a dinastia reinante. Oriundos das paisagens mais ricas do Império, acostumados a governar populações em expansão e transformadas por efeitos das relações mercantis, os conspiradores viam a si mesmos como figuras maiores que a de seus antepassados. Sua autoimagem não cabia nos contornos de grandes detentores de terras e de armas. Eles eram isso, sem dúvida. Sua vida estava ancorada no poder fundiário como a dos avós esteve. Mas eram mais. Enxergavam-se como príncipes-senhores que partilhavam com o rei a autoridade para dispor dos assuntos da *res publica*. O sequestro de Henrique IV foi um dos primeiros capítulos da ascensão de uma elite dotada de uma consciência política diferenciada, um dos mais espetaculares episódios do surgimento de lideranças senhoriais que percebiam o poder a partir de horizontes mais largos. Aqueles magnatas da terra já não se comportavam como no tempo dos otônidas. Já não justificavam suas decisões com base em um pacto firmado pela "amizade". Eles já não defendiam seus interesses evocando uma reciprocidade de obrigações que o próprio detentor da coroa assumira e reconhecera em juramento. Agora, eles agiam em nome do reino à revelia da corte, contra ela se julgassem necessário. Eles já não precisavam da palavra do rei para se lançar em defesa da realeza. A história virava. Um novo regime político emergia e seus desdobramentos eram do tipo que desassossega as sociedades: desconhecidos e imprevisíveis – eis a conclusão reforçada por muitos autores (ARNOLD, 1981, p. 13-14. • LEYSER, 1994, p. 21-68. • LEYSER, 1982, p. 161-190. • WEINFURTER, 1999, p. 138).

Um fato, muitas dimensões. Cada uma delas revelada por um ângulo diverso. Pelos olhos aterrorizados do rei menino se pode ver como o poder flui e reflui conforme atributos pessoais, como a idade. Nas pálpebras ensopadas com a aflição da rainha se fazem sentir as consequências de viver em uma sociedade que explicava a realidade através da dominação masculina. O olhar calculista do arcebispo e dos conspiradores pode revelar os segredos da alquimia que transforma em lógica a luta quase instintiva por riqueza, *status* e influência. A perspectiva dos historiadores faz transparecer nos eventos a presença opaca de estruturas ocultas, internas, subterrâneas, mas tão reais quanto o esqueleto revelado por um *scanner*. Algo único se dá à compreensão em cada um desses ângulos. Mas em todos se vislumbra a mesma conclusão: nada era como antes. Vivia-se sem retorno. Inclusive Cádalo. O bispo de Parma não sabia, mas quando venceu a sanguinária batalha pelo papado, ele próprio não era o mesmo. Já não era o escolhido da corte, pois a corte, agora, era outra. As certezas que levava entre as orelhas não correspondiam à realidade. A regência estava nas mãos de um dos poucos prelados do Império que não declarou apoio à sua eleição, na Basileia. Além disso, Anno correspondia-se regularmente com os apoiadores de Alexandre, seu rival. As cartas trocadas eram encorajadoras o suficiente para que Pedro Damião vislumbrasse um correligionário no arcebispo. Cerca de dois meses após o acontecimento em Kaiserswerth, o cardeal escreveu-lhe uma carta de louvor, enviada com a sensação de alívio ainda fresca na tinta. Foi o mais profundo sentimento cristão que inspirou o arrebatamento do rei, dizia a epístola. Somente um verdadeiro sacerdote levaria adiante aquela *pia fraude* – assim está escrito, em um latim resoluto – para salvar a criança, trazer a ordem para o reino e proteger os direitos imperiais. Damião agarrou o fato como o princípio da derrocada de Cádalo: ao consumar a fraude piedosa, assegurava a carta endereçada para Anno, "tu trabalhaste para cortar o pescoço escamoso da besta de Parma com a espada do rigor evangélico" (PEDRO DAMIÃO. Epistola 99. *MGH Briefe*, 3, p. 99).

Quando "o Barbudo" surgiu em Roma com a proposta de encerrar a disputa através de um julgamento imperial, Cádalo julgou ouvir uma oferta de resgate: seu maior aliado, a regência, assumiria as rédeas da situação e decidiria. Na realidade, as palavras que soaram dos lábios escondidos atrás daquela magnífica cortina de fios loiros eram os termos de uma reviravolta. Ao aceitá-los, ele depositou sua causa nas mãos de um juiz imprevisível, quiçá adverso, que jamais endossara sua eleição para a Sé Romana. No instante em que o retorno para Parma teve início, a disputa pelo trono de Pedro ingressou em nova fase. Com a perda do apoio imperial, ele se tornou o mais vulnerável dos dois candidatos. A partir de então, a "unidade da *res publica*" já não dependia de sua instalação em Roma – a não ser que Anno assim o declarasse. Obedecê-lo já não provava lealdade ao rei. Os principais fundamentos de sua legitimidade não estavam mais lá e ele consentiu em partir de volta para sua diocese sem reclamá-los, sem protestar a perda irreparável. Cádalo, voluntariamente, foi cúmplice do próprio enfraquecimento. Mas o foi ludibriado, manipulado pelas circunstâncias.

Pelas circunstâncias? Não! Por Godofredo! O duque mentiu. Sua oferta não passava de maquinação maléfica – a acusação foi disparada por Benzo de Alba, a voz incansável da causa imperial. Quando ingressou em Roma, "o Barbudo" sabia sobre o sequestro, estava a par daquela súbita virada de eventos que arrancara do herdeiro e da rainha qualquer poder para decidir a quem caberia o governo da Santa Sé. Entretanto, ainda assim, ele assegurou a Cádalo que "o rei, juntamente com sua augusta mãe e o consentimento da corte, o julgava digno da cátedra" do apóstolo. "Nem a mais remota alteração repousa sobre essa opinião", o duque teria dito antes de jurar por seu ducado que o bispo de Parma manteria o papado. Dissimulações, nada mais – vociferou o prelado de Alba. O rei não falava por si, a rainha renunciara ao poder de falar em nome do reino, a corte possuía outra voz. Godofredo tinha conhecimento de tudo. Ele mostrou a Cádalo um mundo que não mais existia (BENZO DE ALBA. Ad Heinricum. *MGH SS rer. Germ.*, 65, p. 228-230).

O duque empenhava-se apenas por uma causa: remover as duas forças em guerra e ser aclamado "o pacificador" da cidade dos Césares. A alcunha de fundador da paz possuía um valor inestimável. Como demonstrou o historiador Jacques Le Goff, essa reputação era um atributo fundamental na construção da imagem dos monarcas medievais. Era disso que se tratava? Essa era a motivação? Então, o duque aspirava à coroa? Ele agia daquele modo porque enxergou a oportunidade para apresentar-se ao mundo como sucessor imperial? A suspeita possuía muitos fundamentos (LE GOFF, 1999, p. 568-596).

Há anos conheciam-se os rumores de que o irmão de Godofredo, o Papa Estêvão IX, o teria coroado imperador se a Providência houvesse permitido que vivesse um pouco mais. Ademais, o atual herdeiro, Henrique IV, não passava de uma criança enclausurada, amedrontada, enquanto ele, "o Barbudo", parecia estar à altura de Constantino, conduzindo exércitos até a Ponte Mílvia para conquistar Roma em nome da religião cristã, revivendo a glória do passado primordial. E agora, isto: sua intervenção assumia a aparência triunfal de uma pacificação súbita e indestrutível. É preciso dizer "aparência", pois suas ações foram encaradas assim por muitos, não apenas Benzo de Alba. Além de temperamental e brutal, Godofredo é descrito em diferentes textos como um homem malicioso, de natureza esquiva e escorregadia. Seus atos eram movidos por vanglória, a "ambição por honras e dignidades seculares" era força motriz que o punha em ação. Provavelmente, era assim que os clérigos lidavam com sua biografia desafiadora, que comprimia muitos destinos num único corpo. Vista através das lentes da cultural clerical, onde a hierarquia e a uniformidade figuravam como propriedades cósmicas, onde a ordem e a constância eram exaltadas como a própria face de Deus, sua vida perturbava. Ontem, rebelde; hoje, pacificador. O homem que seguiu pelas ruas romanas como um segundo Constantino era o mesmo sobre o qual pairavam as acusações de tramar um complô para assassinar o jovem Rei Henrique IV. Ele era "hostil ao jovem rei, sempre infiel ao pai e ao filho", dizia Benzo, que, ainda assim, o coloca em cena oferecendo juramentos em nome da corte. Faz sentido. Afinal, quando um aristocrata como o duque loreno proferia um juramento, o propósito fundamental que o guiava não era o de revelar o mundo, esclarecê-lo, explicá-lo ou demonstrá-lo. Jurava-se para conferir força às palavras, para dotar o que se diz de uma eficácia extraordinária, excepcional, única. Enfim, o propósito maior que leva ao juramento é a necessidade de persuadir e de obter confiança – como esclareceu Giorgio Agamben. E tal foi o efeito sobre Cádalo. Ele abandonou Roma convencido e confiante, sem perceber que a realidade pela qual seus guerreiros sangraram não passava de *cavillatio*: de uma "zombaria", uma versão interessada em certos fatos. Ele se entregou a mais uma das muitas aparências assumidas pelo duque da Lorena (BENZO DE ALBA. Ad Heinricum. *MGH SS rer. Germ.*, 65, p. 228-230. • Annales Altahenses Maiores. *MGH SS rer. Germ.*, 4, p. 50-52, 60-61. • LAMBERTO DE HERSFELD. Annales. *MGH SS rer. Germ.*, 38, p. 66-67. • Chronicon Sancti Huberti Andaginensis. *MGH SS*, 8, p. 580-581. • TRIUMPHUS S. REMACLI. *MGH SS*, 11, p. 443. Cf. tb. AGAMBEN, 2011, p. 9-41. • BAIX, 1949, p. 74-76. • STROLL, 2012, p. 162).

Os historiadores consideram a versão de Benzo verídica. O sequestro do rei menino criou um novo cenário político e a duplicidade do duque reposicionou as forças em luta pelo papado. Desse momento em diante, a história era outra. A disputa que até então fora equilibrada e imprevisível recomeçaria em condições desiguais, em flagrante desvantagem para um dos lados. Antes havia dois eclesiásticos eleitos, um pela Cúria, outro pela corte. Agora, somente um, o escolhido dos cardeais. Sem contar com uma instância que pudesse evocar como responsável por sua elevação, Cádalo estava isolado. Seu papado se tornou a causa de poucos.

2

O julgamento teve lugar seis meses depois do "golpe". Em outubro, todos os bispos esparramados pela vastidão da *res publica* foram chamados para a cidade de Augsburgo. A sentença tão aguardada não seria emitida em uma audiência de corte, mas em um concílio. O nome do verdadeiro papa seria ouvido pela voz tonitruante da Igreja imperial reunida em assembleia. Anno convocara o concílio em junho. Anunciou-o como um acontecimento de grandes proporções. Aquele cisma sangrento entre dois bispos terminaria, a Sé Apostólica seria devolvida à unidade cristã e a dignidade monárquica seria reparada, com a autoridade do rei prevalecendo uma vez mais. Grave, solene, o fórum seria o claro sinal de que os dias de infortúnio, o tempo de sofrer as consequências de um governo feminino, haviam ficado para trás – tal é a aspiração que os cronistas lhe atribuem. Augsburgo, a sede do bispado do maior concorrente pela influência sobre a família real, seria a pedra fundamental de uma regência regenerada e redentora, a "sua" regência.

Quando a primeira sessão ocorreu, no dia 24 de outubro, era possível constatar que eclesiásticos oriundos de muitas partes se espremiam numa catedral cercada de andaimes, ainda carente de argamassa sobre as paredes cegas para assumir a aparência desejada pelo falecido Henrique III. Lá estavam bispos da Saxônia, da Suábia, do reino itálico. Mas não era o suficiente para dotar a ocasião da envergadura pretendida pelo regente. Havia poucos arcebispos. Nenhum metropolitano lombardo se fez presente ou enviou um legado. Eles, os superiores das hierarquias provinciais, eram vitais: sua presença era fundamental para dotar o concílio de alcance jurisdicional, isto é, para garantir que as decisões tomadas ali fossem reconhecidas e acatadas nas dioceses e paróquias. Além disso, nem Alexandre nem Cádalo compareceram. Ao que tudo indica, cada um havia designado um "advogado". A defesa do primeiro coube ao incansável Pedro Damião, que se preparou para a ocasião antecipando, num maço de páginas, o enfrentamento verbal que esperava encontrar. Conhecido como a *Disceptatio Synodalis* – "disputa sinodal" –, esse diálogo imaginado entre um conselheiro imperial e um defensor da Igreja Romana revela algo real: a eleição conduzida pela maioria dos cardeais era amplamente condenada como um procedimento que apartou a Santa Sé do Império. Por seu turno, a oratória de Guiberto, chanceler do reino itálico, seria a *pièce de resistance* do segundo. Caberia a esse cônego parmense inocentar Cádalo da acusação de tentar escravizar o papado e negar ao "clero e povo romano" a santa prerrogativa de eleger quem cuidaria de suas almas. No entanto, sequer há evidências seguras da presença desses "advogados". Assuntos em excesso, pessoas em falta. Era um desequilíbrio preocupante. O concílio idealizado como uma assembleia que solucionaria conflitos de uma vez por todas se tornou ambiente propício para desdobramentos indesejáveis (BÖHMER-STRUVE, 1981, p. 114-115. • STROLL, 2012, p. 167-172. • BAIX, 1949, p. 77).

Nada saiu como planejado. Anno esperava que o plenário aclamasse Alexandre, mas foi contrariado desde a primeira hora. As opiniões emergiram uma a uma. Ali, um prelado disse, exaltando-se a cada respiração: "a Igreja Romana é assolada pela guerra intestina por causa de Alexandre, que se nomeou papa sem a aprovação de nosso rei". Acolá, um grupo esbravejou aprovações quando foi dito que o homem era "salteador e ladrão, um inimigo da verdade que não ingressou no papado senão após pagar dinheiro aos normandos". Mais adiante, os eclesiásticos itálicos proclamavam a nulidade de tudo o que ocorria: "nenhuma sentença definitiva pode ser emitida sobre tais questões sem as presenças dos sucessores de Ambrósio e de Apolinário" – diziam, denunciando a ausência dos arcebispos de Milão e de Ravenna. Anno revidava. Esgrimia cada argumento. Sem sucesso... As vozes percorriam o ar como descargas elétricas. Em meio às altercações, ele anunciou um novo concílio: todas as decisões tomadas naquele momento seriam provisórias, as medidas definitivas caberiam a outro plenário, a ser convocado em breve. As opiniões eram arremessadas em vão, pois o tão aguardado julgamento não ocorreria ali. A proposta serenou os espíritos. O arcebispo começava a reaver o controle dos debates, quando emendou: "ouçais, caríssimos irmãos, a minha decisão, isto é, por ter ingressado [no bispado romano] assim como ingressei [no de Colônia], Alexandre presidirá o próximo concílio". Foi o suficiente para iniciar um ríspido bate-boca. Romualdo, o bispo de Constança, tratou a comparação como uma afronta à lei canônica. Afinal, nada de ortodoxo havia naquele "eunuco eleito pelo vício! Os normandos aceitaram dinheiro e o entronizaram à noite" – disparou, revolvendo a terrível reputação do Papa Noturno. Sem titubear, o arcebispo repetiu sua decisão. Mas, antes que a discussão se tornasse um beco sem saída, um impasse insanável, surgiu uma proposta conciliadora: um bispo seria enviado a Roma. Ciente de todas as alegações levantadas contra Alexandre, ele procederia a um exame minucioso, inquirindo, pessoalmente, o máximo de envolvidos na consagração que contou com a maioria dos cardeais. A conclusão seria apresentada no próximo concílio. O julgamento fora adiado (BENZO DE ALBA. Ad Heinricum. *MGH SS rer. Germ.*, 65, p. 336-340. • Annales Altahenses Maiores. *MGH SS rer. Germ.*, 4, p. 58-59. Cf. tb. BAIX, 1949, vol. 11, p. 78. • BÖHMER-STRUVE, 1981, p. 105-108. • STROLL, 2012, p. 167, 173).

Ao contrário do que sugerem alguns registros tardios, Cádalo não foi deposto em Augsburgo, sequer excomungado. Os eventos escaparam ao controle antes que isso pudesse ocorrer. Numa carta ditada anos depois, Anno lembraria como aquelas sessões tumultuadas renderam-lhe a fama de "inimigo do papado". Sua insistência para levar o plenário até uma condenação do parmense era lembrada assim, como a sanha de um adversário rancoroso da Igreja Romana. O concílio desgastou as reivindicações de Alexandre, debilitou a autoridade do regente, pôs em evidência impasses e divergências em torno da atuação da cúpula da Sé Apostólica. Os padres conciliares olharam para Roma e a Regência como se nada tivessem a ver com Cádalo. Sobre este, silêncio. Porém, ainda assim, sua legitimidade se deteriorou um pouco mais (ANNO DE COLÔNIA. Epistola. In: GEISEBRECHT, 1869, p. 1.228-1.229. • Annales Camaldulenses Ordinis Sancti Benedicti, 2, 1756, p. 251. • BONIZO DE SUTRI. Liber ad Amicum. *MGH Ldl*, 1, p. 595. • Chronica Monasterii Casinensis. *MGH SS*, 34, p. 385. Cf. tb. BAIX, 1949, p. 78).

Alexandre foi o único mencionado. Quando atenderam ao chamado do regente para "socorrer a Igreja Romana e decidir quem era o verdadeiro pontífice", os padres conciliares detiveram-se, exclusivamente, em um caso. Somente Alexandre foi considerado. Um dado parece ter fundamentado esta ênfase: a assembleia deteve-se sobre o caso daquele que fora consagrado. Somente o bispo de Lucca cumprira essa etapa da sucessão pontifícia: à noite, à força das armas, apressadamente, na Basílica de São Pedro *in vincoli*. Por sua vez, mesmo tendo se apoderado do palco tradicional da consagração, "a" Basílica de São Pedro, Cádalo não havia sido ungido perante o rebanho e instituído como bispo de Roma. Era apenas um sacerdote eleito. Ao que parece o ritual foi encarado como a exigência legal mínima, como um pré-requisito canônico básico para que se considerasse a reivindicação de ser papa. Na decisão que, por fim, assegurou o consenso em meio ao caos de discordâncias e protestos, constava: o bispo que eventualmente viajaria a Roma deveria inquirir sobre a consagração conduzida pelos cardeais – não só a eleição. O plenário fixava a desigualdade dos pleitos. O silêncio em torno de Cádalo não era vitória alguma, não o poupava de nada. Na verdade, enfraquecia-o mais do que as arengas criadas ao redor do rival. Ao calar sobre seu nome, o concílio ditou uma medida de sua real presença como papa: por não ter sido consagrado ou entronizado, ele não havia, de fato, ingressado na Santa Sé. Em Augsburgo, a legitimidade de Alexandre era assunto incandescente, presente. Já a de Cádalo, um vazio, uma nulidade que agora, séculos depois, vagueia feito fantasmagoria pelas entrelinhas dos documentos.

O escolhido para inquirir a verdade em Roma foi Burchardo, bispo de Halberstadt. Aos 34 anos, esse filho dos *Veltheim* era uma estrela ascendente no firmamento dos poderes teutônicos. Em 1059, a Rainha Inês elevou esse proeminente capelão imperial a bispo. A igreja designada não ficava longe. Estava cerca de 60km a leste de Goslar, onde ele vivia. Mas em Halberstadt, a vida era outra. Aquela Sé era uma fronteira desguarnecida entre luz e trevas, uma frágil barreira que separava a ordem do caos, pois estava na linha de frente do contato com o *paganismum*, insistiam os cronistas (BÖHMER-STRUVE, 1981, p. 75-76).

A diocese vivia em chamas. As terras eram frequentemente devastadas por eslavos, que respondiam com saques e incêndios às pregações e à escravização que os missionários imperiais levavam até suas aldeias em nome de um deus messias. A julgar pelas descrições que se amontoavam em Bremen – a sede da província à qual pertencia Halberstadt e outros bispados fustigados pelas reações eslavas à cristianização –, quem assumia o cuidado das almas naquela borda do mundo conhecia dias de uma provação bíblica, tinha a vida sugada para dentro dos livros do Velho Testamento. Populações famélicas, cidades transformadas em matadouros, castelos incinerados e guarnições crucificadas estrada afora... Eis como se ouvia falar sobre o lugar. Os prováveis exageros contidos nessas descrições horripilantes – que costumam corresponder mais aos temores de dilapidação do patrimônio eclesial do que ao testemunho de fatos efetivamente ocorridos – inflavam a reputação que crescia em torno do nome de Burchardo. O jovem prelado assumiu prontamente a luta contra os "invasores pagãos". Suas campanhas contra os inimigos atingiriam grande repercussão. Não só porque seus guerreiros retornavam triunfantes para casa: enquanto duques e marqueses "lutaram até o fim da vida sem nunca obter a vitória contra os pagãos", dizia um clérigo de Bremen, os cavaleiros do senhor bispo bradavam aos quatro ventos como os idólatras estrebucharam sobre o campo enquanto os templos dos falsos deuses ardiam como imensas piras noturnas. As investidas lideradas por Burchardo seriam admiradas por outra razão. Elas ocorriam em pleno inverno! O bispo convocava os guerreiros na época menos propícia, quando eles se recolhiam ao calor de casas e tabernas. Eis a solução encontrada para mover os homens nos terrenos pantanosos do Leste. Sem ter qualquer precedente para aconselhá-lo, ele se aliaria à estação inclemente e traiçoeira e passaria a contar com o frio congelante para domar água e lama, encontrando chão firme sob os cascos de montarias pesadamente equipadas. Quando o concílio de Augsburgo se reuniu, Burchardo era mencionado por monges e cônegos como esperança em forma humana, o "herói cristão da fronteira" – segundo as palavras de James Thompson, historiador de boa valia. Seria um dos mais notórios bispos guerreiros de então (ADÃO DE BREMEN. Gesta Hammaburgensis ecclesiae pontificum. *MGH rer. Germ.*, 2, p. 185-194. • Annales Altahenses Maiores. *MGH SS rer. Germ.*, 4, p. 55-57, 76-78. Cf. tb. THOMPSON, 1928, p. 417. • BÖHMER-STRUVE, 1981, p. 74-75).

O herói invernal era algo mais. Era sobrinho de Anno. E não se tratava de um laço distante, irrelevante. A ascensão meteórica daquele jovem clérigo decorria da vontade do arcebispo, que intercedera junto à Rainha Inês para assegurar o bispado do Leste ao filho da irmã. O sobrinho tornou-se o primeiro vínculo de uma imbricação fundamental: através da promoção da linhagem, Anno criava uma rede de alianças orientadas para a perpetuação do novo governo regencial. Os fios dessa rede seriam urdidos com rapidez. Já em 1063, Anno obrigou o rei a intervir sobre a sucessão do arcebispo em Magdeburgo e assegurou o posto para seu irmão, Werner. O caso seria lembrado como uma flagrante violação da liberdade clerical. O registro deixado por um magdeburguense é incisivo: instigado pelo "arcebispo de Colônia e por Burchardo de Halberstadt, sobrinho deste, o rei presidiu sobre a referida cátedra com violência". Werner foi confirmado por Alexandre. Anno prosseguiu tecendo a teia. Contrariando a vontade "do clero e do povo" de Trier, ele investiu outro sobrinho, de nome Conrado, como arcebispo da cidade. Mas, neste caso, o desfecho foi outro. A reação foi brutal. O "invasor" foi assassinado pelo próprio rebanho, que procedeu à eleição de um cônego local como novo pastor. Mataram para reparar a violência que era cometida contra a Igreja. O desfecho trágico não deve ofuscar a constatação de que os dois casos reforçam a lógica: parentesco implicava adesão política. Sobrinho, bispo e guerreiro da Regência, o homem que viajou para Roma com a missão "inquirir para instruir" possuía a verdade de antemão, já a havia encontrado antes mesmo de desmontar da cela. Ela estava fixada como um propósito estipulado por Anno: "reverter o compromisso da regência para com Cádalo" – como concluiu o autor britânico Ian Stuart Robinson (Gesta Archiepiscoporum Magdeburgensium. *MGH SS*, 14, p. 400-401. • Annales Altahenses Maiores. *MGH SS rer. Germ.*, 4, p. 59. • Gesta Episcoporum Halberstadensium. *MGH SS*, 23, p. 97. Cf. tb. BÖHMER-STRUVE, 1981, p. 134-135. • ROBINSON, 2003, p. 46-47. • STROLL, 2012, p. 176).

Burchardo estava atado a essa verdade pela consanguinidade e pelo bispado. Estava enredado no emaranhado de fios que amparava o governo regencial. Fios que o investigado tratou de retesar. Em janeiro de 1063, após uma magnífica recepção em Lucca, Alexandre concedeu-lhe o *pallium*, o colarinho de lã branca que simbolizava prerrogativas reservadas a arcebispos. A concessão não foi meramente figurativa. O gesto apresentava ao mundo o detentor "da autoridade e do magistério sobre a Santa Igreja metropolitana de Mainz". Era uma promoção vertiginosa. O homem que cruzara a montanha como um bispo de fronteira retornaria como primaz do reino teutônico. Não só. Em seguida, o papa ratificou todos os privilégios concedidos "a ti e a tua Igreja de Halberstadt, por nossos predecessores, isto é, os sumos pontífices" – consta na correspondência. A atitude era o típico ensinamento das últimas décadas de papado. Ela continha a experiência acumulada no interior de uma Igreja frágil, encurralada, dependente da arte de fabricar aliados. O argumento vale uma atenção redobrada (BÖHMER-STRUVE, 1981, p. 120).

Alexandre não agia como autocrata. A linguagem de suas cartas, padronizadas pela tradição, pode conduzir à imagem de uma concessão feita do alto, da transferência de uma dádiva da qual dispunha como superior; mas, politicamente, não era o que ocorria. Era uma negociação tácita, um pacto prático. Em outras palavras, uma oferta. Alexandre, um papa negado e desobedecido, autorizava o recém-chegado a reivindicar o poder de arcebispo. No entanto, essa autorização existiria somente se este, por sua vez, reconhecesse que a recebia do verdadeiro sucessor apostólico. Para que o privilégio fosse mais do que uma sinfonia de sons desenhados sobre o pergaminho era preciso acreditar que tais sons ecoavam de uma garganta autorizada a dizê-los. Nada ocorreria sem a crença naquelas palavras como algo mais do que palavras. Era necessário admiti-las como veículos de uma competência santa. Isso dependia mais de Burchardo que de Alexandre. Num ato como aquele, o papel crucial era exercido por quem aceitava a doação. Ao acolher o *pallium*, o bispo matador de eslavos atribuiu ao doador algo que esse não possuía: uma legitimidade plena, integral como a "dos nossos predecessores, os sumos pontífices". O feitiço gerava o feiticeiro. No exato instante em que aceitou o privilégio, Burchardo envolveu-se na criação do papa que lhe concedia dons e prerrogativas (ALEXANDRE II. Epistola. In: *Acta Pontificum Romanorum Inedita*, 1, p. 38-39. • PL 146, p. 1.286-1.287. • Annales Altahenses Maiores. *MGH SS rer. Germ.*, 4, p. 58. • MANSI, 19, p. 983. Cf. GODELIER, 2001).

Não se tratava de um caso isolado, pontual ou excepcional. Quando o emissário da corte chegou à península, ele foi apanhado em uma vasta rede de privilégios pacientemente cerzida por Alexandre desde outubro do ano anterior. A data é reveladora! No mesmo mês para o qual havia sido convocado o concílio que deveria pôr fim no conflito pelo papado, a mudança de conduta ocorreu. Entretanto, para enxergá-la, precisamos colocar as coisas de volta na latitude do tempo.

Eleito, em 1061, o predileto dos cardeais se ocupou de muitos assuntos: simonia, injúrias contra sacerdotes, penitências, ordenações, hábitos clericais, litígios entre bispos e cônegos. Preocupações diversificadas, amplas, regidas pelo compasso de um caso a caso: a constelação de medidas que os historiadores costumam chamar de "o projeto reformador". Para o primeiro ano em que Alexandre agiu, precariamente, como papa, contamos com 15 registros confiáveis a respeito das decisões tomadas. Desses 15, 2 tratam de prerrogativas jurisdicionais e patrimoniais. A concessão de privilégios era apenas uma entre tantas outras matérias que requeriam cuidado. Assim ocorreu até o mês reservado para a assembleia de Augsburgo, momento de uma sensível inversão.

Para o semestre que vai de outubro de 1062 a março de 1063 – quando Burchardo chegou a Roma –, há evidências escritas de, ao menos, 16 pronunciamentos de Alexandre e sua cúpula. Desses 16, nada menos do que 14 envolvem confirmações semelhantes àquela que deleitou os ouvidos do bispo matador de eslavos. Cerca de 90% de todo o tempo dos alexandrinos foram dedicados a privilégios eclesiásticos! Há mais. Não menos relevante é a lista dos agraciados. Entre aqueles que receberam uma generosa oferta daquela contestada santidade encontramos o abade de Frutuária, o mosteiro que acolheu a Rainha Inês após a renúncia à regência; Gunther de Bamberg, para quem foi assegurado outro *pallium* – esse gesto arrancou protestos enérgicos do arcebispo de Mainz, que o considerou injurioso, uma verdadeira violação de suas prerrogativas como superior hierárquico de Gunther; havia ainda o próprio Anno, reconhecido como "chanceler da Santa Igreja de Roma"; além do já mencionado bispo guerreiro de Halberstadt. Tudo realizado sob a proteção de Godofredo, que escoltou Alexandre pessoalmente de Roma a Lucca, palco das concessões. Nada era aí fortuito. Na iminência do julgamento que selaria o fim da disputa pelo papado, os casos de confirmação de privilégios dominaram as atenções da Cúria romana. Alexandre recorreu à grande arma política dos predecessores, a habilidade de fortalecer-se multiplicando o poder e o *status* alheios. Os "alheios", neste caso, eram figuras-chave do novo governo regencial. Anno, Burchardo e Gunther: tio, sobrinho e um aliado diretamente envolvido no sequestro do rei menino em Kaiserswerth (*JL*, 4.471-4.499. • Vita Annonis Archiepiscopus Coloniensis. *MGH SS*, 11, p. 480. • GUNTHER DE BAMBERG. Epistolas. *Monumenta Bambergensia*, 5, p. 46-48, 53-55. Cf. tb. BAIX, 1949, p. 80. • STROLL, 2012, p. 167, 175).

A chegada de Burchardo em Roma, portanto, formalizou uma aliança já firmemente costurada. Ao atestar que a eleição e a consagração virulentamente contestadas no concílio de Augsburgo haviam sido conduzidas conforme as leis e as tradições católicas, Burchardo defendeu a própria posição de poder. Na verdade, a ampliou consideravelmente. Em junho, após o retorno, o nome "Burchardo" cintilou em uma sequência de diplomas imperiais, ora como o intercessor que convenceu o jovem rei a estender a generosidade da coroa a outros prelados, ora como o destinatário de privilégios. A alusão surgia em Allstedt, em Goslar e em Ratisbona, no rol de figuras influentes da corte itinerante, entre aqueles que o monarca mencionava como "os nossos diletos mestres", entre os quais Sigfried de Mainz, Adalberto de Bremen, Gunther de Bamberg e o onipresente arcebispo de Colônia. Após a missão em Roma, Burchardo renovou o compromisso com a regência de Anno. Mas sepultou a trégua de Godofredo (Diplomas 103-105, 107-110, 112-113. *MGH DD H*, IV, p. 135-139, 141-144, 146-150. • BÖHMER-STRUVE, 1981, p. 125-136).

Ao pronunciamento, as reações. Três meses depois, em abril, Alexandre reuniu um sínodo em Latrão e proclamou o anátema contra o rival, condenando-o como o herege que violou a "mãe das igrejas pela força das armas e conforme o conselho de assassinos". Mas sentença similar ecoou em Parma. À frente de outra assembleia clerical, Cádalo condenou o concorrente como um falso sacerdote, um "inimigo do Império Romano elevado por uma fraude lupina, introduzido sorrateira e audaciosamente na Sé Apostólica pelos normandos, sem ter sido eleito canonicamente". É forçoso notar: nesse fogo cruzado de excomunhões, aquela disparada de Parma era uma sentença lavrada por uma Igreja local. É Benzo de Alba quem o indica. A condenação era o resultado do empenho do bispo ao convocar "todos os sacerdotes de sua diocese para a celebração de um sínodo". Aí está! "*Sua* diocese". Cádalo se dirigia ao plenário em nome do rei e da rainha-mãe, denunciava a violação das tradições dos romanos, esconjurava o arquidemônio, Anás e Caifás – respectivamente, Godofredo, Anno e Alexandre –, mas agia, efetivamente, como bispo de Parma, não como pontífice romano. Anunciada para isolar o rival, a excomunhão se tornou um indicador da retração de sua legitimidade, do encolhimento do raio de mobilização para sua causa. Talvez esteja aí a explicação para o que veio a seguir. Relações sociais foram afetadas pela urgência para recuperar tal campo de ação. Muitos se viram arrastados para uma iniciativa que, uma vez bem-sucedida, devolveria ao bispo de Parma a capacidade de alcançar resultados além dos limites de "sua diocese". Vassalos foram convocados; bens, vendidos; terras, deixadas para trás. Uma vez mais, teve início a mobilização: Cádalo iria à guerra (BENZO DE ALBA. Ad Heinricum. *MGH SS rer. Germ.*, 65, p. 232-234. • Annales Altahenses Maiores. *MGH SS rer. Germ.*, 4, p. 62. • BAIX, 1949, p. 81).

O exército mobilizado era colossal. Uma demonstração monumental da fortuna do senhor de Parma. Ou melhor, deve ter sido. Afinal, ainda que tenha sido forçada a diminuir o ritmo de marcha ao longo das montanhas, embora tenha sido momentaneamente contida em florestas, a coluna de guerreiros era numerosa o suficiente para romper a resistência ali instalada por Godofredo e Beatriz. Com mais de 50 anos, o bispo guerreiro cruzou os domínios da mais poderosa linhagem itálica, forçando a retirada dos inúmeros grupos de cavaleiros reiteradamente enviados para detê-lo. Os portões de Roma foram alcançados em maio e Cádalo reencontrou seu nêmesis militar, Hildebrando.

Durante a trégua obtida por Godofredo, o arquidiácono fortaleceu sua posição com apoio normando. Fincou homens ao longo de 850 metros a sudoeste do palácio lateranense, formando uma linha defensiva que se esticava até o Monte Célio. Reuniu os guerreiros em grupos compactos e, em seguida, os distribuiu ao longo de um terreno ligeiramente elevado e ao qual se chegava através de ruas estreitas como gargalos. Os homens de Parma levaram semanas para entender quão formidável era o obstáculo criado por aquele clérigo romano. Os confrontos se multiplicavam pela cidade, nas ruas, praças, entre as ruínas pagãs... Em cada um desses lugares, os normandos sofriam pesadas baixas e debandavam. Exultantes, os parmenses reuniam-se e "cantavam hinos, rendendo graças ao apóstolo pela vitória em nome da liberdade do Império" – descreve Benzo de Alba. Mas quando os olhos desciam de volta à terra, descobriam que os normandos não haviam fugido, mas se retirado para trás daquela barreira impenetrável. E lá, aquartelados a céu aberto, protegidos e alimentados, despachavam pedidos por reforços e recompunham-se para um novo ataque. Servindo-se habilidosamente da topografia urbana, Hildebrando criara uma cidadela sem muros. A luta transcorreu assim por dias a fio, com o arquidiácono recriando cada desfecho da guerra que Cádalo julgava já ter vencido mais de uma vez. A estratégia defensiva prevaleceu sobre a superioridade numérica dos atacantes e os trancafiou em um giro de recomeços que parecia não ter fim.

O fim, porém, chegou. Engrossado pelos bandos armados que os condes trouxeram do subúrbio, o exército atacou os normandos na Colina Quirinal. Os defensores começaram a tombar. Outra retirada teve início. Tudo como antes. Mas quando os primeiros homens se viraram em fuga, se depararam com um horror inédito: havia um enxame de inimigos por todo caminho de volta. Homens surgiam a cada esquina, saltavam de trás das casas. Uma emboscada! Os parmenses haviam se antecipado à batalha e, na noite anterior, distribuíram suas forças pela presumível rota de fuga. Com as ruas convertidas em corredores para o abate, a guerra tornou-se uma chacina. Ao longo de todo caminho até o palácio de Latrão rugia o canglor das trombetas, atiçando os grupos enfurecidos, que atacavam aos gritos de "para cima, para cima!" Com as solas dos pés fervendo em pânico, os normandos tentaram encontrar abrigo. Em vão... Quando a carnificina cessou, apenas aqueles que renderiam bom resgate foram poupados da espada. Em júbilo, os vencedores extenuados, exauridos pelas longas horas de matança crua, se dirigiram para a Basílica de São Pedro. Ocuparam a escadaria e cobriram-na com uma floresta de flâmulas, entoando canções de louvor ao céu. A cadeira de mármore vermelho que representava o trono de Pedro foi trazida para fora da igreja. Ali, perante uma multidão de espadas ainda desembainhadas e braços anestesiados pela euforia da vitória, Cádalo foi entronizado ao som de uma melodia que os sacerdotes derramavam sobre as cabeças de todos: a oração grega conhecida como *Kyrie eleison*, isto é, "Senhor, tende piedade". Banhado em liturgia marcial, o bispo guerreiro surgiu perante o mundo como

Honório II, o Sumo Pontífice (BENZO DE ALBA. Ad Heinricum. *MGH SS rer. Germ.*, 65, p. 254-260. • BONIZO DE SUTRI. Liber ad Amicum. *MGH Ldl*, 1, p. 595. • Chronica Monasterii Casinensis. *MGH SS*, 34, p. 386-387. • VÍTOR III. Dialogi. *PL*, 149, p. 1.010. Cf. tb. McCORMICK, 1986).

Os inimigos foram massacrados. O rival estava encurralado nos confins da cidade. Finalmente entronizado, Cádalo era papa. "Generosa é a mão de Deus!" – escreveu Benzo, salmodiando a vitória como recompensa divina. Se assim ocorreu, a mão que deu tomou de volta logo em seguida. Já em junho, duas figuras chegaram e tudo foi perdido. O primeiro deles era Godofredo o Barbudo reapareceu, ocupou o Mosteiro de São Paulo fora dos Muros, assumiu o controle da *Via Appia* e fez jorrar através da muralha uma interminável torrente de soldados toscanos, lorenos e normandos – seus mais recentes aliados. A batalha recomeçou, mas, desta vez, era uma questão de tempo até o exército formado por romanos e parmenses ser levado por aquela enxurrada de homens. O desespero e a angústia de uma contagem regressiva para o abismo transparecem nas cartas que Benzo endereçou ao rei e ao arcebispo de Bremen – o mais recente rival de Anno – implorando por socorro. Os dias passaram e nenhum lanceiro sequer chegou para auxiliá-los. O desalento cresceu. A última epístola enviada para Além Alpes carregava a desesperançada assinatura de "Benzo, bispo de Alba, aquele que cotidianamente come o pão do sofrimento". Foi em meio a essa espera desoladora que um segundo vulto surgiu: a peste. Como ocorria em quase todos os verões, a cidade foi infestada por nuvens de mosquitos e a malária passou a percorrer as ruas como um macabro cavaleiro do apocalipse. Após suportarem semanas de relatos sobre as febres e as dores das quais muitos jamais voltavam a acordar, os homens começaram a desertar. Em agosto, as tropas que haviam massacrado os normandos estavam em frangalhos. Enquanto isso, o "segundo Judas para o jovem rei" – Godofredo – avançava. Os romanos opunham-lhe uma resistência encarniçada, ferina, mas incapaz de freá-lo. Ao final de setembro quase toda cidade fora conquistada. Ilhado, Cádalo se abrigara no Castelo de Sant'Ângelo, mas, àquela altura dos eventos, ele era mais refém que refugiado na fortificação dos *Crescenti*. Por seis meses ele esperou pelo socorro da corte. Uma espera vã. Em dezembro, talvez no início de 1064, vencido e confuso, ele pagou as trezentas libras de prata exigidas para que pudesse deixar o castelo e tomou uma estrada vicinal que subia para o Norte. Retornou para "sua diocese". Dizia-se pontífice, mas havia partido para refugiar-se como bispo de Parma (BENZO DE ALBA. Ad Heinricum. *MGH SS rer. Germ.*, 65, p. 262-304. • BONIZO. Liber ad Amicum. *MGH Ldl*, 1, p. 595. • Chronica Monasterii Casinensis. *MGH SS*, 34, p. 386. •

Annales Romani. *MGH SS*, 5, p. 472. • BERTHOLDO. Annales. *MGH SS*, 5, p. 272. Cf. tb. BAIX, 1949, p. 83-85).

Após essa "triste retirada" – palavras de um cronista milanês –, Anno convocou o novo concílio que anunciaria a sentença definitiva sobre o destino da mitra pontifícia. O arcebispo e Godofredo reuniram-se em Kaiserswerth e entraram em acordo. Em seguida, ambos se encontraram com enviados de Alexandre em Colônia e aprovaram o local para a realização da assembleia: Mântua (ARNULFO. Gesta Archiepiscoporum Mediolanensium. *MGH SS*, 8, p. 22. • Annales Altahenses Maiores. *MGH SS rer. Germ.*, 4, p. 64. • BÖHMER-STRUVE, 1981, p. 139).

Mântua era uma das principais cidades da Lombardia. Rodeada pelos grandes lagos formados pelo Rio Mincio, tinha a forma de uma península dentro do continente, em pleno interior rural. Era particularmente cara à Condessa Beatriz, esposa de Godofredo. Há quase vinte anos, ela determinou que a basílica da cidade fosse consagrada a André, o irmão do apóstolo Pedro. Mais do que um gesto de devoção, a decisão, provavelmente, expressava o desejo por vínculos mais estreitos com a Sé de Roma. Talvez o papa se lembrasse disso em 1049, ao tomar uma decisão que rapidamente transformou o lugar em um dos pontos mais visitados por cristãos de todas as partes. Afinal de contas, quando Leão IX confirmou que um líquido rubro e viscoso, miraculosamente descoberto no mosteiro próximo àquela nova basílica, era sangue escorrido das feridas do Salvador, a cidade saltou ao primeiro plano da atenção de eclesiásticos de todo o Mediterrâneo, tornando-se um centro de peregrinação. O papado parecia corresponder ao desejo da condessa. Projetada por aquela relíquia única e por um contínuo crescimento populacional, Mântua situava-se no centro dos domínios de Beatriz. E era terra de Godofredo.

O concílio que decidiu o destino do bispado romano não ocorreu em Roma. Isso era prova de fraqueza de meios, carência de recursos. A cúpula da igreja exaltada como coluna viva da correta ordem do mundo era incapaz de assegurar o controle de sua própria sede e nela reunir um plenário capaz de chancelar sua autoridade. Privado dos próprios domínios, desenraizado da terra reclamada como sua, o papado era uma instituição na corda bamba, equilibrando-se sobre um abismo de poder sobre rendas e homens. A constatação fala alto. À primeira vista, ela poderia soar um exagero. Afinal, não era a primeira vez que assuntos pontifícios eram levados para longe das sete colinas ancestrais e decididos fora do Lácio. Por que, então, se deve considerar esse caso um indicador de fraqueza? Eis uma pergunta crucial. E que se torna mais inquietante ao se constatar que tampouco a escolha por Mântua era inédita.

Em fevereiro de 1053, há onze anos, Leão IX reuniu um plenário ali. Convocou os bispos das proximidades para aquela mesma basílica e determinou que corrigissem o clero. Já no primeiro dia, ele pregou contra a simonia e lamentou que altares fossem manchados pela presença de sacerdotes casados. Leão pregou no deserto. Pior, em um covil de feras. Alvoroçadas, as famílias episcopais se aglomeraram diante da igreja, aos berros, coléricas. A barulheira forçou a interrupção da sessão plenária. Quando papa e auxiliares saíram para conter aquele pandemônio que atravessava as imensas portas da basílica, as feras deram o bote: "uma tempestade de pedras e flechas voou rente à cabeça" de Sua Santidade, ferindo os que tentaram protegê-lo. Houve mortes, todas entre o séquito romano. O tumulto acabou sufocado, mas "em razão dele, o concílio não procedeu com o mesmo rigor com que havia começado". Não só. Todos "os instigadores dessa sedição foram absolvidos por receio de vingança" – relatou o biógrafo que se empenhara pela canonização de Leão. Desde então, nenhum pontífice retornou à cidade, berço de uma derrota amarga e flagrante, símbolo dos limites da autoridade que era reclamada em Roma. Quando consentiram com a realização do concílio ali, justamente ali, os enviados de Alexandre deixaram transparecer a fraqueza política da Cúria. Acossada pela elite romana, encurralada em seus próprios patrimônios, derrotada por um bispo rival, a cúpula papal era dependente de poderes alheios. Sem dispor de recursos e homens suficientes, ela orbitava ao redor da riqueza e influência de Beatriz e de Godofredo. Politicamente, o bispado romano situava-se na periferia da Toscana (Vita Leonis Papae IX. *PL*, 143, p. 496. • HERMANN DE REICHNAU. Chronicon. *MGH SS*, 5, p. 132. • MANSI, 19, p. 799. • HEFELE-LECLERCQ, 1916, p. 1.075).

O tempo, o lugar, as circunstâncias... Tudo preparava o desfecho. A disputa pela Sé Apostólica terminaria como uma demonstração da hegemonia dos canossanos, a linhagem então encabeçada pelo "Barbudo". Isso não significa que o concílio tenha sido um simples jogo de cartas marcadas. Tensões transpareceram desde o primeiro dia. A pompa régia com que a Condessa Beatriz recepcionava cada um dos "bispos e príncipes teutônicos, romanos e lombardos" não ofuscava a constatação de que a qualquer momento a assembleia poderia criar a fagulha que detonaria outra batalha. Anno chegara escoltado por nada menos do que trezentos cavaleiros. Cádalo não compareceu, mas sua presença pairava no ar. Às vésperas da primeira sessão, ele enviara homens de confiança incumbidos de "relatar o que ocorria cotidianamente". Seus observadores tornaram-se o lembrete enervante de que o parmense não estava longe, tendo fincado acampamento em um charco conhecido como Água Negra, juntamente com uma "grande multidão" armada. As animosidades não cessaram. Embora nem Cádalo nem Hildebrando estivessem lá, a assembleia arbitrava o destino de inimigos bélicos, adversários mortais. Era um concílio de bispos guerreiros.

Mas, o julgamento tão aguardado foi selado com uma rapidez sem par. Bastou que Alexandre se justificasse. Após a invocação do Espírito Santo – ato que declarava aberta a assembleia –, Anno listou os crimes atribuídos ao eleito pelos cardeais: associação com os normandos, inimigos do rei; violação das tradições romanas; simonia. Alexandre refutou cada acusação. Estava livre de qualquer mácula quanto à lealdade ao monarca e às normas eclesiásticas, jurou, prometendo em seguida: "quando o filho de meu rei vier a Roma para receber a bênção e a coroa imperial, então, ele próprio comprovará a verdade". A política papal chegava agora ao rei. Ao anunciar aquela promessa, um prelado ainda constrangido a se justificar publicamente de graves infrações estendia ao governante secular máximo uma oferta quase irrecusável de participação da construção da legitimidade papal. A promessa era mais crucial para aquele aspirante ao papado do que para o jovem herdeiro do Império. Era um gesto que implicava o reconhecimento da autoridade de quem a formulava, assim como foi em cada privilégio concedido a Burchardo, Anno e outros. Era o feitiço criando o feiticeiro. Ao comprometer-se em coroar Henrique IV, fonte da autoridade da regência que presidia aquele concílio, Alexandre assumiu o lugar do rival: era ele, agora, o candidato da corte. Submeteu-se, justificou-se e proferiu palavras que fariam do "filho de meu rei" uma demonstração viva de que a autoridade habitava sua voz e suas mãos. Quando a melodia do *Te Deum* começou a borboletear pelo interior da basílica, entoada pelo plenário, não havia dúvidas: os padres conciliares aprovaram as declarações. Quando o hino chegou ao fim, o mal estava reparado. A eleição conduzida pelos cardeais já não era um ultraje à autoridade imperial. Alexandre contava com a aprovação do clero e do rei – ambos enredados em uma teia de privilégios e concessões. Cádalo não passava de um invasor. Tudo foi concluído em poucas horas. Antes do meio-dia, no primeiro dia do concílio, estava lavrado: que ninguém considere pontífice o bispo de Parma (Annales Altahenses Maiores. *MGH SS rer. Germ.*, 4, p. 64-66. • BENZO DE ALBA. Ad Heinricum. *MGH SS rer. Germ.*, 65, p. 344. • *Liber Pontificalis*, 2, p. 359-360. Cf. tb. BAIX, 1949, p. 86-88. • BÖHMER-STRUVE, 1981, p. 148-149. • STROLL, 2012, p. 191-202).

3

Mântua não significou o triunfo do direito canônico. À luz do vasto e contraditório feixe de ensinamentos doutrinários que os clérigos daquela época evocavam como "leis", Alexandre era acusado do mesmo crime capital atribuído a Cádalo: simonia. Ambos foram acusados de corromper a sucessão apostólica ao convertê-la numa negociata. Um ofereceu uma fortuna para a corte imperial, o outro pagou regiamente pelo apoio dos normandos – dizia-se. Cada um teria recorrido a um vendedor diferente, mas a mercadoria buscada era a mesma, a entronização como papa. Censuras e incriminações foram igualmente repartidas. Se, por um lado, Cádalo atraiu a ira de grande parcela dos cardeais, como se pode constatar nas cartas de Pedro Damião, por outro, Alexandre foi visceralmente repudiado por muitos bispos, como se viu no primeiro concílio convocado por Anno. Em Roma, praguejava-se sem cessar contra a "besta de Parma, dragão da simonia"; em Augsburgo, o ar parecia não comportar todos os impropérios disparados contra "o eunuco Anselmo, entronizado por dinheiro". Juridicamente, não havia diferença: a justificativa e a satisfação devidas eram as mesmas. Não havia um protegido e um adversário da ordem jurídica canônica, pois ambos eram acusados de tê-la corrompido.

Mântua tampouco representou o triunfo da fé reformadora. Seria uma simplificação grosseira considerar Alexandre o escolhido por quem se empenhava em purificar a religião das práticas mundanas, e Cádalo o preferido por aqueles que resistiam à separação entre fé e os assuntos seculares. Pensar assim transformaria a história em um conto maniqueísta de "reformadores *versus* antirreformadores". Uma explicação desmedida. Até 1061, Cádalo e Anselmo emprestaram seus nomes às mesmas causas. Ambos engrossaram o coro de vozes que repudiavam a simonia, o matrimônio sacerdotal, o desvio de dízimos. A luta pela Santa Sé colocou frente a frente duas vidas diferentes, mas não duas visões radicalmente opostas sobre a Igreja. Órfão do tempo, secundogênito da cepa de "homens novos", educado como padre urbano e catapultado a um rico bispado por um pacto de forças aristocráticas, Cádalo viveu para perpetuar o passado. Filho da tradição, nascido na estirpe dos *Baggio*, talhado pela ascese monástica e promovido por um arcebispo improvável após uma candidatura malsucedida ao episcopado, Anselmo viveu para acolher o presente. Um angariou imenso prestígio servindo ao imperador sálio, outro despertou ácido temor de proteger os hereges Patarinos. Trajetórias de vida diversas. Talvez fadadas a colidir. Que seja. Mas isso não as converte em produtos de mundos distintos, não faz daqueles dois eclesiásticos os rostos de mentalidades opostas. Criaturas do mesmo tempo, Cádalo e Anselmo partilhavam valores e princípios.

O principal deles era a convicção de que o sacerdócio exigia uma ética própria, regida por ideias de pureza, obediência, imunidade. Ambos conheciam a gramática cultural comum ao clero da época, o "pensamento reformador". Talvez possuíssem entendimentos diferentes sobre os significados das mesmas palavras: quem pode dizer se suas definições de simonia e de casamento clerical eram idênticas? Tarefa dificílima. Porém, não podemos afirmar que apenas um as possuía, enquanto o outro as ignorava ou abominava. O concílio reunido em terra de Godofredo não reconheceu Alexandre como Sumo Pontífice para salvar "a" causa clerical, pois tal causa não estava ameaçada de extinção.

Mântua coroou o triunfo da força. Força medida em espadas, braços e rendas. Eis o fator que desequilibrou a luta pelo poder. Enquanto direito canônico e espiritualidade eram pesos repartidos, coerção e poderio bélico se avolumaram num dos lados, fazendo um dos pratos da balança pender. Após se prolongar por mais de dois anos, a disputa não alcançou um ponto sem volta em uma audiência ou em um concílio, mas à sombra úmida do palácio de Kaiserswerth, onde um sequestro instaurou nova regência, e nas vielas ensanguentadas de Roma, finalmente conquistada por inteiro pela superioridade militar do duque da Lorena e da peste. O emprego da força foi fator decisivo. A "verdade crua e imediata do combate" – verdade vista nos corpos arrebatados, feridos e sem vida – impôs a Cádalo desvantagens invencíveis, irreversíveis. Sua chance de governar como papa foi tão palpável e legítima quanto a de Anselmo. O desfecho forçoso da guerra revirou tudo (OVERY, 2015, p. 12).

Não é o que os historiadores costumam concluir. Entre os estudiosos, predomina a opinião de que Cádalo era fragorosamente ilegítimo aos olhos dos contemporâneos. Desde os primeiros instantes, suas reivindicações eram infundadas, e sua eleição, uma violação da ordem – afirma-se. O bispo de Parma encarnaria uma época que ficava para trás. Ele seria a personificação do mundo onde o clero era subjugado pelas "forças feudais" e assimilado como extensão da dominação aristocrática. A Igreja que ele conhecia seria uma instituição controlada por laicos, um esteio para sacralizar o poder e a riqueza das grandes linhagens. Todos sabiam: ao elegê-lo, a corte se pronunciou pelo "mais ambicioso e o mais malvado entre todos os eclesiásticos", dizia um autor em 1859. "Cádalo era um bispo intrigante" – afirmou outro erudito – notadamente "capaz de todos os crimes e escândalos". Era um lobo aristocrático em pele de sacerdote. Quem o apoiava sabidamente assumia o partido de "um homem riquíssimo naqueles bens aos quais Cristo havia renunciado e de fama inteiramente perdida", se pode ler em um célebre livro de 1862. A certeza foi incorporada às páginas de história: ainda que tivesse vencido, ele estava fadado a perder o papado. Seu triunfo jamais seria reconhecido. Era impossível aceitá-lo como papa. Por volta de 1900, esse julgamento era passado a limpo com insistência infalível. "Sua elevação foi um disparate!", fulminou o alemão Ferdinand Gregorovius, *maestro* do estudo da história de Roma e do papado. "Que maravilha poderia ter aspirado [tal homem], riquíssimo e privado de cultura, para uma sede episcopal tão ilustre [quanto o papado]?", se perguntava o editor dos documentos deixados pela família do "simples diácono que usurpou a Sé Romana". O século XX consolidou essa conclusão: Cádalo era um clérigo tradicional, um adversário do espírito reformador, enfim, um tipo social ultrapassado, retrógrado e arcaico. Hoje em dia, a ênfase se mantém. Ela se perpetua através do uso corrente de um nome: *antipapa*. A referência está por toda parte, em verbetes de enciclopédias, livros especializados, páginas da internet... Conhecido como "antipapa", o bispo de Parma deixa de ser um sujeito de carne e osso, ambíguo e complexo como todos os demais, e sofre uma metamorfose. Ele se transforma no abstrato conceito de adversário da marcha da história (CAPPELLETI, 1859, p. 148. • CAPECELATO, 1862, p. 333. • GREGOROVIUS, 1905, p. 130. • CENCI, 1923, p. 195. • MILLER, 1993, p. 175-176. • FORNARI, 1994, p. 31-82. • LÉVI, 2010, p. 228. • CASTAGNETTI, 2014, p. 229-239).

Pensar assim é renovar, solenemente, os votos de compromisso com a memória dos vencedores. Eles trouxeram essa interpretação à baila. Como vozes oficiais da Igreja, como detentores da autoridade que redesenha a realidade à sua imagem e semelhança em textos, afrescos e esculturas, os alexandrinos reescreveram o passado para que tudo testemunhasse e anunciasse o desfecho da disputa. Os historiadores conferiram a tais recordações, a essas reminiscências interessadas, o *status* impessoal de "dados de realidade". E assim perdeu-se de vista que essa ilegitimidade aterradora não era um fardo existente no ponto de partida da disputa, mas o prêmio que os próprios vencedores criaram para si: o espólio simbólico que seguiu à vitória.

Porém, outra história é igualmente possível. Essas mesmas "fontes de informação" permitem ver mais nuances, comportam outros significados. Cádalo protagonizou uma luta política longa, arrastada, imprevisível – o mais acirrado conflito pelo papado que as mentes de então haviam testemunhado. Ao contrário da insistência de um Pedro Damião e de um Benzo de Alba, isso ocorreu precisamente porque os lados em disputa não se distinguiam como alternativas radicais. O antagonismo não era alimentado por um contraste ideológico absoluto. Não eram a mentalidade, a moralidade ou a ordem jurídica que os diferenciavam, mas os perfis sociais. Cádalo nutria seu poder com algo que os cardeais temiam como um viveiro de ameaças: vínculos estreitos entre o bispo e a aristocracia diocesana. Por isso sua fortuna era reiteradamente execrada ou – para usar um termo preferido pelos eruditos – por isso o fato de ser um prelado "riquíssimo" foi considerado fonte de corrupção. Aos olhos da cúpula da Igreja Romana, dispor de um vasto patrimônio significava ceder às pressões de inimigos letais, os magnatas locais. Depois de quase vinte anos vivendo em um estado de guerra contra as grandes famílias romanas, após tanto tempo pelejando contra emboscadas, expropriações, ataques e envenenamentos, os cardeais enxergaram naquele bispo apoiado por *Gandolfingi* e *Obertenghi*, pelos senhores parmenses da planície do Pó, a soma de seus piores medos.

Provocado por um choque de realidades senhoriais, o mais longo cisma envolvendo a Santa Sé no século XI foi encerrado pela face desnuda do poder senhorial, o uso da força, a imposição pela espada. Esse desfecho marcou profundamente a geração de eclesiásticos que então integrava o papado. Para eles, tudo esteve ameaçado durante aqueles meses trágicos. A liberdade da Sé Apostólica, a vigência dos decretos pontifícios, a integridade da autoridade espiritual, a correta ordem dos assuntos clericais, o fracasso de um usurpador, enfim, o prevalecimento do bem sobre o mal: aos seus olhos, tudo correu o risco de ruir até que os guerreiros finalmente asseguraram o controle de Roma e forçaram a fuga de Cádalo. Ao criar consenso em torno daquele desfecho, o concílio de Mântua conferiu peso ainda maior à lição de que as armas eram fundamentais à condução dos assuntos espirituais, de que a guerra era parte imprescindível do magistério apostólico, pois graças a elas havia um. Desde então, a experiência tornou-se herança institucional, sendo preservada no interior da Cúria como um princípio a ser aprendido, transmitido e observado: a autoridade papal se fazia reconhecer como presença militar.

Há muito tempo os pontífices se envolviam em guerras. Há mais de duzentos anos que cronistas e compiladores dedicavam uma atenção mais detalhada sobre o assunto. A razão parece ter sido o clamor provocado pelas proezas bélicas de Leão IV. No remoto ano de 846, uma pequena esquadra sarracena velejou pelo Rio Tibre. Sem encontrar resistência, as embarcações atracaram em Óstia, porta fluvial para Roma. Horas depois, os marinheiros saqueavam a cidade. As crônicas cristãs descrevem o episódio como um desvario infernal. As igrejas foram depredadas. De crucifixos sobre altares aos adornos de prata das portas, tudo era arrancado e levado. O destino dramático logo recaiu sobre outras populações. No entanto, três anos depois, Leão mobilizou o poder naval dos príncipes cristãos de Nápoles, Gaeta e Amalfi, e afundou a flotilha islâmica. Não temos o suficiente para afirmar que ele tenha comandado o ataque como um líder de esquadra, sobre um convés, mas a vitória era lembrada como uma glória pessoal. Os prisioneiros foram escravizados e despachados para a colina vaticana. Lá, os "filhos de satanás" pagariam pelos saques cometidos entregando cada músculo para a missão de tornar real algo ambiciosamente imaginado para a proteção do bispado: um paredão descomunal erguido ao redor da Basílica de São Pedro. A muralha, "o mais espetacular monumento da Roma dos primeiros séculos medievais" – nas palavras do historiador John Norwich –, foi concluída em 852 e batizada como "cidadela leonina". Uma edificação idealizada pelo imperador, mas soerguida pelo papa. Visíveis mesmo nos dias atuais, as milhares de pedras assentadas com suor infiel eram testemunhas silenciosas e imorredouras da familiaridade pontifícia com a arte da guerra (*Liber Pontificalis*, 2, p. 106-119. • NORWICH, 2011, p. 62).

Desde então, o envolvimento se intensificou. Década após década, cartas enviavam as bênçãos papais a quem marchava até os confins do mundo cristão para deter o avanço dos incontáveis grupos étnicos indistintamente conhecidos como *paganis*, isto é, "pagãos". Nas gélidas clareiras do Norte, nas planícies lamacentas do Leste, nos litorais calorentos do Sul, os guerreiros recebiam a remissão da penitência antes de partir ao encontro de vikings, eslavos, magiares, sarracenos. Quem fosse abatido morreria com a alma já lavada da culpa pelos pecados acumulados ao longo da vida – assim Roma assegurava ao clero local. Em diversas ocasiões, a defesa dos cristãos foi tratada como prerrogativa do primado petrino. Papas como João VIII, João X, Silvestre II, Bento VIII e Leão IX, esparramados num arco de tempo que se esticava dos idos de 870 a meados de 1050, enxergaram a santificação das "batalhas travadas em nome de Cristo" como um dever especialmente confiado àquele que sucedia o príncipe dos apóstolos. E eles tentaram cumpri-lo de muitos modos. Não apenas concedendo indulgências aos combatentes, mas municiando-os com a proteção de relíquias insuperáveis; consagrando dias, liturgias e santuários para o culto dos mortos já venerados como santos pelas comunidades fronteiriças; confirmando os privilégios jurisdicionais dos bispos locais sobre as terras recém-conquistadas; repudiando pactos e tréguas seladas com os infiéis, fossem eles os "ímpios sarracenos" dos quais se queixava o rei da Galícia ou os "desobedientes [cristãos] gregos" que se infiltravam nas terras dos príncipes da Panônia. Os rogos à "guerra travada dia e noite" podiam ser ouvidos de diversas bocas apostólicas (*JL*, 2.960, 2.983, 3.012, 3.036, 3.048, 3.095, 3.097, 3.238, 3.250, 3.281, 3.308, 3.314, 3.321, 3.551, 3.909, 4.011, 4.013, 4.032, 4.038, 4.290, 4.298. • LIUDPRANDO DE CREMONA. Antapodosis. *MGH SS rer. Germ.*, 41, p. 62. Cf. tb. McCORMICK, 1992, p. 209-240. • TYERMANN, 2010, p. 58-66).

Enquanto Cádalo amargava a derrocada, o próprio Alexandre ocupava-se de uma causa semelhante. Em fins de 1063, ele se dirigiu aos eclesiásticos de Volterra e Narbona. Há meses bandos armados cruzavam aquelas dioceses. Deixando para trás os castelos na Gália, eles dobravam os Pireneus atraídos pelas histórias sobre os esplêndidos butins que os viscondes e reis ibéricos proporcionavam aos que lutavam contra os "inimigos de Cristo" – os mouros. Ciente da mobilização, Alexandre julgou ser dever do papa ofertar a "caridade paternal [aos] que tomaram caminho rumo à Espanha". Como "pais espirituais", os padres daqueles lugares deveriam tomar a confissão de todos que passassem por ali. Quanto aos pecados que os combatentes viessem a cometer no restante do caminho, não havia motivo para aflições. Tais falhas estavam já redimidas e a "autoridade dos santos apóstolos Pedro e Paulo" impediria que o diabo as reclamasse. Ao arcebispo narbonense, o contestado papa esclareceu: "todas as leis, eclesiásticas tanto quanto seculares, condenam o derramamento de sangue humano, exceto para que sejam punidos aqueles que cometeram graves crimes e para que se castiguem os sarracenos, por incursões hostis". Derramar o sangue dos ímpios restaurava a justiça, reparava violências. Mais do que isso! Jean Flori tem razão ao insistir que essas passagens provam "simpatias pelas operações de reconquista cristã na Espanha". Além disso, é provável que tais passagens atendessem a um propósito específico: santificar a tomada de Barbastro. No verão de 1064, a cidade foi brutalmente arrancada do domínio islâmico por um exército babélico de borguinhões, normandos, aragoneses e catalães. A pilhagem durou dias e assolou todo o vale do Rio Ebro. Muçulmanos foram escravizados às centenas e então vendidos em praças mediterrânicas. Os guerreiros regressaram ricos e sem pecados para a Gália (ALEXANDRE II. Epistolas 82 e 83. In: LOEWENFELD, 1885, p. 43-44; *JL*, 4.528, 4.530. Cf. tb. FERREIRO, 1983, p. 129-144. • LALIENA CORBERA, 2009, p. 187-218. • FLORI, 2013, p. 285).

Essa "simpatia" pela batalha não era nova. Ao contrário. Iniciativas desse tipo eram consideradas uma *imitatio patrum*, expressão que significava "agir segundo o exemplo dos antigos Pais da Igreja". Era uma tentativa de imitar uma tradição atribuída aos pontífices predecessores, um gesto de filiação a um passado glorificado. Todavia, após o concílio de Mântua, algo distinto ocorreu. Uma mudança, uma transformação. Uma nova atitude frente aos campos de batalha se impôs aos detentores do poder papal. Essa atitude foi evidenciada por um acontecimento. Por algo que se passou bem longe do Mediterrâneo, no topo de uma colina verdejante, situada a 10km do canal da Mancha.

Quando o horizonte tragou o sol no dia 14 de outubro de 1066, uma batalha quase indomável, longa como poucas vezes se viu, finalmente terminou. Por mais de oito horas, a muralha humana de escudos montada no topo da colina de Caldbec pelo conde de Wessex, Haroldo Godwinson, absorveu as sucessivas ondas de impactos da cavalaria do duque da Normandia, Guilherme. Os dois homens lutavam pela coroa da *Britannia*, hoje, Inglaterra. Num século em que as batalhas mal preenchiam o espaço de duas horas, os guerreiros de Haroldo resistiram por um dia inteiro. Em inferioridade numérica desde o meio da manhã, eles suportaram as investidas de mais de três mil cavaleiros, que, distribuídos em diferentes contingentes, se alternavam no ataque, subindo e descendo o terreno, arremessando-se de novo e de novo, como um gigantesco aríete formado por homens e animais. Eles resistiram ainda a centenas de arqueiros, cujas flechas zuniam freneticamente morro acima. Mas não o fizeram incólumes. Cada hora de êxito era uma hora a mais de sede, exaustão, ferimentos e dores. Pacientemente macerada pelo inimigo, a linha cedeu. Haroldo foi morto e rasgado por um sem número de espadas. Os vencedores se impuseram sem aceitar rendições. Tudo que respirava foi varado com lanças. Quando os normandos finalmente tomaram posse da colina e encararam o prado coberto por mais de seis mil corpos agonizantes e eviscerados, uma flâmula incomum podia ser vista no cume. Ela tremulava na ponta de uma longa lança levada por um dos aristocratas. O pedaço de tecido esvoaçante era o *vexillum Sancti Petri*, o "estandarte de São Pedro". Símbolo da autoridade papal (GUILHERME DE POITIERS. *Gesta Guillelmi II ducis Normannorum*, 1998, p. 104-105. • ORDERICO VITAL. *Historiae Ecclesiastica Libri Tredecim*, 1969, p. 142. Cf. tb. OVERY, 2015, p. 42-46).

Durante a conhecida "batalha de Hastings", o exército da Normandia lutou sob uma insígnia especialmente enviada por Alexandre. Acredita-se ter sido uma flâmula – embora a palavra que a nomeava, *vexillum*, batizasse diferentes objetos como relíquias, relicários e cruzes. Não era a primeira vez que a terra se tornava rubra sob um emblema como aquele. É quase impossível precisar quando estandartes de santos e da virgem Maria começaram a fazer parte das preparações cristãs para um combate. Mas era sem precedentes a decisão de enviar o estandarte *apostólico* para uma batalha que não envolvia os domínios pontifícios, os assuntos itálicos ou a defesa da fé contra pagãos. O papado de Alexandre marca o início dessa prática. Em meados de 1063, uma flâmula como aquela havia sido enviada a Roger de Hauteville, como prova de que as bênçãos apostólicas se derramaram sobre esse senhor da Calábria quando ele obteve, na vizinhança rural da cidadezinha de Cerami, uma vitória que levaria os cronistas cristãos a contabilizarem mais de vinte mil mortes sarracenas. Em datas incertas – mas certamente após 1064 –, Alexandre concedeu um estandarte similar a Erlembaldo, o cavaleiro milanês que assumiu a liderança dos Patarinos, e a Guilherme de Montreuil, o aristocrata normando que assumiu o comando das tropas papais na região da Campagna. É provável que as concessões fossem inspiradas por casos anteriores. Pois era conhecida a história de como uma "bandeira da parte de São Pedro" foi dada ao imperador vinte anos atrás, como sinal de que os céus favoreciam as campanhas planejadas contra os magiares. Em Hastings, contudo, o gesto chegou mais longe, geográfica e simbolicamente. Seu impacto no imaginário era outro. Agora, a autoridade do papa se fez presente em uma batalha de cristãos contra cristãos e na qual não estavam em jogo terras, rendas ou alianças senhoriais do bispado romano. Embora integrasse um conjunto maior de medidas rituais – figurando ao lado das costumeiras orações e exortações penitenciais –, dessa vez, o envio do "estandarte de São Pedro" propagou um efeito particular (ANÔNIMO VATICANO. De Historia Sicula. *RISS*, 8, p. 760-762. • GODOFREDO MALATERRA. De rebus gestis Rogerii Calabriae et Siciliae Comitis et Roberti Guiscardi Ducis fratris eius. *RISS*, 1, p. 42-44. • ARNULFO. Gesta archiepiscoporum Mediolanensium. *MGH* SS, 8, p. 22. Cf. tb. LOUD, 2007, p. 152. • GERRARD, 2011, p. 107-109. • STANTON, 2012, p. 87-89. • FLORI, 2013, p. 147-168).

Além da tarimba militar e da herança norueguesa nas veias, Guilherme e Haroldo tinham algo mais em comum. Nenhum era o sucessor direto do último rei anglo-saxão. O duque era um filho bastardo aparentado do monarca que falecera sem descendentes. Já o conde era um poderoso aristocrata aclamado para a coroa por uma assembleia de senhores de terra. Quando despachou emissários encarregados de depositar a flâmula nas mãos do duque, Alexandre não santificou uma campanha imperial contra pagãos do leste, tampouco selou um laço de fidelidade com conquistadores que ameaçavam as terras de São Pedro após varrer milhares de muçulmanos do mapa. Ele tomou partido na luta política entre dois poderes cristãos. Os dois principais cronistas registram-no. Escrevendo cerca de dez anos depois, Guilherme de Poitiers, o autor da *Gesta Guillelmi ducis Normannorum* ("Os feitos de Guilherme, duque dos Normandos"), afirmava que "o duque recebeu o estandarte após ter solicitado a aprovação do papa" para sua reivindicação ao trono. Quase cinquenta anos depois, a evidência se repetiu na pena do Monge Orderico Vital, que assegurava: "tomado conhecimento de tudo o que ocorrera – expressão que se referia à 'usurpação presunçosa' de Haroldo – o papa tomou posição favorável à justa causa do duque e [...] mandou-lhe o estandarte do Apóstolo São Pedro". Alexandre valeu-se de um símbolo militar, um emblema destinado a nutrir o moral dos guerreiros, a encorajá-los a marchar mais confiantes, para pronunciar-se sobre quem detinha a legitimidade em uma disputa entre poderes cristãos. A disputa contra Cádalo calava fundo, transformando a visão sobre o mundo: a demonstração de força era encarada pelo papado como o episódio fundador de um esperado consenso. O triunfo da espada revelaria o usurpador, confirmando sua identidade aos olhos da maioria – tal como ocorrera com o bispo de Parma (GUILHERME DE POITIERS. *Gesta Guillelmi II ducis Normannorum*, 1998, p. 104-105. • ORDERICO VITAL. *Historiae Ecclesiastica Libri Tredecim*, 1969, 2 vol., p. 142. Cf. tb. JONES, 2010, p. 33-56, 152-154. • FLORI, 2013, p. 170-172).

A guerra criava a legitimidade, cuja posse era não só defendida ou demonstrada em batalha, mas efetivamente fundada, instituída. Em 1066, Hastings tornou-se lugar para a prática da lição oficializada no Concílio de Mântua: os efeitos militares literais, como um campo coberto por cadáveres, o estranho silêncio que paira após o combate, a passividade resignada dos aprisionados, a terra untada por um vermelho quente, enfim, a "verdade da batalha" era imprescindível para produzir o reconhecimento social da autoridade. Após os fatídicos anos de 1061 a 1064, o papado incorporou o uso da força como um fundamento institucional.

Desde então, não somente papas, mas cardeais e legados se tornaram protagonistas no fomento de uma cultura militar no exercício do poder. Em 1067, quando dois cardeais incluíram nas "constituições" outorgadas à Igreja de Milão a ordem de "proibir, de todas as maneiras, os incêndios, as depredações e os derramamentos de sangue cometidos contra os simoníacos e clérigos incontinentes durante os últimos anos", não deixaram de reconhecer que tais atos foram "perpetrados pela fé reta e sem mal". Em outras circunstâncias, esses mesmos atos poderiam ser considerados justos, louváveis. Mas ali, em Milão, eram marcas da *violentia* e deveriam cessar de uma vez por todas – decretaram os cardeais Mainardo, o bispo de Silva Cândia, e João Minuto, o presbítero de Santa Maria in *Trastevere*. A lógica por trás dessa censura era familiar. Era a antiga racionalidade dos bispos guerreiros. O mal se incrustava naquelas ações porque elas recaíam sobre clérigos e a posse de bens eclesiais, desfigurando publicamente a função sacerdotal como um todo. Aquelas investidas brutais não eram violentas em si mesmas, mas por debilitar uma posição social dos eclesiásticos. Um *status* coletivo estava em questão, não uma natureza dos atos em si. Afinal, os mesmos atos podiam se tornar veículos da graça divina, como foi demonstrado na mesma ocasião, quando Arialdo, o falecido pregador da "luta até o sangue" contra os padres fornicadores daquela mesma cidade, foi declarado santo mártir da Igreja. Os indícios dessa decisão são contraditórios. Todavia, ainda que dúbios quanto a datas e lugares, eles guardam coerência com uma razão prática que unia a maioria dos alexandrinos: canalizar o sagrado na direção de quem prevalecia pela força, abrindo caminho para o estabelecimento de um clero leal ao grupo vitorioso na disputa por Roma. Assim fizeram outros três legados em 1070, quando coroaram o novo rei da *Britannia*, em Winchester. Após pousar a coroa sobre a fronte de Guilherme e demonstrar, através do rito solene, a aprovação apostólica à recente conquista da grande ilha, eles angariam o apoio do vencedor de Hastings para depor bispos e abades. A reforma da Igreja era a guerra por outros meios (MANSI, 19, p. 947. • ARNULFO. Gesta Archiepiscoporum Mediolanensium. *MGH SS*, 8, p. 23. • ORDERICO VITAL. *Historiae Ecclesiastica Libri Tredecim*, 1969, 2 vol., p. 236-237. • ROGÉRIO DE HOVEDEN. Chronica Magistri. In: STUBBS, 1868, p. 122-123. • HEFELE-LECLERCQ, 1912, 4/2, p. 1272).

A marcha dessa espiritualidade encouraçada acelerou com o sucessor de Alexandre. Gregório VII governou um bispado da guerra. Antes de completar uma semana no trono do apóstolo, ele escreveu aos combatentes que se dirigiam à Espanha para se juntar à investida do Conde Ébalo de Roucy contra os mouros. Suas têmporas sequer haviam se acostumado com o peso da mitra e ele já se pôs a reclamar autoridade sobre a campanha, advertindo: a terra pela qual vós combatereis pertenceu ao "direito de São Pedro" no passado e qualquer vitória que obtiverdes estará reduzida a uma injúria se os lugares resgatados do jugo pagão não forem restituídos a tal direito! Gregório valia-se dos termos de um pacto selado entre o conde e dois cardeais pouco antes da morte de Alexandre, para reafirmar a lição duramente aprendida nos anos de 1060: os campos de batalha materializavam a presença da autoridade apostólica. A força das armas era o próprio elã da obediência. Quem oferecia a espada para aquele veterano do Barbastro – Ébalo lutou na campanha de 1064 – era já um *milites Sancti Petri*, isto é, um "guerreiro de São Pedro". Expressões como essa emergem com frequência na correspondência papal. Raramente de maneira idêntica, é verdade. As formas variavam. Se em uma carta lia-se algo sobre um *exercitu in servitio Sancti Petri* ("exército em auxílio de São Pedro"), noutro manuscrito as palavras foram dirigidas a quem deveria guerrear *ad honore Sancti Petri* ("para a honra de São Pedro"). Poucas epístolas separavam a palavra pastoral dirigida a um *miles Petri* ("guerreiro de Pedro") das instruções penitenciais ditadas aos *seculares milites* ("guerreiros seculares"). De toda maneira, em todas essas ocasiões, as palavras "implicavam o uso das armas, o exercício da profissão militar" – como concluiu Jean Flori. E as ocasiões foram muitas! Na Lorena, na Borgonha, Hungria, Dinamarca e na Apúlia; em Navarra, Mainz, Cápua,

Milão, Aquileia, Trento e Cluny; nos bispados de todo o Império chegavam cartas exigindo assistência militar. Gregório não se limitava a cobrar lealdade e rendas pelas vitórias obtidas sob o patrocínio espiritual romano. Ele demandava *militias seculares*, remessas de guerreiros. Muitas delas eram destinadas a legados, aos que percorriam a Cristandade em seu nome, outras para servi-lo pessoalmente (GRE-GÓRIO VII. Epistolas. Reg. 1, 2, 3, 6, 8, 9. *MGH, Epp. sel.*, p. 10-12, 17-18, 35-36, 67, 70, 103, 138-139, 145, 163-164, 186-190, 194, 250, 272, 428-429, 441-442, 524, 537, 578, 602. • GREGÓRIO VII. Epistolas. *Epp. vag.*, p. 32-33. Cf. tb. COWDREY, 1998, p. 650-652. • FLORI, 2013, p. 219).

Gregório VII viveu a guerra como experiência crua, não só como ideia santa. Ele a testemunhara de perto. Para ele, o recrutamento, a sobrevivência ancorada pelo tênue fio de uma linha defensiva e a imprevisibilidade intrínseca a cada ataque não eram relatos alheios ou experiências imaginadas. Eram suas memórias de vida, lembranças impressas da pele às entranhas quando ele atendia pelo nome de batismo, Hildebrando. O clérigo que assumiu o papado em abril de 1073 figura em narrativas da época como o responsável por manter o "heresiarca de Parma" longe do palácio lateranense. A entronização não lhe insuflou outra vida. Por debaixo das insígnias pontifícias estava o arquidiácono que mobilizou cavaleiros normandos, enviou centenas para a matança no Campo de Nero e fez da topografia urbana um quartel-general. Eleito e aclamado, Gregório VII não se despiu de Hildebrando. O papa que emprestou seu nome ao século XI encorajou magnatas laicos a empregarem "todos os meios possíveis" contra os simoníacos, inclusive, valendo-se da força; protestou vivamente quando senhores militarmente comprometidos com a Cúria decidiam trocar a cota metálica pelo hábito monástico, a batalha pelo convento; lembrou aos bispos de Castela, da Gália e do Império que seus reis poderiam se descobrir sob o ataque de um exército cristão caso as excomunhões e os interditos não fossem suficientes para levá-los a respeitar a liberdade da Igreja; ordenou que abades assumissem o recrutamento de cavaleiros.

Em 1074, Gregório anunciou que lideraria, em pessoa, uma campanha até o Leste, a fim de socorrer os cristãos da "violência tirânica" dos pagãos, os turcos seljúcidas. Era seu dever pastoral passar à ação, cruzar os mares como *dux et pontifex*, como "duque [romano] e pontífice" e desembarcar na Palestina à frente de milhares dispostos a lutar por Cristo e reparar o mal. Pois "lamentar pelos mortos não é suficiente à solicitude de nosso dever", ele se justificou, confessando um zelo pastoral característico dos bispos guerreiros daquele século. "O exemplo do Redentor e o amor fraterno exigem-nos isto: assim como Ele doou sua alma por nós, devemos doar nossas almas por nossos irmãos." Palavras que lembram Ariberto, arcebispo que encontrou na imagem do Cristo crucificado motivação para unir os milaneses na guerra. Palavras que lembram Arialdo, herege que ofereceu a alma em praça pública aos que combatessem os simoníacos e os padres casados. A Cruzada pretendida por Gregório perpetuava décadas de emprego sacramental da força. O plano não prosperou. Os obstáculos se multiplicaram – a saúde debilitada foi um deles. Porém, a identificação entre a autoridade pontifícia e o apelo às armas não arrefeceu. Intensificou-se. Por volta de 1080, a Santa Sé tornou-se polo irradiador de símbolos militares. Após ser hasteado em Milão e em Hastings, seu estandarte dourado era visto tremulando em Cápua e em Constantinopla. Da Normandia a Monte Cassino, os cronistas se habituaram a relatar o protagonismo papal em milagres envolvendo cavaleiros, batalhas e cercos a fortalezas. O próprio Gregório VII chegaria ao ponto de ser acusado, pelos cardeais mais leais, de destinar rendas reservadas aos pobres e aos altares para o custeio de ações militares (GREGÓRIO VII. Epistolas. Reg. 1, 2, 8. *MGH, Epp. sel.*, p. 103-104, 165-167, 537-538. • COWDREY, 1982, p. 27-40; 1998, p. 340-348, 652-656; 1999, p. 21-35. • FLORI, 2013, p. 169-177, 220-227. • ZAFARANA, 1966, p. 399-403).

Após os anos críticos de 1061 a 1064, uma transformação histórica chegou a termo. Um tempo de mudanças encerrou-se. Os ideais da guerra sacramental, da pacificação como purgação pela lâmina, da fusão entre magistério espiritual e governo temporal, da liberdade da Igreja como devoção militante, enfim, os fundados de um mundo habitado por bispos guerreiros encontraram no sucessor apostólico um novo porta-voz. O bispo romano surgiu como herdeiro de destinos coletivos, como depositário da herança de incontáveis prelados forjados no "novo mundo" dos otônidas. A história se condensou entre aquelas sete colinas do Lácio no momento em que um papa talhado por anos de guerra reclamou para si uma responsabilidade até então coletiva, de muitos, de tantos: liderar a força das armas entre os cristãos. A vida de Cádalo foi parte dessa mudança. Não deixa de ser uma sentença atroz desconhecer as circunstâncias de sua morte. Aqui, fala-se em fins de 1071; acolá, no início de 1072. Nos vestígios escritos, tudo não passa de menções secas, fragmentos minguados. Um fraseado árido e ressequido, onde nenhuma curiosidade germina. Não se sabe como ele morreu, onde ele estava quando o coração parou de bater, quais decisões ele teve tempo de tornar derradeiras, quem as ouviu. Tudo é vazio, opacidade, palavras esvoaçantes. Porém, é necessário sondar a existência. A trajetória de sua vida é um fio condutor privilegiado para lançar certa luz sobre mudanças históricas de consequências duradouras. A morte incógnita não apaga o lugar ocupado por esse bispo senhorial lembrado como um "antipapa" em uma transformação capital para os rumos da vida no Ocidente. Sepultado no passado, ele vivia como presente histórico. Pois o tempo de homens como Cádalo não havia terminado. A era dos bispos guerreiros apenas recomeçava.

Deste ponto em diante, com o nome de "época das cruzadas".

Epílogo

"Deus o quer! Deus o quer!": o sagrado dos bispos guerreiros

Porque não temos de lutar contra a carne e o sangue,
mas, sim, contra os principados, contra as potestades,
contra os príncipes das trevas deste século, contra as hos-
tes espirituais da maldade, nos lugares celestiais.

Ef 6,12

1

Cada decisão exalava o odor do Espírito Santo. A inquietação pairava sobre aquele mês de março como neblina espessa. Apesar da névoa de apreensão e temores, as sentenças proclamadas na Basílica de São João de Latrão ecoavam impregnadas com o santo aroma, efeito do encerramento ritual de mais um concílio da Quaresma. Era um cerimonial antigo. Para proclamar a conclusão unânime das deliberações, o plenário passava às orações finais, regido pelo pontífice. As vozes de dezenas de padres e monges começavam a rodopiar pelo recinto como uma só fala, uníssona, e então se misturavam à fragrância dos incensos que queimavam há horas sob a vigilância dos acólitos. Mesclados às carícias sensoriais daquela doce fumaça, os sons ganhavam corpo, pareciam propagados pelas baforadas ininterruptas que os pequenos braseiros de ouro soltavam para o alto. Perfumadas com a essência que as comunicava à presença divina, as palavras não eram apenas ouvidas, mas também inaladas, como se sopradas nas narinas dos presentes por um fôlego celestial. E assim, oleadas pelos incensórios dourados de Latrão, as orações apelavam ao olfato como testemunha: o odor provaria que o Espírito Santo descera sobre aquela assembleia clerical após ouvir a súplica recitada na sessão de abertura como um hino de invocação, o *Veni creator Spiritu* (Vem, Espírito criador!), cantado conforme a instrução dos códigos litúrgicos reunidos na época do Imperador Oto I. Carregadas pela fumaça do incenso, as palavras subiam aos céus como chamamento à graça divina. Deus respondia. Era possível ouvi-lo naquele ar adocicado que enchia os pulmões (Ordines de Celebrando Concilio. *MGH Leges*, 1, p. 67-68, 496-497, 506. • ANDRIEU, 1938, p. 255-260. • VOLGEL & ELZE, 1963, p. 190-224).

Há mil anos, as tradições clericais prescreviam ritos específicos para tudo. Pessoas, objetos, riqueza, lugares, edificações, dias: tudo poderia ser dedicado aos desígnios divinos se certa maneira de proceder fosse rigidamente observada em cada caso. Os procedimentos de um concílio formavam a ordem específica a ser respeitada no caso da voz. A assembleia solene era o rito de consagração da palavra. Não obstante a incessante variação das práticas rituais medievais, é possível afirmar que, de modo geral, os plenários clericais surtiam esse efeito: transfiguravam a fala humana. Proporcionavam a ocasião para que os sons emitidos por gargantas pecadoras e grafados por mãos mortais fossem ouvidos como os veículos de uma força simultaneamente pavorosa e fascinante, os transmissores de uma essência que tudo pode, de uma energia perigosa porque capaz de criar e destroçar o que quer que seja. Num concílio, uma qualidade poderosíssima era inoculada nas palavras cerimoniosamente pronunciadas por uma multidão de bispos e abades. Elas ganhavam uma segunda natureza, habitualmente conhecida como "o sagrado". A respeito delas, esperava-se todo êxito e todo socorro; elas passavam a incutir terror e confiança; coagiam e encorajavam, pois tornavam-se a fonte de uma força eminentemente eficaz, com a qual os homens deveriam contar. No tempo dos bispos guerreiros, acreditava-se que as decisões de um concílio já não eram um acordo de vontades, um consenso humano, circunstancial, corruptível. Mas ecos da própria palavra divina, ou seja, sons que guardavam o bom funcionamento do universo, verbos que ordenavam o mundo, nomes que revertiam o caos e o mal (CAILLOIS, 1988, p. 19-32).

Quando se encerrava um concílio, os cânones aí aprovados eram pequeninas casas acústicas de Deus ou, em termos sociais, gestos destinados a fundar uma lógica de temor, obediência, reverência e inspiração. Naquele dia 7 de março de 1080, o Papa Gregório VII dependia como nunca desse efeito. Era crucial que as decisões lidas para a aprovação do plenário fossem reconhecidas como sagradas, como anúncios emanados do alto, instruções que exalavam a mente divina. Afinal, as medidas provocariam agitação em várias partes da Cristandade. Entre os assuntos implicados ali havia um que se fazia presente no cotidiano de muitos bispos: a relação existente entre desembainhar espadas e governar uma diocese (ALTHOFF, 2002, p. 71-87).

O mais impactante decreto lido após os ritos finais era o último. Se comparado aos demais, seu texto destoava. Era extenso, espichado. Ao invés de um punhado de frases, ele abocanhava linhas em abundância. A princípio, era um apelo pessoal, quase uma oração: "bem-aventurado Pedro, príncipe dos apóstolos, e tu, bem-aventurado Paulo, doutor dos povos, sejais condescendentes, peço, a inclinar vossos ouvidos para mim e, com clemência, compreender-me", suplicou Gregório. Que prosseguiu, desfiando um rosário de lamentos: desde o dia em que, "apesar de indigno, fui colocado em vosso trono, vos servi com grande pesar e prantos", afirmou o papa. "Digo isto por este motivo: vós me escolhestes, não eu a vós; e porque agi como vós ordenastes, agora, os membros do diabo ousaram lançar mão sobre mim até o sangue derramado". Esta última frase era uma alusão ao recente estado de conflagração a que estavam reduzidas suas relações com o Rei Henrique IV. Aqui, o caráter confessional do texto passou a ser dominado por um paciente relato sobre como se chegou àquele ponto: a um estado de guerra. Havia muito para ser lembrado.

Há quase quatro anos, pontífice e monarca protagonizavam um catastrófico conflito entre "o reino" e "o sacerdócio". Gregório reagia ao que considerava violações em série da liberdade da Igreja. Aos seus olhos, o herdeiro do Imperador Henrique III afrontava as leis canônicas, intervinha na transmissão do cuidado das almas, investia eclesiásticos obscuros e inaptos como bispos e, então, conspirava com esses usurpadores para "destruir vossa autoridade, apóstolos". Por seu turno, Henrique se desdobrava em protestos contra o que julgava um desatino de injúrias contra a unidade cristã. Em seu juízo, o sucessor do Papa Alexandre II vilipendiava a tradição imperial, semeava o mal e dividia a Igreja ao destituir bispos e abades sem sua aprovação, embora ele, o rei, tivesse sido "chamado para a realeza por Nosso Senhor, Jesus Cristo", enquanto ele, o papa, chegara ao "trono da paz por meio da espada". Entre conciliações provisórias e negociações quebradiças, o confronto tornou-se contínuo e irrefreável. Desde 1076, eles haviam se excomungado mutuamente. Apoiado por um círculo de aliados eclesiásticos e magnatas laicos, cada um deles havia declarado o outro deposto por ordem divina. Roma foi tomada por furor no dia em que um bispo veio do Norte, rompeu porta adentro durante uma celebração e leu em voz alta a carta "da parte do rei" que dizia: "Hildebrando, dou meu consentimento à sentença justa e correta [emitida por] uma assembleia de todos os principais homens do reino, revogo de ti toda prerrogativa do papado e ordeno-te a descer do trono da cidade cujo patriarcado é devido a mim pela concessão de Deus". A reação foi imediata. Fazendo pequenos riachos de tinta correr sobre os pergaminhos, notários romanos multiplicaram-na em cartas endereçadas a todos os fiéis: "todos vós que desejais ser enumerados entre as ovelhas de Cristo sois agora partícipes do sofrimento infligido pela soberba [deste rei], ao qual nego o governo por ter se empenhado para derrubar a rocha que foi estabelecida por Cristo e violar os privilégios apontados por Deus". As excomunhões e deposições foram seguidas por hostilidades que inflamaram as rivalidades aristocráticas. Em muitas cidades, a concorrência por terras e funções públicas se agravou ou ingressou em nova fase à medida que as linhagens desfraldavam a causa da Cúria ou encampavam a defesa da Corte. Antagonismo ideológico e disputas patrimoniais se fundiram, criando novas possibilidades para alternâncias de poder, tornando ainda mais dinâmica a luta pela dominação regional. No âmbito local, os atritos entre os dois "poderes cristãos universais" se tornavam novos ingredientes adicionados ao caldeirão das lutas pela dominação urbana e rural. Afetando as estratégias de legitimação das elites, as hostilidades se alastraram, arrastando o Império para uma guerra que "entregou uma grande multidão de cristãos para a morte, levou igrejas à destruição, causando grande desolação" – assim Gregório fez lembrar ao concílio naquele mês de março (GREGÓRIO VII. Epistolas. Reg. 3, 7. *MGH Epp. sel.*, p. 254-255, 264, 268-271, 483-487. • HENRIQUE IV. Epistolas. *MGH Dt. MA*, p. 12-17. • BRUNO DE MERSEBURGO. De Bello Saxonico. *MGH SS*, 5, p. 352-362. • HUGO DE FLAVIGNY. Chronicon. *MGH SS*, 8, p. 431-435, 442, 451-458. • MANSI, 20, p. 534-536).

Por isso, ele tomou a decisão de excomungar o monarca novamente. O anátema era degradação pública. A sentença privava Henrique do reino germânico e itálico, arrancando dele toda dignidade régia. Daquele momento em diante, ninguém deveria obedecê-lo como rei, nem mesmo aqueles que um juramento obrigava a fazê-lo. Outro aristocrata, já eleito para o trono pelos magnatas saxônicos, deveria ser obedecido como o legítimo governante. O papa atava e desatava os laços seculares, não apenas espirituais. Ele agia como superior terreno do sucessor imperial. Poucas vezes se viu algo assim. Muitos se sentiriam diante do desconhecido, do inaudito, de uma inquietante novidade dos tempos. Era de se esperar que reagissem indagando, com dúvida e escândalo, sobre tal medida. Mas não havia razão para alarde – assegurou Gregório, tranquilizando os padres conciliares. Em breve haveria sinais de que a decisão era justa, reta. Todos testemunhariam a verdade. Um dos sinais seria este: os apóstolos misericordiosamente se encarregariam para que "Henrique, ao lado de seus cúmplices, não ganhasse força em qualquer reunião de guerra e [para que não obtivesse] nenhuma vitória durante sua vida". Pais fundadores da Santa Sé, Pedro e Paulo privariam aquele falso rei de um fundamento da legítima autoridade, o êxito em campo de batalha. O triunfo pelas armas possuía um valor sacramental. Através dele, a graça de Deus tocava um governante, transformando-o no seu escolhido, naquele encarregado de preservar a união e a integridade cristãs. Incapacitando

militarmente aquele rei desgraçado, os apóstolos Pedro e Paulo revelariam a ina-
dequação para governar. Excomungado, Henrique estava privado do sacramento
da guerra. Sem tal sacramento, a realeza não habitava seus atos ou decisões (GRE-
GÓRIO VII. Epistola. Reg. 7. *MGH Epp. sel.*, p. 483-487. • HUGO DE FLAVIGNY.
Chronicon. *MGH SS*, 8, p. 451-453. • MANSI, 20, p. 534-536).

Ondulando pela basílica através dos santíssimos vapores do incenso, essas palavras faziam soar uma advertência a todo concílio: daquele momento em diante,
quem batalhasse por aquele rei orgulhoso e de alma encharcada pela "desobediência, que é como o crime de idolatria", marcharia rumo à danação eterna. Isso não
significava que o uso da força fosse inerentemente maléfico. Morrer e matar pelas
espadas não eram práticas alheias à religião. Quando guiadas pela autoridade episcopal, tais ações eram provas de humildade, lealdade, sacrifício pela verdade. Foi
o que testemunhou o plenário reunido no santuário lateranense no ano anterior.
Na ocasião, o patriarca de Aquileia prestou um juramento de obediência ao papa,
prometendo: "serei fiel ao bem-aventurado Pedro, a Gregório e seus sucessores [...].
Não tomarei parte em conselho ou feito algum pelo qual eles percam a vida
[...], auxiliarei na manutenção e defesa do papado [...] e proverei um exército secular quando convocado". Servir-se das espadas era parte das obrigações hierárquicas
do patriarca. Através delas, ele agradaria a Cristo e os apóstolos. O juramento proferido no concílio de 1079 era mais uma das muitas demonstrações da vinculação da
guerra à ideia de sagrado, de como ela estava integrada às crenças no movimento de
certas propriedades extraordinárias sobre as coisas e os seres. Pois o sagrado não é
apenas a convicção a respeito da existência de uma energia sobre-humana, de uma
força todo-poderosa. Ele é a certeza de que tal energia, tal força, se move, desloca-
se, flui e reflui como presença reversível, movediça. O sagrado era uma qualidade
que podia ser adquirida ou perdida, que podia habitar ou abandonar um objeto,
lugar ou ideia. Historicamente, o sagrado é feito e refeito. Assim como ocorria com
certas coisas, lugares ou tempos, o valor sacramental do uso das armas estava em
movimento, podia ser feito e desfeito, estava cercado por renovações e restrições,
por propagações e reversões. O belicismo podia ser consagrado ou profanado: tudo
dependia de relações de força, do poder para persuadir, controlar ou impor-se. O
sagrado era parte das lutas sociais. Ele podia fazer da espada sua morada ou desa-
possar-se dela completamente. Um Leão de Vercelli era exemplo do primeiro caso;
Poppo de Aquileia, do segundo. Ele podia habitar um vagão de madeira puxado por
bois ou desaparecer de um altar de mármore e fino ouro já consagrados: muitos
milaneses que veneraram o *carroccio* de Ariberto desprezaram igrejas antiquíssimas

como meros "presépios de asnos". Com a guerra era assim. Não se tratava de uma ideia fixa, um princípio preestabelecido, mas de uma crença manobrável conforme os conflitos, as metas e experiências de uma época, ajustável aos interesses e aos anseios gerados pelas posições de poder (GREGÓRIO VII. Epistolas. Reg. 6. *MGH Epp. sel.*, p. 425-429. • MANSI, 20, p. 523-526. Cf. tb. CAILLOIS, 1988, p. 19-32).

Gregório o demonstrava uma vez mais, naquele concílio de 1080. Pressionado pela luta contra o monarca, ele assegurava que a espada que rasgasse a carne humana em nome daquele excomungado faria pecado e perdição escorrerem sobre a terra. Ainda assim, quem derramava sangue por um senhor iníquo poderia se redimir e apagar a sombra da maldade sobre a alma. Bastava confiá-la "a um homem religioso" e cumprir a verdadeira penitência. Essa decisão também foi aprovada em meio ao odor dos grãos de incenso daquela tarde de março de 1080. "Aquele que tomou os bens de outros e não os retornou quando podia fazê-lo ou aquele que conduziu armas contra a justiça" poderia limpar-se do "crime perpetrado" penitenciando-se conforme conselho de homens "instruídos na religião e nos ensinamentos das Escrituras". Assim como não era sempre santo, o ato de lançar-se às armas não era, em si, uma *violentia*. Como a aura sagrada, a reputação nefasta era feita e desfeita. O emprego das armas se transformava numa abominação quando incorria numa injustiça, ao desfigurar a hierarquia do mundo. Em outras palavras, a medida episcopal de ordem pública era causa *suficiente* para converter a guerra em "crime grave", em "ato nefasto" a ser expiado. A ordem e a autoridade eram o que distinguia uma coerção reparadora de uma violência intolerável: os critérios não eram, necessariamente, a brutalidade e o sofrimento humano (GREGÓRIO VII. Epistola. Reg. 7. *MGH Epp. sel.*, p. 481-482. • MANSI, 20, p. 534-536).

Pois através das armas servia-se a Deus e glorificava-se sua obra. A certeza muito provavelmente já havia arrebatado consciências no momento em que Gregório pronunciou a terceira decisão tomada na presença do Espírito Santo. Tratava-se de outra excomunhão. Pela terceira vez, Tedaldo, um clérigo investido por Henrique IV como arcebispo de Milão, teve a alma presa ao "grilhão do anátema" – destino partilhado pelos prelados de Ravenna, Treviso e Narbona. A sentença ecoava o passado. Como nos anos de 1060, o papado opunha-se ao arcebispo instalado pelo monarca, favorecendo, ainda que tacitamente, os adversários do protegido imperial. Há vinte anos, os adversários do alto clero milanês eram conhecidos como *Patarinos*. Heréticos. Entretanto, as semelhanças são traiçoeiras. Em 1080, a *Pataria* estava em franco declínio. Os episódios de residências sacerdotais atacadas por multidões inflamadas por diáconos de retórica ardente já não passavam de lembranças. Lembranças zelosamente cultuadas nos concílios papais da Quaresma. O caso em questão era notório (GREGÓRIO VII. Epistola. Reg. 7. *MGH Epp. sel.*, p. 481-482. • MANSI, 20, p. 532-533. • LANDULFO. Historia Mediolanensis. *MGH SS*, 8, p. 82-83).

Dois anos atrás, uma assembleia como aquela se ocupou dos milagres atribuídos a Erlembaldo *Cotta*, último líder dos Patarinos. Nascido numa família de capitães milaneses, Erlembaldo era uma figura esbelta, de braços e pernas delgados, pés e mãos finos. Coberto por uma espessa barba cor de ferrugem, o rosto magro, ossudo, realçava os olhos aquilinos. Sob cada atributo físico pulsava a natureza bélica. Ele era "um cavaleiro valoroso" – dizia o cronista conhecido como Arnulfo, pincelando uma descrição afortunadamente detalhista. "Acostumado a permanecer acordado durante toda a noite, raramente era surpreendido por inimigos. Era prudente e nele podia se apreciar muitíssimo os usos das armas". Apreciar a desenvoltura bélica desse cavaleiro era contemplar a presença da autoridade apostólica em pleno campo de batalha. Em 1062, ele viajou até Roma, vergou os joelhos respeitosamente perante Alexandre II e jurou combater padres simoníacos e fornicadores. Em retribuição, o pontífice concedeu-lhe o *vexillum Sancti Petri*, o "estandarte de São Pedro". Desde então, era com ele que seus seguidores investiam contra o clero ou se protegiam de ataques. Nas ocasiões em que os Patarinos passavam à ação, conclamando "os cristãos a pegar a espada para defesa da fé", ou nas circunstâncias em que escapavam por pouco das ordens de "matem-nos, matem-nos rapidamente!", berradas pelos aliados do arcebispo, lá estava o símbolo da autoridade papal, a flâmula hasteada na ponta da lança carregada pelo cavaleiro ruivo. Entre batalhas campais, cercos a castelos, emboscadas e fugas, Erlembaldo lutou sob a proteção da Santa Sé até 1075, quando foi encontrado em uma praça de Milão, sem vida, "nu e visivelmente golpeado em todas as partes com pedras e bastões". Três anos depois, em 1078, Gregório VII declarou-o mártir no concílio da Quaresma e apresentou ao plenário uma solene lista de vinte milagres ocorridos em seu túmulo. "Até hoje Deus opera grandes maravilhas em seu sepulcro", afirmou um aliado papal muitos anos depois. Em Erlembaldo, um cavaleiro laico, o concílio santificou a ação militar conduzida conforme a liderança do bispo de Roma. Quem combatia como um guerreiro de São Pedro descansava em Cristo (ARNULFO. Gesta Archiepiscoporum Mediolanensium. *MGH SS*, 8, p. 22-24, 28. • ANDREA DE STRUMI. Vita Sancti Arialdi. *MGH*, 30/2, p. 1.059, 1.063-1.064. • BONIZO DE SUTRI. Liber ad Amicum. *MGH Ldl*, 1, p. 604-605. • PAULO DE BENRIED. Vita Gregorii VII papae. *PL*, 148, p. 83. Cf. tb. MICCOLI, 1999, p. 198-200).

Através dessas proclamações santas, os concílios romanos perpetuavam uma visão singular sobre as relações entre a espada e a fé. As assembleias quaresmais transformavam certas ideias em princípios dotados de alguma representatividade coletiva. Ali, a crença no valor sacramental da batalha, a percepção frequentemente implícita de uma distinção entre emprego da força e violência, a consagração da liderança militar episcopal e a exaltação do zelo militante como critério primordial para narrar a vida já não eram formulações pessoais ou opiniões vagamente circunstanciais, mas atributos da posição dos clérigos no interior da sociedade cristã. Convocados todos os anos, plenários eclesiásticos como aquele de março de 1080 institucionalizavam experiências acumuladas pelo clero papal, sobretudo aquelas acumuladas durante os turbulentos anos de 1061-1064, quando a razão prática dos bispos guerreiros prevaleceu em Roma. Em ocasiões assim, quando a voz eclesiástica era ouvida e sentida como um bálsamo incensado, excomunhões, penitências e beatificações tornavam ainda mais densa a floresta de símbolos sagrados que cresciam em torno das mobilizações armadas vinculadas à autoridade episcopal. Ao depositar seus nomes logo abaixo daquelas decisões, os padres conciliares reconheciam: guiar os guerreiros era uma responsabilidade intrínseca ao cuidado das almas. Ecoando com o doce aroma dos incensos, cada saudação oferecida às decisões pontifícias parecia comunicar a própria vontade celestial. Como se o verdadeiro sentido das palavras lançadas ao ar a cada aprovação fosse "Deus o quer! Deus o quer!"

O concílio de março de 1080 foi o primeiro do tipo testemunhado por um monge da Gália. Ele havia chegado a Roma poucos meses após o papa solicitar ao seu superior, o abade de Cluny, que enviasse religiosos zelosos e preparados para auxiliar no governo da Sé Apostólica. Ele e outro irmão de hábito negro foram os únicos escolhidos. Deixaram o claustro na Borgonha, sacolejando pelo meandro acinzentado das estradas rumo ao Lácio, singrando por cidades e domínios onde a hostilidade ao "falso Pontífice Gregório" era uma companheira de viagem incansável, que jamais se afastava. Na Cúria, esse cluniacense que sequer havia completado quarenta invernos deve ter causado viva impressão. Prontamente promovido a cardeal-bispo de Óstia, foi catapultado ao topo da cúpula romana, passando da solidão da cela monástica ao estardalhaço da política papal num punhado de semanas. Ao tomar parte do concílio o monge era exposto a uma mudança marcante, sendo levado a encarar os assuntos eclesiásticos a partir da perspectiva de uma Igreja imersa em conflitos, dependente da mobilização para a guerra. E assim ele assistiu ao exercício de prerrogativas papais pela primeira vez, viu como um papa governava: com a presença do Espírito Santo exalando de decisões que anunciavam deveres de corpo, mente e sangue; de bens, espírito e espada (cf. BECKER, 1964, p. 51-53).

O monge chamava-se Odo. Mas seria lembrado como Papa Urbano II.

Referências

Documentos medievais impressos

Acta Sancti Georgii – Acta Sanctorum: Aprilis. T. 3. Paris/Roma: Palmé, 1866.

ADABOLDO. Vita Heinrici II Imperatoris. *MGH SS*, 4, p. 679-695.

ADALBERTO DE MAGDEBURGO. Reginonis abbatis Prumiensis Chronicon cum continuatione Treverensi. *MGH SS rer. Germ.*, 50, p. 154-179.

ADÃO DE BREMEN. Gesta Hamburgensis Ecclesiae Pontificum. *MGH SS rer. Germ.*, 2, p. 1-286.

ADEMAR DE CHABANNES. Sermones. *PL*, 141, p. 115-127.

AGOSTINHO DE HIPONA. De Civitate Dei, Libri XXII. In: DOMBART, B. & KALB, A. (ed.). *Sancti Aurelii Augustini Episcopi, De Civitate Dei Libri XXII*. 2 vol. Stuttgart/Leipzig: Walter de Gruyter, 2003.

_____. De Libero Arbitrio Libri Tres. In: GREEN, W.M. (ed.). *De Libero Arbitrio*. Turnhout: Brepols, 1968 [Corpus Christianorum, Series Latina, vol. 29].

ALCUINO. Liber de Virtutibus et Vitiis. *PL*, 101, p. 613-638.

AMBRÓSIO DE MILÃO. Epistolae Secunda Classis. *PL*, 16, p. 875-1.289.

ANDREA DE STRUMI. Vita Sancti Arialdi. *MGH SS*, 30/2, p. 1.047-1.075.

ANDRÉ DANDOLI. Chronicon Venetum. In: MURATORI, L.A. (ed.). *Rerum Italicarum Scriptores*. T. 12. Milão: Typographia Societatis Palatinae in Regia Curia, 1723-1751, p. 1-524.

ANDRIEU, M. *Le Pontifical Romain au Moyen Âge* – I: Le Pontifical romain du XIIe siècle. Cidade do Vaticano: Biblioteca Apostolica Vaticana, 1938, p. 255-260.

Annales Altahenses. *MGH SS rer. Germ.*, 4, p. 1-86.

Annales Augustani. *MGH SS*, 3, p. 123-136.

Annales Camaldulenses. In: MITTARELLI, J. & COSTADONI, A. (ed.). *Annales Camaldulenses ordinis Sancti Benedicti*. 5 vol. Veneza: Aere Monasterii Sancti Michaelis de Muriano, 1756.

Annales Farfenses. *MGH SS*, 11, p. 587-590.

Annales Hildesheimenses. *MGH SS rer. Germ.*, 8, p. 1-69.

Annales Magdeburgenses. *MGH SS*, 16, p. 107-196.

Annales Romani. *MGH SS*, 5, p. 468-480.

Annales Sangallenses Maiores. *MGH SS*, 1, p. 72-85 / *MGH SS rer. Germ.* 61, p. 91-94.

Annales Quedlinburgenses. *MGH SS rer. Germ.*, 72, p. 381-580.

Annales Weissemburgenses. *MGH SS*, 3, p. 70-71.

ANNO DE COLÔNIA. Epistolae. In: GEISEBRECHT, W. *Geschichte der deutschen kaiserzeit*. T. 3. Braunschweig: Verlagsort, 1869, p. 1.188-1.229.

ANÔNIMO VATICANO. De Historia Sicula. In: MURATORI, A.L. (ed.). *Rerum Italicarum Scriptores*. Vol. 8. Milão: Societas Palatina, 1726, p. 740-779.

ARNOLDI, D. & GABOTTO, F. (ed.). *Le carte dello Archivio capitolare di Vercelli*. Vol. 1. Vercelli: Unione Tipografica Vercellese, 1912.

ARNULFO. Gesta Archiepiscoporum Mediolanensium. *MGH SS*, 8, p. 1-31.

ATO DE VERCELLI. Capitula Canonum Excerptarum. *MGH Capit. Episc.*, 3, p. 262-304.

_____. Epistolae. *PL*, 134, p. 95-124.

_____. Perpendiculum. In: GÖTZ, G. (ed.). *Attonis qui fertur Polipticum quod appellatur Perpendiculum*. Leipzig: Teubner, 1922 [Abhandlungen der Sächsischen Akademie der Wissenschaften zu Leipzig. Philologisch-Historische Klasse / 37, 2].

BACHRACH, B. & BACHRACH, D. (eds.). *Widukind of Corvey*: Deeds of the Saxons. Washington: The Catholic University Press, 2014.

BENO. Gesta Romanae Ecclesiae contra Hildebrandum. *MGH Ldl*, 2, p. 366-407.

BENTO IX. Epistolae et Diplomata. *PL*, 141, p. 1.343-1.369.

BENZO DE ALBA. Ad Heinricum IV – Imperatorem Libri. *MGH SS*, 11, p. 591-681.

BERNOLDO DE CONSTANÇA. Chronicon. *MGH SS*, 5, p. 391-467.

BERTINI, F. (ed.). *Memorie e documenti per servire all'istoria del principato lucchese*. Vol. 4. Lucca: Ducale, 1837.

BERTOLDO. Annales. *MGH SS*, 5, p. 267-324.

BÖHMER & APPELT. In: BÖHMER, J.F. *Regesta imperii* (Salisches Haus, 1024-1125) – 1: Die Regesten des Kaiserreiches unter Konrad II. Colônia/Graz: Hermann, 1951, p. 1.024-1.039.

BÖHMER & FRECH. In: BÖHMER, J.F. *Regesta imperii* (Salisches Haus: 1024-1125) – 3: Papstregesten. Weimar: Böhlau, 2006, p. 1.024-1.058.

BÖHMER & GRAFF. In: BÖHMER, J.F. *Regesta imperii* (Sächsisches Haus, 919-1024) – 4: Die Regesten des Kaiserreiches unter Heinrich II. Colônia/Graz: Hermann, 1971, p. 1.002-1.024.

BÖHMER & MIKOLETZKY. In: BÖHMER, J.F. *Regesta imperii* (Sächsisches Haus: 919-1024) – 2: Die Regesten des Kaiserreiches unter Otto II. Colônia/Graz: Hermann, 1950, p. 955-983.

BÖHMER & MÜLBACHER. In: BÖHMER, J.F. *Regesta imperii* – Die Regesten des Kaiserreiches unter den Karolingern. Innsbruck: Der Wagner, 1908, p. 751-918.

BÖHMER & OTTENTHAL. In: BÖHMER, J.F. *Regesta Imperii II* (Sächsisches Haus, 919-1024) – 1: Die Regesten des Kaiserreichs unter Heinrich I. und Otto I. Innsbruck: Der Wagner'schen Universitäts-Buchhandlung, 1893, p. 919-973.

BÖHMER & STRUVE. In: BÖHMER, J.F. *Regesta imperii* (Salisches Haus, 1024-1125) – 3: Die Regesten des Kaiserreiches unter Heinrich IV. Colônia/Graz: Hermann, 1981, p. 1.050-1.106.

BÖHMER & ULIRZ. In: BÖHMER, J.F. *Regesta imperii* (Sächsisches Haus: 919-1024) – 2: Die Regesten des Kaiserreiches unter Otto III. Colônia/Graz: Hermann, 1956, p. 980-1.002.

BONIZO DE SUTRI. Liber Ad Amicum. *MGH Ldl*, 1, p. 568-620.

BORDONI, F. *Thesaurus sanctae ecclesiae Parmensis ortus, sanctorum et privilegiorum*. 4 tomos. Parma, 1671.

BRUNO DE MERSEBURGO. De Bello Saxonico. *MGH SS*, 5, p. 327-384.

Capitularia Maiorum Domus. *MGH Capit.*, 1, p. 24-30.

Capitularia Regnum Francorum. *MGH Capit.*, 2, p. 382-462.

Chronica Monasterii Casinensis. *MGH SS*, 34, p. 1-607.

Chronicon Benedictoburanum. *MGH SS*, 9, p. 210-238.

Chronicon Patriarcharum Gradensium. *MGH SS rer. Lang*, p. 392-397.

Chronicon Sancti Huberti Andaginensis. *MGH SS*, 8, p. 568-630.

Chronicon Sublacense. In: MURATORI, L.A. (ed.). *Rerum Italicarum Scriptores*. Vol. 24/6. Milão: Societas Palatina, 1738, p. 925-968.

CLEMENTE DE ROMA. Epistola. In: JAUBERT, A. (ed.). *Clément de Rome* – Epître aux Corinthiens. Paris: Cerf, 1971.

Concilium Mantuanum. *MGH Conc.*, 2, p. 583-589.

Conradi II et Johannis XIX Synodus Romana. *MGH Const.*, 1, p. 82-84.

COSMA. Chronica Boemorum. *MGH SS*, 9, p. 31-132.

Cronaca della Novalesca. In: CIPOLLA, C. (ed.). *Monumenta novaliciensia vetustiora*: raccolta degli atti e delle cronache riguardanti l'abbazia della Novalesa. 2 vol. Roma: Forzani/Tip. del Senato, 1901.

D'ACUNTO, N. & SARACENO, L. (org.). *Opere di Pier Damiani*: Lettere (68-90). Roma: Città Nuova, 2005.

_____ *Opere di Pier Damiani*: Lettere (41-67). Roma: Città Nuova, 2002.

De Ordinando Pontifice. *MGH SS Ldl*, 1, p. 8-14.

DESIDÉRIO DE MONTECASSINO. Dialogi. *MGH SS*, 30, p. 1.111-1.151.

DEUSDEDIT. Collectio Canonum. MARTINUCCI, P. (ed.). *Deusdedit cardinalis tituli apostolorum in Eudoxia*. Veneza: Aemiliana, 1869.

DIETMAR DE MERSEBURGO. Chronicon. *MGH SS rer. Germ. N.S.*, 9, p. 1-533.

DIPLOMATA. *MGH DD*. Hanover: Hahnsche Buchhandlung, 1879-1978.

DONIZO. Vita Mathildis. *MGH SS*, 12, p. 348-409.

DREI, G. (ed.). *Le carte degli Archivi Parmensi dei sec. X-XI*. 2 vol. Parma: Officina Grafica Freschino, 1924.

Ex Anselmi Gestorum Episcoporum Leodiensium. *MGH SS*, 14, p. 107-120.

FLODOARDO DE REIMS. Annales. In: LAUER, P. (ed.). *Les Annales de Flodoard*. Paris: Alphonse Picard et Fils, 1905.

Gesta Archiepiscoporum Magdeburgensium. *MGH SS*, 14, p. 374-486.

Gesta Episcoporum Cameracensium. *MGH SS*, 7, p. 402-525.

Gesta Episcoporum Halberstadensium. *MGH SS*, 23, p. 78-123.

Gesta Treverorum. *MGH SS*, 8, p. 175-200.

GODOFREDO MALATERRA. De rebus gestis Rogerii Calabriae et Siciliae Comitis et Roberti Guiscardi Ducis fratris eius. In: PONTIERI, E. (ed.). *Rerum Italicarum Scriptores*. Vol. 1. Bolonha: Nicola Zanichelli, 1927-1928.

GREGORIO DE CATINO. Chronicon Farfense. In: BALZANI, U. (ed.). *Il Chronicon Farfense di Gregorio di Catino*. 2 vol. Roma: Forzani/ C. Tipografi del Senato, 1903.

GREGÓRIO I. Regula Pastoralis. In: JUDIC, B. & ROMMEL, F. (ed.). *Règle Pastorale*. 2 vol. Paris: Cerf, 1992, p. 381-382 [Sources Chrétiennes].

GREGÓRIO VII. Register. *MGH Epp. sel.*. 2.1/2.2.

GUILHERME DE APÚLIA. Gesta Roberti Wiscardi. *MGH SS*, 11, p. 239-298.

GUILHERME DE POITIERS. Gesta Guillelmi II ducis Normannorum. In: DAVIS, R.H.C. & CHIBNALL, M. (eds.). *The Gesta Guillelmi of William of Poitiers*. Oxford: Clarendon Press, 1998.

GUNTHER DE BAMBERG. Epistolae. In: JAFFÉ, P. (ed.). *Monumenta Bambergensia*. T. 5. Berlim: Weidmann, 1869, p. 1-469.

HEFELE, C.J. & LECLERCQ, H. *Histoire des Conciles aprés les documents originaux*. Paris: Letouzey et Ané, 1912-1915.

Heinrici II et Benedicti VIII – Synodus et Leges Papienses. *MGH Const.*, 1, p. 70-78.

HENRIQUE IV. Epistolas. *MGH Dt. MA*, p. 6-64.

HERMANN DE REICHENAU. Chronicon. *MGH SS*, 5, p. 75-133.

HINCMAR DE REIMS. Annales. *PL*, 125, p. 1.203-1.302.

_____. De Regis Persona et Regio Ministerio. *PL*, 125, p. 833-856.

HROSTVITA DE GANDERSHEIM. Gesta Odonis. *MGH SS rer. Germ.*, 34, p. 201-228.

HUGO DE DIE. Epistolae et Privilegia. *PL*, 157, p. 507-670.

HUGO DE FLAVIGNY. Chronicon. *MGH SS*, 8, p. 288-502.

HUGO DE SÃO VÍTOR. De Sacramentis Christianae Fidei. *PL*, 176, p. 173-618.

Indiculus Loricatorum Ottoni II. *MGH Const.*, 1, p. 632-633.

IRENEO AFFÒ. *Storia dela Città di Parma*. 2 vol. Parma: Carmignani, 1792.

IRENEU DE LYON. Adversus Haereses. In: ROUSSEAU, A. & DOUTRELEAU, L. (ed.). *Irénée de Lyon* – Contre les hérésies. Livre I, tome II. Paris: Cerf, 1979 [Sources Chrétiennes, vol. 264].

ITALIA PONTIFICIA: KEHR. In: FRIDOLINUS, P. (ed.). *Regesta Pontificum Romanorum*: Italia Pontificia. 12 t. Berolini: Weidmann, 1906-1908.

JAFFÉ, P. & LOWENFELD, S. et al. (ed.). *Regesta Pontificum Romanorum*. Leipzig: Veit, 1885-1888.

JOÃO CRISÓSTOMO. Orationes VIII adversus Judaeos. *PG*, 48, p. 843-945.

JOÃO DIÁCONO. Chronicon Venetum et Gradensem. *MGH SS*, 7, p. 1-47.

LAMBERTO DE HERSFELD. Annales. *MGH SS rer. Germ.*, 38, p. 1-304.

LANDULFO. Historia Mediolanensis. *MGH SS*, 8, p. 36-102.

LEÃO DE MÁRSICA. Chronica Monasterii Casinensis. *MGH SS*, 34, p. 1-607.

Liber Pontificalis. In: DUCHESNE, L. (ed.). *Le Liber Pontificalis*: texte, introduction et commentaire. 2 t. Paris: Boccard, 1981.

LIUDPRANDO DE CREMONA. Antopodosis. *MGH SS rer. Germ.*, 41, p. 1-158.

_____. Historia Ottonis. *MGH SS rer. Germ.*, 41, p. 159-175.

LUPUS PROTOSPATARIUs. Annales. *MGH SS*, 5, p. 52-64.

MANARESI, C. (ed.). *Il Paciti del "Regnum Italiae"*. 3 vol. Roma: Tipografia del Senato, 1995-1957.

MANSI, J.D. (ed.). *Sacrorum Conciliorum Nova et Amplissima Collectio*. 53 t. Veneza: Antonio Zatta, 1758-1798.

Monumenta Historiae Patriae. Turim: Regio Typographeo, 1836 [Chartarum Tomus I].

MUNIER, C. (ed.). *Concilia Africae*. Turnhout: Brepols, 1974 [Corpus Christianorum – Series Latina, vol. 149].

MURATORI, L.A. *Annali d'Italia*: dal principio dell'era volgare sino all'anno MDCCXLIX. T. 6. Milão: Giambatista Pasquali, 1753.

NICOLAU I. Epistolae. *MGH Epp.* 6/Epistolae Karolini Aevii, p. 267-690.

ORDERICO VITAL. Historiae Ecclesiastica Libri Tredecim. In: CHIBNALL, M. (ed.). *The Ecclesiastical History of Orderic Vitalis*. Oxford: Clarendon, 1969.

Ordines de Celebrando Concilio. *MGH Leges*, 1, p. 1-594.

Ottonis III et Silvestri II Synodus Romana. *MGH Const.*, 1, p. 53.

PAULO DE BENRIED. Vita Gregorii VII Papae. *PL*, 148, p. 40-104.

PEDRO CRASSO. Defensio Heinrici IV Regis. *MGH Ldl*, 1, p. 432-453.

PEDRO DAMIÃO. Die Briefe. *MGH Briefe d. dt. Kaiserzeit*, 4/1-4.

PFLUGK-HARTTUNG, J. (ed.). *Acta Pontificum Romanorum Inedita*. 2 t. Tubingen: 1881-1886.

RATÉRIO DE VERONA. Discordia. *PL*, 136, p. 617-630.

_____. Epistolae. *MGH Brief d. dt. Kaiserzeit*, 1, p. 1-188.

RAUL GLABER. Historiarum libri quinque. In: FRANCE, J. & BULST, N. (ed.). *Rodulfus Glaber Opera*. Oxford: Clarendon, 1989.

_____. Vita Sancti Guillelmi Abbatis Divionensis. *PL* 142, p. 698-719.

ROBINSON, I.S. *The Papal Reform of the Eleventh Century*: lives of Pope Leo IX and Pope Gregory VII. Manchester/Nova York: Manchester University Press, 2004.

ROGÉRIO DE HOVEDEN. Chronica. In: STUBBS, W. (ed.). *Magistri Rogeri de Hovedene*. Vol. 2. Londres: Longmans/Green & Co., 1868.

ROUTGER. Vita Brunonis archiepiscopi Coloniensis. *MGH SS rer. Germ. N.S.*, 10, p. 1-55.

SICARDO DE CREMONA. Chronicon. *PL*, 213, p. 437-541.

TANNER, N.P. (ed.). *Decrees of the Ecumenical Councils*. Londres: Sheed & Ward, 1990.

TERTULIANO. De Baptismo Liber. In: EVANS, E. (ed.). *Homily on Baptism*. Londres: SPCK, 1964.

Triumphus s. Remacli. *MGH SS*, 11, p. 436-461.

UGHELLI, F. *Italia Sacra sive de episcopais Italiae*. 9 vol. Veneza: Sebastiano Coletti, 1720.

VIRGÍLIO. *Eneida*. São Paulo: Ed. 34, 2014.

Vita Annonis Archiepiscopus Coloniensis. *MGH SS*, 11, p. 467-514.

Vita Bernwardi Episcopi Hildesheimensis. *MGH SS*, 4, p. 754-782.

Vita Heinrici IV Imperatoris. *MGH SS rer. Germ.*, 58, p. 1-44.

Vita Leonis Papae. *PL*, 143, p. 465-504.

Vita Meinwerci Episcopi. *MGH SS*, 11, p. 104-161.

VÍTOR III. Dialogi. *PL*, 149, p. 965-1.027.

VIVES, J. et al. (ed.). *Concilios Visigóticos e Hispano-romanos*. Barcelona: Csic/Instituto Enrique Floréz, 1963.

VOLGEL, C. & ELZE, R. (ed.). *Le Pontifical romano-germanique du dixième siècle*. Vol. 2. Cidade do Vaticano: Biblioteca Apostolica Vaticana, 1963.

WIDUKIND. Rerum Gestarum Saxonicarum Libri Tres. *MGH SS rer. Germ.*, 60, p. 1-154.

WIPO. Gesta Chuonradi II imperatoris. *MGH SS rer. Germ.* 61, p. 1-62.

Bibliografia geral

ABULAFIA, D. *O grande mar*: uma história humana do Mediterrâneo. Rio de Janeiro: Objetiva, 2014.

AGAMBEN, G. *Do sacramento da linguagem*: arqueologia do juramento. Belo Horizonte: EdUFMG, 2011.

ALBERTI, R.C. *Codex Diplomaticus Cremonae*. T. 2. Turim: Fratres Bocca Bibliopolas Regis, 1898.

ALLODI, G. *Serie Cronologica dei Vescovi di Parma com alcuni cenni sui principal avvenimenti civili*. Vol. 1. Parma: Pietro Fiaccadori, 1856.

ALTHOFF, G. *Family, Friends and Followers*: political and social bonds in Early Medieval Europe. Cambridge: Cambridge University Press, 2004.

_____. *Otto III*. University Park: The Pennsylvania State University Press, 2003.

_____. The variability of rituals in the Middle Ages. In: ALTHOFF, G.; FRIED, J. & GEARY, P. *Medieval Concepts of the Past*: ritual, memory, historiography. Washington: Publications of the German Historical Institute, 2002, p. 71-87.

ALZATI, C. *Ambrosiana ecclesia* – Studi sulla Chiesa milanese e l'ecumene Cristiana fra tarda antichità e medioevo. Milão: NED, 1993.

AMANN, E. & DUMAS, A. *L'Eglise au Pouvoir des Laïcs (885-1057)*. Paris: Bloud et Gay, 1948.

ANDENNA, G. Monachesimo e Riforma della Chiesa nell'XI secolo. In: LUCIONI, A. (org.). *Il Monachesimo del secolo XI nell'Italia Nordoccidentale*. Cesena: Centro Storico Benedettino Italiano, 2010, p. 3-33.

ARMSTRONG, K. *Campos de sangue*: religião e a história da violência. São Paulo: Cia das Letras, 2016.

ARNALDI, G. "Arduino, re d'Italia". In: *Dizionario Biografico degli Italiani*. Vol. 4. Roma: Istituto dell'Enciclopedia Italiana, 1962, p. 53-60.

ARNOLD, B. German Bishops and their Military Retinues in the Medieval Empire. *German History*, vol. 7, n. 2, 1989, p. 161-183.

_____. *Princes and Territories in Medieval Germany*. Cambridge: Cambridge University Press, 1981.

ARNOLDI, D. & GABOTTO, F. (ed.). *Le carte dello Archivio capitolare di Vercelli*. Vol. 1. Vercelli: Unione Tipografica Vercellese, 1912.

AUSTIN, G. Bishops and Religious Law, 900-1050. In: OTT, J. & JONES, A.T. (eds.). *The Bishop Reformed*: Studies of Episcopal Power and Culture in the Central Middle Ages. Aldershot: Ashgate, 2007, p. 40-57.

BACHRACH, D.S. *Warfare in Tenth-Century Germany*. Woodbridge: The Boydell Press, 2014.

_____. *Religion and the Conduct of War*: c. 300-1215. Woodbridge: The Boydel Press, 2003.

BADAMO, H. *Image and Community*: representations of Military Saints in the Medieval Eastern Mediterranean. The University of Michigan, 2011 [Tese de doutorado].

BAGGE, S. *Kings, Politics and the Right Order of the World in German Historiography*: c. 950-1150. Leiden: Brill, 2002.

BAINTON, R. *Christian Attitudes toward War and Peace*. Nova York: Abingdon, 1960.

BAIX, F. "Cadalus". In: *Dictionnaire d'Histoire et de Géographie Ecclésiastique*. Vol. 11. Paris: Letouzey et Ané, 1949, p. 53-99.

BARAZ, D. *Medieval Cruelth*: changing perceptions, Late Antiquity to Early Modern Period. Ithaca: Cornell University Press, 2033.

BARROW, J. *The Clergy in the Medieval World*: secular clerics, their families and careers in North-Western Europe (c. 800-c. 1200). Cambridge: Cambridge University Press, 2015.

BARSTOW, A.L. *Married Priests and the Reforming Papacy*: the eleventh century debates. Nova York/Toronto: The Edwin Mellen, 1982.

BARTHÉLEMY, D. *El año mil y la paz de Dios*: la iglesia y la sociedad feudal. Valência: Universidad de Granada, 2005.

BARTHÉLEMY, D. & CHEYNET, J.-C. (org.). *Guerre et société au Moyen Âge*: Byzance-Occident (VIIIᵉ-XIIIᵉ siècle). Paris: ACHCByz, 2010.

BASTOS, M.J.M. *Assim na terra como no céu...* – Paganismo, cristianismo e camponeses na Alta Idade Média Ibérica (séculos IV-VII). São Paulo: EdUSP, 2013).

BAUERREIS, R. "Vescovi bavaresi nell'Italia settentrionale tra la fine del X secolo e l'inizio dell'XI". In: GUALDO, G. (ed.). *Vescovi e diocesi in Italia nel Medioevo (sec. IX-XIII)*. Pádua: Antenore, 1964, p. 157-161.

BECKER, A. *Papst Urban II (1088-1099)* – Vol. I: Herkunft Und Kirchliche Laufbahn; Der Papst Und Die Lateinische Christenheit. Sttutgart: A. Hiersemann, 1964.

BENSON, R.L. *Bishop-Elect:* a study in medieval ecclesiastical office. Princeton: Princeton University Press, 1969.

BEOLCHINI, V. *Tusculum II*: Tuscolo, uma roccaforte dinastica a controllo della Valle latina; Fonti storiche e dati archeologici. Roma: L'Erma di Bretschneider, 2006.

BERLIOZ, J. (org.). *Monges e religiosos na Idade Média*. Lisboa: Terramar, 1996.

BERNHARDT, J. *Itinerant kingship and royal monasteries in Early Medieval Germany, 936-1075*. Cambridge: Cambridge University Press, 1993.

BERTELLI, C. Parma al tempo della cattedrale – Come la cattedrale cambiò la città. In: DAMIANI, G. (org.). *Vivere il medioevo*: Parma al tempo della Cattedrale. Milão: Silvana, 2006, p. 15-20.

BIANCHI, A. Per la storia della chies adi Parma. In: DAMIANI, G. (org.). *Vivere il medioevo*: Parma al tempo della Cattedrale. Milão: Silvana, 2006, p. 40-43.

BIANCHI, E. et al. (ed.). *Ariberto da Intimiano*: fede, potere e cultura a Milano nel secolo XI. Milão: Silvana, 2007.

BIHLMEYER, K. & TÜCHLE, H. *Church History:* The Middle Ages. Nova York: New Press, 1967.

BLUMENTHAL, U.-R. *Papal Reform and Canon Law in the 11th and 12th Centuries*. Aldershot: Ashgate, 1998.

BORDONE, R. I poteri di tipo comitale vei vescovi. In: SPICCIANI, A. (org.). *Formazione e strutture dei ceti dominante nel medioevo*: marchesi, conti e visconti nel Regno Italico (secoli IX-XII). Roma: Istituto Storico Italiano per Il Medio Evo, 2003, p. 101-122.

BORECKI, P. & BROWN, W. (ed.). *Conflict in Medieval Europe*: changing perspectives on society and culture. Aldershot: Ashgate, 2003.

BORINO, G.B. Cencio del prefetto Stefano, l'attentatore di Gregorio VII. *Studi Gregoriani*, vol. 4, 1952, p. 373-440.

_____. L'Elezione e la Deposizione di Gregorio VI. *Archivio della Società Romana di Storia Patria*, vol. 39, n. 1, 1916, p. 141-253.

BOTTAZI, M. *La scrittura epigrafica nel Regnum Italiae (secoli X-XI)*. Università degli Studi di Trieste, 2009 [Tese de doutorado].

BOURDIEU, P. *Razões práticas*: sobre a teoria da ação. Campinas: Papirus, 1996.

BOVO, C. No âmago da epistolografia medieval: tipologia epistolar e política na correspondência de Pedro Damiano (1040-1072). *História (São Paulo – Online)*, vol. 34, 2015, p. 263-285.

_____. Pedro Damiano, pensador e arauto da reforma gregoriana? – A construção historiográfica de um reformador do século XI. In: NEMI, A.; ALMEIDA, N.B. & PINHEIRO, R. (org.). *A construção da narrativa histórica*: séculos XIX e XX. Campinas/Guarulhos: Unicamp/Fapunifesp, 2014, p. 179-203.

_____. *Em busca da* Renovatio *cristã*: simonia e institucionalidade eremítica na correspondência de Pedro Damiano (1041-1072). Campinas: Unicamp, 2012 [Tese de doutorado].

BRIVIO, E. (ed.). *Il Crocifisso di Ariberto*: un mistero millenario intorno al simbolo della cristianità. Milão: Silvana, 1997.

BROWN, W.C. *Violence in Medieval Europe*. Nova York: Routledge, 2011.

BRUNDAGE, J. *Law, Sex, and Christian Society in Medieval Europe*. Chicago: The University of Chicago Press, 1987.

BRUNHOFER, U. *Arduin von Ivrea und seine Anhänger*: Untersuchungen zum letzten italienischen Königtum des Mittelalters. Augsburg: Arethousa, 1999.

BURKHARDT, S. Bishops. In: ROGERS, C.J. (ed.). *The Oxford Encyclopedia of Medieval Warfare and Military Tecnology*. Oxford: Oxford University Press, 2010, p. 147-151.

CAILLOIS, F. *O homem e o sagrado*. Lisboa: Ed. 70, 1988.

CAMMAROSANO, P. *Nobili e re* – L'Italia politica dell'alto medioevo. Roma/Bari: Laterza, 1998.

CANTARELLA, G.M. Il Papato e la Riforma ecclesiastica del secolo XI. In: CENTRO STUDI AVELLANITI (org.). *Riforma o restaurazione?* – La cristianità nel passaggio dal primo al secondo millennio: persistenze e novità. Verona: Il Segno Gabrielli, 2006, p. 29-52 [Atti del 26° Convegno del Centro Studi Avellaniti].

CANTARELLA, G.M.; POLONIO, V. & RUSCONI, R. *Chiesa, chiese, movimenti religiosi*. Roma: Laterza, 2001.

CAPECELATO, A. *Storia di S. Pietro Damiano e del suo tempo*. Vol. 2. Firenze: B. Barberà, 1862.

CAPITANI, O. *Storia dell'Italia Medievale*. Roma: Laterza, 2009.

_____. Eresie nel medioevo o medioevo ereticale? In: MERLO, G.G. (ed.). Eretici ed eresie medievali nella storiografia contemporanea. *Torre Pellice* – Bolletino della Società di Studi Valdesi, 1994, n. 174, p. 5-15.

_____. *L'Italia Medievale nei Secoli di Trapasso*: la riforma della Chiesa (1012-1122). Bolonha: Pàtron, 1984.

_____. *Immunità Vescovili ed Ecclesiologia in Etè "Pregregoriana" e "Gregoriana"*: l'avvio alla "restaurazione". Spoleto: Centro Italiano di Studi Sull'Alto Medioevo, 1966.

CAPITANI, O. et al. *Il Secolo di Ferro*: mito e realtà del secolo X. Spoleto: Centro Italiano di Studi sull'Alto Medioevo, 1991.

CAPPELLETI, G. *Le Chiesi d'Italia dalla loro origine sino ai nostri giorni*. Veneza: Giuseppe Antonelli, 1859.

CARAZZALI, G. Ambrogio, vescovo di Lodi (1027-1051?). *Archivio Storico Lodigiano*, vol. 20, 1974, p. 46-55.

CASTAGNETTI, A. *Preistoria di Onorio II Antipapa*: Cadalo diacono nella società italica della prima metà del secolo XI. Spoleto: Fondazione Centro Italiano di Studi Sull'Alto Medioevo, 2014.

_____. *Fra i vassalli*: marchesi, conti, "capitanei", cittadini e rurali. Verona: Libreria Universitaria, 1999.

_____. "Il capitolo della cattedrale". In: LANZA, E. (ed.). *Le carte del capitolo della cattedrale di Verona*. Vol. 1. Roma: Viella, 1998, p. v-lix.

_____. *Il Veneto nell'alto medioevo*. Verona: Libreria Universitaria Ed., 1990.

CASTAGNETTI, A. (ed.). *La vassallità maggiore del Regno Italico*: I capitanei nei secoli XI-XIII. Roma: Viella, 2001.

CAVALLARI, V. *Raterio e Verona*: Qualche aspetto di vita cittadina nel X secolo. Verona: Istituto per gli Studi Storici, 1967.

_____. Cadalo egli Erzoni. *Studi Storici Veronensi*, n. 15, 1965, p. 59-170.

CENCI, P. Documenti inediti sulla famiglia e la giovinezza dell'Antipapa Cadalo. *Archivo Storico per le Province Parmensi*, vol. 23, 1923, p. 185-224; vol. 24, 1924, p. 309-344.

CHÉLINI, J. *Histoire religieuse de l'Occident médiéval*. Paris: Hachette, 1991.

CIARALLI, A. Una controversia in materia di decima nella Bassa Veronese. Il castello di Sabbion tra Verona e Vicenza. In: CASTAGNETTI, A. (org.). *Studi sul Medioevo*. Bolonha: Clueb, 2011, p. 75-136.

CICCOPIEDI, C. *Diocesi e riforme nel Medioevo*: Orientamenti ecclesiastici e religiosi dei vescovi nel Piemonte dei secoli X e XI. Turim: Effatà, 2012a.

_____. Anticipazioni in tema di riforma vescovile nella medievistica italiana di metà Novecento. *Studi Medievali*, serie 3, vol. 53, 2012b, p. 531-566.

CLARK, P. The medieval clergy and violence: an historiographical introduction. In: JARITZ, G. & MARINKOVIC, A. (ed.). *Violence and Medieval Clergy*. Budapeste: Central European University Press, 2011, p. 3-16.

CONSTABLE, G. The Historiography of the Crusades. In: LAIOU, A. & MOTTAH-EDEH, R.P. (ed.). *The Crusades from the Perspective of Byzantium and the Muslim World*. Washington: Dumbarton Oaks, 2001, p. 1-22.

CORSI, M.L. Note Sulla Famiglia Da Baggio (secoli IX-XIII). *Contributi dell'Istituto di Storia Medioevale*, vol. 1, 1967, p. 166-204.

COWDREY, H.E.J. Pope Gregory VII and the Bearing of Arms. In: *The Crusades and Latin Monasticism, 11th-12th centuries*, n. 3. Aldershot: Ashgate, 1999, p. 21-35.

_____. *Pope Gregory VII (1073-1085)*. Oxford: Oxford University Press, 1998.

_____. Pope Gregory VII's "crusading plans" of 1074. In: KEDAR, B.Z.; MAYER, H.E. & SMAIL, R.C. (ed.). *Outremer*: Studies in the History of the Crusading Kingdom of Jerusalem. Jerusalém: Yad Izhak Ben-Zvi, 1982, p. 27-40.

_____. The Peace and the Truce of God in the Eleventh Century. *Past and Present*, vol. 46, n. 1, 1970, p. 42-67.

CRESCENZI, C. *Aspetti dell'incastellamento Europeo e Mediterraneo* – Storia, documentazione, valorizzazione. Florença: Stampa Firenze, 2009.

CULPEPPER, R.A. Designs for the Church in the Imagery of John 21:1-14. In: FREY, J.; WATT, J.G. & ZIMMERMANN, R. (ed.). *Imagery in the Gospel of John*: Terms, Forms, Themes, and Theology of Johannine Figurative Language. Tübingen: Morh Siebeck, 2006, p. 369-402.

D'ACUNTO, N. Monasteri di fondazione episcopale del regno italico. In: LUCIONI, A. (org.). *Il Monachesimo del secolo XI nell'Italia Nordoccidentale*. Cesena: Centro Storico Benedettino Italiano, 2010, p. 49-67.

DADOUN, R. *A violência*: ensaio acerca do "homo violens". Rio de Janeiro: Difel, 1998.

DALE, T.E.A. *Relics, Prayer, and Politics in Medieval Venetia*: romanesque painting in the crypt of Aquileia Cathedral. Nova Jersey: Princeton University Press, 1997.

DALLA'ACQUA, M. Parma che cambia – Da Matilde di Canossa a Federico II. In: DAMIANI, G. (org.). *Vivere il medioevo*: Parma al tempo della Cattedrale. Milão: Silvana, 2006, p. 35-39.

DAMERINI, G. *L'isola e il cenobio di San Giorgio Maggiore*. Veneza: Fondazione Giorgio Cini, 1956.

DANIELOU, J. *Primitive christian symbols*. Baltimore: Helicon, 1964.

DAVIDSOHN, R. *Forschungen zur Geschichte von Florenz*. Berlim: Ernst Siegfried Mittler und Sohn, 1896.

DAVIS, K. *Periodization & Sovereignty*: how ideas of Feudalism & Secularization govern the politics of time. Filadélfia: University of Pennsylvania Press, 2008.

DEANE, J.K. *A History of Medieval Heresy and Inquisition*. Lanham: Rowman & Littlefield, 2011.

DE FRANCISCI, P. Intorno all'origine del contratto livellare. In: *Studi di diritto commerciale in onore di Cesare Vivante*. Roma: Soc. Ed. del Foro Italiano, 1931, II, p. 465-473.

DELARUELLE, E. *L'idée de Croisade au Moyen Age*. Turim: Bottega d'Erasmo, 1980.

DELEHAYE, H. *Les légendes grecques des saints militaires*. Nova York: Arno, 1909.

DEVISSE, J. Essai d'une expression qui a fait fortune: *consilium et auxilium* au IXe siècle. *Le Moyen Âge*, vol. 23, 1968, p. 179-205.

DUBY, G. *Eva e os padres*: damas do século XII. São Paulo: Cia das Letras, 2001.

_____. *As três ordens ou o imaginário do feudalismo*. Lisboa: Estampa, 1994.

DUBY, G. *O Domingo de Bouvines*, 27 de julho de 1214. Rio de Janeiro: Paz e Terra, 1993a.

DUBY, G. *O tempo das catedrais*: a arte e a sociedade, 980-1420. Lisboa: Estampa, 1993b.

_____. *Guerreiros e camponeses*: os primórdios do crescimento econômico europeu (séc. VII-XII). Lisboa: Estampa, 1993c.

_____. *A Idade Média na França*: de Hugo Capeto a Joana d'Arc. Rio de Janeiro: Zahar, 1992.

_____. *A sociedade cavaleiresca*. São Paulo: Martins Fontes, 1989.

DUCHESNE, L. *Les premiers temps de l'état pontifical*. Paris: Albert Fontemoing, 1904.

DUGGAN, L.G. *Armsbearing and the Clergy in the History and Canon Law of Western Christianity*. Woodbridge: The Boydell Press, 2013.

DUPRÉEL, E. *Histoire critique de Godefroid le Barbu, duc de Lotharingie, marquis de Toscane*. Bruxelas: Misch & Thron, 1904.

DUPRÉ THESEIDER, E. *Mondo cittadino e movimenti ereticali nel medioevo*. Bolonha: Pàtron, 1978.

EASTMOND, A. *Royal Imagery in Medieval Georgia*. University Park: The Pennsylvania State University Press, 1998.

ELDEVIK, J. *Episcopal power and ecclesiastical reform in the German Empire*: tithes, lordship, and community, 950-1150. Cambridge: Cambridge University Press, 2012.

ELIAS, N. *O processo civilizador*: formação do Estado e civilização. Vol. 2. Rio de Janeiro: Zahar, 1993.

ELLIOT, D. Dressing and Undressing the Clergy: rites of ordination and degradation. In: BURNS, E.J. (ed.). *Medieval Fabrications*: dress, textiles, clothwork, and other cultural imaginings. Nova York: Palgrave, 2004, p. 55-70.

ENGELBERT, P. Heinrich III und die Synoden von Sutri und Rom im Dezember 1046. *Römische Quartalschrift für christliche Altertumskunde und Kirchengeschichte*, vol. 94, 1999, p. 228-267.

ERDMANN, C. *The Origin of the Idea of Crusade*. Princeton: Princeton University Press, 1977.

FABBI, F. Le famiglie reggiane e parmensi che hanno in comune l'origine con la Contessa Matilde. *Atti e Memorie della Deputazione di storia patria per le antiche provincie modenisi*, n. 9, 1963, p. 167-200.

FALCONERI, T.C. *Il Clero di Roma nel Medioevo*: istituzioni e politica cittadina (secoli VIII-XIII). Roma: Viella, 2002.

FERREIRO, A. The Siege of Barbastro, 1064-1065: a reassessment. *Journal of Medieval History*, vol. 9, 1983, p. 129-144.

FICHTENAU, H. *Heretics and Scholars in the High Middle Ages, 1000-1200*. University Park: Pennsylvania State University Press, 1998.

FLECKENSTEIN, J. *Die Hofkapelle der deutschen Könige*. Stuttgart: Hiersemann, 1966 – T. II: Die Hofkapelle im Rahmen der ottonisch-salischen Reichskirche.

FLORI, J. *Guerra Santa*: formação da ideia de Cruzada no Ocidente cristão. Campinas: Unicamp, 2013.

FRANCOVICH, R. Changing structures of settlements. In: DE LA ROCCA, C. (ed.). *Italy in the Early Middle Ages*: 476-1000. Oxford: Oxford University Press, 2002, p. 144-167.

FRANCOVICH, R. & HODGES, R. *Villa to Village*: the transformation of the Roman Countryside in Italy, c. 400-1000. Londres: Duckworth, 2003.

FRASSETTO, M. (ed.). *Medieval Purity and Piety*: essays on medieval clerical celibacy and religious reform. Nova York: Garland, 1998.

FRIEND, N.E. *Holy Warriors and Bellicose Bishops*: The Church and Warfare in Early Medieval Germany. San Jose State University, 2015 [Dissertação de mestrado] [Disponível em http://scholarworks.sjsu.edu/cgi/viewcontent.cgi?article=8132& context=etd_theses].

GAUVARD, C. *Violence et ordre public au Moyen Âge*. Paris: Picard, 2005.

GERRARD, D. The military activities of bishops, abbots and other clergy in England c. 900-1200. Universidade de Glasgow, 2011 [Tese de doutorado] [Disponível em http://theses.gla.ac.uk/2671/1/2010gerrardphd.pdf].

GHIGNOLI, A. Libellario nomine: rileggendo i documenti pisani dei secoli VIII-X. *Bullettino dell'Istituto Storico Italiano per il Medio Evo*, vol. 111, 2009, p. 1-62.

GHIRARDINI, L.L. *L'Antipapa Cadalo e il tempo del Bene e del Male*: grandezza e miseria del piu' famoso vescovo di Parma (1045-1071). Parma: Centro di Studi Canossiani, 1984.

GIESEBRECHT, W. *Geschichte der deutschen Kaiserzeit*. Leipzig: Dunder & Vumblot, 1880.

GLAESENER, H. Un mariage fertile en conséquences (Godefroid le Barbu et Béatrice de Toscane). *Revue d'Histoire Ecclésiastique*, vol. 42, 1947, p. 379-416.

GODELIER, M. *O enigma do dom*. Rio de Janeiro: Civilização Brasileira, 2001.

GOETZ, H.-W. La circulation des biens à l'intérieur de la famille – Rapport introductive. In: Les transferts patrimoniaux en Europe occidentale, VIIIe-Xe siècle. *Mélanges de l'Ecole française de Rome:* Moyen-Age, vol. 11, n. 2, 1999, p. 861-879.

_____. Protection of the Church, defense of the law, and reform: on the purposes and character of the Peace of God, 989-1038. In: HEAD, T. & LANDES, R.A. (ed.). *The Peace of God*: social violence and religious response in France around the year 1000. Ithaca: Cornell University Press, 1992a, p. 259-279.

_____. La Paix de Dieu en France autour de l'an mil: fondements et objectifs, diffusion et participants. In: PARISSE, M. & BARRAL I ALTET, X. (org.). *Le roi de France et son royaume autour de l'an Mil*. Paris: Picard, 1992b, p. 131-145.

GOLINELLI, P. I Vallombrosani e I movimenti patarinici. In: COMPAGNONI, G.M. (org.). *I Vallombrosani nella società italiana dei secoli XI e XII*. Vallombrosa: Vallombrosa, 1995, p. 35-56.

_____. *La Pataria*: lotte religiose e social nella Milano dell'XI secolo. Milão: Europía/Jaca Book, 1984.

GONELLA, G. *The history of Early Medieval towns of north and central Italy*: the contribution of archaeological evidence. Oxford: Archaeopress, 2008.

GRACCO, G. Gli eretici nella "Societas Christiana" dei secoli XI e XII. In: TABACCO, G. et al. *La Cristianità dei secoli XI e XII in Occidente*: coscienza e strutture di una società. Milão: Vita e Pensiero, 1983, p. 339-373.

GRECI, R. Palazzi, sedi ecclesiastiche, Castelli: ubicazioni, funzioni, interferenze (secoli IX-XIII). In: QUINTAVALLE, A.C. (org.). *Medioevo*: la Chiesa e il Palazzo. Milão: Electra, 2007, p. 116-122.

_____. Le città italiane tra XI e XII secolo. In: QUINTAVALLE, A.C. *Il Medioevo dele Catedrali* – Chiesa e Impero: la lotta dele imagini (secoli XI e XII). Milão: Skira, 2006.

GREGOROVIUS, F. *History of the City of Rome in the Middle Ages*. Vol. 7. Londres: George Bells & Sons, 1896.

GUENZA, M. Pastori e Signori: la grande potenza dei vescovi permanesi. In: GRE-CI, R. (org.). *Il governo del vescovo*: chiesa, città, territorio nel Medioevo parmense. Parma: Monte Università Parma, 2005, p. 47-65.

GUERREAU, A. *El Futuro de un Pasado:* la Edad Media em el siglo XXI. Barcelona: Critica, 2002.

_____. *O feudalismo*: um horizonte teórico. Lisboa: Ed. 70, 1987.

GUZZO, E.M. (org.). *Gli edifici canonicali di Verona*: storia, arte, restauri. Verona: Quaderni del Museo Canonicale di Verona, 1998.

HERBEHOLD, F. Die Angriffe des Cadalus von Parma (Gegenpapst Honorius II) auf Rom in den Jahren 1062 und 1063. *Studi Gregoriani*, vol. 1947, p. 477-503.

HERLIHY, D. *Opera Muliebra*: Women and Work in Medieval Europe. Nova York: Temple University Press, 1990.

HERRMANN, K.J. *Das Tuskulanerpapsttum (1012-1046)*: Benedikt VIII, Johannes XIX, Benedikt IX. Stuttgart: Anton Hiersemann, 1973.

HILL JR., B.H. *Medieval Monarchy in Action*: the German Empire from Henry I to Henry IV. Nova York: Barnes/Noble Books, 1972.

HOWE, J.M. *Before the Gregorian Reform*: the latin church at the turn of the first millenium. Ithaca: Cornell University Press, 2016.

_____. Re-Forging the "Age of Iron" – Part I: the Tenth Century as the End of the Ancient World? *History Compass*, vol. 8, 2010a, p. 866-887.

_____. Re-Forging the "Age of Iron" – Part II: the Tenth Century in a New Age? *History Compass*, vol. 8, 2010b, p. 1.000-1.022.

HUBERT, É. *L'Incastellamento en Italie centrale*: Pouvoirs, territoire et peuplement dans la vallée du Turano au Moyen Âge. Roma: Écoles Françaises d'Athènes et de Rome, 2002.

HUIZINGA, J. *O Outono da Idade Média*. São Paulo: Cosac & Naify, 2010.

HUMMER, H. Reform and Lordship in Alsace at the Turn of the Millennium. In: BROWN, W. & GÖRECKI, P. (ed.). *Conflict in Medieval Europe*: changing perspectives on society and culture. Nova York: Routledge, 2013, p. 69-84.

HUNT, L. *A invenção dos Direitos Humanos*: uma história. São Paulo: Cia das Letras, 2009.

IOGNA-PRAT, D. *La Maison Dieu*: une histoire monumentale de l'Église au Moyen Âge. Paris: Seuil, 2006.

JEEP, J.M. (ed.). *Medieval Germany*: an encyclopedia. Nova York: Garland, 2001.

JOHNSON, E.N. *The secular activities of the German episcopate, 919-1024*. Lincoln: University of Nebraska Press, 1932.

JOHNSON, E. & MONKKONEN, E. (ed.). *The Civilization of Crime*: violence in town and country since the Middle Ages. Urbana/Chicago: University of Illinois Press, 1996.

JONES, R.W. *Bloodied Banners*: martial display on the Medieval Battlefield. Woodbridge: The Boydell Press, 2010.

KARRAS, R.M. *From Boys to Men*: formations of masculinity in late medieval Europe. Filadélfia: University of Pennsylvania Press, 2002.

KELLER, H. Origine sociale e formazione del clero cattedrale dei secoli XI e XII nella Germania e nell'Italia settentrionale. In: ZERBI, P. et al. *Le istituzioni ecclesiastiche della "Societas Christiana" dei secoli XI-XII*: diocesi, pievi e parrocchie. Milão: Vita e Pensiero, 1977, p. 136-186.

KERSHAW, P. *Peaceful kings*: Peace, power, and the Early Medieval Political Imagination. Oxford: Oxford University Press, 2011.

KLUCKHOHN, A *Geschichte des Gottesfriedens*. Leipzig: Hahn, 1857.

KÖHLER, O. Das ottonische Reischskirchensystem – Ein Forschungsbericht. In: FLECKENSTEIN, J. & SCHMID, K. (ed.). Adel und Kirche – Festschrift für Gerd Tellenbach. Friburgo: Herder, 1968, p. 141-204.

KOLBADA, T.M. *The Byzantine Lists*: Erros of the Latins. Urbana: University of Illinois Press, 2000.

KOTECKI, R. & MACIEJEWSKI, J. (eds.). *Ecclesia et Violentia*: violence against the Church and violence within the Church in the Middle Ages. Newcastle: Cambridge Scholars Publishing, 2014.

LALIENA CORBERA, C. Guerra santa y conquista feudal en el noreste de la Península Ibérica a mediados del siglo XI: Barbastro, 1064. In: *Cristianos y musulmanes en la Península Ibérica:* la guerra, la frontera y la convivência – XI Congreso de Estudios Medievales. Ávila: Fundación Sánchez Albornoz, 2009, p. 187-218.

LAQUA, H.P. "Refloreat disciplina": ein Erneuerungsmotiv bei Petrus Damiani. In: *San Pier Damiano nel IX centenario della morte*. Vol. 2. Cesena: Centro di Studi e Ricerche sulla Antica Provincia Ecclesiastica Ravennate, 1972, p. 279-290.

LAURANSON-ROSAZ, C. La "mutación feudal" una cuestión controvertida. *Historiar* – Revista trimestral de historia, n. 4, 2000, p. 12-31.

LAUWERS, M. Saint-Victor de Marselha no final do século XI: um eco de polêmicas antigas? In: ZERNER, M. (org.). *Inventar a heresia?* – Discursos polêmicos e poderes antes da Inquisição. Campinas: Unicamp, 2009, p. 57-68.

LE GOFF, J. *São Luís*: biografia. Rio de Janeiro: Record, 1999.

LÉVI, É. *The History of Magic*. Boston: Red Wheel, 2010.

LEVI, G. *A herança imaterial*: trajetória de um exorcista no Piemonte do século XVII. Rio de Janeiro: Civilização Brasileira, 2000.

LEYSER, K. *Communications and Power in Medieval Europe*: the carolingian and ottonian centuries. Londres: The Hambledon Press, 1994.

_____. *Rule and Conflict in Early Medieval Society*: Ottonian Saxony. Bloomington: University of Indianna Press, 1979.

LOOS, M. *Dualist Heresy in the Middle Ages*. Praga: Academia Publishing House, 1974.

LOUD, G. *The Latin Church in Norman Italy*. Cambridge: Cambridge University Press, 2007.

_____. *Church and Society in the Norman Principality of Capua (1058-1197)*. Oxford: Clarendon Press, 1985.

LOUD, G. & METCALFE, A. (ed.). *The Society of Norman Italy*. Leiden: Brill, 2002.

LUCIONI, A. Da Gariardo e Ariberto da Intimiano alla famiglia de Arzago: note per la storia della pieve di Arzago d'Adda fra XI e XII secolo. *Quaderni della Gera d'Adda*, 1997, vol. III, p. 39-60.

_____. L'età della pataria. In: CAPRIOLI, A.; RIMOLDI, A. & VACCARO, L. (org.). *Diocesi di Milano*. Vol. 1. Brescia/Varese: La Scuola, 1990, p. 167-194.

MacLEAN, S. *Ottonian Queenship*. Oxford: Oxford University Press, 2017.

_____. *Kingship and politics in the late ninth century*: Charles the Fat and the end of the Carolingian Empire. Cambridge: Cambridge University Press, 2003.

MAGGIONI, C. *Fulgeat Ecclesiae* – Le committenze orafe di Ariberto. In: BIANCHI, E. & BASILE WEATHERILL, M. (ed.). *Ariberto da Intimiano*: Fede, potere e cultura a Milano nel secolo XI. Milão: Cinisello Balsamo, 2007, p. 269-287.

MALEGAM, J.Y. *The Sleep of Behemoth*: disputing peace and violence inmedieval Europe, 1000-1200. Ithaca: Cornell University Press, 2013.

MANARESI, C. Le tre donazioni della corte di Caresana alla canonica di Vercelli e la teoria dell'ostensio chartae. *Rendiconti del Regio Istituto Lombardo di Scienze e Lettere*, serie 3, 1940-1941, vol. 74/75, p. 39-55.

McCORMICK, M. Liturgie et guerre des Carolingiens à la première croisade. In: *"Militia Christi" e crociata nei secoli XI-XIII*: atti della undecima Settimana internazionale di studio. Milão: Vita e Pensiero, 1992, p. 209-240.

_____. *Eternal Victory*: triumphal rulership in late antiquity, Byzantium, and the early medieval West. Cambridge: Cambridge University Press, 1986.

McGRATH, A. *Heresia*: uma história em defesa da verdade. São Paulo: Hagnos, 2014.

McQUILLAN, S.F. *The Political Development of Rome*: 1012-1085. Nova York: University Press of America, 2002.

MELVE, L. *Inventing the Public Sphere*: the public debate during the investiture contest (c. 1030-1122). 2 vol. Leiden: Brill, 2007.

MERLO, G. *Eretici del medioevo*: temi e paradossi di storia e storiografia. Bréscia: Morcelliana, 2011.

MICCOLI, G. *Chiesa gregoriana*: ricerche sulla Riforma del secolo XI. Roma: Herder, 1999.

MICHAUD, Y. *A violência*: São Paulo: Ática, 2001.

_____. *Violence et politique*. Paris: Gallimard, 1978.

MILLER, M. *Clothing the Clergy*: virtue and power in Medieval Europe (c. 800-1200). Ithaca: Cornell University Press, 2014.

_____. *The Formation of a Medieval Church*: ecclesiastical change in Verona 950-1150. Ithaca: Cornell Univesity Press, 1993.

MINOIS, G. *As origens do mal*. Lisboa: Teorema, 2004.

MORÁS, A. *Os entes sobrenaturais na Idade Média*: imaginário, representações e ordenamento social. São Paulo: Annablume, 2001.

MORRISON, K. *Tradition and Authority in the Western Church, 300-1140*. Princeton: Princeton University Press, 2015.

MORSEL, J. *La aristocracia medieval*: el domínio social en Occidente (siglos V-XV). València: PUV, 2008.

MUCHEMBLED, R. *História da violência*: do fim da Idade Média aos nossos dias. Rio de Janeiro: Forense Universitária, 2012.

MUNIER, C. *Le Pape Léon IX et la réforme de la Église*: 1002-1054. Roma: Signe, 2002.

NAKASHIAN, C.M. *Warrior Churchmen of Medieval England 1000-1250*: theory and reality. Woodbridge: The Boydell Press, 2016.

NELSON, J. Society, theodicy and the origins of heresy: towards a reassessment of the medieval evidence. *Studies in Church History*, vol. 9, 1972, p. 65-77.

NOBILI, M. Formarsi e definirsi dei nomi di famiglia nelle stirpi marchionali dell'Italia centro-settentrionale: il caso degli Obertenghi. In: VIOLANTE, C. (org.). *Nobiltà e chiese nel Medioevo e altri saggi*: scritti in onore di G. Tellenbach. Roma: Istituto Storico Italiano per il Medio Evo, 1993, p. 77-97.

_____. Alcune considerazioni circa l'estensione, la distribuzione territoriale e il significato del patrimonio degli Obertenghi (metà secolo X-inizio secolo XII). In: AMLETO, S. (org.). *Formazione e strutture dei ceti dominanti nel Medioevo*: marchesi, conti e visconti nel Regno Italico (secoli IX-XII). Roma: Istituto Storico Italiano per il Medio Evo, 1988, p. 71-81.

NORWICH, J.J. *Absolute Monarchs*: A History of the Papacy. Nova York: Random House, 2011.

_____. *A History of Venice*. Nova York: Penguin Books, 2003.

OTT, J. & JONES, A.T. (ed.). *The Bishop Reformed*: Studies of Episcopal Power and Culture in the Central Middle Ages. Aldershot: Ashgate, 2007.

OVERY, R. *A história da guerra em 100 batalhas*: um panorama impactante dos grandes conflitos armados da humanidade. São Paulo: Publifolha, 2015.

PAREDI, A. *Il sacramentario di Ariberto*: edizione del ms. D 3,2 della Biblioteca del Capitolo Metropolitano di Milano. Bérgamo: Opera B. Barbarigo, 1958.

PARISH, H. *Clerical Celibacy in the West*: c. 1100-1700. Nova York: Routledge, 2016.

PATSCHOVISKY, A. Heresy and Society: on the political function of heresy in the Medieval World. In: BRUSCHI, C. & BILLER, P. (ed.). *Texts and The Repression of Medieval Heresy*. Nova York: Medieval Press, 2003, p. 23-44.

PAUL, J. *La Iglesia y la cultura en Occidente (siglos IX-XII)*. 2 vol. Barcelona: Labor, 1988.

PAULER, R. *Das "Regnum Italiae" in ottonischer Zeit*: Markgrafen, Grafen und Bischöfe als politische Kräfte. Tübingen: Max Niemeyer, 1982.

PIVANO, S. Origine del contratto di livello. *Rivista di Storia del Diritto Italiano*, vol. 1, 1929, p. 5-19.

POOLE, R. & POOLE, C. *Popular religion in the Middle Ages*: Wester Europe 1000-1300. Nova York: Barnes and Noble, 1984.

PROVANA, L. *Studi critici sulla storia d'italia ai tempi del re Ardoino*. Turim: Stamperia Reale, 1844.

RAMSEYER, V. *The Transformation of a Religious Landscape*: Medieval Southern Italy, 850-1150. Ithaca: Cornell University Press, 2006.

REUTER, T. *Medieval Polities & Modern Mentalities*. Cambridge: Cambridge University Press, 2006.

_____. *Warriors and Churchmen in the High Middle Ages*: essays presented to Karl Leyser. Londres: The Hambledon Press, 1992.

REYNOLDS, S. *Fiefs and Vassals*: The Medieval Evidence Reinterpreted. Oxford: Clarendon, 1996.

_____. *Kingdoms and Communities in Western Europe, 900-1300*. Oxford: Clarendon, 1984.

RICCI, R. *La marca della Liguria orientale e gli Obertenghi, 945-1056*: una storia complessa e una storiografia problemática. Spoleto: Fondazione Centro italiano di Studi sull'alto Medioevo, 2007.

RILEY-SMITH, J. The Crusading Movement and Historians. In: *The Oxford Illustrated History of the Crusades*. Oxford: Oxford University Press, 1995, p. 1-12.

_____. *The First Crusade and the Idea of Crusading*. Londres: Athlone Press, 1986.

ROBINSON, I.S. *Henry IV of Germany (1056-1106)*. Cambridge: Cambridge University Press, 2003.

ROSSETTI, G. Origine sociale e formazione dei vescovi del Regnum Italiae. In: ZERBI, P. (org.). *Le Istituzioni ecclesiastiche della "societas christiana" dei secoli XI--XII*: diocese, pievi e parrochie. Milão: Vita e Pensiero, 1977, p. 57-84.

ROTONDO-McCORD, J. Body snatching and episcopal power: Archbishop Anno II of Cologne (1056-75), burials in St Mary's ad gradus, and the minority of King Henry IV. *Journal of Medieval History*, vol. 22, n. 4, 1996, p. 297-312.

_____. Locum Sepulturae Meae... elegi: property, graves and sacral power in Eleventh-Century Germany. *Viator*, vol. 26, 1995, p. 77-106.

ROUSSET, P. *Histoire d'une ideologie*: la croisade. Lausanne: L'Age d'Homme, 1983.

RUSSELL, J.B. *Dissent and Reform in the Early Middle Age*. Berkeley: University of California Press, 1965.

RUSSELL, J.C. Population in Europe. In: CIPOLLA, C.M. (ed.). *The Fontana Economic History of Europe* – Vol. 1: The Middle Ages. Glasgow: Collins/Fontana, 1972, p. 25-71.

RUST, L.D. Uma calamidade insaciável: espaço urbano e hegemonia política em uma história dos incêndios (880-1080). *Revista Brasileira de História*, vol. 36, n. 72, 2016, p. 61-84.

_____. *A reforma papal (1050-1150):* trajetórias e críticas de um conceito. Cuiabá: EdUFMT, 2015.

_____. *Colunas de São Pedro*: a política papal na Idade Média Central. São Paulo: Annablume, 2011.

SAGGIORO, F. *Paesaggi di pianura*: trasformazioni del popolamento tra Età romana e Medioevo – Insediamenti, società e ambiente nella pianura tra Mantova e Verona. Florença: Insegna del Giglio, 2010.

SAGULO, S. *Ideologia imperiale e analisi politica in Benzone, vesvoco d'Alba*. Bolonha: Cleub, 2003.

SCAREL, S.B. (org.). *Poppone*: l'età d'oro del patriarcato di Aquileia. Roma: L'Erma do Bretschneider, 1997.

SCHIMMELPFENNING, B. *The Papacy*. Nova York: Columbia University Press, 1992.

SCHMIDT, T. *Alexander II (1061-1073) und die Römische Reformgruppe seiner zeit*. Stuttgart: Anton Hiersemann, 1977.

SCHUMANN, R. *Authority amd the Commune, Parma (833-1133)*. Parma: Deputazione di Storia Patria per le Province Parmensi, 1973.

SEGALA, F. *Monasteriorum memoria: abbazie, monasteri e priotati di osservanza beneditina nella città e diocese di Verona (secoli VII-XXI)* – Atlante storico-topo-bibliografico. Verona: Archivio Storico Curia Diocesana, 2004.

SEMICHON, E. *La paix et la trève de Dieu*: histoire des premiers développements du tiers-état par l'église et les associations. Paris: Didier, 1857.

SERGI, G. Arduino marchese conservatore e re rivoluzionario. In: MOMIGLIANO, L.L. et al. *Arduino mille anni dopo*: un re tra mito e storia. Turim: Umberto Allemandi, 2002, p. 11-25.

_____The Kingdom of Italy. In: REUTER, T. (ed.). *The New Cambridge Medieval History 3*: c. 900-1024. Cambridge: Cambridge University Press, 1999, p. 346-371.

_____. *L'Aristocracia della preghiera*: politica e scelte religiose nel medioevo italiano. Roma: Donzelli, 1994.

SESSA, K. *The Formation of Papal Authority in Late Antique Italy*: Roman Bishops and the Domestic Sphere. Cambridge: Cambridge University Press, 2012.

SILVA, M.C. *Uma história do roubo na Idade Média*. Belo Horizonte: Fino Traço, 2014.

SIZGORICH, T. *Violence and Belief in Late Antiquity*: militant devotion in Christianity and Islam. Filadélfia: University of Pennsylvania Press, 2009.

SOMERS, M. The Narrative Constitution of Identity: A Relationship and Network Approach. *Theory and Society*, vol. 23, n. 5, 1994, p. 605-660.

SOMERVILLE, R. *Papacy, councils and canon law in the 11th-12th centuries*. Newcastle: Variorum, 1990, p. 159-163.

STANTON, C.D. Anonymus Vaticanus: another source for the Normans in the South? *The Haskins Society Journal*, vol. 24, 2012, p. 79-84.

STROLL, M. *Popes and Antipopes:* the politics of Eleventh Century Church Reform. Leiden: Brill, 2012.

STUTZ, U. Eigenkirche, Eigenkloster. In: HERZOG, J.J. & HAUK, A. (ed.). *Realencyclopädie für protestantische Theologie und Kirche*. Vol. 23. Leipzig: J.C. Hinrichs'sche Buchhandlung, 1913, p. 364-377.

SUNY, R.G. Constructing Primordialism: Old Histories for New Nations. *The Journal of Modern History*, vol. 71, 2001, p. 862-896.

TABACCO, G. *Dai re ai signori*: forme di transmissione del potere nel medioevo. Turim: Bollati Boringhieri, 2000.

_____. *Egemonie Sociali e Strutture del Potere nel Medioevo Italiano*. Cambridge: Cambridge University Press, 1989.

_____. Il regno itálico nei secoli IX-Xi. In: *Ordinamenti militari in Occidente nell'alto Medioevo*. Spoleto: Centro Italiano di Studi Sull'Alto Medioevo, 1968, p. 763-790.

TELLENBACH, G. Impero e istituzioni ecclesiastiche locai. In: ZERBI, P. (org.). *Le Istituzioni ecclesiastiche della "societas christiana" dei secoli XI-XII*: diocese, pievi e parrochie. Milão: Vita e Pensiero, 1977, p. 21-40.

_____. *Church, State and Christian Society at the time of the Investiture Contest.* Nova York: Harper Torchbooks, 1959.

THOMPSON, J.W. *Feudal Germany.* Vol. 2. Nova York: Frederick Ungar, 1928.

TOCCO, F. *L'eresia nel Medioevo.* Florença: Sansoni, 1884.

TOUBERT, P. *Les structures du Latium Médiéval.* 2 vol. Roma: Befar, 1973.

TYERMANN, C. *A guerra de Deus*: uma nova história das cruzadas. Vol. 1. Rio de Janeiro: Imago, 2010.

VAN ENGEN, J. *Rupert of Deutz.* Berkeley: University of California Press, 1983, p. 42-46.

VERGANI, G.A. Omne regnum italicum ad suum disponebat nutum: Ariberto di Intimiano, vescovo guerriero e committente. In: BRIVIO, E. (ed.). *Il Crocifisso di Ariberto*: un misterio milenário intorno al simbolo della cristianità. Milão: Silvana, 1997, p. 47-55.

VIOLANTE, C. *La Società Milanese nell'età precomunale.* Milão: Laterza, 1974.

_____. *Studi sulla cristianità medioevale*: società, istituzioni, spiritualità. Milão: Vita e Pensiero, 1972.

_____. I laici nel movimento patarino. In: *I laici nella "societas christiana" dei secoli XI-XII.* Milão: Università Cattolica del Sacro Cuore, 1965, p. 597-687.

VIOLANTE, C. & FRIED, J. (ed.). *Il secolo XI*: una svolta? Bolonha: Fondazione Cisam, 1993.

VIOLINI, C. *Arduino D'Ivrea*: re d'Italia e il drama del suo secolo. Turim: Soc. Subalpina, 1942.

VOIGT, K. *Die koniglichen Eigenkloster im Langobardenreiche.* Gotha: Perthes, 1909.

VOLPE, G. *Movimenti religiosi e sette ereticali nella società medievale italiana, secoli XI-XIV.* Roma: Donzelli, 1997.

WAITZ, G. *Die deutsche Verfassung im Fränkischen Reich.* 2 vol. Kiel: Schwers/Homann, 1847-1870.

WALKER, W. *History of the Christian Church.* Nova York: Scribner, 2014.

WALTER, C. *The Warrior Saints in Byzantine Art and Tradition.* Ashgate: Aldershot, 2003.

_____. The Origins of the Cult of Saint George. *Revue des Études Byzantines,* vol. 53, 1995, p. 295-326.

WEINFURTER, S. The Salian Century: main currents in an Age of transition. Filadélfia: University of Pennsylvania Press, 1999.

WEMPLE, S.F. *Atto of Vercelli*: Church, State and Christian Society in Tenth-Century Italy. Roma: Ed. di Storia e Letteratura, 1979.

WERNER, E. *Pauperes Christi*: Studien zur sozialreligiösen Bewegungen im Zeitalter des Reformpapsttums. Leipzig: Koehler et Ameland, 1956.

WICKHAM, C. *Medieval Rome*: stability & crisis of a city, 900-1050. Oxford: Oxford University Press, 2015.

WILSON, P. *Heart of Europe*: a history of the Holy Roman Empire. Cambridge: Harvard University Press, 2016.

WITT, R. Rhetoric and Reform during the Eleventh and Twelfth Centuries. In: ROBINS, W. (ed.). *Textual Cultures of Medieval Italy*. Toronto: University of Toronto Press, 2011, p. 53-80.

WOLFRAM, H. *Conrad II (990-1039)*: emperor of Three Kingdoms. Pensilvânia: Pennsylvania State University Press, 2006.

WOOD, S. *The Proprietary Church in the Medieval West*. Oxford: Oxford University Press, 2006.

ZAFARANA, Z. Sul "conventus" del clero romano nel maggio 1082. *Studi Medievali*, vol. 07, 1966, p. 399-403.

ZUG TUCCI, H. Il Carroccio nella vita comunale italiana. *Quellen und Forschungen aus italienischen Archiven und Bibliotheken*, vol. 65, 1985 p. 1-104.

Peregrinos e peregrinação na Idade Média

Susani Silveira Lemos França, Renata Cristina de Sousa Nascimento e Marcelo Pereira Lima

Os peregrinos medievais foram homens e mulheres que fizeram o próprio sentido de suas vidas coincidir com a realização das viagens sagradas – esses fascinantes deslocamentos de pessoas que partiam em busca de Deus, dos lugares santos e de si mesmos. As peregrinações adquiriram uma importância crucial na história religiosa da Idade Média. Explorando o tema das peregrinações de um ponto de vista principalmente historiográfico, mas também geográfico, literário, jurídico e antropológico, esse livro é dedicado tanto aos estudiosos da Idade Média e aos especialistas de História da Religião e da Igreja, do Direito e da Literatura como ao público mais amplo que deseja instruir-se a respeito desses fascinantes processos que mobilizaram milhares de pessoas na Idade Média.

Os autores – Susani Silveira Lemos França, Renata Cristina de Sousa Nascimento e Marcelo Pereira Lima – esclarecem com rigor historiográfico quem eram os peregrinos, elucidando os diversos grupos sociais, culturais e políticos dos quais foram oriundos, bem como quais eram os lugares visados por essa grande variedade de praticantes da peregrinação – da Jerusalém sagrada à Roma dos mártires e ao caminho de Santiago de Compostela.

Nesse livro, quarto volume da coleção *A Igreja na História*, conheceremos mais de perto os personagens, os lugares, as práticas, os modos de vida e as aventuras que constituíram a história dos peregrinos medievais.

CULTURAL
Administração
Antropologia
Biografias
Comunicação
Dinâmicas e Jogos
Ecologia e Meio Ambiente
Educação e Pedagogia
Filosofia
História
Letras e Literatura
Obras de referência
Política
Psicologia
Saúde e Nutrição
Serviço Social e Trabalho
Sociologia

CATEQUÉTICO PASTORAL
Catequese
Geral
Crisma
Primeira Eucaristia

Pastoral
Geral
Sacramental
Familiar
Social
Ensino Religioso Escolar

TEOLÓGICO ESPIRITUAL
Biografias
Devocionários
Espiritualidade e Mística
Espiritualidade Mariana
Franciscanismo
Autoconhecimento
Liturgia
Obras de referência
Sagrada Escritura e Livros Apócrifos

Teologia
Bíblica
Histórica
Prática
Sistemática

REVISTAS
Concilium
Estudos Bíblicos
Grande Sinal
REB (Revista Eclesiástica Brasileira)
SEDOC (Serviço de Documentação)

VOZES NOBILIS
Uma linha editorial especial, com importantes autores, alto valor agregado e qualidade superior.

VOZES DE BOLSO
Obras clássicas de Ciências Humanas em formato de bolso.

PRODUTOS SAZONAIS
Folhinha do Sagrado Coração de Jesus
Calendário de mesa do Sagrado Coração de Jesus
Agenda do Sagrado Coração de Jesus
Almanaque Santo Antônio
Agendinha
Diário Vozes
Meditações para o dia a dia
Encontro diário com Deus
Guia Litúrgico

CADASTRE-SE
www.vozes.com.br

EDITORA VOZES LTDA.
Rua Frei Luís, 100 – Centro – Cep 25689-900 – Petrópolis, RJ
Tel.: (24) 2233-9000 – Fax: (24) 2231-4676 – E-mail: vendas@vozes.com.br

UNIDADES NO BRASIL: Belo Horizonte, MG – Brasília, DF – Campinas, SP – Cuiabá, MT
Curitiba, PR – Fortaleza, CE – Goiânia, GO – Juiz de Fora, MG
Manaus, AM – Petrópolis, RJ – Porto Alegre, RS – Recife, PE – Rio de Janeiro, RJ
Salvador, BA – São Paulo, SP